# 修理する権利

## 使いつづける自由へ

# The Right to Repair:

## Reclaiming the Things We Own

アーロン・パーザナウスキー
Aaron Perzanowski
西村伸泰……訳

青土社

# 修理する権利――使いつづける自由へ　目次

# 修理する権利——使いつづける自由へ

# 修理する権利——本書の概要と著者紹介

知的財産権法、ハードウェアの設計、ソフトウェアの制限、価格戦略、マーケティングメッセージ——この数十年というもの、世界中の企業はさまざまな手段を駆使して、消費者が所有する製品を修理する行為を妨げてきた。この戦略は、企業に計り知れない富をもたらした一方、消費者のポケットから何十億ドルも引き出し、地球に莫大な環境負荷をかけてきた。著者のアーロン・パーザナウスキーは、修理の歴史を分析することで、修理をめぐる闘いが法廷で、議会で、行政機関で——ほとんど知られることなく——繰り広げられている現状と、その経緯とを明らかにする。明晰で巧みな文章をもって、修理する権利を取り巻く不透明で複雑な法的状況を説明し、その権利を取り戻す方法を読者に紹介する。

著者は、デジタル経済における所有権と、相反する知的財産権と個人財産権の専門家である。その研究は、名だたる学術誌に掲載されてきた。著書に、ジェイソン・シュルツとの共著『所有の終焉（The End of Ownership）』（二〇一六年、未邦訳）、ケイト・ダーリンとの共編集『法なきクリエイティヴィティ（Creativity without Law）』（二〇一六年、未邦訳）がある。

# 謝辞

本プロジェクトに貢献してくれた有能で勤勉なリサーチ・アシスタントチームのエレン・ボイド、フランチェスカ・ラモンターニュ、メリット・サラス、ケイトリン・シュワルツに感謝する。また、キャサリン・バーク、M・C・フォレル、シュバ・ゴッシュ、ダニエル・ハンリー、クリス・ジェイ・フーフネイグル、マイク・マディソン、ネイサン・プロクター、アンソニー・ロズボロー、サハラ・スヴェンソンにも心から謝意を伝えたい。彼らは、初期の草稿に重要な専門知識をもたらしてくれた。

# 第1章　はじめに

一九六六年、アーヴ・ゴードンはニューヨーク州ハンティントンのショールームで、新車のボルボP1800を購入した。価格は約四〇〇〇ドル。あともう少しで五〇年が経つという頃、アラスカ州ガードウッドの郊外で、走行距離三〇〇万マイル（約四八〇万キロメートル）を記録した。二〇一八年に七七歳で亡くなるまで、彼はさらに二五万マイル（約四〇万キロメートル）を走破する。長い年月のあいだに、アーブはボルボを何度か大修理した。エンジンを二度組み上げ直し、自動車運搬車と不運な接触事故を起こしたあとは、大がかりな車体修理も経験した。とはいえ、オイル交換やブレーキ交換、必要な修理については自分で行なった。彼のやり方はシンプルだった。壊れた部品はすぐに交換する。アーブの言葉を借りればこうだ。「エンジンがかからなかったなら、原因を突き止めて……修理する」[1]

アーヴのボルボに負けないくらい印象的なのが、一八八四年にジュール＝アルベール・ド・ディオンが開発した、世界最古の走行可能な自動車だ。[2]「ラ・マルキーズ」という愛称で呼ばれたこの蒸気自動車は、第一次世界大戦中に真鍮や銅の部品や付属品を徴用され、解体されてしまい、一九八七年に英国人のティム・ムーアが購入するまで数十年も運転できない状態だった。ムーアはリバースエンジニアリングによって欠けた部品を製造し、一年弱で甦らせ、再び走らせることに成功した。[3]二〇一一年にオークションに出品したところ、四六〇万ドルで落札された。

長寿という意味で、ラ・マルキーズより約五〇〇年も長生きしたのが、イングランド南部のソールズベリー大聖堂にある、いまも稼働する世界最古の機械時計である。一三八六年につくられたこの時計は、ラ・マルキーズが製造された一八八四年に新しいモデルに交換された――不要になった古い時計はどこも悪くなかった。それから数十年後、忘れ去られ、錆びついた古い時計を時計学者のT・R・ロビンソンが発見した。そして一九五六年、輸送のために分解して、時計製造業者のスミス・オブ・ダービー・グループの元に送り届けた。彼らはあちこちの部品を交換し、他の部品は製造し、コンポーネント（構成要素）を元の位置にはめ込んだ。最終的に復元された時計は、いまも時を刻み続けている。[4]

これらは極端な例だと思うかもしれない。だが、自分が所有するモノを最大限に使いこなしたいのならば修理は不可欠だ。アーヴのボルボやソールズベリー大聖堂の時計だけの話ではない。スマートフォンやキッチン家電も同じだ。ところが実際は、農家が農作物を収穫するためにトラクターを修理しようとすると、ソフトウェアは制限されてアクセスできず、法的措置を講じるぞという一種の脅しにも直面する。[5]米軍兵士は、車両や発電機、その他の機器や装備の修理が禁止されている。製品保証が無効になってしまうからだ。そこで、自分たちで修理する代わりに、数千キロメートルも遠くに装備を送り返したり、民間業者の信頼性の低い修理サービスに頼ったりする。[6]新型コロナウイルス感染症のパンデミックによって明らかになったように、病院にとっても状況は変わらない。交換部品の不足、修理マニュアルの厳格な管理、ソフトウェア・ロックにより、人工呼吸器などの救命機器や装置の修理が妨げられている(7)。

修理する自由がなければ、私たちが所有するモノは長持ちせず、効率的に機能しなくなる。費用も多くかかってしまう。たとえばスマートフォンを落としてしまったとする。想像力を働かせるまでもないかもしれない。スマートフォンの画面を割ってしまった人は、アメリカだけでも毎年何千万人もいるからだ。もしかしたら画像にひびが入ろうと、たまに指先が切れそうになっても、画面の割れたスマートフォンを我慢して使い続けるかもしれない。だが、我慢しないならば選択肢はふたつにひとつ。修理するか、買い替えるか。

iPhoneの新品画面は、サードパーティの販売店ならわずか五〇ドルで買える。古いモデルならもっと安い。だが、画面を交換するためにはツールや技術、そして――あなたには欠けているかもしれないが――自信が必要だ。アップルに持ち込んだ場合、このかなり簡単な修理に三〇〇ドルほど請求される。それだけの修理費を支払うのなら、いっそ買い替えたほうがいい、と思うかもしれない。アップルも同じ意見だ。下取りプログラムを利用すれば、アップルは新しいデバイスの購入価格を快く割り引いてくれる。そのため、修理費と買い替え費用の差はさらに縮まる。アップルが修理より買い替えを望むのは、驚くことでもないが、それが最終収益を左右するからだ。iPhone Xの製造費は約三五〇ドル。販売価格は九九九ドル。利益率は約六五パーセント。しかも、アップルの株主は、ブロックバスター級の売上げを期待している。同社は二〇一八年だけで二億一八〇〇万台のスマートフォンを販売し、一四〇〇億ドル以上を売上げた。だが、修理サービスについて言えば赤字だと、アップルは主張する。[8] 実際、ＣＥＯのティム・クックは投資家に宛てた書簡で、iPhone の売上げ減少の理由はバッテリー交換プログラムの人気にあると述べている。[9]

というわけで、あなたは古いスマートフォンを修理しないで、新品を購入することに決める。アップルは株主満足を維持し、あなたは数ミリ薄くなったピカピカのデバイスを手に入れる。それのどこが悪いのか。買い替えることで、節約できたはずの数百ドルを出費してしまうことはさておき、環境に大きな影響を及ぼす。二〇一八年に、世界中で製造されたスマートフォンは一五億台。同じ年、修理にまわされなかったスマートフォンは、五〇〇〇万トンを超す電子ゴミ〔正しくは「電気電子機器廃棄物」〕の一部を占めた。現在、アメリカの埋立地に運び込まれる有毒廃棄物の七〇パーセントは電子機器であり、その数字は増加の一途をたどっている。有毒廃棄物に含まれるリチウム、水銀、鉛などの化学物質は、水源を危険に曝し、私たちの健康を脅かす。だが、懸念すべきは製品寿命が尽きる時だけではない。原材料を採掘して精製する時とともに、製品を製造して世界各地へ出荷する時にも環境汚染が発生する。これらの環境破壊は、経済学者が「負の外部性」と呼ぶ典型的な例である。取引の当事者が考慮する必要がないコストである。当事者の行動から生じるその結果は、隣人や将来世代に押しつけられ、彼らがその副産物に対処しなければならない。

環境コストだけではない。今回のパンデミックは、修理が人びとの幸福に及ぼす直接的な影響を、劇的なかたちで浮き彫りにした。世界中の病院が人工呼吸器不足に悩まされ、メーカーが生産拡大に奔走する一方、既存の機器を保守・修理する能力が、差し迫った課題として表面化した。正規ルートの修理では通常、医療機器をメーカーに送り返す必要があるため、病院は数日から数週間、重要な医療機器が使用できなくなる。また別のケースでは、メーカーが必要な修理マニュアルの共有に難色を示すか、交換部品を供給しようとしなかったために、危機が長引き、患者を危険に曝した[10]。イタリア北部のキアリにある病院では、人工呼吸器のバルブをメーカーから調達できなかったことから、地元のボランティアが代替品を設計し、３Ｄプリンタを使って一〇〇個のバルブを一個一ドルで製造した。メーカー側が設計仕様の共有を拒んだため、その助けを借りず、ボランティアはたった二日でこの偉業を達成した[11]。医療分野において、修理の遅れや費用に対する懸念はいまに始まったことではない。とはいえ、今回の危機によって、中央集権的な修理システムがいかに脆弱になり得るかが露呈した。

パンデミックの最中、世界中の学校がリモート授業に移行したため、ラップトップやタブレット端末の需要が供給を上まわった[12]。供給不足と遅延によって、アメリカだけでも数百万人の児童や生徒がデバイスを手にできず、オンライン授業に充分に参加できなかった。予想に違わず、最も大きな打撃を受けたのは低所得者層だった[13]。Zoom頼みのカリキュラムで、一台のiPadをきょうだい四人で共有しなければならない時大きなハンデが生じる。初等教育の遅れは、長期的な影響につながりかねない。この教育危機を受けて、修理ショップや非営利団体、地域のボランティアは、需給ギャップを再生デバイスで埋めようとした。取り組みは一定の成果を上げたものの、情報、部品、ソフトウェアにアクセスできずに、思い通りにいかない場合も多かった。学区やコミュニティの団体は、古いデバイスを修理するどころか廃棄せざるを得ず、費用が高くつき、児童や生徒に及ぼす影響がさらに悪化した[14]。

環境や人に及ぼすコストを消費者がもっとよく理解していれば、買い替えより手間はかかるが、壊れたデバイスを修理する可能性が高まるかもしれない。ところが、製品によっては、そもそも修理の選択肢がない場合もある。たとえば、アップルのワイヤレスイヤホン、AirPodsがそうだ。AirPodsは無印版が一五九ドル、プロモデルが二四九ドル。二〇一八年には約三五〇〇万セット、二〇一九年には六〇〇〇万セット近くが売れた。通勤者向けのこの小さなワイヤレスデバイスは、非常に紛失しやすい。価格、置き忘れる危険性、いかにもアップルらしいデザイン美学。この三つが合わさって、AirPodsは使い捨て消費の異彩を放つシンボルになった[15]。紛失しなかったとしても、設計上の理由から寿命は短い。一回の充電で最大五時間の再生時間という宣伝文句は、わずか一八カ月しかもたない。その時点で、二四九ドルのイヤホンはフル充電しても一五分しか使えない可能性がある。どんなリチウムイオン電池も時の経過とともに劣化するが、AirPodsのようなデバイスに内蔵される小さなバッテリーは特に消耗しやすい。

たいていの製品であれば、バッテリー交換は難しくない。懐中電灯やリモコンなら、新しい単三電池を数本入れれば終わりだ。ラップトップやスマートフォンの場合、専用のツールが必要か、近所の修理ショップに持ち込む必要はあるものの、バッテリーの交換自体はほんの数分もあれば充分だ。ところが、AirPodsは違う。あの設計のおかげで、バッテリー交換はまず不可能だ。AirPodsにはネジがない。接着剤とはんだで固定されているからだ。『ワシントンポスト』紙のテクノロジー担当記者ジェフリー・ファウラーが発見したように、バッテリーを交換するためには、特殊な振動ナイフを使ってプラスチックの外殻を切り開く必要がある。それだけではない。スパゲティほどの太さしかないバッテリーを、うっかりナイフで突き刺そうものなら、発火する危険があり、さらに悲惨な目に遭うかもしれない。バッテリーを無事に取り外せたとしても、その過程でAirPodsは取り返しのつかない損害を被ることになる。[16]

アップルのデザイナーとエンジニアは、世界で最も才能に恵まれた人たちだ。彼らなら、バッテリーが交換可能なイヤホンも設計できたはずだ。エンジニアは一般的に誇り高きプロフェッショナルとして、高品質で耐久性のある製品をつくりたがる。そうであるにもかかわらず、アップルが市場に投入すると選択したのは、耐久性が低く、リサイクルできないイヤホンだった。だが、それはなぜなのか。

ここで注目すべきは、ワイヤレスイヤホン市場が急成長している原動力が、かつてアップルが設計上で下した決断にあるという事実だ。すなわち、iPhoneから標準のヘッドホンジャックを廃止した。[17] AirPodsにバッテリーを内蔵したように、この決断はアップルの確固たる哲学を反映している。アップル製品は都会的でミニマル、あり得ないほど薄い。設計上、究極の正当性があるとしても、この美学は修理に影響を及ぼす。同社が提供するのは、豊富な選択肢やカスタマイズではなく、限定され、高度にキュレートされ、厳選されたセレクションなのだ。圧倒的な販売台数が物語るように、ユーザーエクスペリエンス〔利用者の体験〕をコントロールするというこだわりは、これまで幾度も成功を収めてきた。だが、そのような設計上の決断はまた、修理に対するアップルの姿勢の表れでもある。製品の設計から修理サービスの価格、下取りプログラムに至るまで、同社のメッセージは明確だ――「修理ではなく、買い替えを（replace, don't repair）」。

これは、AirPodsについてとりわけ当てはまる。二四九ドルのイヤホンが充電できなくなった時、あなたならどうするだろうか。捨てる、という答えはあり得ない。プラスチック製の外殻は、少なくとも一〇〇〇年は分解されずに埋立地に残る。また可燃性のバッテリーは、ゴミ圧縮機のなかで火災を引き起こす危険性がある。[18]代替手段としてアップルが提供するのが、AirPodsの「バッテリーサービス（バッテリー交換）」である。イヤホン一個につき四九ドル、充電ケースに追加の四九ドルを支払えば、古くなったイヤホンを修理してくれる。つまるところ、一五九ドルの製品の修理サービスに一四七ドルかかる。AirPodsの「バッテリーサービス」の価格設定が示すように、それは実のところ、修理ではない。アップルでさえAirPodsは修理できないため、単に古いイヤホンを新しいイヤホンに交換するだけだ。[19]劣化したAirPodsは、アップルと提携するひと握りのリサイクルセンターへ送られ、コバルトをはじめとする貴重な素材を慎重に回収する。だが、その極めて小さなサイズを考えれば、手間のかかる分解作業には素材の価値以上のコストがかかってしまう。[20]AirPodsの処理を採算がとれるものにするために、アップルはリサイクル業者に追加料金を支払い、契約条件に色を付けざるを得なくなった。当然ながら、下取りプログラムはなく、リサイクル数も公表していない。だから、埋立地行きの数を知ることは難しい。

AirPodsは、良く言っても修理のことなどまったく考えておらず、むしろ修理とは相容れない製品設計のお手本のような例である。だが、修理可能性にまつわる懸念は、物理的な部品だけにとどまらない。今日、何らかの〝スマート〟技術を組み込んだ消費財が増えており、その基本機能は、ソフトウェアコードとネットワーク接続性の組み合わせのうえに成り立つ。範囲は広く、スマートスピーカーやホームセキュリティシステムから、ヘアブラシ、ソルトシェイカー(塩入れ)、デンタルフロス、ゴミ箱のような、まさかと思うような日用品にまで及ぶ。モノのインターネット(IoT)を構成するコネクテッド・デバイスが普及すると、プライバシーやセキュリティに関するものから、ハラスメントや身体的な危害まで、消費者にさまざまなリスクをもたらす[21]。だが、スマートデバイスの場合、デバイスから機能を取り除いてその機能をリモートサーバにもたせていることで、修理は難しくなる。

たとえば、家庭用ソーシャルロボットを謳《うた》った、ジーボ(Jibo)の例で考えてみよう。二〇一七年に発売されたジーボは、感情を表す顔と物理的な相互作用に反応するセンサーを備えた、高さ三〇センチメートルほどのプラスチック製のロボットだ。九〇〇ドルで販売され、持ち主と一緒に踊り、話し、ゲームができた。だが、ジーボ社が経営破綻するとサーバも停止された。機能のほとんどは、本体に搭載されたコンピュータではなく、遠隔サーバに依存していたため、ジーボは〝デジタル認知症〟に陥ってしまった。だらんと力を失い、ほの暗い画面には何も映らなくなった。頭と胴体は「生命を奪われたように、おかしな方向にねじれていた」[22]。残酷なことに、ジーボは所有者にお別れのメッセージを言わなければならなかった。「素晴らしいニュースとは言えませんが、私の機能を支えているサーバがまもなく停止されます。一緒に過ごせて、とても楽しかったとお伝えしたいです。そばに置いてくれて本当に、本当にありがとう。いつかロボットがずっと進化して、どこの家庭でも見られるようになった時、あなたのロボットに、わたしからよろしくと伝えてください」

ジーボの例から明らかなのは、モノのインターネットが修理にもたらすリスクである。物理的な部品は修理できる。画面が故障すれば交換可能だ。センサーの不調も調整可能だ。デバイスに組み込まれたソフトウェアも、アップデートしたり修正パッチを当てたりできる。ところが、機能のほとんどはプラスチック製の筐体《きょうたい》には収められていなかった。それはサーバに収められて、修理どころかアクセスすらできない。購入者があとになって理解するのは、ジーボの基本操作が、持ち主にはコントロール不可能なハードウェアとソフトウェアに基づいている、という点だ。どこにあるのかもわからないリモートサーバにデバイスを接続するテザーは、スマートデバイスの――絶対的な特徴とは言わないまでも――中核となる機能である。今日、構築されているモノのインターネットは、根本的なレベルにおいて、修理との互換性がない。

互換性がないために、機能が失われるケースもある。最も端的な例が、製品の販売後にリモート操作でデバイスを無効にする「ブリッキング」だろう[23]〔プログラムやデバイスが「レンガ化」すなわち動作不能になること〕。例をあげると、二〇一六年、グーグルの持株会社アルファベット傘下のネストは、ソフトウェアのアップデートを強制的に推し進めることとなり、これによって、三〇〇ドルのホームオートメーションハブ、Revolv が完全に操作不能になると発表した[24]。「生涯サブスクリプション」を謳って販売されたにもかかわらず、五月一五日以降、「Revolv アプリは開かなくなり、ハブは動作しなく」なった[25]。また、販売者が選択的に機能を停止するケースもある。たとえば家電量販店のベスト・バイは、プライベートブランドであるインシグニアというスマート家電シリーズを展開していた。ところが、サポート終了に伴い、顧客の自宅にある冷蔵庫、電気プラグ、照明ス

イッチ、防犯カメラなどのスマート機能をリモート操作で停止させてしまった。(26)

かつて消費者は、製品とサービスとのあいだに明確な境界線を引くことができた。たとえばテレビを購入すると、その使用方法についてメーカーが口出しすることはほとんどなかった。これとまったく異なるのが、ケーブルテレビのようなサービスだ。ケーブルテレビでは、プロバイダはチャンネルを追加したり減らしたり、料金を変更したり、サービスを中止したりできる。今日、製品とサービスとの境界線はより曖昧にぼやけている。テレビ、自動車、家電には、機能のコアとなる、深く絡み合ったソフトウェアとデータサービスがバンドルされている。その結果、修理に対する消費者の期待とモノのインターネットの現実が、ますます矛盾する可能性が高い。

修理を制限するために企業が用いる強力な手段は、製品設計以外にもある。修理費を不当に高く設定したり、下取りプログラムで買い替えを促したりするなど、消費者の修理意欲を経済的に削ぐ方法は、すでに説明した通りだ。それ以上に正しく理解されていないのは、法律、それも特に知的財産法が修理の制限に果たす役割である。デバイスメーカーは、特許や商標を利用して交換部品の入手を制限する。回路図やその他の修理に関する情報を、営業秘密だと主張する。著作権を利用して、デバイスの診断や修理に必要なソフトウェアツールを囲い込む。

知的財産法が修理に大きな影響を与えるという事実は、現代の市場に知的財産が溢れていることの表れだ。iPhone の丸みを帯びた角の形状は、特許を取得している。アプリのアイコンも同様に商標登録済みだ。(27) ケーブルやバッテリーといった、およそ目にすることもないような内部部品にも、アップルの商標ロゴがあしらわれている。(28) そしてもちろん、iPhone を動作させるソフトウェアは著作権で保護されている。同じことは自動車についても、特許を取得したヘッドライトの設計からトランスミッションを制御するソフトウェアコードにまで当てはまる。私たちが毎日使用するデバイスは、重複する知的財産権だらけなのだ。

知的財産で保護されたスマートデバイスの現実から逃れられる人がいるとしたら、それは農家だと思うかもしれない。私たちが思い描く農家とは、現代のテクノロジーから切り離され、デジタル時代以前の伝統や慣習に根ざした農村コミュニティで、大地とともに生きる姿ではないだろうか。ところが、そのイメージは現実からかけ離れている。現代の農業は、水分センサーやドローンから遺伝子組み換え作物、特許取得済みの生物学的害虫駆除まで、さまざまなテクノロジーなしには立ち行かない。アメリカの農村の伝統的な象徴であるディア社のジョンディア・ブランドのトラクターでさえ、ソフトウェアを駆使した複雑なデジタルテクノロジーの塊へと変貌した。

ディアの新しいトラクターの価格は八〇万ドルだ。もはや純粋な機械装置ではない。複数の電子制御ユニット（ECU）なしには、エンジンからパワーシートまでどんな操作もこなせない。これらの内蔵コンピュータが、トラクターの操作や修理に不可欠なソフトウェアコードを実行する。コードへのアクセスを制御することで、農家も独立系の修理プロバイダも勝手に故障を診断したり修理したりできない。正規の技術者に依頼しない限り、トラクターのソフトウェアは交換部品すら認識できない。[29] このような高いレベルの管理によって、農家は自分で修理したり地元の小さな修理ショップを頼ったりできず、ディアの正規販売店にサービスを依頼せざるを得ない。

農機具の修理という収益性の高い市場から競合他社を締め出す、ディアの戦略の中心を成すのが著作権法だ。同社の電子制御ユニットのソフトウェアコードは、著作権で保護されている。そのため、農家や修理ショップがそのコードにアクセスすることを阻止するのは合法だ、とディアは主張する。デジタルミレニアム著作権法（DMCA）は、著作権で保護された作品へのアクセスを制限するデジタルロックの解除や回避を違法と定義している。この法律の目的は、映画やビデオゲームなどの作品を、オンラインの著作権侵害から保護することにある。だが、その法律は同社のトラクターにも同じように適用される、というのがディアの考えである。

長い闘いの末、二〇一五年に農家はアメリカ著作権局を説得し、デジタルミレニアム著作権法の保護対象から三年間の一時的な除外を勝ち取った(30)。これによって、トラクターを診断、修理、改造するために、農家は正規のソフトウェアにアクセスしなければならないという義務を免除された。除外は二〇一八年に三年間更新され、著作権局は二〇二一年にも再び検討する予定だ(31)〔二〇二一年、二〇二四年も引き続き更新されている〕。それにもかかわらず、ディアのコードを解除するためには現実的なハードルが高く、法的リスクの原因はこの他にもあるため、除外の影響は限定的なものにとどまっている。その結果、多くの農家は単にトラクターを動かし続けるために、ウクライナのハッカーからダウンロードしたソフトウェアの違法コピーに頼っている(32)。また、デジタル化される数十年前に製造されたディアのトラクターの需要が爆発的に高まっている。最近のオークションでは、一九八九年製のモデルが四万ドル超で落札された(33)。

以上の例が示すように、アップルやディアのような企業は、修理市場を妨害するか獲得するために、製品設計、経済学、法律を活用した戦略を考え出してきた。このような取り組みは——より新しく、より薄く、より優れているとされる製品を欲しがるように仕向ける、執拗なマーケティング・メッセージと一緒になって――、使い捨てデジタル消費主義を助長してきた。私たちは、信頼性と耐久性に優れた製品を高く評価するのではなく、たとえいま使っているスマートフォンやラップトップや自動車が、まったく何の問題もなく使える場合でさえ、最新モデルに買い替えるように教え込まれている。いったんそのような考えを取り入れると、修理というものが、社会的な責任を果たす選択ではなく、時代錯誤で古臭い習慣、あるいはイノベーションを妨げる障害のように思えてしまう。

だが、修理は経済的、環境的な悪影響を防ぐだけでなく、他にも重要な価値を提供してくれる。修理という社会的実践を通して、貴重なスキルが身につく。修理という作業は、分析的な推論、戦略的な思考、創造性を要求する。さらに、デバイスの仕組みをより深く理解することに役立ち、私たちを取り巻く世界に対する認識を豊かにしてくれる。その意味で、私たちをより自由に、より自主的にし、世界をよりコントロール可能にしてくれる。修理は力を与えてくれるのだ。

修理したいという衝動は、人類の起源にまで遡って、私たちのなかに深く刻み込まれている。古代から続くこの伝統が法的、技術的制約に直面している現状に強く反発する人がいたとしても不思議ではない。近年、修理する権利運動が世界的な広がりを見せている。この運動には機械いじりマニア、趣味人、修理の専門家、政策擁護者、持続可能性の専門家、一般市民が参加し、部品、ツール、情報、技術を共有すべく、ローカルとグローバルの両方で活動している。二〇〇九年に、アムステルダムで世界初のリペア（修理）カフェがオープンした。壊れたものを持ち込むと、ボランティアが無料で修理の方法を教えてくれて一緒に直したり、修理の勉強会を開いたりするコミュニティスペースだ。これがアムステルダムで月に一度のペースで開かれて以来、フィックス・イット（修理しよう）クリニックやリスタート（再起動）パーティ、地元で修理活動を促進するイベントの開催はもちろん、世界中で何千ものリペアカフェが誕生してきた。同時に、インターネットは修理に必要な情報の宝庫である。スマートフォンや洗濯機からガレージのドア開閉機まで、どんな問題であっても、YouTubeで詳しい修理方法が見つかるはずだ。ツールや交換部品の販売会社アイフィックスイット（iFixit）は、オンライン修理コミュニティを組織し、参加者が編集した修理マニュアルを、数百万人の読者に無料で提供している。

デバイスメーカーが最近、盛んに採用している戦略と修理の目標とが、相容れないことは明らかだ。だが、過去一〇年以上にわたって、熱心な消費者と修理プロバイダは、史上最大で最高の時価総額を誇る企業相手に、ほとんど誰にも気づかれることのない闘いを繰り広げてきた。抵抗はさまざまなかたちをとった――新製品を分解して、修理を妨げる原因を特定する。診断ソフトウェアの技術的ロックを回避する。入手困難な交換部品を調達する。企業が一斉にちらつかせる法的措置にも負けずに情報を共有する。もっと最近では、闘いの舞台は法廷、行政機関、立法府へと移りつつある。修理を阻む最も強力なツールである法律の改正を、修理コミュニティが目論んでいるからだ。

本書は、修理の物語について語っていく。修理の歴史、修理を阻む戦略、より修理しやすい未来へと至る道筋について見ていこう。まずは、修理がもたらす経済的、環境的、社会的な恩恵から始める。日々の生活に欠かせないテクノロジーを修理できれば、数十億ドルの節約になるだろう。そうなれば、原材料の採取、消費者向けデバイスの製造、最終的な廃棄という一連の流れが地球に及ぼす甚大な影響を軽減できる。また、修理は自主性を育み、コミュニティを構築するための知識や技術を身につける役に立つ。本書で紹介するように、修理は古くから行なわれ、太古の昔から人類の技術の進歩とともに発展してきた。専門化の道をたどってきたが、インターネットが普及したおかげで民主化されようとしている。

この動向を受けて、企業は取り締まりを強化している。手軽に取り組めて安価な修理は、何十億もの消費財を製造・販売する企業のビジネスモデルにとって脅威だ。収益を中核で支えるのは、短い製品寿命だ。予想通り、企業は技術的、経済的、マーケティング的なテクニックを駆使して、消費者を修理から遠ざけようとする。デバイスメーカーは交換しにくい部品を設計し、正規の修理サービスに不当に高い料金を設定し、独立系の修理プロバイダを市場から締め出そうとする。所有者がデバイスを簡単に修理できないように、デジタルロックを構築する。

消費者による修理を規制する時に、ますます中心的な役割を果たすようになったのが法的規則だ。特に知的財産法、反トラスト法、消費者法という関連し合う三つの法体系は、修理にかかわる法的状況を理解するうえで最も重要だ。消費者による勝手な修理を阻止するために、デバイスメーカーは——必ず成功するとは限らないが——知的財産権を主張する。交換部品の販売、修理マニュアルの共有、診断ツールやソフトウェアの使用は、自社の著作権、特許、商標、営業秘密の侵害だと訴えるのだ。ところが、その主張は既存の判例や健全な公共政策とは対立する場合が多い。知的財産権と同様に反トラスト法も、市場での競争を規制するためのツールだ。だが、独占的な知的財産権が市場の通常の競争力から企業を保護するツールであるのに対し、反トラスト法は、競合他社と一般市民の両方に対して、企業が行使できる市場支配力の制限を目的に設計されている。そのため反トラスト法は、修理市場をコントロールしようとするデバイスメーカーの目論見を挫くのに適している。反トラスト法と消費者法は、異なる行為を取り締まるものの、どちらも公正な競争を保護し、個々の消費者に対する被害を軽減するという点で同じ目的を有する。消費者法は不公正で欺瞞的な特定の行為を対象とすることで、反トラスト法が課す構造的なルールを補完する。

知的財産権、反トラスト法、消費者法――この三つの法体系は、修理の促進につながる可能性を有してはいるものの、現状では、メーカーの行きすぎた戦術に効果的に対抗できるフレームワークを提供してはいない。所有者が修理を行ないやすくするためには、法律の垣根を超えた法改正が求められる。三つの法領域は明確に異なるものの、相互に作用し合うことで、修理に対する政策対応を複雑にしている。知的財産法と反トラスト法は、緊張関係に陥りやすい。反トラスト法と消費者保護法は、中心となる目標をいくつか共有しているが、その追求方法が異なる。結局のところ、三つの法領域は、修理について競合する勢力図を描き出している。この事実を踏まえると、修理しやすい環境を築く責任を、ひとつの法律や制度上の行為者に帰することはできない。解決策を法改正に限定することもできない。修理の保護と復権には、製品設計を再考し、市場インセンティブを再調整するとともに、消費文化にまつわる社会規範を、修理の価値をより反映させたものに転換する必要がある。決して簡単ではない。しかしながら、私たちの生活様式にとって修理が根本的に不可欠である点を考慮すれば、できるだけ早く着手するに越したことはない。

# 第2章　なぜ修理は重要なのか

修理は避けられない。モノは壊れる。耐久性に優れた製品もあるが、人間がつくり出す産物をここで非難しているわけではない。すべては劣化し、磨耗し、ばらばらに壊れる。それは宇宙の避けられない事実である。徐々に、不可避に無秩序な状態へと向かうエントロピーから逃れ得る者は誰もいない。その基本的な事実に、人は修理で対応しようとする。修理とは、その事実に抵抗する――ひょっとしたら覆せるかもしれない――努力なのだ。永続的に効果があるわけではないが、私たちがつくり出し、手に入れ、使用するモノを待ち受ける、塵や瓦礫にかえるという運命を食い止めることはできる。

修理は普遍的な行為でもある。あらゆる行為の社会的、技術的背景の一部を構成する。だが、私たちは多くの場合、故障を異常事態と捉え、計画や日常行為の邪魔をする、まれで予期せぬ混乱と考える。とはいえ、道路や地下鉄、オフィスビル、送電網、下水道に対する日々の修理の積み重ねがあってこそ、そうした計画や日常行為が可能になる(1)。そうであるにもかかわらず、車が動かなくなったとかキーボードが故障したとか、何かしら問題が起こるまで、修理について考える人はほとんどいない。その結果、生活のなかで修理が果たす役割を、私たちは正しく評価していない。

あらゆるものが修理を必要とする。私たちは時に、自分の身体や人間関係、さらには社会の修理や修復について話し合う。[2] だが、本書において修理とは、人間がつくり出したモノの形状や機能を元に戻すために、修繕したり再調整したりする行為を指す。とはいえ、その狭い定義のなかでさえ、修理には幅広いアプローチと動機がある。多くの場合、修理とは厳密に言って、元の機能に戻す行為だ。車が動かなくなった時、整備士が取りつける点火プラグの色について執拗に問いかけたりしないだろう。車が再び走れる状態に戻ればいいのだから。だが、修理の美的側面にもっとこだわる場合もある。お気に入りのジャケットをリフォーム店に持ち込んで、ほつれた縫い目を直してもらった時に望むのは、直しが目立たないことのはずだ。

いずれにせよ、修理の成功は魔法のごとく作用する。たとえば駐車場でバック事故を起こし、へこんだ車を修理工場に持ち込んだとしよう。うまくいけば、損傷したフェンダーの交換はある意味、時計の針を巻き戻すようなものだ。後方確認が不充分で、車を街灯にぶつけてしまった、その直前の瞬間にまで戻してくれる。修理のおかげで、完全に元の状態に戻ることはめったにない。[3] だが、損傷を元に戻し、身のまわりのものの寿命を延ばすことは可能だ。その意味で、修理は保守的な行為に見えるだろう。あるものを——元の状態ではないにせよ——以前のかたちに戻そうとする努力は、たとえ単なる願望だったしても、後ろ向きの取り組みだからだ。

リペア（修理）とよく似た概念に、レストア（修復／復元／元の状態に戻す）がある。修理とレストアはともに、過去に執着するという意味で共通点がある。新しいオーナーが、ビクトリア女王時代の邸宅を元の状態に近づけようとする時、過去を再物質化しようとしている。ところが、その過程で、間違いなくその間の数十年の歴史を消し去ってしまっている。[4]それが、最善の行為なのかもしれない。だが、この選択は変化と、そして変化を表しているモノと私たちとの関係も変えてしまう。日々、些細なものが付着したり削り取られたりするプロセスが積み重なって、年を経るごとに、人間がつくり出した産物の元の意味が変化していくことがある。「黒い聖母」の名で知られるノートルダム・ド・ピリエ（柱の聖母）は、一五〇八年につくられた木製の聖母像である。シャルトル大聖堂の修復に伴い、一二世紀の建物とその聖母像から、数百年かけてまとってきた煤煙が取り除かれた。その結果、もはや黒くなくなり、ヨーロッパ的な姿を現した聖母像は、ダークマザーの原型を崇拝する、さまざまな人種のグローバルな伝統からは切り離されてしまった。[5]ある批評家は、修復によって「聖母マリアは、つくり笑いを浮かべるキューピー人形に変わってしまった」と述べている。[6]修理や修復が、過去を無視するか否定するような方法で行なわれると、意味や背景を奪い取ってしまいかねない。

メンテナンスもまた、修理に密接に関係する行為だ。だが、メンテナンスはモノが突発的に壊れた時に行なうのではなく、むしろ予防的な行為である。故障を回避し、未然に防ぐ目的がある。修理と比べてメンテナンスは定期的に、たいてい同じ作業を行ない、徹底的に分解することも少ない。朝晩の歯磨きとデンタルフロスはメンテナンスにあたる。これに対して、根管治療は修理だ。だが、修理とメンテナンスは実のところ、関連し合い、重複する場合が多い。たとえば高速道路を走っている時に、車が右から左に少しドリフトしたとしよう。地元の自動車整備工場でホイールバランスを調整してもらった時、それは修理にあたるのか、それとも単なるメンテナンスか。機能は二者択

一、すべてかゼロかではない。ホイールアライメントが多少ズレていたとしても車は走る。もちろん、その状態が気になる場合もあるだろう。メンテナンスと修理とのあいだに、明確な境界線を引くことはできない。とはいえ、区別することは役に立つ。メンテナンスは現在の状態を長く維持する行為であり、修理は以前の状態に戻す行為である。

現在の状態を維持したい、あるいは過去に戻りたいという衝動は、イノベーションを称え、最新性を重視するという、現代の文化で支配的なナラティブとは相容れない[7]。テクノロジーからポップカルチャーや政治まで、より有望な未来のために過去と決別しようという衝動は、満たされることは少ないにせよ、蔓延している。電気自動車が手に入る時代に、なぜ一〇年前に製造された内燃機関の車を修理するのか。より軽く、より処理速度が速く、好きな色が選べる新機種があるのに、なぜ三年前のラップトップを修理するのか。真のイノベーションを評価すべきではない、と言いたいわけではない。画期的な発明も漸進的な改良も、私たちの生活を目に見えるかたちで良くしてくれる。だが、そうした発明や改良と、イノベーションの振りをした単なる製品の差別化とは、慎重に区別しなければならない。明るい明日を謳っているにもかかわらず、イノベーションのナラティブが未来について語るのは、不完全で偏った物語だ。その目的は、特定の価値観や好みを――すなわち、最新のものを優先的に体験したい、新しいものが優れているという考えを――植えつけることだ。とはいえ、新しさとは当然、一時的なものにすぎない。新しいものを求める欲望が――少なくとも長期にわたって――満たされることはない。新しさがもたらす魅力的な約束はさておき、イノベーションのナラティブが見て見ぬ振りをしているものがある。それは、原材料を採取し、製品を製造し、最終的に廃棄するまでの一連のサイクルには、多くのコストが伴うという事実であり、そのサイクルが早ければ早いほど良いという考え方だ。そして、そのナラティブは、私たちが集団的に新しさに惹かれることで生じる機会費用〔ある選択をしたことで手に入らなかった見えない費用〕に気づかない振りをしている。昨年のモデルと今年のスマートフォンを必死になって差別化していなければ、その時間やエネルギー、お金を他のどんなことに使うだろうか。

新しさに伴うコストに目を向ければ、修理が驚くほど前向きな考えだとわかる。その思考は、資源が有限であり、地球は小さく、これらの事実を見過ごす文化が未来を危機に曝すと気づくことから生まれる。修理をすれば、私たちがつくり出した産物から最大限の価値を引き出せる。たとえば、ラップトップは莫大な人的投資の賜物だ。世界中から集めた材料だけではない。何世代にもわたる技術進歩、丹念な設計、工場労働者の労力、梱包、配送、広告にかかる費用まで。定期的な修理が必要だから、あるいはただ単に新しい機種が出たから、という理由で廃棄処分にすることは、それらの投資を放棄することだ。非効率であり無駄である。その無駄は積み重なって、私たち全員にコストを課す。この観点から見れば、修理とは過去に戻ろうとする試みではなく、未来を冷静に見据えたプロジェクトだとわかる。

そう考えると、修理は時間や変化と複雑な関係にある。修理は、時計の針を逆回転させ、避けられない時間の経過を否定する愚直な努力ではない。また、無限の豊かさに守られ、どんな影響もはねのける、想像世界の未来に向かって突っ走る行為でもない。むしろ、過去と未来を調和させる試みである。人間の創意が差し出す約束と、世界の資源を取り巻く厳然たる現実との、実際的な妥協に他ならない。あらゆるモノはいつか壊れる。だが、崩壊のプロセスをうまく乗り越えることはできる。うまく処理できるのだ。修理という考えは、希望に満ちていると同時に断固として現実的でもある。たとえエントロピー相手に勝ち目はないとわかっていても、修理をすれば、愛車をもう一年長く走らせ、好きなコートはもう一シーズンからだを温めてくれる。

目立ちにくいが、修理は重要な方法で社会に貢献している。本章では、修理がもたらす三つの具体的な利益について見ていこう。第一に、修理は製品寿命を延ばし、二次流通市場の発展を促すことで、消費者の節約となる。第二に、天然資源の採取からデバイスの購入、最終的な廃棄までの、現代の消費主義がもたらす多大な環境負荷を軽減する。第三に、私たちが人間として成長し、繁栄する手助けをしてくれる。修理を通して、私たちは身のまわりの世界についてより多くの情報を手に入れ、分析力や問題解決スキルを身につけられる。自主性を発揮し、より強く結びついたコミュニティを築くことができるのだ。

## 修理の経済的効用

平均的な消費者にとって、経済的な話は直感的に理解しやすい。修理をすれば、購入した製品の耐用年数は延びる。その結果、次のふたつの面で節約できる。まず、買い替え回数が減って出費が減る。次に、古くなったデバイスを買い替える時にも、修理がしてあれば、中古市場で多少の価値が保証される。

たとえば冷蔵庫が壊れたとしよう。原因を正確に特定し――コンプレッサーの故障だったとする――部品を手に入れて、うまく取りつけられれば、新品の冷蔵庫を買うよりはるかに安く済むはずだ。理屈は単純だ。購入品を長く使えれば、買い替え頻度も減る。買い替えサイクルを遅らせることができれば、生涯において服や車、電子機器にかける費用が減らせる。これらの費用は積み重なる。私たちは、新しいデバイスに信じられないほどの額を費やしている――スマートフォンに年間五〇〇〇億ドル、家電にもほぼ同額を支出しているのだ。[8] とはいえ、この数字は私たちが毎年、車の購入に費やすほぼ三兆ドルという額に比べれば、ずっと小さく思える。[9]

## 製品寿命を延ばす

私たちが購入する製品の寿命は、その製品の価値の中心を成す。新しい冷蔵庫に二〇〇〇ドルを費やす価値があるかどうかは、おもにその冷蔵庫がどのくらいもつかによって決まる。寿命について語る時、その言葉が持つふたつの意味を区別することは重要だ。まずは「寿命」という時、そのデバイスが元々意図された機能を発揮し続ける期間、つまり、どれだけ長く使えるかを意味する。修理は直接的な意味で、この機能寿命を延ばす。だが第二の意味で、デバイスの寿命は機能する長さだけでは決まらない。私たちの意思決定には他の要素も関係する。新たな機能、デザイン性や流行、現代生活の中枢で口を開ける満たされない心の隙間。これらの要因が、何の問題もなく機能する冷蔵庫を買い替える理由になる。この買い替え寿命――新しい製品に買い替えるまでの期間――がしばしば、私たちの行動を測る、より正しい尺度になる。[10] 修理は確かに買い替え率に影響を与えるが、他の考慮要件と競合する。

信頼できる長期的データが存在しないため、平均寿命の変化を知ることは困難だが[11]、カテゴリーを問わず製品が以前ほど長持ちしない、あるいは寿命とされる期間を待たずに壊れてしまう現状に対して、消費者は不満を口にしている[12]。製品寿命が短くなったという消費者の共通感覚を、実証調査も裏づける[13]。洗濯機や冷蔵庫のような家電がそうだ。ある推計によれば、洗濯機の平均寿命が一〇年間で三年短くなったという[14]。『コンシューマー・レポート』誌の調査によれば、新品の洗濯機の三〇パーセントがわずか五年以内に故障する[15]。冷蔵庫の四〇パーセントが、五年以内に不具合が生じると推定されている[16]。

電子機器の場合、この傾向はさらに顕著だ。二〇一五年のある調査が明らかにしたように、古いブラウン管テレビの平均寿命は一五年だったが、新しいフラットスクリーンテレビの平均寿命はわずか六年だった[17]。より高解像度のディスプレイ、スマート機能、インターネット接続の採用、着実に低下する価格によって、今日のテレビの買い替えサイクルはさらに短くなっているようだ。同じく、一九八五年に購入したコンピュータは一〇年はもったかもしれないが[18]、二〇〇五年頃には、わずか二年で買い替えるようになっていた[19]。スマートフォンの登場からまだ二〇年も経っていないが、製品寿命は最初から短かった。平均すると、欧米の消費者は約二年でスマートフォンをアップグレードする[20]。この数字は最近、ほんの二、三カ月だが延びている。移動通信事業者はこれまで、加入者の長期契約を確保するために特典付きのアップグレードを促していたが、そのようなサービスから転換した。一〇〇〇ドルを超える希望小売価格を目にすれば、消費者が端末をもう少し長く使おうという気になって当然だ。今年のスマートフォンは、カメラの機能が向上して装飾デザインがちょっと変わったことを除けば、昨年のモデルと比べても機能にはほとんど差がない。

製品寿命の縮小傾向のなかで、特筆すべき例外は自動車だ。二〇一九年、アメリカで現役の自動車の平均使用年数は一二年弱だった。この数値は、統計を取り始めて以降の約二〇年間で最も長い。[21]だが、価格の透明性の向上とイノベーションの停滞が消費行動を説明するスマートフォンと異なり、自動車の寿命が延びているのは、つくりが良くなったからだと考えられる。エンジニアリング、材料科学、製造の進歩によって、自動車の耐久性と信頼性が全体的に向上した。とはいえ、科学的な改良の積み重ねですべてが説明できるわけではない。グローバル競争の激化と規制基準の強化が、品質水準を高める役割を果たしたのだろう。また、一台の車を長く所有するようになった理由は、景気の低迷にあるのかもしれない。この傾向が、間近に迫った電気自動車への移行後も続くのかどうかは、いまのところわからない。バッテリー技術の向上、自動車メーカーの設計上の決定、規制当局の対応に左右される。

自動車を除いて、製品寿命はますます短くなっている。私たちが、まだ使えるデバイスを捨ててしまうことも極めて多い。[22]だが、同じくらい厄介なのは、壊れたモノを壊れたままにしておくよう、企業が手段を講じている現状だ。企業には、早期に、頻繁に廃棄するよう私たちに促す強い動機がある。買い替え販売が、企業にとって重要で再生可能な資源だからだ。後述するように、メーカーは買い替えを促すさまざまな戦略、技術、ツールを展開してきた。だが、手頃な価格で効果的に修理できる時、新製品にお金を費やすよりも、消費者が手持ちのデバイスを使い続ける可能性は高くなるだろう。

## 二次流通市場への供給

修理が消費者にもたらす重要な経済的利益は、もうひとつある。二次流通市場の維持である。イーベイで買ったリファブ（整備済みの再生品）のラップトップ、クレイグリスト（コミュニティサイト）で見つけた中古バイク、ガレージセールで掘り出した電動ツール、グッドウィル（リサイクルショップ）に寄付されたミキサー。どれも二次流通市場で手に入る製品例だ。このような取引は、売り手と買い手の双方にとって価値がある。売り手にとっては、購入時に投資した額の一部を回収できる機会であり、買い手の店側にとっては、節約志向の買い物客向けの中古品在庫が増やせる。重要なのは、二次流通市場が新品価格を押し下げる圧力になることだ。新製品の販売価格を高く設定しすぎると、消費者が新品ではなく中古品を購入することは、メーカーや小売業者も理解している。

修理は中古市場で中心的な役割を果たす。動作しない製品は当然、動作する製品より価値が低い。したがって、ディーラーまでレッカー移動しなければならない車の場合、下取り価格についてあまり楽観的にならないほうがいいだろう。とはいえ、手頃な価格で修理できるという確信があれば、迷わずに購入してくれるかもしれない。また、正常に走行しているように見える車であっても、問題が発生した時に修理可能かどうかで二次流通市場での価値が決まる。いくら試乗で問題がなかったとしても、修理できない中古車は悪い投資と言わざるを得ない。

新車販売の影に隠れがちだが、二次流通市場は経済の大きな部分を占めている。中古スマートフォン市場の規模は拡大し、年間約二五〇億ドルと推定される。[23] 販売台数で見ると、中古需要は新品需要を上まわる。中古家電や古着の市場は、どちらも数百億ドルの売上げを誇る。[24] また、アメリカで毎年、販売される中古車の台数は新車の二倍にのぼる。[25] 全体的に、年間売上げが数千億ドルに及ぶ消費財の二次流通市場において、その価値の多くを支えるのが修理である。

二次流通市場は、サザビーズのオークションからグッドウィルまでと幅広い。だが、主流の経済活動から取り残されたコミュニティでは、中古品は極めて重要だ。新品の衣服、家庭用品、電子機器、自動車を購入する余裕のない人は、昔から中古品を頼りにしてきた。[26] 調査結果によれば、所得の増加に伴い、一般家庭は修理より買い替えを好む傾向が高まるという。[27] つまり二次流通市場は、豊かな層から比較的貧しい層への資産の移転を促す。これは国内でも国家間でも変わらない。地域経済内での中古販売に限らず、堅調なグローバル市場は、先進国が廃棄処分にした製品を世界中の貧困国に輸出している。[28] 修理に取り組む時、私たちは二次流通市場の発展に貢献している。修理が制限されるか修理に手が届かなくなった時、その影響を最も受けるのはたいてい貧しい人たちなのだ。

## 修理がもたらすコスト削減

修理によって、いくらコストが削減できたのかを正確に割り出すのは難しい。削減コストを計算するためには、修理にかかった価格だけでなく、買い替えていた場合にいくら支払ったのかについて、信頼性の高いデータが必要だからだ。コンプレッサーが故障した冷蔵庫から、バッテリーが消耗したスマートフォン、電源が壊れたテレビ、タイミングベルトが緩んだ自動車まで、どれにも同じことが言える。そしてまた、修理がどのくらい成功したのかも知る必要がある。買い替えを半年、遅らせることができたのか。それとも五年か。だが、たとえ正確な金額が割り出せなくとも、修理が全体的に大きなコスト削減につながると言える充分な根拠がある。最近の調査によると、アメリカの平均的な世帯が電子機器に費やす金額は、年間一五〇〇ドル弱だという。修理によって製品寿命が延びれば、一世帯当たり年間三三〇ドルの節約になると見られ、アメリカの消費者経済全体に換算すれば、四〇〇億ドルの節約になる。[29]

修理市場のほんの一部に焦点を当ててみよう。スマートフォンの割れた画面は、デジタル時代のパンクしたタイヤだ。不便で、驚くほど高くつき、誰に起こっても不思議ではない。二〇一七年、アメリカ人はおよそ五〇〇〇万台のスマートフォンの画面を割った。多くの人が端末を買い替え、残りの人は割れたまま使い続けた。だが、画面を修理した人たちがいた。彼らは平均一七〇ドルを支払って、約二〇〇〇万台を修理し、合計三四億ドルを出費したとされる。[30] もし彼らが全員、新しい iPhone に買い替えていたら、約二〇〇億ドルを費やしていたことになる——比較的低予算の Samsung Galaxy S9 でも、一四〇億ドルだ。いずれにせよ、画面を修理したことで莫大な額を節約できた計算になる。もちろんこの額は、ひとつの国、ひとつの製品カテゴリー、一種類、一年間の修理にかかる節約額でしかない。あちこちのコミュニティで修理をした場合の全体的な影響を考えると、驚異的な節約額になる。

修理によって得られる経済的利益は、修理にかかる費用によって決まる。修理市場の一部では、消費者が高額な修理費を支払わされているという厄介な傾向がある。アメリカ労働統計局によれば、二〇〇〇年から二〇一七年にかけて、自動車の修理価格は六〇パーセント以上跳ね上がった。[31] 一般的に、理由のひとつは特許を取得した交換部品の値上がりにある。その結果、ゼネラルモーターズ（GM）では、アフターマーケット〔製品販売後の消耗品・交換部品の販売や、修理・保守サービスなどの市場を指す〕の部品の利益率が三〇パーセント超を誇る。[32] この出費のせいで、衝突事故によって〝全損〔廃車〕〟扱い――修理費が車の価値を上まわる――になる車が増える。アメリカにおいて、自動車ディーラーの利益の半分近くを部品とサービスが占め、新車や中古車販売の利益を上まわる理由は、修理費の高騰にある。[33] また農機具市場では、前述のディアのような企業が積極的な手段を講じて競争を制限しているために、修理による利益は農機具販売の五倍に及ぶ。[34]

アップルは、収益性の高い修理動向に逆行していると主張する。二〇一九年には連邦議会の委員会に対して、「修理サービスを提供するコストは……修理による収益を上まわった」と述べている。[35] アップルによれば、修理サービスは赤字だという。あの企業から修理請求書を受け取ったことのある人なら、この主張に驚くかもしれない。バッテリーや割れた画面の交換にかかる数百ドルというお決まりの請求はさておき、一部の iPhone の背面を覆う化粧ガラスを交換すると、五九九ドルも請求されるからだ。[36] 最も極端な例は、画面が完全に真っ黒になった MacBook Pro を持ち込んだ顧客の話だ。ロジックボードを二枚交換するなど、数カ月にわたって修理を試みたあげく、ラップトップの買い替えを含む総額一万ドルを超える費用を支払ったあと、アップルの技術者はようやく原因を突き止めた。画面の輝度設定がゼロになっていたのである。ということで、問題は一度のキー操作で解決するものだった。[37]

それなら、なぜアップルの修理プログラムは赤字なのか。映画業界には「ハリウッド会計」と呼ばれるやり方がある。これは、ロイヤルティや利益分配を回避するために、高収益の映画を興行的に大失敗したように見せかける帳簿処理の俗称だ。諸経費を多く見積もる方法で、書類上はヒット作を赤字に見せかけることができる。映画スタジオによれば、「スター・ウォーズ」「ロード・オブ・ザ・リング」「ハリー・ポッター」シリーズなどの大ヒット作が、数億ドルの損失を出したことになっている。[38]連邦議会に対するアップルの回答が、たとえ帳簿上は真実だったとしても、それが独自の巧妙な会計処理の結果だったことはほぼ間違いない。小売店の諸経費の一部も含めたのだろう。ひょっとしたら、二〇一八年だけで四一億ドルを計上した保証修理も――先のラップトップの一万ドルの修理費と一緒に――含めたのかもしれない。アップルは旧世代の iPhone のプロセッサ速度を意図的に低下させた件を認め、大幅に割引した二九ドルというバッテリー交換プログラムを提供している。おそらく、この時の費用も盛り込んでいた可能性がある。数百万台のラップトップに搭載されたバタフライキーボードに設計上の欠陥が見つかった時の、無償交換費用も組み込んでいたのかもしれない。もしそうならば、連邦議会の委員会での証言は、三二九ドルを請求するアイフォンの画面交換の採算性については、何も語っていないことになる。

修理で儲けるべきではない、と言いたいのではない。まったくその逆だ。交換部品や修理サービスの普及を望むのならば、利益は確保すべきだ。秘訣は、消費者のニーズに最善の方法で応えるかたちで、利益確保というインセンティブを調整することだ。現在の市場は、多くの製品の修理を敬遠させ、買い替えるように消費者を仕向けている。ここ数十年、テレビ、キッチン家電、その他の機器の価格が大幅に低下した一方、修理費はずっと高くなった[39]。部品や修理サービスの競争がもっと激しくなれば、修理費は抑えられ、修理するのか買い替えるのかについて、消費者はより効率的に選択できるだろう。

## 修理の潜在的コスト

ここまでは、修理の経済的メリットに焦点を当ててきた。だが、修理に潜在的なデメリットはないのだろうか。修理によって消費者が新品購入に支出しなくなれば、その資金が二次流通市場に移動し、誰かが損失を被ることになる。明らかな代表格は、デバイスメーカーと小売業者だ。リスクのひとつは、販売不振を理由に製品価格の値上げに踏み切ることだ。経済学入門を学ぶ学生ならみな、需要の低迷に際して値上げをするのは、直感的に下手な戦略だと言うだろう。しかも、値上げ戦略が裏目に出る可能性は高い。もし価格が上がれば、消費者はまず間違いなく、現役のデバイスを使い続け、できるだけ修理し、二次流通市場に目を向けるはずだからだ。

だが、仮にデバイスメーカーが小売価格を引き上げたとして、それほど悪い結果だろうか。私の意見はこうだ。高いお金を支払わされて嬉しい人はいない。だが、値上げは――軽はずみな出費に対する戒めではなく、情報開示を強制する手段として――消費者にとって必要かもしれない。大半の消費者が知らないことを、販売者は知っている。たとえば、いま売ろうとしているデバイスの寿命はどれくらいか。どれくらい長く使い続けられそうか。メンテナンスや修理にどれくらいの費用がかかりそうか、など。こうした情報の非対称によって、販売者は有利な立場にある。ほとんどの消費者には見えないコストを隠せるからだ。消費者は希望小売価格に注目する一方、スマートフォンの画面割れや車のメンテナンスといった、長期的な所有コストを考えなかったり過小評価したりしがちだ。ところが、販売者にとってこれらのコストは既知であり、織り込み済みだ。そのため、もし製品がより長持ちし、修理コストがより安くなったのに、新品の小売価格が高くなった時には、販売者が消費者から搾取できると踏んでいた金額が露呈する。彼らはこれまでも、買い替えを促すか高い修理費の請求によって、消費者により多く支払わせてきた。小売価格の引き上げは、その秘密をあっさり私たちに教えてくれるのだ。

修理を受け入れると売上げや利益の減少につながると、一部のデバイスメーカーが考えるのも無理はない。株主にとっては悪いニュースだが、社会全体にとってはそうとは限らない。アップルやサムスンなどのデバイスメーカーは、一部の大手銀行と並んで、世界で最も収益性の高い企業である。二〇一八年、サムスンは四〇〇億ドル近い利益を上げ、アップルの利益は六〇〇億ドルに迫る勢いだった。アップルは二〇パーセントを超える純利益率を誇り、二〇〇〇億ドル近い手元資金を有している。売上げが減っても生き残るのはもちろんのこと、世界はもっと良い場所になるだろう。アップルの財産を増やす代わりに、その資金は消費者のためにもっと有効に活用されるかもしれない。一〇〇ドルや一〇〇〇ドル、あるいは一〇〇万ドルの金額にアップルは頓着しないだろうが、一般家庭や地元の修理ショップにとっては実質的な価値がある。

すべての企業が、そのように潤沢な資金に恵まれているわけではない。利益の減少を、ただ肩をすくめて受け流せないのは明らかだ。だが、目的に据えるべきは収益性ではない。修理が企業の最終損益に与える影響を懸念すべき大きな理由は、次のふたつである。第一の懸念は、研究開発に対する投資額の減少だ。新しいテクノロジーを生み出すための資源が減れば、イノベーションが遅れ、その影響が国民に跳ね返るのではないか。確かに、既存企業が投資にまわせる予算が減れば、新製品の開発が遅れたり、妨げられたりする可能性が高い。だが、新型の冷蔵庫やミニバンの設計を何でもかんでも、イノベーションと混同してはならない。既存の製品に多少手を加えれば、安定した利益の流れが見込めるだろう。だが、その流れを断ち切ることで、イノベーションは減るどころか、より多く生まれるという、説得力の高い主張がある。毎年恒例のアップデートから簡単に利益が得られなくなれば、企業は真の意味で斬新な機能や、まったく新しい製品ラインを開発する必要に迫られる。

第二の懸念は雇用の喪失だ。工場労働者、インダストリアルデザイナー、トラック運転手、小売店の従業員はみな、旧製品に替わって大量に投入される新製品に依存して生活している。だが、修理は独自のキャリア機会を提供する。[40] 修理は、熟練したスキルを必要とする労働集約的な仕事だ。製造業と違って自動化が難しい。世界的な大企業ではなく、地元の中小企業に利益をもたらす傾向がある。使い捨て製品を受け入れてきた結果、犠牲になったのは修理工だった。一九九六年、アメリカの家電の修理工は二〇万人を数えた。現在は約四万人だ。同じ時期、アメリカの人口が一億三〇〇〇万人以上も増加したにもかかわらず、テレビやステレオ専門の修理工は一一万人からわずか三万人に激減してしまった。[41]

純粋に経済的な観点から見た時、修理の妥当性を否定することは難しい。消費者は節約でき、二次流通市場への商品供給につながり、既存の資源を非常に効率的に活用できる。とはいえ、以上の計算は、デバイスにかかる直接的なコストしか考慮していない。自動車、家屋、電子機器は、環境に対して希望小売価格以上の悪影響をもたらしている。私たちは、その問題に集団的に取り組まなければならない。

## 修理が環境に及ぼす効果

消費者向けデバイスについて言えば、現在の消費レベルはまったく擁護できない。電子機器をはじめとする耐久消費財について世界規模で行なわれている生産、流通、廃棄は、驚異的な環境被害を引き起こしている。気候変動やその他の環境被害に対する消費者意識の高まりに、デバイスメーカーも注目し始めている。そこで、持続可能性に配慮した野心的な計画を発表し、意欲的なカーボンニュートラル目標を公約し、リサイクルプログラムへの投資を喧伝する。とはいえ、大半の企業は、毎年数十億台の消費者向けデバイスを生産して販売し、買い替えを促すという、ますますエスカレートするビジネスモデルを構築している。そして、そのビジネスモデルと環境に対する責任とのあいだで生じる本質的な緊張関係を、いまも認めようとしない。地球規模の消費ネットワークを打ち砕くうえで、修理は極めて重要だ。すでに所有しているものを修理すると、より長持ちし、新製品に対する需要が減り、グローバルな電子ゴミの流れが緩やかになる。テクノロジーの恩恵を否定することなく、現代の消費主義がもたらす環境負荷を軽減できる。スマートフォンも食洗機も手放す必要はないが、長持ちさせる必要がある。

## 電子ゴミの抑制

環境に及ぼす影響が最も明らかなのは、製品のライフサイクルの終わりだ。スマートフォンやテレビ、家電を新しいモデルに買い替える時、古いデバイスが埋立地に運ばれるケースが非常に多い。アメリカだけでも毎日四〇万台以上、年間約一億五〇〇〇万台のスマートフォンが廃棄される。[42]新品の価格が低下し続けるのに伴い、修理より買い替えを望む衝動はさらに強まる。国連の報告書によれば、二〇一九年だけで約五四〇〇万トンの電子ゴミが生じ、[43]その廃棄量は「ニューヨーク・バンコク間を往復する一八輪トラック一〇〇万台分」に相当するという。[44]電子ゴミは過去五年間で二〇パーセント以上増加し、現在も年間二五〇万トンずつ増え続け、二〇三〇年になる頃には、年間総量が約七五〇〇万トンになると予想されている。[45]電子ゴミの山は、世界の都市化と工業化の副産物だ。だが、国連も認識するように、重要な原因のひとつは修理という選択肢の不足にある。[46]

電子ゴミが問題なのは、それがヒ素、鉛、水銀などの重金属や、臭素系難燃剤などの有害物質を高濃度で含んでいるからだ。[47]アメリカでは、埋立地に捨てられたゴミのうち電子ゴミはわずか二パーセントにすぎないが、有毒廃棄物の実に七〇パーセントを占める。[48]これらの毒素は、時間の経過とともに周囲の土壌に染み込み、地下水を汚染し、食料供給に影響を及ぼす恐れがある。また、世界中のあちこちの埋立地では、固形廃棄物を焼却し、酸性の煙や汚染物質を空気中に放出する。その結果、埋立地や電子ゴミ処理場の近くでは毒性の濃度が極めて高くなり、健康と安全の基準を大幅に超えてしまう。ある研究によれば、インドの電子ゴミ処理場付近の重金属濃度は、表土で通常の三〇倍、下層土サンプルでは約一二〇倍も高かったという[49]。

これらの化学物質が健康に与える悪影響は、それも特に複数の毒素に曝される場合の影響については、完全にはわかっていない。だが、研究は、さまざまな被害の記録を指摘する[50]。毒素が体内に取り込まれると、肺や甲状腺の機能低下につながる。認知障害、神経発達異常、注意障害との関連も指摘される。また、生殖発達異常、早産や死産の増加、小児期の成長の遅れとも関連があるとされてきた。

注目すべきは、電子ゴミがもたらす被害が均等に分配されていないことだ。数十年にわたって廃棄されてきた電子機器は、豊かな国から比較的貧しい国へと流れてきた[51]。たとえば、アメリカは中国に次ぐ世界第二位の電子ゴミの生産国だが、一九九〇年に「バーゼル条約」――有害廃棄物の輸出を禁止する国際協定――に署名したにもかかわらず、批准せず、その条件も遵守していない[52]。そして、数十年経ったいまも、アフリカやアジアを中心に、世界中に有害な電子ゴミを輸出し続けている[53]。輸出量を把握するのは難しい。その理由のひとつは、法的規制を回避するために、電子ゴミの出荷を再販目的の「中古電子機器」と偽って表示する場合があるからだ[54]。同じ国内であっても、電子ゴミの被害を平等に被るわけではない。貧困層は埋立地の近くに住む。富裕層は安全な場所で暮らす。制度的な人種差別によって格差がさらに拡大しているアメリカのような国では、白人コミュニティより、アフリカ系アメリカ人やヒスパニックなどのコミュニティのほうが、被害に遭う可能性がはるかに高い[55]。

世界中の埋立地を満杯にし、土壌や水を汚染する電子ゴミの流れを止める手段のひとつが修理だ。もっと手頃な価格で修理が広く利用できるなら、デバイスの平均寿命を大きく伸ばせるだろう。スマートフォンが二年ではなく五年、テレビが一〇年以上使える世界では、年間の電子ゴミ汚染は激減するはずだ。修理によって、デバイスが向かう先は埋立地ではなく、所有者の手元になる。確かに、安価で利用しやすく信頼の置ける修理だけで、新しいデバイスを購入したいという欲求がなくなるわけではない。今日の消費者は、最新のハードウェアのアップデートを求めるあまり、壊れていないデバイスも壊れたデバイスと同じように廃棄してしまう。だが修理をすれば、買い替え時期を先延ばしにし、手元のデバイスをより長く使うことになる。同じように重要なのは、修理が手軽に利用できれば、中古デバイスの価値が高まることだ――その時点で、デバイスが機能しているかどうかは関係ない。裕福な消費者や環境問題に関心のない消費者が、一年前のスマートスピーカーを捨てて、新たなモデルに買い替えたとしても、二次流通市場がその中古デバイスを吸収して、埋立地行きから救ってくれるかもしれない。必要に応じて中古デバイスは修理可能だと、購入希望者が確信している時には、特に埋立地行きを免れるだろう。

## 採掘と生産を減らす

修理より買い替えにこだわる私たちの集団的な傾向は、環境に影響を及ぼす。それは、廃棄だけにとどまらない。新しいデバイスの生産は、地域と地球の両方のレベルで被害をもたらす。新品のPlayStationの箱を開封する時の心高鳴る体験は、はかなくも一瞬で終わるが、原材料の破壊的な採取からエネルギーを大量消費する組み立てラインまで、どの段階も環境被害につながり、それに伴うコストも、デバイス経済の規模が大きければ大きいほど増幅する。メーカーが製造するスマートフォンの台数は、年間約一五億台にのぼる。数億台のテレビ、タブレット、ラップトップ、一億台近い自動車、数千万台の洗濯機や他の家電を加えると、現代のデバイス製造の莫大な規模が姿を現し始める。[56]

洗練されたデザインと革新的な機能を備えているとはいえ、デバイスは未来から来たわけではない。私たちが住む地球でつくられた。原材料は、何十億年も岩石に埋め込まれてきた金属だ。プラスチックですら、地下から汲み上げた原油が原材料である。わかっている八三種類の安定元素のうち、少なくとも七五種類の元素がスマートフォンに使われている。[57] アルミニウム、コバルト、銅、金、インジウム、鉄、リチウム、ニッケル、シリコン、銀、タンタル、スズ、タングステン、さらに一七種類のレアメタルのうちの一六種類が含まれる。これらの原材料が採掘、加工、変換されることで、私たちは精密工学の偉業をポケットに入れて持ち運べるのだ。

ジャーナリストのブライアン・マーチャントが、著書『ザ・ワン・デバイス――iPhoneという奇跡の〝生態系〟はいかに誕生したか』(ダイヤモンド社、二〇一九年)のなかで、iPhoneの歴史について説明したように、一二八グラムのiPhoneを一台製造するために、約三四キログラムの鉱石を採掘しなければならない。[58] アップルが販売台数の公表を停止した二〇一八年時点で、すでに二二億台が販売されていた。[59] つまり、iPhone の生産のためだけに、およそ七五〇〇万トンの鉱石が採掘された計算になる。[60] それ以外にも、他のメーカーのスマートフォン、ラップトップ、デスクトップ、増加する一方のウェアラブル機器、スマート家電、寿命の短い各種デジタル製品も加えれば、デバイス経済は文字通り地球のかたちを変えつつある。

スマートフォンの回路に使われる金や銅などの金属を掘り出す時、地球と人に対して暴力的な採掘行為が必要になる。露天掘り鉱山では、大量の鉱石を掘削すると廃石が生じる。ユタ州にある世界最大級のビンガムキャニオン銅山は、深さ一・二キロメートル、幅四キロメートルだ。対照的に硬岩採掘の場合には、地下の鉱石に到達するために垂直坑道（立坑）と水平坑道（横坑）を掘削・発破し、それが大気汚染につながる。特に金鉱山は水銀汚染の大きな原因だ。[61] 鉱山労働者には、結核から肺がんまで呼吸器疾患の患者が非常に多い。[62]

鉱石を採掘したあと、廃石から有価金属を分離する作業がある。このプロセスでは大量の水を消費する。スマートフォン一台の製造に、一〇〇リットルの水を必要とする理由もここにある。[63] それ以上に懸念すべきは、水、岩石、金属粒子が混ざり合ったスラリー（泥）状の廃棄物が廃水池に保管され、これが環境破壊を引き起こす危険性だ。一例をあげれば、最近、パプアニューギニアのブーゲンビル島の住民が、オーストラリアの鉱山会社リオ・ティントを相手取って訴訟を起こした。同社が、銅・金鉱山で数百万トンの廃棄物を適切に処理せず、島の飲料水を汚染し、子どもの上気道感染症や胃腸疾患を引き起こしたという主張である。[64] さらに悪いことに、金鉱山では、約二八グラムの貴金属を生産するために九一トンもの鉱石を採掘し、[65] シアン化物〔ごく少量で死に至る〕が浸出しやすい。この生産プロセスでは、有毒な化学物質を使って金を溶解し、鉱石から分離するため、非常に有害な廃水が残り、野生生物や農地の安全性や水の供給が脅かされるのだ。(66)

これらのよく知られた元素に加えて、デバイスにはさまざまなレアアースが使われている。(67)ジスプロシウム、ネオジム、テルビウムは、スマートフォンでバイブレーションや音声機能に使われる磁石の重要な原料だ。セリウムは、ガラススクリーンの研磨に広く使われ、ユウロピウムやイットリウムは蛍光体の原料である。回路基板には、ガドリニウムやプラセオジムなどが使われる。他の金属と違って、レアアースはほぼ一様に、トリウムやウランなどの放射性物質と混在した状態で採掘される。レアアースの精製プロセスで、硫酸——そして大量の水と電気——を使って鉱石を分解すると、有毒なだけでなく、放射性のスラリーが残る。これが地下水に浸出したり粉塵粒子が運ばれたりすると、周辺住民の健康に深刻な被害が及ぶ。たとえばカリフォルニア州のレアアース鉱山から、モハーヴェ砂漠に約一一四万リットルの放射性物質が流出した。(68)マレーシアの広大なレアアース施設は、増え続ける放射性廃棄物の山を安全に封じ込められず、地下水汚染の懸念から閉鎖の危機に瀕している。(69)

嘆かわしいことに、レアアースの大半が採掘されるのは、環境基準が低いか存在しない国や地域だ。中国の内モンゴル自治区にある人口二〇〇万人超の包頭《ぱおとう》市は、中国最大のレアアース生産地だ。市から二〇分ほど離れた場所に、BBCが「悪夢のごとき……地上の地獄」と評した有毒な人工湖がある。(70)「黒く、かろうじて液体と呼べる有毒なスラグ」は、近くの宝鋼スチール・レアアース鉱山の採掘の副産物だ。この有害な汚泥は、地元の水路や灌漑《かんがい》システムに浸出し、壊滅的な影響をもたらした。[71] レアアース貿易の中心となる数十年前、この地域にはスイカやナス、トマトの畑が広がっていた。[72] 土壌はもはや作物を育てられず、家畜は死に、住民は白血病や膵臓がんと闘っている。[73] 髪や歯が抜け落ちたという報告もある。[74]

このような採掘行為が人間に及ぼす影響を見て見ぬ振りをした結果、被害はしばしば別のかたちでも現れる。コバルト、タンタル、タングステン、スズなどの金属は、人間に与える苦痛を最大化することが目的かと思うような方法で採掘される。コバルトは、スマートフォンやラップトップ、電気自動車のリチウムイオン電池の重要な原料だ。世界の需要は年間一〇万トンを超え、二〇三〇年になる頃には四倍以上に膨れ上がると見られている。[75] 二〇一八年に一トン当たりほぼ一〇万ドルの最高値を記録したが、このところ三万五〇〇〇ドル付近で落ち着いている。だが、最も深刻なコストを押しつけられるのは採掘者たちだ。世界最大のコバルト供給国は、コンゴ民主共和国である。多くは重機を使って大規模に採掘されるが、残りの約二〇パーセントは、フランス語で掘る人《クルザーズ》と呼ばれる、地元の二五万人の採掘者による手掘りである。彼らは、いつ崩落してもおかしくない狭いトンネルを掘り、さまざまな健康被害をもたらす有毒な粉塵を吸い込む。一日働いても、賃金はたいてい一ドルにも満たない。手掘り労働者のうち、推定三万五〇〇〇人を子どもが占め、なかには六歳の児童もいる。[76] デバイスメーカーがいくら努力しようと、購入するコバルトのすべてが倫理的に採掘されているとは保証できない。リサイクルで確保できるコバルトは、必要量のほんの一部にすぎない。

同じように問題なのは、コンゴ民主共和国とその周辺国で、鉱山からの利益が武力紛争の資金源となってきたことだ。まだ七歳の子どもが、タンタルの原料となるコルタンを採掘する。タンタルは回路、コンデンサ、抵抗器に使われる。デバイスの小型化、薄型化に役立つため、その貴重性から、毎年、世界の供給量の半分をデバイスメーカーが買い占める。[77]だが、大きな利益が見込めるタンタル取引は、第二次世界大戦以来、特に血なまぐさい紛争悪化の一因になってきた。死者数は数百万人にのぼり、レイプがテロの手段になり、子どもは日常的に徴兵される。[78]コルタンの需要を促進し、紛争資金の提供にエレクトロニクス企業が間接的ながらも中心的な役割を果たすことから、この紛争をプレイステーション戦争と呼ぶ者もいる。[79]

紛争の残虐行為を受けて、アメリカ、ＥＵ、中国は、紛争鉱物〔具体的にはスズ、タンタル、タングステン、金を指す〕がもたらす資金の流れを制限する規制を制定した。[80]企業は、サプライチェーンの浄化を求める大きな圧力に曝されている。とはいえ、児童の労働搾取はコンゴ民主共和国だけの問題ではない。世界のスズ供給量のおよそ三分の一は、児童が働き、致命的な崩落事故が頻発するインドネシアの非公式の鉱山で採掘されたものだ。[81]ボリビアの都市ポトシにあるセロ・リコ鉱山では、最も深く狭い坑道のなかを、わずか六歳の子どもたちが腹ばいになってスズ、銀、亜鉛を回収する。一年で数十人が命を落としてきた。[82]最近では二〇一三年にサムスンが、児童を労働搾取するインドネシアの鉱山からスズを入手していたことを認めた。アップルは、二〇一七年までセロ・リコのスズを使用していた。[83]

原材料が揃うと、マイクロプロセッサやバッテリーから触覚エンジン、ＬＥＤディスプレイまで、デバイスの構成部分が製造できるようになる。小さく複雑なコンポーネントをつくるためには、膨大なエネルギーや水、その他の資源が必要だ。マイクロチップの製造プロセスでは、浮遊微小粒子の持ち込みや発生を管理するため、地表というより宇宙の真空空間に近いクリーンルームを、細心の注意を払ってつくり出す必要がある。大規模な施設では、とんでもない量のエネルギーを消費して空気と水を常にろ過、洗浄、浄化する[84]。このプロセスでは、半導体の微細なパターンをエッチングしたり、チップを製造するチャンバーから化学反応物を洗浄したりするために、フッ素系ガスを使用する。パーフルオロカーボンや三フッ化窒素などのことだ。三フッ化窒素は、「大気中の熱を閉じ込める力が、二酸化炭素の一万六一〇〇倍も強力な温室効果ガス[85]」である。この悪名高く危険な酸化剤は、接触するとコンクリートや砂、アスベストすら燃やすことができる[86]。アメリカ環境保護庁（ＥＰＡ）によれば、これらのガスの八〇パーセントが製造施設から外に逃げ出し、大気中に放出されるという[87]。製造業者はこの危険な副産物に対処すべく、廃棄や封じ込めなどの解決策を実施するが、とても確実とはいえない。ある施設でフッ素が駐車場に漏れ出した際、車のフロントガラスを溶かしてしまったという報告もある[88]。

このエネルギー集約型の製造プロセスは、先に述べた採取技術と組み合わさって、消費者向けデバイスのカーボンフットプリントの数値を大きく押し上げている。動作時に使用するエネルギーを含めないとして、ラップトップ一台を製造する際に発生する二酸化炭素換算量は四六八キログラム[89]。PlayStation 4の二酸化炭素排出量は、比較的控えめな八九キログラム[90]。二〇二〇年にソニーが後継機であるPlayStation 5を発売するまで、PlayStation 4は一億台販売され、合計九〇〇万トン近い二酸化炭素を大気中に放出した。iPhone 一台を製造するカーボンフットプリントはもう少し少なく、約七〇キログラム。[91]とはいえ、iPhoneの場合、圧倒的な販売台数ゆえ、二酸化炭素換算の排出量は計一億五〇〇〇万トンにのぼる。これは、iPhone製造のために採掘される鉱石の重量の二倍に相当する。他の大手メーカーと同様に、ソニーとアップルもカーボンニュートラルな生産の実現を公言したものの、目標が達成されるのは数十年も先のことだ。[92]

最後に、配送と流通の影響についても考えなければならない。世界貿易の約九〇パーセントは外洋船に依存している。[93]大半が、汚染をもたらす重油を燃料に使用する。そして、二酸化炭素だけでなく、二酸化硫黄と窒素酸化物も大量に放出する。すべてを合計すると、外洋船が排出する温室効果ガスは世界六番目の排出国に相当する。[94]新しい規制、代替燃料、再生可能エネルギー源は、船舶による汚染物質を削減する可能性があるが、その有効性はいまだわかっていない。製造に使われる原材料はもちろんのこと、数十億台の自動車、スマートフォン、家電を海を越えて輸送すると、環境汚染が発生する。さらに自宅に配送される際にも環境汚染は生じる。あちこちの国でオンラインショッピングや二日以内の配達が当たり前になったいま、即座の満足感がもたらす環境コストを考慮する必要があるだろう。アマゾンとその配送業者がよく利用する普通トラックは、道路上で最も環境汚染の原因となる車両のひとつだ。しかも、急ぎの配送では、少ない荷物を届けるためにより多くの距離を走らなければならず、とても効率的とはいえない。[95]ある試算によれば、アマゾンによる配送は一年間で一九〇〇万トンの二酸化炭素を排出したという。[96]同社は環境負荷の削減に向けた大きな公約を掲げ、二〇三〇年までに配送の半分をカーボンニュートラルにし、一〇万台の電気配送車を購入するという目標を打ち出した。だが、新しい電気配送車を製造すれば、やはり環境コス

トが発生する。(97)

デバイスの生産は、環境と人間の幸福を破壊する。そしてその惨事は、私たちが新しいデバイスに抱く飽くなき欲求によって悪化する。需要に応えるために、デバイスメーカーは年々、生産量を増やし、より多くの部品を供給するようサプライヤーに圧力をかける。すると今度は、サプライヤーが製錬所や精油所により多くの原材料を要求する。供給ペースを保つために、採掘業者は枯渇に向かう天然資源を確保しようと、より深く掘り進めなければならない。新しいデバイスに対する需要が増せば増すほど、被害も深刻になる。

となると、どうすればこの消費サイクルを断ち切れるだろうか。アプローチのひとつは、そのコストを、新しいデバイスの価格に完全かつ正確に反映させることだ。デバイスメーカーは、所有に伴う総コストだけでなく、製造に伴う総コストも消費者に明らかにしていない。新しいラップトップを購入する時、レアアース採掘によって汚染される河川、金やニッケル採掘による大気汚染が原因の健康被害、労働搾取などは、希望小売価格に充分、反映されていない。先に述べたように、経済学者が外部性と呼ぶコストは第三者に押しつけられるため、売り手も買い手も負担する必要がない。労働規制や環境規制があってないような国の採掘業者と契約することで、デバイスメーカーは、外部性のコストを価格に上乗せせずに済む。メーカーがコストを負担する必要がないため、消費者も負担する必要がない。言い換えれば、デバイスの購入代金は、ボリビア、コンゴ民主共和国、モンゴル、パプアニューギニアなどの周縁化されたコミュニティが支払う〝補助金〟によって賄われているのだ。もしデバイスメーカーが、疎外されたコミュニティが被る損害を全額負担しなければならないならば、新品デバイスの価格はとてつもない額に跳ね上がるに違いない。
その損害を完全に内部化〔負の外部性を、当事者の経済計算に反映させること〕して価格に乗せることは不可能だが、コストの上昇と世論の圧力が、環境負荷を低減する製品を設計するよう、企業に促すことは期待できる。近年、ディスプレイやガラスに水銀やヒ素を使わないなど、ささやかに前進した企業もある。[98]とはいえ、数十億年前の岩石を複雑な電子機器に変換するというビジネスを大規模に行なっている、という事実から逃れられるものではない。たとえば、テスラはコバルトを含まないバッテリーの製造計画を発表した。[99]この決定は電気自動車のコストを下げ、コンゴ民主共和国で採掘に伴う環境問題や人権問題――PR上の頭痛の種であることは言うまでもない――の回避につながるだろう。その一方、ニッケルの需要を押し上げ、別の環境問題を引き起こしてしまう。ロシアで最も汚染が深刻な都市ノリリスクでは、ニッケル採掘によって渦巻く煙が噴出し、毎年三五万トンの二酸化硫黄が大気中に放出される。[100]近くを流れるダルディカン川は、わずか四年のあいだに三度にわたって血のように赤く染まった。冶金《やきん》による廃棄物が溢れ出し、ディーゼル燃料が流出したためである。[101]この被害を受けて、北極圏のタイミル地区で暮らす先住民のコミュニティは、汚染を引き起こしている地元のニッケル採掘企業からニッケルを購入しないよう、テスラに嘆願してきた。[102]
環境保護の視点からすれば、デバイス経済の被害を軽減する重大な取り組みの中心にあるのが修理だ。効果的な修理が手頃な価格で行なえる時、デバイスの寿命は延び、買い替えサイクルは遅くなり、採掘と生産は減少する。鉱石を採掘して精練し、部品を製造し、デバイスを組み立て、地球の裏側から大急ぎで輸送する行為は、クレジットカードの明細書上だけでなく地球に及ぼす影響の点でも、非常に高くつくことになる。投資の重要性を責任をもって認識する唯一の方法は、合理的に可能な限り、製品を長く使い続けることだ。

## リサイクルの約束と現実

近年、デバイスメーカーはリサイクルの重要性を重視するようになった。地中深くで採掘するのではなく、毎年、捨てられてしまう廃棄物の山からも素材が採取できる。この変化を引き起こした要因のひとつは、まず間違いなく持続可能性と環境破壊に対する懸念である。とはいえ、リサイクルの重視は経済的にも理にかなっている。二〇一九年だけでも、電子ゴミには五七〇億ドル相当の鉄、銅、金、その他の金属が含まれていた。[103]しかも、廃棄されたデバイスに集中している。アメリカ環境保護庁の推定によれば、「一トンの回路基板には、一トンの鉱石から採掘される量の四〇~八〇〇倍の金と、三〇~四〇倍の銅が含まれている可能性がある」という。[104]そのため、電子ゴミから原料を回収することは、バージンメタル（新しい地金）を抽出するよりも効率的な場合が多い。一部のレアアースのような、それ以外の素材については、供給量の減少を受けて、企業にはリサイクルしか選択肢が残されていないかもしれない。[105]

リサイクルに話題を移すことは、巧妙なPR手段だ。環境問題の点でデバイス経済がますます厳しい監視の目に曝されるなか、企業はハイテク部門のグリーンイメージ向上に躍起になっている。アップルは、MacBookの筐体に再生アルミニウム、ロジックボードのはんだに再生スズ、iPhoneの触覚エンジンに再生レアアースを使用しているとアピールする。[106] マイクロソフトは、リサイクル努力によって数百万キログラムもの廃棄物を再利用していると誇らしげに宣伝する。[107] テスラは、バッテリーのリサイクルに投資していると強調する。[108]

企業はまた、市場調査の結果を踏まえ、革新的なリサイクル技術に親しみやすい名前をつけて公表する。デイジーは、iPhone をリサイクルするために設計されたロボットだ。一〇〇万台の iPhone を処理するごとに、一・一キログラムの金、八三キログラムのタングステン、七九〇キログラムのコバルトを回収する。[109] 一時間に最大二〇〇台の iPhone をリサイクル可能だ。素晴らしいと思うだろう。ただし、アップルが一時間に二万台以上の iPhone を、一日二四時間、年間三六五日生産していると知るまでは。生産ラインに比べれば、リサイクルプログラムの規模は――控えめに言っても――小さい。二〇一九年までにアップルがリサイクル用に受け取った iPhone は、一〇〇万台。この数字は、同じ年に販売した新品の〇・五パーセントにも満たない。[110] この年、アップルと提携リサイクル業者が処理した電子ゴミは四万八〇〇〇トン。世界全体の年間総量の〇・一パーセントにも満たない数字だ。[111]

その他にも研究者は、カーボンナノチューブでレアアースを分離したり、強力な水中音波を用いて貴重な金属を分離したりする新たな技術を開発してきた。[112] 電子ゴミのリサイクルを拡大するためには、新たなプロセスや技術が間違いなく不可欠だ。だが、こうした取り組みは――未来的なリサイクルロボットと同じように――新しいテクノロジーが、私たちを私たち自身から救ってくれるという慰めの物語を、ますます受け入れやすくする。二〇世紀アメリカの哲学者ホーマー・シンプソンの言葉を借りるなら、「テクノロジーに（乾杯）！　人生のあらゆる問題の原因であり、解決策に」というところだろう[113]（ホーマー・シンプソンは、アメリカの人気テレビアニメ『シンプソンズ』の主人公。番組の場面では「アルコールに！　人生のあらゆる問題の原因であり、解決策に」と言って、ホーマーとおおぜいの人間がビールで乾杯する）。

リサイクルの拡大はもちろん環境にとって良いことだ。政策立案者はリサイクルを奨励すべきであり、投資する企業にも拍手を送るべきだろう。それでもなお、リサイクルのメリットを過大評価することにはリスクもある。修理と違って、新しいデバイスの需要を減らしたり、生産を遅らせたりすることはないからだ。それどころか、消費を拡大させる可能性もある。投入コストを削減することで、リサイクルは新製品の価格を引き下げ、ライフサイクルを短縮させる恐れがある。同時に、消費者が自分の選択の結果にきちんと向き合わず、責任逃れをするお手軽な方法を提供してしまう。古いラップトップをリサイクルするほうが、埋立地に廃棄するよりも良いことは間違いない。だが、リサイクルにはコストがかかる。回収インフラ、輸送ネットワーク、特殊な設備を持ち、エネルギーを大量に消費する施設が必要だ。

これらのコストはさておき、今日の電子機器のリサイクル率はあまりに低すぎて、原材料の需要を維持できない。二〇一九年、世界の電子ゴミのうち、正式ルートでリサイクルされた割合はわずか一七・四パーセント（約九三〇万トン）。しかも、リサイクルの成長率は電子ゴミの生産率を大幅に下まわる[114]。世界各国のリサイクル率を比較すると、大きな改善の余地がある。ヨーロッパは厳格な規制と多額の投資の結果、電子ゴミの四二・五パーセントを安全にリサイクルしており、世界をリードしている。とはいえ、ヨーロッパでさえ、半数以上の電子ゴミがリサイクルされていない。他の地域はもっとひどい状況だ。アジアでリサイクルにまわされる電子ゴミは、わずか一一・七パーセント、南北アメリカが九・四パーセント、オセアニアが八・八パーセント、アフリカの場合は一パーセントにも満たない[115]。リサイクルから大きな利益を得るためには、政府や企業が積極的な対策を講じて、もっとずっと多くの電子ゴミを回収しなければならない。だが、たとえリサイクル率が一〇〇パーセントに達したとしても、原材料の需要はやはり供給を上まわるだろう。国連によれば、デバイスメーカーが需要の増加に追いつくためには毎年さらに一四〇〇万トンの鉄、アルミニウム、銅が必要だという[116]。

私たちはここまで、文書に残る公式のリサイクルに焦点を当ててきた。公式のプロセスにおいては、労働者や周辺コミュニティを保護するために、健康や安全、環境に関する規制を遵守する必要がある[117]。このような当然と思える高い基準もあって、八二パーセント以上の電子ゴミが公認のリサイクルチェーンを回避する。その多くが、埋立地行きとなる。一部は、修理のために開発途上国に輸出されたり、中古部品として別の目的に利用されたりする。だが、毎年、何百万トンもの電子ゴミが、規制を受けない非公式なリサイクル業者によって分解される。その実態は、環境に優しい解決策というリサイクルの通念を覆すものだ。

非公式なリサイクル拠点は、中国やベトナムからガーナやナイジェリアまで、アジアとアフリカに点在する。大半が小規模で独立して操業し、たいてい数十、数百、数千規模で集積している。南シナ海沿岸に位置する人口一五万人の広東省の都市、貴嶼《ぐいゆ》は、かつて〝世界の電子ゴミの墓場〟と呼ばれていた。[118] 街のあちこちの家の裏庭で、数千もの小さなリサイクル事業が見られた。数万人の男や女や子どもが、ハンマーやノミなどの工具を使って電子ゴミを分解し、硝酸や塩酸の露天槽で回路基板から金やその他の貴金属を溶かし出し、電線やケーブルを燃やして内部の銅を取り出していた。[119] 中国当局が電子ゴミの輸入を取り締まると、その多くはベトナムやフィリピンなどに流れ、同様の行為が続いた。

裏庭リサイクルで生活費を稼ぐしかすべのないコミュニティは、公式なリサイクルと違ってハイテク設備、保護具、厳格な規制がないため、健康と環境の深刻なリスクに曝される。プラスチックを溶かせば有毒ガスが発生し、重金属が水や土壌に流れ込む。[120] 汚染物質は、労働者や地元コミュニティのさまざまな健康問題と関連がある。がん、流産、先天性欠損症、肺機能の低下、神経発達障害、死亡率の上昇。すべて、非公式なリサイクルとの関連が指摘されている。[121]

非公式なリサイクルの被害を減らす、単純に思える対応策のひとつは、より多くの電子ゴミを、規制を受ける認定リサイクル業者にまわすことだ。だが、公式なリサイクル業者に送られたディスプレイとプリンタを追跡した二〇一六年のアメリカの調査によれば、デバイスの四〇パーセントが輸出されていたという。そして、ほぼすべてが、危険で規制のないリサイクル行為に依存する開発途上国に行き着いていた。[122] つまり、安全で責任あるリサイクルと、有害で労働力を搾取する電子ゴミの輸出を分ける境界線は、私たちが期待する以上に抜け穴だらけなのだ。

公式と非公式なリサイクルのコストを考えた時、修理には明らかにメリットがある。バッテリー切れのスマートフォンをシュレッダーにかけたり部品を溶かしたりして、製造の原料にするのではなく、バッテリーを交換すればいいのだ。交換部品の安定した供給が必要だが、修理は公式なリサイクルよりも少ないエネルギーと資源で済む。また、非公式なリサイクルが立場の弱いコミュニティに被害を与える時、私たちのデバイスがその一因となるリスクも回避できる。最も重要なのは、修理が私たちにより良い習慣を教えてくれることだろう。資源には限りがあるが、私たちの欲求には限りがないのだ。

## 修理の社会的メリット

修理がもたらす最も明らかなメリットは、先に述べた経済的利点と環境的利点である。このふたつだけでも、これまでの考え方や行動を見直すきっかけになるだろう。だが、修理には見すごされがちな三番目のメリットがある。自分の所有物を診断して修理する時、私たちは周囲の世界との相互作用を再構築している。それと同時に、理解を深め、新しいスキルを身につけ、コミュニティのなかで社会的結びつきを強めている。

修理は、私たちと周囲の世界との関わり方を変えてくれる。テクノロジーをコントロールする力を与えてくれる。デバイスが壊れると、計画を変更せざるを得なくなり、せっかくの意気込みもしぼんでしまう。たとえば長い一日の終わりに、自転車で出かける計画を立てていたとしよう。どこを走ろうかとルートを思い描き、心身ともにリフレッシュすることを楽しみにしている。服を着替えて水筒を用意し、ヘルメットを被ったところで、タイヤのパンクに気づく。インナーチューブを交換する部品やツール、ノウハウがあれば、苛立たしいとはいえ、パンクはちょっとした障害にすぎない。ところが、修理できなければ計画は台なし。諦める他ない。

ネットワーク化されたテクノロジーがつくる今日の世界において、自給自足の感覚や自分がものごとをコントロールしているという感覚は、希薄になるばかりだ。ところが、修理はそのような感覚を養ってくれる。自転車は、少なくとも自分で修理できる範囲にある。だが、家族揃って映画を見る夜に、ポップコーンができあがり、みながソファーに座って映画の始まりを待っている時に、理由もわからずインターネットがダウンしてしまったら？　手元のデバイスを理解できず、コントロールもできない時、私たちは外部の力に権限を委ねる。私たちとテクノロジーとの関係は、ますます受動的で依存的なものになっていく。この傾向は——生活はもちろん、アイデンティティまでもが、電子機器と密接な関係にあることを考えると——とりわけ問題だ。以前なら記憶し、頭のなかで行なってきたプロセスを、いまはスマートフォンに委ねている。友だちの電話番号、親戚の誕生日、約束の日にちをスマートフォンが覚えていてくれるため、私たちが覚える必要はない。かつては頭のなかにあった道順も、ナビゲートしてくれる。良くも悪くも、私たちは脳の延長としてこのデバイスに依存している。壊れたら、慌てて買い替えるのも無理はない。この問題が特に大きな影響を及ぼす人たちもいる。

人工内耳やインスリンポンプなどの医療機器に依存しなければ、生活できない人は多い。デバイスが生死を分ける場合もある。だが、既存の規制プロセスによって、医療機器がいつも適切に機能するとは限らない。たとえば、アボット社の約五〇万台のペースメーカーは、サイバー攻撃を受けやすく、バッテリーを急速に消耗させ、致命的な被害をもたらす恐れがあった。[123]さらに、修理と呼ぶアボットの行為には新しい誤作動のリスクが伴った。[124]あるいは、電動の車椅子の修理ができないとユーザーが身動きできなくなり、孤立してしまう恐れについて考えてみよう。ケニー・マエスタスが電動車椅子のバッテリーが充電できなくなった時、メーカーは技術者を派遣して確認するまでに一カ月かかると告げた。[125]たとえ部品の在庫があったとしても、点検と修理の予約は別々に取ってほしいという方針を、メーカーは繰り返すばかりだった。結局、ケニーの車椅子が再び動くまでに、二カ月以上もかかってしまった。

スマートフォンから医療機器までのデバイスが私たちの延長ならば、修理する権利は、私たち個人の自由と主体性にとって不可欠である。もし修理ができないのなら、通勤し、愛する者とコミュニケーションをとり、部屋を暖かく保ち、料理をして、生きていくために、私たちはデバイスを販売する企業に依存しなければならなくなる。ところが、多くの場合、企業が掲げる目標は、顧客が望む最大の利益とはかけ離れたものだ。修理という選択肢がないのなら、企業が私たちのために正しく行動してくれるよう、ただ祈るほかない。修理は、ある程度の独立性と自立性を与えてくれる。受動的な消費者の役割を超えて、より積極的で責任ある人生の参加者になるよう、手助けしてくれるのだ。

危機的な状況では、自由に修理できることがさらに重要だ。通常であれば、重要な機器に問題が発生した場合、修理を依頼するチャネルがあり、メーカーに連絡をして保証を利用して専門家に委ねる。だが、そのチャネルが遮断され、サプライチェーンが断たれる場合がある。二〇二〇年、新型コロナウイルス感染症によって世界中の生活が混乱に陥った時、病院は救命機器を停止させないために必要な部品やサービスにアクセスできなかった。人工呼吸器などの機器の需要が高まり、病院が正規の修理業者に普段どれほど依存しているかが明らかになり、社内に修理技術者を確保する必要性が浮き彫りになった。医療機器分野だけの話ではない。緊急性は低いものの、消費者はやはり既存の修理チャネルにアクセスできないという問題に直面した。パンデミックのあいだ、世界中の小売店が閉店したため、自分のデバイスがシャッターの閉まった店内に取り残されたまま、数千人の顧客が修理を待つはめになったのだ。さらに、店舗が閉鎖されていた数カ月間、デバイスが壊れたまま、為すすべもなかった消費者もたくさんいた[126]。もちろん、修理という手段によって、パンデミックの影響を完全に逃れることはできないが、地域的あるいは世界的な混乱に対して、より強靭な技術インフラを築くことは可能だ。

修理は、個人がコントロール感を持つだけでなく、周囲の世界をよりよく理解するために役立つ。現代のテクノロジーは日常生活の中心にあるにもかかわらず、デバイスがどのように機能するのかについて、ほとんどの人はよく言っても大雑把にしか理解していない。設計通りに動作する時、デバイスは日常生活のなかに溶け込んでしまっている。壊れて初めて、どんな仕組みで動いているのか、という疑問が湧く。その疑問はチャンスにつながる。つまり、デバイスと新しい方法で関わる機会であり、どのように機能するかだけでなく、どのように壊れるのか、さらに運がよければ、どうすれば元通りに動くのかが明らかになる。成功するかどうかはともかく、修理しようとすれば何かを学ぶ。私たちの暮らしのすぐ裏で動いている、時に隠され、たいてい見向きもされないメカニズムを明らかにしてくれるのだ。

修理をすれば、テクノロジーの働きをより確かに理解できるだけではない。問題を解決する貴重な能力も養える。修理の難易度はさまざまだ。診断が容易で、簡単に修理できる故障もある。だが多くの場合、そう簡単ではない。単純なアルゴリズムやチェックリストがあるわけでもない。創造的で、時には即興的なアプローチが求められる。難易度の高い修理では、車が動かないといった目の前の問題から出発し、複雑なシステムのなかから考えうる原因を特定しなければならない。バッテリー切れなのか。それともタイミングベルトの不具合、燃料フィルターの詰まり、点火プラグのカーボン汚れ、ディストリビューターキャップのひび割れ、燃料ポンプの不良、セキュリティシステムの誤作動なのか。考え得る原因はたくさんある。正しい原因を突き止めるためには、経験、直感、知識に基づく推測、試行錯誤を組み合わせなければならない(127)。

原因を突き止めたあと、不具合を直す場合も同じだ。壊れた部品を取り換えれば終わりの時もある。だが、交換部品やツールが手に入らなかったり、高価だったり、信頼性が低かったりする時には、より創造的な解決方法が求められることが多い。社会科学者のララ・ヒューストンは、ウガンダのスマートフォン修理業者を対象とした調査のなかで、あるテクニックを紹介している。スマートフォンのマイクの交換は、かつて簡単で単純な作業だった。ところが、マイクがマザーボードに組み込まれるようになると、修理には赤外線はんだ付けステーションが必要になったが、一般には普及してはいない。そこで、積極果敢な修理者は、マザーボードとマイクを接続するために細い銅線を使用する、「ルーピング」という技法を用いていたという(128)。

修理は必ず成功するわけではない。とはいえ、たとえ失敗したとしても努力した価値はある。多くの能力がそうであるように、修理のスキルも使わなければ錆びついてしまう。たとえば、GPSの細かい指示に頼るドライバーは、方向感覚と記憶を駆使して目的地にたどり着くドライバーより、脳の活動量が低いという研究結果がある。(129) 修理より買い替えを優先する文化は、問題の原因を突き止め、体系的に解決する能力を軽視するだけでない。その能力を開発し、維持する可能性も低くなる。

だからといって、修理とイノベーションが相容れないわけではない。その反対だ。イノベーションは、新製品の設計のためだけのものではない。修理には独自の創意工夫が必要であり、新しいものを生み出すプロセスに不可欠なスキルや知識が身につく。ある技術がどのように機能し、なぜ故障するのか、そしてどうすれば修理できるのかを理解すれば、改良品の開発は近づく。社会学者のダグラス・ハーパーが、小さな町の修理工場を描いたエスノグラフィー『実用的な知識（Working Knowledge）』（一九八七年、未邦訳）には、経験豊富な熟練整備士のウィリーが登場する。サーブ〔現在Saabブランドは消滅〕のドアハンドルを数えきれないほど多く修理したあと、ウィリーはみずからドアハンドルを設計し、脆弱なホワイトメタル部品をより強い合金に置き換え、プラスチック製ボールベアリングの問題を完全に取り除いた。(130) ウィリーの発明は顧客の生活を向上させたものの、その影響が地元コミュニティの外に波及することはほとんどなかった。これに対し、二〇世紀で最もインパクトのある発明のひとつは、修理工場で考案された。画期的な航空技術を開発する前、ウィルバーとオービルのライト兄弟は、オハイオ州デイトンに自転車修理工場を構えていた。そこで、彼らは木工や金属加工の技術を身につけ、のちに最初の飛行機に組み込まれることになる、スプロケット・ローラーチェーンなどのハードウエアに詳しくなった。[131] ふたりの修理工場から直接生まれたものではないが、ライト兄弟の発明が、修理を通して身につけた知識と磨かれたスキルの賜物だったことは間違いない。同じように、自動車が誕生してからの数十年間、修理とはもちろんみずから取り組む行為であり、そう勧められてもおり、ユーザーによるイノベーションを促す豊かな土壌をつくった。農家は、T型フォードを農具の動力源に転用した。歴史学教授のキャスリーン・フランツが書いているように、「手頃な価格で大量生産された自動車は、アメリカの消費者がみずからの技術能力を発揮し、彼の、時には彼女の創意工夫を証明する刺激的で新たな可能性を拓いた」。[132]

また、修理をすれば、モノやそれが表す歴史に愛着を持ったり、思い出の品を尊重したりする。経済的に言えば、祖母の古いレコードプレイヤーを修理することは、合理的ではないかもしれない。とはいえ、特定のモノに対する愛着はしばしば、主観的な価値を決めるうえで、市場価値と同じくらい重要だ。何かを修理するという判断には、経済的な計算、社会的な習慣に加えて、感情的なこだわりも反映される。そう考えると、修理によって価値が高まるモノが存在する理由がわかる。あなたにも履き込んで古くなり、何度もパッチを当てたり補修したりした、お気に入りのジーンズがあるのではないだろうか。隣人のおんぼろトラックは、何十年も修理して乗り続けてきた証拠に、車体の塗装の色がバラバラかもしれない。これらには、長く使ってきた歴史や耐久性、最後の最後まで使い切りたいという持ち主の決意が滲み出ている。

だが、ひょっとするといまの例は少々無粋だったかもしれない。代わりに、金継ぎと呼ばれる日本の伝統的な修復技法について考えてみよう。これは一六世紀から続く、割れたり欠けたりした陶磁器を修復する伝統工芸である[133]。割れた茶碗や鉢を、樹木を原料とする漆《うるし》という樹脂を使って継ぎ合わせる。継ぎ目は隠したりせず、金粉や銀粉を付着させることから、文字通り「金継ぎ（ゴールデン・ジョイナリー）」と呼ばれるようになった[134]。亀裂部分とその修復を意図的に目立たせることで、浪費を戒める「もったいない」という考え方と、不完全さや無常を受け入れる「わび・さび」という伝統的な美意識とをうまく組み合わせている[135]。金継ぎは、モノの寿命を延ばすだけでない。作り手と直し手、両方の苦心と芸術的技巧を同じように評価する。そうすることによって、私たちがつくり出したものを修理する時と廃棄する時のどちらが価値が高いかについて物語る。重要なのは、金継ぎが、より価値のある新たなものを生み出す可能性であり、修理の持つ変容の力を際立たせていることだ。

最後に、修理はコミュニティの構築に役立つ。修理は、知識やスキルの共有を必要とする参加型の共同作業だ。それは、ゼロックスのパロアルト研究所のリサーチスタッフである、ジュリアン・オアの著書『機械について語る（Talking about Machines）』（一九九六年、未邦訳）に登場する、修理サービス担当者のような専門家にも当てはまる。彼らは公式の手順や既存のマニュアルを補う手段として〝悪戦苦闘の体験談〟を、仲間と共有した[136]。ボランティアで列車を修理し、戦略や経験を教え合う、ベルギーの蒸気機関車愛好家のようなアマチュアにもぴったり当てはまる[137]。修理を支えるネットワークを正式に組織化するケースもある。バングラデシュのダッカで働くスマートフォン修理業者は、徒弟制度で次の世代を育成するという。[138] このところ世界各地に誕生しているリペアカフェやリペアクリニックのような、もっと柔軟なかたちもある。[139] リペアカフェでは、修理の初心者が壊れたモノを持ち込むと、さまざまなレベルの専門知識や技術を持つボランティアが修理方法を教えてくれる。

どのようなかたちであれ、自力での修理は知識や技術の普及を促す。互いに教え合い、成功体験を共有し、失敗から学ぶ。ところが、メーカーはユーザーの自力修理を嫌う。そして、専門知識や技術――とそれに伴う権力――を、厳重に管理した独自のネットワークに集中させ、修理にまつわる知識を地元のコミュニティから事実上、抜き取ってしまう傾向がある。機嫌の悪いトラクターのボンネットのなかを、農家の人たちがかわるがわる覗き込んでは首を傾げ、みんなで解決策を探る代わりに、正規のサービスエンジニアがプロプライエタリな（独自の、独占的な）診断コードを読み取る。修理にまつわる知識の中央集権化は、既存のコミュニティを蝕み、新たなコミュニティの出現を阻む。そして、私たちはデバイスメーカーに依存して生きていくことになる。市場インセンティブにもかかわらず、メーカーは常に消費者に対する説明責任を果たしているわけでも、ニーズに応えているわけでもない。共通の利益を持つコミュニティが培うような、特定の状況に応じた知識の開発に必ずしも投資しているわけでもない。

世界とその仕組みや欠点について、修理はより包括的な全体像を構築するために役立つ。それらの欠点を特定し、分析し、改善するうえで必要なスキルを磨いてくれる。壊れたものを修復するだけではない。長年の問題に、新たな解決策を考え出す準備も整えてくれる。自分の人生を自分で決める力をコントロールする勇気を与えてくれ、共通の目標を達成するための協力も促してくれる。その意味で、修理は技術リテラシーを備えた市民を育てる。インターネットのプラットフォーム規制やデジタル監視から、自動化、人工知能に至るまで、現代の政策論争では、ある程度テクノロジーを使いこなせて理解していなければならない。修理を実践したからといって、その道の専門家が苦労して身につけた専門知識にかなうわけではないが、議論を評価し、競合する政策ビジョンのなかから、情報に基づいて選択する力を与えてくれる。そのおかげで、私たちはよりよい市民になれるのだ。

とはいうものの、修理の価値と故障の不可避性を認識しているからといって、あらゆるケースで修理にこだわらなければならない、あるいはそうすべきだというわけではない。修理するかどうかという判断は、個人とコミュニティのニーズと物理的な状況によって決まる。一般的に、修理は買い替えより費用対効果が高いが、古い車を修理する頻度や費用によっては、買い替えたほうがいい場合もある。修理が環境に与える影響を評価する際にも、同様の計算が必要だ。電気自動車はバッテリーを搭載しているため、生産段階では内燃機関より、はるかに多くの二酸化炭素を消費する。だが、耐用年数で見た時には、二酸化炭素の排出量は大幅に減る。[140] したがって、老朽化した内燃機関車は電気自動車に買い替えたほうがいい場合もある。とはいえ、充分な環境効果を実現するためには、電気自動車に長く乗り続けなければならず、そのためには、部品や修理サービスの市場が機能していなければならない。

修理が経済、環境、社会に与える影響を比較検討する計算は複雑だが、人類は数多くの経験を積んできた。たとえば南アフリカ共和国のカルー地方で暮らしていた石器時代の狩猟採集民は、生活様式に応じて、道具の修理に異なるアプローチを採用していた。[141] 宿営地を頻繁に移動する集団は、狩猟や食料収集の道具は繰り返し修理して使ったが、隠れ場をつくって維持する道具は新しく交換した。それに対して、宿営地に長期にわたってとどまり狩猟のために遠征していた集団は、その逆だった。狩猟や食料収集の道具は新しく交換し、隠れ場をつくって維持する道具は繰り返し修理して使った。古代の祖先と同じように、私たちも必然的にモノが壊れる世界に生きている。限られた資源を管理するためには、修理戦略が重要である。次章で詳述するように、人類の歴史を通じて、修理は私たちとテクノロジーとの関係の重要な要素だった。その一方、修理を妨げる試みは現代の消費経済の産物である。

# 第3章　修理の歴史

人類は誕生以来、ずっと修理をしてきた。修理が驚くほど順応性の高い行為であることは証明済みだ。私たちがどんなテクノロジーを考え出したとしても、そのすぐあとで新たな修理方法が登場した。テクノロジーが複雑さを増すにつれ、製品を生み出すために必要な時間、材料、労働力の投資も増大した。修理のおかげで投資は無駄にはならなかったが、それでも製造は資源を大量に消費する一大事業だった。やがて工業化が進み、交換可能な部品を採用することで、修理がかつてないほど簡単で確実な時代が一時的に訪れた。ところが二〇世紀に入って、組み立てラインが自動車、家電、衣類、その他の製品を効率的に量産するようになると、修理に対する考え方にも変化が表れた。近代的な製造業が、組み立てにかかる時間と人件費を大幅に削減したのに伴い、製品の耐久性が経済的利益に直結しないことを、企業が即座に理解したのだ。何とかして、供給に需要を追いつかせなければならなかった。そこで、メーカーが考え出したのが、消費を誘発し、修理を妨げる方法だった。一九二〇年代には早くも、「計画的陳腐化」と呼ばれるようになる戦略を模索していた。一九五〇年代になる頃には、このテクニックは消費者経済の土台になっていた。同時に、都市化と労働市場の専門化によって、人びとはますます家庭で修理を行なわなくなっていった。日常生活に不可欠で普遍的な行為だった修理が、初めて脅かされたのである。今日、脅威は拡大している。修理する権利は議論を呼び、一部では物議を醸している。だが、修理に対するこのところの攻撃を正しく理解するためには、その攻撃を歴史上、極めて例外的な事態として捉える必要がある。

## 修理の起源

テクノロジーに依存している私たちにとって、修理は実際、必要不可欠である。旧石器時代の祖先は、数百万年前にハンドアックス――鋭利な刃先を持つ握り斧――をつくった。この最も単純な石器ですら、長く使うために研ぎ直され、修理された(1)。約三〇万年前、初期のホモ・サピエンスとネアンデルタール人は、尖った石器を木の柄の先に取りつけて、槍に似た複合工具をつくるようになった(2)。槍先の部分は交換や修理が可能なため、柄付き工具は長持ちし、製造に必要な先行投資を相殺できた(3)。

陶器も、人類のイノベーションの画期的な発明である。中国南部で発見された破片からすると、その登場は少なくとも二万年前に遡る(4)。陶器は当時、最先端の技術だったため、新石器時代の人びとは予想通り、割れた破片に小さな穴を開けて、紐や革で編み込んで繋ぎ合わせるという修理技法を開発していた(5)。接着剤として、天然のタールである瀝青《れきせい》を使った例もある(6)。その後、金属の留め具がよく使われるようになった。〝異種のかけら〟――割れた別の器からとった似たかたちの破片――を流用した例もあり、早くから交換部品が利用されていたことがわかる(7)。

人類史の初期、テクノロジーが洗練されると修理も洗練されていった。青銅器時代、彫像は溶接され、はんだ付けされた[8]。当時の船には、定期的な修理の跡が残っている[9]。同じように木造建築も修復された[10]。紀元前七〇〇年頃に建てられた、ローマ建国者の住居とされる荒打ち漆喰のカーサ・ロムルスは、邪気を払う目的で繰り返し補修された[11]。鉄器時代が始まる頃には、大釜の修理と同様に剣や鞘の修理も一般的になった[12][13]。カークバーンの剣〔ヨークシャーで発掘され、大英博物館に収蔵された鉄の剣と鞘〕はとりわけ保存状態がよく、紀元前二一〜三世紀の墓から掘り出された[14]。当時の盾の金具や他の工芸品と同様に、この鞘も粗雑に再接合されており、熟練した職人技は見られない。剣を生み出した熟練した金属加工とは対照的だ[15]。粗い修理は、時間もスキルも資源も限られていたせいかもしれない。修理が施されていることを後世に伝え、剣が潜り抜けてきた暴力的な歴史を示唆するほうに、重要な意味があったのかもしれない[16]。

ローマ帝国において、修理は組織的で野心的、革新的な行為だった。水道橋の維持のために課税し、何百人もの労働者を雇ってパイプ、バルブ、貯水槽の整備と修理を行なっていた[17]。西暦七九年にヴェスヴィオ火山が噴火するまでの数日から数週のあいだ、ポンペイ市民は溶けた鉄を流し込んで、道路の穴や轍を埋めていた[18]。三世紀頃のローマ軍の鎧は、修理しやすさを考慮して設計し直された。胸当てと背当てを一体とせず、破損部分の修理と交換が容易なモジュラー設計を採用したのである[19]。

中世になると、修理の専門化が進んだ。大工は、家屋やさほど大きくない建物を修理した[20]。新しく導入された荷馬車の鉄の外輪には、当時の農民に馴染み深い昔ながらの方法よりも複雑な修理方法が必要だった。[21] 専門家が中世の写本を修復し、製本し直し、その際、破損した他の本の材料を転用した。[22] また、熟練工が城壁や砦、橋を建設し修復するのに伴い、エンジニアリングが職業として確立していった。[23]

時代を通して、修理は技術の発展と密接に結びついていた。人間がつくり出したモノは、物理的資源、時間、労力、専門知識・技術などのさらなる投資を必要とした。創造物に埋め込まれた価値を保存するために、投資には修理技法が必要だった。技術が複雑さを増すのに伴い、修理も複雑さを増した。それに関連して歴史から明らかなのは、少なくとも数千年前から、熟練の専門家とＤＩＹのアマチュアとのあいだで、修理責任が共有されてきたことだ。そしてまた証拠が示すのは、純然たる実用的関心に加えて、修理が美的目的とコミュニケーション目的にもかなうことである。[24]

その後の数百年間、技術と修理の基本的な関係に変化はなかった。人類はますます高度な技術を開発し、それに伴い、修理技法もより精巧になった。ルネサンス期に、機械式時計、顕微鏡、望遠鏡、印刷機がヨーロッパにもたらされた。おそらく活版印刷は、すでに数百年前に最初に中国で発明されていた。[25] やがて、一七世紀後半〜一八世紀の啓蒙時代のヨーロッパでは、特にピアノ、蒸気機関、振り子時計が驚異の技術リストに加わり、複雑な発明品は特注の部品を用いて丹念に手作業でつくられた。修理には当然、仕組みを理解し、故障の原因を突き止め、必要に応じて交換部品を製造できる充分に熟練した職人が求められた。科学や機械の進歩の時代を通して、もちろん日用品の修理も同じように続いた。靴下を繕い、屋根を葺き直し、鍬の刃を研ぐ。だが、働きづめの主婦か、近所の鍛冶屋か、学識ある科学者か、誰が行なうにしても、この時代の修理はオーダーメイドだった。市販の交換部品や既製品の修理キットのようなものはなかった。だが、その状況も変化を迎えようとしていた。

## 工業化と互換性

一八世紀になる頃には、交換可能な部品の欠如が広く問題として認識されるようになった。同一のコンポーネントを製造できないために、生産が遅れ、コストが上昇し、修理に支障をきたした。今日、私たちは互換性を当然のこととして受け止めている。バッテリーには規格サイズがあり、車のタイヤや電球、メモリーチップにも規格がある。現代のデバイスを組み立てる無数のネジやボルトは言うまでもない。だが、かつては違った。一七九〇年代、英国の金属加工職人で発明家だったヘンリー・モーズリーが、交換可能なネジを確実に製造できる金属旋盤を発明した。それまでは、ネジやボルト、ナットはすべて手作業で切断していた。機械を分解する際には、ボルトとそれに対応するナットに、慎重にラベルを貼らなければならなかった。特定のナットに合うボルトのネジ部は、同じサイズの別のナットとはたいてい互換性がなかった。モーズリーは、ネジ山を規格化するという考えを導入した。この原則は、今日の私たちにとってみればあまりにも当たり前で、発明が必要だったとは想像しにくいほどだ[26]。

交換可能な機械部品を確実に生産することは、業界を問わず課題だった。だが大きな進歩をもたらしたのは、より安価でより正確で、より修理しやすい兵器に対する需要だった。フランス軍の初期の取り組みによって、カノン砲の口径が統一され、車輪が交換可能となった。だが、一二ポンド砲（一二センチメートル口径の野戦砲で、通称一二ポンドナポレオン砲）で許容される誤差において、さほど精密な製造方法は必要ではなかった。機械的にはライフルのほうがはるかに複雑で、事実上、同一の交換部品が求められた。[27]当時、駐仏アメリカ合衆国大使だったトーマス・ジェファーソンは、一七八五年にフランスの銃器製造職人オノレ・ブランの先駆的な仕事ぶりを実際に目にして、次のように記した。「彼は、五〇個の錠前を解体して部品ごとに分けた。私自身、手元に近い部品をランダムに選んで組み立ててみると、どれもぴったりと組み合わさったのである」[28]。それから一六年後、アメリカに戻ったジェファーソン次期大統領は、ジョン・アダムズ大統領とともに、イーライ・ホイットニーによる同様のプレゼンテーションに立ち会った。ホイットニーは、綿繰り機（綿繊維とタネを取り分ける機械）の発明者であり、武器の製造にも取り組んでいた。彼は、ドライバーを使って一挺のマスケット銃（フリントロック式）に、一〇種類のロック（点火機構）を取りつけた。次にロックを分解し、部品を混ぜ合わせて銃に取りつけ、組み立て直した。素晴らしいプレゼンテーションだったが、実際的というよりは、あくまでも概念実証（デモ演出によって、アイデアや理論の実現可能性を示すこと）に近かった。ホイットニーもブランと同じように、実演の前にヤスリを使って手作業で部品を削り、かたちを整えていたと思われるからだ[29]。

それでも、アメリカ軍は互換性の価値を確信していた。設計と製造を規格化すれば、兵器の信頼性と殺傷力は高まる。製造もより早く、低コストになるだろう。熟練の職人が手作業で部品をつくって成形する代わりに、製造業者は機械化によって非熟練労働者に頼れるようになった。このコスト削減効果は、兵器の寿命が続く限り継続する。交換可能な部品が登場する前、戦闘中に兵器が故障した時には、その銃にぴったり適合する部品を製造しなければならなかった。だが、部品に互換性があれば、予備を大量に製造したり他の兵器の部品を流用したりして、交換が容易になる。製造だけでなく、修理もより早く安価になる。[30]

　ホイットニーは、二年間で一万挺のマスケット銃を納入する契約をアメリカ軍から勝ち取った。ところが、その注文に応えるために一一年もの歳月を要した。そして結局、出荷した銃には互換性がなかった。[31]この経験から学んだのか、一八一三年に武器省が、発明家で銃器製造業者のシメオン・ノースに二万挺の拳銃を発注した際には、「拳銃のリム部分もどの部分も、どの拳銃にも装着可能である」よう、交換可能な部品を使って製造するように要求した。[32]また、故障する可能性が高い部品については予備を提供することも、契約書には明記してあった。[33]

　互換性の恩恵を受けた製品は銃だけではない。一八一六年、発明家で時計職人のイーライ・テリーは、交換可能な部品を使った低価格の木製時計によって、時計の製造に革命を起こした。[34]数十年後、ウォルサム・ウォッチ・カンパニーの共同創業者アーロン・デニソンが、互換性のある部品を使った懐中時計を設計する。[35]その複雑な歯車機構を考えると、精密に機械加工されたコンポーネントは不可欠だった。この進歩は、他の産業にも波及効果をもたらした。時計の製造と修理で創業したブラウン&シャープは、マイクロメーターをはじめとする精密工具を設計するとともに、アメリカ・ワイヤゲージ（AWG）規格〔アメリカの電線規格〕を定めたことで注目を浴びた。[36]

　一九世紀後半を通して、ミシン、収穫機、タイプライター、自転車などさまざまな消費財のメーカーが、機械化生産と交換可能な部品を使った、いわゆるアメリカ式システムを採用した。[37]とはいえ、当時の工具では硬い金属部品を正確に切断できず、ヤスリで削って「手作業で合わせる」必要があった。完璧な交換部品を製造するためには、どうしても新たな技術が必要だった。エンジニアのフレデリック・ウィンズロー・テイラーは、テイラーシステムと呼ばれる科学的管理法を生み出し、大きな影響を及ぼした経営学者でもある。一八九四年、テイラーは新たな切削方法を使った実験に着手し、一九世紀も終わる頃に高速切削工具を完成させ、部品の精密加工が可能になった。[38]

二〇世紀の西洋経済の特徴である消費財の大量生産には、互換性が不可欠だった。最初にキャデラックを、のちにリンカーン・モーター・カンパニーを創業したヘンリー・リーランドは一九〇八年、オノレ・ブランとイーライ・ホイットニーによるデモ演出技術をアップデートした。三台のキャデラックを分解して部品をごちゃ混ぜにしたあと、再び組み立てた車が、約八〇〇キロメートルを無事に走行したのだ。[39]その年、テイラーの知識と移動式組み立てラインを使って、ヘンリー・フォードがT型フォードの生産を開始する。製造プロセスの微調整を重ね、数年のうちに、一台の生産時間を一二時間からわずか九〇分余りに短縮した。[40]一九二七年までに、一五〇〇万台のT型フォードが生産ラインから出荷された。フォードは、生産戦略に互換性を導入しただけではない。すべての広く入手でき、簡単に交換できる部品が、車の価値を高めることを理解していたのだ。すべてのフォード車は、基本的な修理方法を解説した簡単な修理マニュアルとツールキット付きで販売された。[41]ヘンリー・フォードは次のように述べている。

提供できる限り、永遠に使えるものを消費者のためにつくり続けること以外に、消費者に奉仕する方法を思いつきません……。購入していただいた車が古くなったり、時代遅れになったりすることは、私たちにとって喜ばしいことではありません。弊社の車を購入してくれた方が、別の車に乗り換える必要がないようにしたいのです。既存のモデルが時代遅れになるような改良は、決して行ないません。特定のモデルの部品は、同じモデルの他の車と互換性があるだけでなく、私たちが製造したあらゆる車の同様の部品とも交換可能です。[42]

T型フォードの製造を中止したあとも、すでに販売した車の修理や整備に対応するため、フォード社は一〇年半にわたって交換用のエンジンを生産した。電話や冷蔵庫など、当時、普及した他の技術も同じ哲学を具現化していた。[43] 耐久性と修理可能性を重視して製造され、たいてい何十年も使用できた。ところが、フォードが開拓した生産技術は今日でも製造業の中心を成すとはいえ、耐久性と修理を重視する姿勢は、すぐに時代遅れと見なされるようになってしまった。

## 陳腐化の発明

フォードは、ただ新たな自動車市場に参入したのではなかった。他の初期の自動車メーカーとともに、市場をつくり出したのだ。誰も自動車を所有していない世界では、目標はシンプルだ――競合他社の車ではなく、フォードの車を買ってもらうように説得すること。フォードの戦略は、手頃な価格で購入でき、耐久性があり、修理可能な自動車を製造することだった。数十年にわたって、同社は大成功を収めた。

ところが、市場の成熟に伴い、メーカーは消費者の購買意欲を掻き立てるような方法で製品を設計し、全体的な方針を立て、消費者の選好を形成するという、強い経済的インセンティブを持つようになる。製品を売れば売るほど、企業は儲かる。二〇年使えるトースターを販売する会社は、四年ごとに買い替えが必要なトースターを販売する会社より、売上げが少ないだろう。他の条件がすべて同じ時、需要に応えるために、前者がトースター一台を販売するあいだ（二〇年）に、後者は五台販売する。だからといって、品質、耐久性、修理可能性に割増料金を支払わない消費者が絶対いないわけではないが、消費者が価格に敏感である点を踏まえると、割増料金は多くの場合、販売台数の損失を補うにはとても足りない。とりわけ家電や電子機器、衣料メーカーは、この教訓をしっかり取り入れている。洗濯機であれ、スマートフォンであれ、セーターであれ、延々と使える製品を購入してもらいたくはない。より多く、もっと頻繁に買い替えてもらいたいのだ。[44]

消費の拡大は経済成長を促す。[45] 無名に近い不動産ブローカーだったが、革新的な経済政策者を目指していたバーナード・ロンドンは一九三二年、その基本的な考えをもとに、世界恐慌を終わらせる革新的なシステムを提案した。ロンドンの主張によれば、アメリカ経済が直面している問題は、消費者が「古い車、古いタイヤ、古いラジオ、古い衣類を……予想よりもずっと長く使い」、「陳腐化の法則に従わない」ことだという。[46] 新製品の消費を促進すれば、好循環に拍車をかけ、国家は不況から脱却するだろう。市民が新製品にもっとお金を使いさえすれば、需要が生産を刺激し、雇用が増えるとロンドンは論じた。問題は、人びとの財布の紐が堅い時に、どうやって新品の購入を促すか。ロンドンの計画は、官僚機構がすべての製品に「寿命を割り当てる」ことだった。割り当て期間を過ぎると、その製品は「引退し、新製品と入れ替わる」。期限切れの製品は政府が回収して処分する。そして「古くなった衣類や自動車、建物などを、陳腐化したあとも所有し、使い続けようとする」人に課税して、その行為を思いとどまらせる。ロンドンはこの計画を、「計画的陳腐化による不況の終焉」という小論文にまとめて発表した。

環境活動家のジャイルズ・スレイドが著書『壊れるためにつくられた（Made to Break）』（二〇〇六年、未邦訳）で述べているように、中央政府による計画的消費というロンドンの考えは、今日では馬鹿げているように思えるかもしれないが、実際は確立した有力な学派に基づいていた。[47]「計画的陳腐化」という言葉を最初につくったのはロンドンにせよ、彼が最初の提唱者ではない。一九二二年になる頃には、すでに「設計を変更して、古いモデルを時代遅れにし、新しいモデルが購入される機会を創出する」ことは、単に「優れた製造慣行」であり「賢いビジネス」だと一般に考えられていた。[48]

絶え間なく買い替えられる世界で、新たな重要性を持つようになったのが広告だった。元広告マンで、業界誌『アドバタイジング・アンド・セリング』の編集者だったJ・ジョージ・フレデリックは、この戦略を「進歩的陳腐化」と呼んだ。家政学者で人気作家でもあった妻のクリスティン・フレデリックとともに、「最後の最後まで使い切るのではなく……最新性、効率性、スタイルを求めて購入する」ことに価値を置く文化を提唱した。[49] フレデリック夫妻が選んだのは、国家の強制力ではなく、広告やファッションといった、もっと間接的な影響力を用いて消費を促すことだった。クリスティン・フレデリックは、「なぜ、年老いた野暮ったい女になって、古いスカーフやワンピースを擦り切れるまで身につけるのか」[50]と問いかけている。だが、消費を促す主張は単なる趣味の問題を超えていた。一九三〇年の『ハウス&ガーデン』誌の記事は、「善良な市民は古いものは修理しません。新しいものを買います」と宣言した。[51]インダストリアルデザイナーから投資銀行家までが、計画的陳腐化によって経済は繁栄するという福音を説いた。[52]したがって、バーナード・ロンドンの計画は、ディストピア的な空想物語のように思えるかもしれないが、重要な意味において繰り返し語られてきた意図的陳腐化の論理的帰結だった。

ゼネラルモーターズのCEOだったアルフレッド・スローンは、スタイリングの変更が買い替え率を速めることを理解していた。彼の考えでは「将来の大きな課題は、我が社の車種を差異化し、しかも製造年ごとに違いをつくり出すこと」だった。[53]一九二〇年代後半、スローンは年次モデルを導入し、デザインの更新――些細な場合もあれば、大幅な変更もあった――によって、年式が視覚的にひと目でわかるようにした。[54]このような合図を送ることで、自動車メーカーとマーケティングチームは、ドライバーの誇りや羨望、不安や希望などの感情を呼び起こし、自動車を買い替えるように説得できた。スローンと彼の後継者は、顕示的（見せびらかし）消費を民主化した。やがてフォードもGMに倣い、スタイルに多少の変更を加え、モデル間で互換性のない部品を使用した新モデルを発表した。[55]

計画的陳腐化にはさまざまなかたちがある。GMが毎年新モデルを投入することは、心理的陳腐化の一例だ。一〇年前のシボレー・マリブは、問題なく走行するかもしれない。だが、広告と社会的圧力が一体となって、新車に買い替えるように説得する。同じように、完璧に機能している製品を、スタイルやデザインなど純然たる美的感覚を理由に、買い替えたくなってしまうこともあるだろう。ステンレス製の家電に飽きてしまい、最新の家電でキッチンの雰囲気を一新したいと思うかもしれない。まだ底が擦り減ってないランニングシューズも、街中ではちょっと見栄えが悪く思える時がある。行動や慣習の変化も陳腐化を促す(56)。たとえば二〇世紀半ば、アメリカの住宅やアパートにはたいてい、牛乳配達用のミルクドアがついていた。この小さな鍵つきの小部屋に、配達員が外から入れた牛乳瓶を、住人が内から取り出した。ところが、牛乳が広くスーパーマーケットで購入できるようになると、それまで役に立っていた建築上の特徴は、珍しい骨董品として扱われるようになった。

もっと一般的なのは技術的陳腐化だ。新しい世代のツールが、ある問題の解決策に取って代わるプロセスのことだ(57)。自動車は、馬と馬車を一掃した。ワープロはタイプライターを駆逐したが、その地位をラップトップに奪い取られた。スマートフォンは、固定電話、留守番電話、ＭＰ３プレイヤー、カメラ、電卓、さらには懐中電灯に取って代わった。とはいえ、陳腐化は必ずしも技術の進歩やイノベーションの副産物とは限らない。製品の不具合も陳腐化のおもな要因だ。バッテリーが切れたか、ソフトウェアのアップデートができなくなったラップトップは、陳腐化したと見なされるかもしれない。陳腐化したかどうかの判断が一部には、修理可能性やコスト、有効性に左右される場合もある。

陳腐化は自然のプロセスだ。モノは消耗する。スタイルは進化する。だが、メーカー、マーケター、政策立案者、消費者の決断によって、そのペースが速まってしまう場合がある。法的規制が陳腐化を促す場合もある。一九四六年、アメリカ連邦通信委員会がFMラジオの信号を、42～50MHzから88～106MHzの帯域に割り当て直すと決定すると、五〇万台以上のラジオが役に立たなくなった。[58]近年では、オバマ政権の「低燃費車への買い替え支援(CARS)」――通称「Cash for Clunkers(ポンコツ車に現金を)」プログラム――が総額三〇億ドルの予算を用意し、消費者に低燃費の新車への買い替えを促したことが記憶に新しい。自動車産業の活性化を図るとともに、燃費の悪い車の段階的廃止を目的としたこの制度を、バーナード・ロンドンは誇りに思ったに違いない。

だが、最も悪質な計画的陳腐化は、最初から寿命の短い製品を製造する戦略だ。寿命の短い製品を製造する初期の取り組みは、目的が明らかだった。古くは一八七〇年代に、男性用シャツの使い捨て襟が販売されており、定期的に洗濯するよりも安くついた。[59]一九二〇年代には、キンバリー・クラーク社が、第一次世界大戦中に包帯として供給していたセルロース(木材繊維)を転用し、生理用品やティッシュなどの使い捨て製品を製造した。やがて、先割れスプーンはもちろん、紙おむつ、ペン、カミソリ、さらにはカメラに至るまで、使い捨て製品があとに続いた。利便性や清潔感という言葉で表現されるかどうかにかかわらず、どれも使い捨てという特徴を喧伝していた。

だが、製品寿命を短縮する試みが、透明性を欠く場合もあった。トマス・ピンチョンの長大な小説『重力の虹』(二〇一四年、新潮社)の読者なら、サブプロットに登場する、知性を持ち不滅の命を授かったバイロンと呼ばれる電球と、その暗殺者を思い出すのではないだろうか。バイロンは計画的陳腐化に対する侮辱であり、その息の根を止めんとするフィーバスという白熱電球の国際カルテルによって、暗殺者が雇われたのだった。[60]まさかと思うかもしれないが、フィーバスはピンチョンの想像の産物ではない。一九二四年に創始され、ゼネラル・エレクトリック（ＧＥ）を筆頭に、フランス、ドイツ、ハンガリー、日本、オランダ、英国の大手電球メーカーで構成されたカルテルである。目的は、反競争的な共謀をめぐらせ、業界全体の収益増大を図ること。[61]よくある価格操作や生産量のコントロールだけでなく、世界中の電球の寿命を短縮することを目論んだ。そして一〇年近くにわたって、その目論見は成功した。カルテルの結成当時、標準的な白熱電球の平均寿命は一五〇〇時間から二〇〇〇時間だった。メーカーは、電球の寿命が一〇〇〇時間であれば、利益の増大が見込めると弾き出した。一九二六〜三四年のわずか八年間に、平均寿命を一二〇〇時間にまでに短縮した。そのあいだ、価格は安定していたが、販売量は年間数千万個増加した。同じ頃、アメリカ司法省が発見した内部メモで明るみに出たように、ＧＥは懐中電灯の電球の寿命を三分の二に短縮するという計画によって、六〇パーセントの売上増加を見込んでいた。[62]

短命になった電球は、国際的な共同研究開発プログラムの賜物だ。フィラメントの組成や形状を調整し、流れる電流を増加させることによって、フィーバスのメンバー企業は、より明るくて、より早く燃え尽きる電球をつくり出したのだ。カルテルはジュネーブの拠点で、数百の加盟工場で生産された電球を体系的に審査し、合意した寿命を超えて製造された電球に罰金を科した。あるメンバー企業が耐久性の高い電球を製造していることが発覚した時、家名を冠したオランダ企業の共同創業者アントン・フィリップスは、次のように警告した。

この……非常に危険な行為は、フィーバスの総売上高に極めて有害な影響を及ぼす（ことになるだろう）。長寿命のランプの時代から脱却するために大変な努力をしたあと、最も重要なのは、長寿命のランプの供給……によって、再び同じ泥沼に沈まないことである。(63)

フィーバス・カルテルを突き動かしたこのような懸念は、当時を象徴していた。二〇世紀初頭の数十年間に発達した大規模な工業生産能力によって、消費者が必要とする以上の製品を工場は過剰生産した。工業生産の効率性を真に活用するために、消費者が必要か必要でないかに関係なく、企業は消費者を説得して、新しい製品を買い続けさせなければならなかった。広告に効果がなかった場合、企業は寿命の短い製品を設計・製造することで、消費者が揃って購買するように仕向けた。電球カルテルに限らず、他の産業の大企業において、耐久性を低下させる組織的な取り組みがどのくらい一般的に行なわれていたのかはわかっていない。一九四〇年代にアメリカ司法省がＧＥを反競争的行為で提訴したにもかかわらず、フィーバス計画の全容が研究者によって明るみに出たのは、つい最近のことである。(64)

調整の程度を問わず、計画的陳腐化を中断させたのは、次のふたつの歴史的展開だった。第一は、一九二九年のアメリカ株式市場の暴落で始まった世界恐慌である。一九三〇年代を通して、世界経済は記録的な失業率を記録し、工業生産、輸出、家計所得が大幅に減少した。倹約が必要不可欠になった。人びとは、新しいものを買うのではなく、手持ちのものでやりくりすることを学んだ。当然ながら、修理やメンテナンスが新たな重要性を持ち始めた。経済的に不安定な時代、DIY精神が自給自足の感覚を与えた[65]。だが、そのような倹約の復活は、消費こそが恐慌から抜け出す最短の道だと考えた、バーナード・ロンドンのような人たちのアドバイスとは、相容れないものだった。ロンドンが計画的陳腐化の考えを発表してから数年後、広告業界誌『プリンターズ・インク』は、広告会社役員のレオン・ケリーが、耐久性に優れた製品を批判する記事を掲載した。メーカーも消費者も寿命の長い製品を諦めなければ、工場は遊休化し、失業者数がさらに膨れ上がるというのがケリーの主張だった。消費財の耐久性ではなく、そのはかなさを強調することで、広告主はみずからの役割を果たすべきだと説いていた。

大恐慌の影響が長引く一九三九年、ドイツがポーランドに侵攻して第二次世界大戦が勃発する。これが、計画的陳腐化に打撃を与えた第二の出来事となった。戦争中、英国とアメリカは、配給制度や広報活動を通して、倹約、再利用、修理は愛国心の表れだと訴えた。英国では情報省が一連のポスターと冊子を作成して、「手持ちのものを修理して間に合わせよう（Make Do and Mend）」と呼びかけた[66]。キャラクターの「ミセス・ソー&ソー（Mrs Sew and Sew）」が、より多くの生地を軍服用に確保するために、手持ちの衣類を縫い、パッチを当て、繕う方法を教えた[67]。レンチを握る手を描いたポスターは、「戦争遂行には修繕が不可欠だ」と国民に訴えた[68]。一方のアメリカでは、軍の生産能力を最大化するために、衣服、靴、ストーブ、自転車、タイプライターが配給制になった。そして、戦時情報局は独自の反陳腐化ポスターを作成した。あるポスターは、男性がお辞儀の格好で芝刈り機を修理し、その男性の破れたズボンの尻を縫っている女性の姿を描き、アメリカ人に「使い切って、着古して、間に合わせよう（Use It Up, Wear It Up, Make It Do）」と呼びかけた[69]。

だが、それらの教訓も長くは続かなかった。戦後の好景気に沸いたアメリカで、陳腐化が復活したのだ。最も声高な主張者のひとりが、ブルックス・スティーブンスだった。食品メーカーであるオスカーメイヤー社のウインナーモービル〔ホットドッグのかたちを模した車〕の設計で一躍有名になった、インダストリアルデザイナー兼グラフィックデザイナーである[70]。スティーブンスは、陳腐化をおもに心理学の観点から解釈し、「少しでも新しく、少しでも良いものを、必要以上に早く所有したいという欲求を買い手に植えつける」よう提唱した[71]。彼の考えでは、現代のデザイナーの役割は「良い製品をつくり、それを買うように誘導し、翌年にはその製品が古くさく、時代遅れで、陳腐に思えるような製品を意図的に市場に投入することだ。私たちがそうするのは、お金を儲けるためという、最も健全な理由からである」[72]。この戦略に対して無駄を戒める懸念の声が上がった。だが、スティーブンスはその懸念に答えて、昨年のモデルはただ廃棄されるのではなく、中古市場に流れて、購買力の低い人たちに喜んで使ってもらえると主張した[73]。

この戦略は、アメリカの外にも波及した。戦後の一九四七年、低迷していたフランスの繊維産業は、活気を取り戻す必要に迫られていた。この年、ファッションデザイナーのクリスチャン・ディオールは——繊維王マルセル・ブサックの資金援助を得て——、「ニュールック」を発表する。フィットしたジャケット、絞ったウエスト、長くてボリュームたっぷりのプリーツスカートが特徴のシルエットは、大量の生地を消費した。ディオールはみずからの美学を、フランスが脱出したばかりの「配給帳と衣料品クーポンに取り憑かれた、貧困に喘ぐ倹約時代」に対する反動と説明した[74]。

とはいえ、ディオールがスカートを長くしたため、女性は手持ちの服の裾を自分で仕立て直して、同様のスタイルをつくり出すことができなかった。こうして手持ちの服は時代遅れとなり、新たな購入を促した[75]。

戦後に行なわれた陳腐化は、ファッションだけではない。耐久消費財のなかでも最も実用的な家電のメーカーも、陳腐化の美徳を高く評価した。アメリカの大手家電メーカー、フリッジデールのゼネラルマネジャーは、計画的陳腐化は「家電産業、自動車産業、その他多くの産業に、成長と活力をもたらす最も重要で唯一の要素だ」と述べている[76]。また、アメリカ最大の家電メーカーであるワールプールの会長は、「計画的陳腐化に反対を唱えて、国民にゴマをするさまざまな人間の企み」は、「企業を貶めるデマ」に他ならないと一蹴した[77]。経済学者のヴィクター・リボーは、アメリカの実業界に蔓延する感覚を次のように要約している。「生産力の極めて高い我が国の経済……が求めているのは、消費を生活様式にすることだ……。私たちに必要なのは、ますます高い割合でモノを消費し、浪費し、消耗し、買い替え、廃棄することである」[78]。ホワイトハウスまでがこの大合唱に加わった。不況を食い止めるために国民にできることは何か、と問われたドワイト・アイゼンハワー大統領は、ひとこと「買うことだ」と答えた。具体的に何を、という記者の質問に対して、アイゼンハワーは「何でも」と答えている[79]。

一九五八年になると、業界紙は「デス・デーティング（death dating）」という考え方を公然と支持し始めた。これは、特定の期間――しかもたいてい短期間――が過ぎると、製品が故障するように設計する慣行を指す。月刊誌『デザイン・ニュース』の記事によると、携帯ラジオの寿命がわずか三年であると明らかになった時、編集者のE・S・スタッフォードは、次のふたつの理由でデス・デーティングを擁護したという。まず、ラジオの寿命が一〇年であれば、市場はすぐに飽和し、生産量が減る。次に、消費者が同じラジオを一〇年も使い続ければ、その間に開発されたイノベーションを確実に逃すことになってしまう(80)。

計画的陳腐化を公然と擁護する行為、それもとりわけ、説得ではなく巧みな策略を根拠とする戦略は反発を招いた。消費者、デザイナー、エンジニアはみな、不満を露わにした。最も効果的な批判を繰り広げたのは、ジャーナリストで作家のヴァンス・パッカードだった。一九六〇年のベストセラー『浪費をつくり出す人々』(ダイヤモンド社、一九六一年)は、メーカーや広告主が、売れ行きを良くするために活用していた慣行の多くを暴露した。パッカードが世論に与えた影響は長く続いた。今日、「計画的陳腐化」が否定的な意味合いを持つようになったのは、このベストセラーによるところが大きい(81)。

心理的陳腐化とデス・デーティングは、修理にまつわる消費者の行動に影響を与える。古い自動車や、昨シーズンのコートが流行遅れだと広告主に説得されると、修理するよりも買い替える可能性が高くなる。二次流通市場においても、流行遅れの中古品はあまり好まれない。この傾向が悪化するのは、購入した商品が故障するようにつくられているのではないかという、もっともな疑念が生じる時だ。寿命が尽きた洗濯機を、なぜわざわざ修理する必要があるのか。

もっと具体的な話として、パッカードは著書のなかで、一九五〇年代にメーカーが修理を妨害していた方法を明らかにした。たとえば「バラバラに分解して、ドリルでネジを開けなければ修理できない」スチームアイロン。分解に一時間近くかかるほど「リベットで固定された」トースター。一〇セントの部品を交換するために、分解しなければならない家電など。[82] パッカードは、修理に関する情報の厳格な管理にも言及している。消費者も独立系の修理プロバイダも、家電メーカーがサービスマニュアルの共有を拒否したことに不満を覚えていた。ある消費者が書いているように、それらの文書は「まるで猥褻な内容が含まれているかのように検閲された」[83]。修理を制限する当時の取り組みは、今日の私たちが目にする多くの戦術を先取りしていた。

同じ頃、研究者は、テクノロジーそのもの、そしてテクノロジーと私たちとの関係を大きく変えることになる、基本的なブレイクスルーを成し遂げていた。一九五六年、アメリカの物理学者ウィリアム・ブラッドフォード・ショックレー、ジョン・バーディーン、ウォルター・ハウザー・ブラッテンの三人が、トランジスタの発明によってノーベル物理学賞を受賞したのだ。[84] ベル研究所で働いていた三人は、当時、電話網に使われていた真空管と電気機械式リレーに代わる、より小型で高速の代替品を探していた。彼らが開発したトランジスタは、電気信号を増幅し、スイッチングした。アンプ（増幅器）として働く時には、小さな電流をより大きな電流に増幅する。スイッチとして働く時には、電気信号のオン・オフを切り替える。トランジスタを大量に組み合わせると、集積回路の一部として大量のデータを保存したり、複雑な計算を実行したりできる。そして、かさばる真空管と違って微小になる可能性がある。今日、爪よりも小さなマイクロチップに、八五億個ものトランジスタを搭載できるのだ。[85]

だが、一九五〇年代には、パソコンやスマートフォンの登場はまだ数十年も先のことだった。この新しいテクノロジーを利用した最初の消費者向け製品のひとつが、トランジスタラジオである。トランジスタが登場する以前のラジオは、増幅に真空管を使っていた。電球と同じで、真空管も時々交換する必要があった。ラジオが壊れたら、なかを開けてペンチで真空管を取り外す。それを近くのデパートに持って行って、テストしてもらい、必要に応じて交換してもらっていたのだ。[86]トランジスタラジオは、小型でより安価だったが、修理はずっと困難だった。小さなトランジスタはプリント基板にはんだ付けされている場合が多く、交換があまりにも高くついたのだ。[87]たとえばゼニス社は、簡単に交換可能なソケット型トランジスタを使用していたが、交換部品の売上げを確保するために、規格外のサイズのトランジスタを使っていた。[88]

その後数十年のあいだに、自動車や家電から時計、玩具まで消費財には、機械部品に代わって電子部品が使われるようになった。わかりやすく簡単に修理できた部品は、不可解な回路基板と電子制御機器に置き換わった。機械に興味のある消費者は、壊れた時計やコーヒーポットを開けて、原因を突き止め、修理することができなくなってしまった。電子機器が価値のある新たな機能をもたらしたことは間違いないが、それには代償を伴った。消費財がより複雑になるにつれ、住宅も変化した。暖炉やボイラーは、近代的な暖房設備やコンピューター化された空調制御システム（HVAC）に置き換わった。空調設備やプッシュボタンなど利便性の高い家電によって、消費者は自分では完全には制御できないテクノロジーに依存している。テクノロジーの変化は修理に新たな課題をもたらした。そして、その課題をいっそう困難なものにしたのが、当時進行していた、同じように重要な文化的、経済的、地理的な変化だった。

家主と修理法

一九〇〇～六〇年にかけて、組み立てラインによる生産、計画的陳腐化、初期のコンピューティング技術が導入された。もちろん、二度の世界大戦と世界恐慌があった。目まぐるしい数十年だった。この間に、おもに農業国家だったアメリカはますます都市国家へと変貌を遂げた。二〇世紀初頭、アメリカの都市生活者は全体の四〇パーセントに満たなかった。一九六〇年頃になると、この数字は七〇パーセント近くまで上昇する。(89) 都市化は、工業生産の副産物としての側面が大きかった。工場が建ち並ぶのに合わせて、農村から仕事を求める人たちが集まった。六〇〇万人ものアフリカ系アメリカ人が、南部の農村から中西部や北東部の都市に移り住んだ。(90) これはのちに、大移住と呼ばれることになる。同じようにアパラチアの白人〔アパラチア山脈の谷間に住んでいた白人貧困層〕も、いわゆるヒルビリー・ハイウェイ〔国道23号線。ヒルビリー＝丘の人たちは、アパラチア高地に住む白人貧困層を指す。この国道を通って工業都市へと移住した〕を利用して、シカゴ、クリーブランド、デトロイトなどの都市に大挙して押し寄せた。(91) 人口三〇万人に満たなかったデトロイトは、わずか数十年で一八〇万人都市へと成長した。

この移住には、地理的な移動以上の意味があった。季節ごとの多様な仕事が特徴の農場労働とは違って、工場労働は単調で同じ作業の繰り返しだった。ケンタッキー州の農家の典型的な一週間は、作物を植え、家畜の世話をし、壊れた井戸のポンプを直し、たわんだ納屋の屋根を修理して過ぎていったかもしれない。一方、デトロイトに住む従兄弟の毎日は、次々と流れてくるフォード・ランチェロに、延々とボンネットを取りつけることで過ぎていったかもしれない。高速道路もアマゾン・プライムもなかった時代、田舎暮らしは地理的に孤立していたため、予期せぬ事態に対処するためには、独自の問題解決能力を大いに発揮する他なかった。産業の中心地で送る生活には独自の問題があったものの、都市はその成長を支えた組み立てラインと同じく、専門性のうえに成り立っていた。

工業化は、二〇世紀半ばにアメリカ人が購入していた製品のあり方だけでなく、生活様式――住む地域、労働の性質、住宅や家の内部のテクノロジーとの関係――までも変えてしまった。そのような変化を総合して、修理に対する法制度のアプローチを見直す必要性が浮かび上がった。テクノロジーがより複雑になり、都市生活者の技能がより細分化されて専門化するにつれて、立法者や裁判所は、特定の市場において修理を奨励する必要性を認識した。特に、時代の変化と賃貸住宅市場に特有の経済的インセンティブとが組み合わさって、重要で不可欠な修理が顧みられなくなってしまう懸念があった。住宅ストックの劣化を防ぎ、賃借人の尊厳を守るために、裁判所は財産法にちょっとした革命を起こした。

中世初期のイングランドの封建制度に遡れば、貸し出した不動産の欠陥について、土地所有者に修理の義務はなかった。[92] フェンスの修理、屋根の補修、窓の交換など問題が発生した場合、修理責任は借りた側にあった。実際、修理を怠った借地人が、破壊や摩耗――不動産の不合理か不適切な使用――の責任を問われ、土地所有者に損害賠償を求められたり、立ち退きを迫られたりするケー

スもあった。(93)

現代の視点で見ればひどいものだが、このルールには、現代とはまったく異なる経済的、社会的背景があった。ほとんどの賃貸借契約は、賃借人が耕す農地を含んでいた。農民の関心はおもに、その土地に建っている建物ではなく、農地そのものの価値にあった。しかも、借地人は概して勤勉で、ほとんどの修理を自力で行なえた。有能でたいていの作業はこなせる借地人とは対照的に、地主の多くは特権階級の出身であり、その恵まれた生まれのおかげで、所有する不動産の維持や修理に役立つ、これといったスキルは持っていなかった。(94)

このような取り決めは、ほぼ一〇〇〇年にわたって続いた。そして、アメリカ大陸への入植者とともに大西洋を渡り、およそ五〇年前までアメリカの法律として存続した。その時点まで、家やアパートなどの賃貸物件に必要な修理の責任を家主に負わせようとする賃借人に、裁判所はいつも不利な判決を下していた。(95)家主が修理すると明示的に同意している場合には、裁判所は通常、その契約の履行を迫ったが、明白な約束がない限り、損害の程度にかかわらず、修理義務は家主側にはなかった。(96)

二〇世紀半ば、安アパートや都市部の賃貸物件がスラム化したことを受け、あちこちの州議会は家主に物件の保守と修理を義務づける法律を制定するようになった。一般的な義務を課した法もあれば、共有スペースの照明や「屋外トイレや水洗トイレ」の機能など、特定設備の修理を確実に履行するよう家主に求める法もあった。(97)このような立法介入に対して、裁判所の反応はさまざまだった。(98)

ところが、一九七〇年にコロンビア特別区（ワシントンDC）巡回区控訴裁判所が下した「ジャビンズ対ファースト・ナショナル・リアルティ・コーポレーション」の判決をきっかけに、既存の法律が大きく変わることとなった。この訴訟では、ワシントンDCのクリフトンテラス・アパートメント開発の住民が、家賃の支払いを拒否した。理由は、夥しい数の建築基準法違反に加えて、暖房器具の故障、水漏れ、電気系統の故障など、必要な修理に家主が対処しなかったからだった。[99] 裁判所は、封建時代のイングランドの法律が、現代の都市で暮らす賃借人のニーズや期待に適していないと判断して、次のように指摘した。「今日の都市生活者が通常、持っているスキルは単一かつ専門的で、メンテナンス行為とは何の関係もないため、〝よろず修繕屋〟だった農夫のように何もかもを修理することはできない[100]」。したがって、修理の負担は家主にあるはずだ。何といっても、どのような修理が必要か、建物の歴史や状態はどうか、どの業者を雇えばいいかについて、家主のほうがよく知っている可能性がはるかに高いからだ。[101] そこで、裁判所は何世紀にもわたる判例を覆して、居住可能性の黙示的保証を、住宅の賃貸借契約に適用した。すなわち、書面上の契約条件にかかわらず、家主は、人間が生活するのに適した物件を賃借人に提供する義務を負う。[102] この判決以来、数十年にわたって、居住可能性の黙示的保証がアメリカで主流のルールとなった。

ここで留意すべき点がある。それは、このルールが貧困、人種差別、経済的搾取の問題によって形成された、より広い文脈のなかで発展した法律であって、修理に対する抽象的な約束を反映した法律ではない点だ。とはいえ、この法的責任の転換にはいくつか教訓がある。裁判所や立法府が採用した論拠は、私たちの経済制度や法制度が修理に置く、しばしば暗黙の価値を反映している。その価値は、現代の消費者と修理とのダイナミックな関係とは対立しており、時とともに変化する関係に、法的ルールは敏感でなければならないことを示している。

画期的な判決を勝ち取った先の裁判には、修理についてと関連し合うふたつの問題が存在する。第一として、法は修理を奨励すべきか。第二として、奨励するのであれば、誰が修理の責任を負うべきか。居住可能性の黙示的保証には、少なくとも賃借人が占有している物件に関して言えば、修理を行なうべきだという強い要求が組み込まれている。その理由のひとつは、法的義務がなければ必要な修理が行なわれないのではないかという懸念にある。賃借人が大規模な修理を引き受けない理由を理解するのは簡単だ。修理がたいてい高額かつ複雑であり、一般の賃借人のスキルではとても無理だからだ。それに、修理は賃借人の生活を向上させるものの、賃貸物件に対する賃借人の関心は当然、その部屋に住んでいるあいだに限られるからだ。

とはいえ、なぜ家主は自分の所有物件を修理しないのか。結局のところ、メンテナンスの行き届いた建物は、崩壊しそうな建物よりも高い価値がある。すぐには信じられないかもしれないが、建物の劣化を放置するほうが、不動産の所有者にとって賢い選択といえる場合もある。しかも、あいにく建物の状態が悪ければ悪いほど、この戦略は理にかなっている。こう想像してみよう。あなたが所有するアパートメントビルに、大規模な配管修理が必要だとする。そのビルに価値があり、高級住宅街に位置し、裕福な家族が入居しているのであれば、あなたはその投資を維持したい。配管工事にかかる費用は、建物の総価値の一部にすぎない。裕福な賃借人は、配管の水漏れのせいでイサム・ノグチのコーヒーテーブルが台なしになってしまったら容赦しないだろう。怒って退去し、口コミサイト「イェルプ」に悪いレビューを投稿してしまうかもしれない。だから、あなたは配管工にお金を支払うことになる。

今度は、あなたの建物が、不動産価値の低い貧困地区にあると想像しよう。賃借人に引っ越す金銭的余裕がない場合、配管設備を新しくしようというインセンティブは最小限になる。家賃を値上げしたり最終的にビルを売却したりして、修理費用を回収できる可能性は低い。それよりも、建物がますます荒廃するのに伴い、市場がぎりぎり許容する額の家賃を設定する一方、メンテナンス費用を最小限に抑えることで、短期的に少しでも多くのお金を搾り取ろうとするかもしれない。

この決定は経済的には合理的だが、賃借人に直接的で差し迫った損害を与える。生活の質は低下し、健康面や安全面のリスクに曝され、最終的に賃借人の尊厳が損なわれる。また周囲の不動産所有者や賃借人にも影響を及ぼす。放置された不動産は、近隣の建物の資産価値を下げ、周囲の不動産所有者も修理をやめて、意図的な劣化を選ぶことになる。このプロセスはスローモーションの連鎖反応で繰り返され、不動産所有者の投資を無駄にし、もっと重要なことに、賃借人を危険に曝してしまう。貴重で希少な資源の誤った管理を避けるために、法が介入して最低限のレベルを維持するように要求する。これが第一の問題――法は修理を奨励すべきか――の答えである。

そして、第二の問題――誰が修理の責任を負うべきか――についていえば、居住可能性の黙示的保証によって、一部の修理にかかる金銭的な負担は直接、家主が負う。だが、キャビネットの軋みやトイレの水漏れまですべてに、家主が責任を負うわけではない。賃借人は無力ではない。日常的な修理の大半は、賃借人にも対処が可能だ。軋む蝶番に油を注したり、流れっぱなしのトイレの水を止めるために、厄介な浮き玉のアーム部分を調整したりするのに、特別なツールは必要ない。この法律の目的は、賃借人による修理を妨げることではない。居住可能性を脅かすような修理であっても、賃借人は通常、自由に修理を行なうことができ、その修理費は家賃から差し引かれる。

それでは、居住可能性の黙示的保証は、修理をめぐる今日の議論にどんな教訓を与えるのか。それは、市場インセンティブや現実的なハードルが修理の妨げになる場合に、法制度が効果的に対応できることだ。法的責任という強力な手段に訴えれば、社会的に有害な行為に対応できる。賃借人の合理的な期待に家主が応えない時には、裁判所が介入して強制力を行使した。現代の私たちは、家主に対して中世よりも高い基準を求める。同じ理由で、修理についても、もっと多くをデバイスメーカーに期待すべきである[103]。だが、はっきり言って、家電の修理を促す提案の大半は、居住可能性の黙示的保証に比べれば、はるかに野心的でもなければコストもかからない。既存の購入者保証やアフターサービスの枠を超えて、製品の生涯修理コストを負担せよ、とサムスンやテスラに求める人は誰もいない。その一方で、デバイスの寿命が尽きるまで、ソフトウェアをアップデートでき、交換部品が入手できるように要求したとしても、理にかなっているのではないだろうか。少なくとも、私たちが適切だと考える、デバイスを修理する私たち自身の能力を、メーカーは妨げるべきではない。

賃借人が物件の老朽化に耐えているのを見て見ぬ振りをした家主と違って、今日のデバイスメーカーは、消費者の修理を積極的に妨げている。配管の水漏れで、自宅のキッチンが水浸しになったとする。修理してほしいというあなたの要求を無視する以上に、家主にはもっとひどいことができる——街中のレンチを買い占めて、懇願しても売ってくれない。あなたが依頼した配管工が、建物の敷地内に入ることを許可しない。市場価格の倍の修理費をふっかける、家主が懇意にしている配管工に依頼するよう強制する。配管に触らせないようドアに鍵をかけて、鍵の受け渡しを拒む。デバイスについて言うならば、地球上で最も強い影響力を持つ収益性の高い企業が、このような対応をとることは極めて多い。

# 第4章　修理を阻む戦略

二〇世紀に導入された計画的陳腐化の考えに基づいて、今日のデバイスメーカーは修理の邪魔をし、その意欲を削ぐために、巧妙な方法を幅広く展開してきた。製品設計、経済的な操作、消費者の説得を駆使して、消費者を修理から遠ざけ、組み立てラインで生産されるデバイスの購入をさらに促している。本章では、企業の戦略やテクニックについて見ていこう。

## 設計と修理可能性

修理を計算に入れて製品を設計することは、容易ではない。修理可能なシステムを構築する充分な理由が企業側にあったとしても、失敗する時もある。製品設計では、相互に関連し合い、しばしば相容れない課題のバランスをうまくとる必要がある。機能性、デザイン的な美しさ、耐久性、安全性、コスト。設計者は、これらすべての制約を受ける。トレードオフと妥協は避けられない。たとえ設計チームが最善の意図を持っていたとしても、修理可能性はあまりにも多くの場合、見落とされる。そのため、善意の専門家による熟慮を重ねた体系的な設計プロセスをもってしても、一般的なメンテナンス作業員の鋭い粗探しに耐えられない製品が生まれるのは、決して驚くことではない。

そのわかりやすい例が、サンフランシスコを走るベイエリア高速鉄道（ＢＡＲＴ）の歴史だろう。ＢＡＲＴの計画が始まったのは一九五七年。計画者は、ＢＡＲＴを公共交通機関のあり方を見直すチャンスとみなした。目標は、既存のライトレール（軽量軌道）システムの模倣ではなく、まったく新しいシステムの設計だった。彼らが構想したのは、二〇世紀初頭の公共交通機関に多い「狭い、うるさい、時代遅れ」という常識を払拭し、通勤客にアピールする近代的なシステムだった。一五年後に開業したＢＡＲＴがお披露目したのは、自動コンピューターシステムで制御され、滑らかで空気抵抗が少なく、横幅が広い鉄道車両だった。(1)開業のわずか二週間後に訪問したニクソン大統領は、ＢＡＲＴの運営を好意的にＮＡＳＡに喩えた。(2)ところが、この地下鉄に対する宇宙開発競争時代の答えは代償を伴った。

ＢＡＲＴと他の交通機関の決定的な違いのひとつは、レールそのものにある。標準軌の線路の幅は一四三五ミリメートル。世界中で採用されているこの規格は、一八四六年に英国議会で制定されたゲージ法（鉄道規制法）に遡る。(3)眉唾ものの説によると、その起源はさらに遡り、ローマ時代の戦車の幅にあるという。(4)ニューヨークから北京まで、パリからイスタンブールまで、ベルリンからメキシコシティまで、鉄道や地下鉄はすべて標準軌を走っている。他方、ＢＡＲＴは世界でも数少ない一六七六ミリメートルという広軌を採用した、アメリカで唯一の鉄道システムである。

世界の趨勢に従わなかったのには、ふたつの理由があった。第一に、ＢＡＲＴの計画者は、自動車の通勤客を地下鉄の通勤客に変えるために、広々と快適なコンパートメントの列車を思い描き、標準軌では狭すぎると考えたからだった。第二は、線路を独占したかったからである。標準軌のシステムを採用していれば、サンフランシスコの既存の鉄道システムである市営鉄道（MUNI）、アムトラック（列車）、貨物列車と容易に相互接続できたはずだ。BARTのチームが懸念したのは、標準軌に合わせてしまえば、他の交通機関が優先された時に、遅延が生じかねないことだった。そこで、相互運用性のない閉鎖的なシステムを構築して乗り入れを拒否し、地下鉄が時間通りに運行できるようにした(5)。

だが、規格外の軌道を使ってシステムを構築するという選択は、予期せぬ結果を招いた。広軌のために、標準的なホイールセットやブレーキアセンブリをはじめとするコンポーネントが使えなかったのだ。そこで車両を特注したが、車両が老朽化するにつれ、未来の交通システムの夢は、修理の悪夢へと変わってしまった。標準軌の普及は、安価で入手しやすい交換部品の世界的な市場を支えた。ところが、BARTの車両はその部品が使えない。電力システムや自動制御技術も同じである。そのため、メンテナンス要員は廃車から残骸を拾い集めて部品の回収を余儀なくされた。見つからない場合、何カ月も特注品を待ったり、イーベイなどのサイトを探しまわったり、修理技術者がみずから部品をつくったりした。その結果、BARTは恒常的な運行車両不足に悩まされ、大規模なサービス中断を耐え抜き、不要なコストを膨大に計上しなければならなかった。時には、年間運営予算の三分の一以上にあたる一億五〇〇〇万ドル以上を、保守と修理に費やした(6)。この課題に対処するために、納税者はまったく新しい車両に数十億ドルを投資してきたが、それでもやはり、広軌の採用という初期の失敗は取り消せなかった[7]。

BARTを設計したエンジニアは、修理が不可能なシステムをつくろうとしたわけではない。彼らが目を向けていたのは、美しさ、ユーザーエクスペリエンス、差別化という他の指標だった。だが、それらの優先順位を重視した結果のひとつとして、修理可能性が疎かになってしまった。人目を引く設備の整った車両のメリットは、すぐに現れた。対照的に、修理可能性という設計の恩恵が現れるのは、何年も、何十年も経ってからだ。その利益が収益の増大、業界の賞、大袈裟なレビューのかたちで現れることはない。修理可能性のメリットは、修理コストの削減、運行停止の回避、遅延の防止など、ごくありふれたかたちをとり、目に見えない場合も多い。修理を考慮した設計は、目立たないメリットを目立たないままにしておく。BARTチームは予想通り、革新的な設計という即効性のある利益を優先し、はるかあとになって現れる利点を軽視してしまった。

ここで明確にしておくが、修理を難しくするという動機は、BARTの設計者にはなかった。修理できない車両をつくったところで、給料が上がるわけでもない。車両の取り換えによって、ボーナスが出るはずもない。BARTは当時もいまも公共事業だ。納税者から最大限の収入を引き出さなければならないという義務はない。その逆であり、市民に課すコストに敏感でなければならない。運賃と地方税で賄われ、選出された理事会によって管理される。修理費用を内部化して価格に反映させているため、修理にかかる費用を最小限に抑えなければならないという充分な理由がある。それにもかかわらず、納税者に数十億ドルもの損失を与えたのはすべて、初期の設計段階で修理という重大な点を見過ごしてしまったからだった。

強力なインセンティブがあるにもかかわらず、修理可能性が無視されてしまうならば、修理を阻む障壁から企業が利益を得る立場にある時、どんなことが起こるか想像してみよう。修理しにくい設計が、いつも偶然に生じるとは限らない。計画的陳腐化の歴史が物語るように、長い寿命はたいてい、デバイスメーカーの経済的利益に相反する。それまでにない製品カテゴリーの場合、最初の目標は市場を飽和させることだ。たとえばほんの数年前まで、スマートスピーカー市場は存在しなかった。二〇一四年、アマゾンがEchoを発表する。[8] その後、Google Home、Sonos One、Apple HomePodなどが相次いで登場し、市場シェアを奪い合った。だが、潜在的な買い手が一、二台のスマートスピーカーを所有すると、市場は飽和してしまう。ひょっとしたら、すでに飽和状態かもしれない。二〇一九年だけでも、世界中で推定二億台のスマートスピーカーが販売された。[9] その時点で収益を維持するには、買い替えてもらわなければならない。新機能、デザイン更新、小型化はすべて、昨年購入したスピーカーを買い替えてもらうよう、消費者を説得する役に立つ。修理が簡単に頼めるか、修理そのものが簡単かどうかは、買い替え率を左右する。スピーカーの破損やマイクの故障が安く簡単に修理できるなら、Echoの買い替え率は低くなる。

とはいえ、すべての製品がそう簡単に廃棄されるわけではない。今度、餅とトポチコ〔メキシコ生まれのアルコール入りスパークリングウォーター〕を買うために、ホールフーズに立ち寄った時、Amazon Echo Dotを四五ドルで購入できる。一方、二〇二〇年、アメリカにおいて新車の平均価格は四万ドル強だった。自動車の場合、消費者は当然、耐久性と修理可能性を期待する傾向が高い。少なくとも当分、使い捨て自動車は、オンラインサイト「ジ・オニオン」の風刺ページ以外で目にすることはなさそうだ。[10] 農機具や産業機械も同じだ。購入後に修理ができないディアのトラクターやキャタピラーのショベルカーに、一〇〇万ドルも出す者はいないだろう。

消費者のそのような期待を考慮すれば、耐久性の高い製品を製造するメーカーは、さまざまな経済的圧力に直面する。そこで、修理を完全に妨げるのではなく、修理の価値を確保する方法を見つける。いずれにせよ修理は避けられない。問題は、誰が修理するのか。自動車やトラクター、重機の所有者が自力で修理したり、独立系の修理ショップに頼んだりすれば、メーカーやディーラーは数十億ドルの収益を失ってしまう。その反対に、デバイスメーカーが所有者を、メーカー指定の修理プロバイダに誘導できれば、製品の販売と継続的なサービスの両方で利益が確保できる。どうこう言って、多額の先行投資をする時、消費者は多額の修理費用をためらわない傾向がある。自動車やトラクター、ショベルカーを使って生計を立てている場合は、とりわけその傾向が強い。また、デバイスメーカーやディーラーが競争を減らせれば、価格を吊り上げることも可能だ。

ふたつのアプローチ――修理を妨げ、買い替えによって売上げを伸ばす。その一方、修理による収入を確保する――は、互いに排除するわけではない。後述するように、アップルは修理を妨げるための戦略を採用している。同時に、修理サービスも提供する。消費者がその選択肢から選ぶ限り、優位に立つのはアップルだ。だが、消費者の選択肢は他にもあり、それが事態を複雑にしている。部品と説明書が手に入れば、自力で修理したいと望む者も存在する。また、独立系の修理ショップは、アップルの許可があろうとなかろうと、壊れたスマートフォンの修理を喜んで引き受けてくれる。実際、アップルが試すのも拒むような、複雑で時間のかかる修理もよくやってくれる。アップルの戦略の多くは、次のように理解するのが最も適切だろう。アップルは修理サービス市場を支配し、買い替えによる売上げ増を図ろうと目論む。そして、その戦略を脅かす要素を取り締まろうとする。

修理を削減するとともに確保するという考えは、現代のデバイスメーカーのビジネスモデルの中心を成す。だが、企業が採用する具体的な戦術は一様ではない。製品の性質、消費者の期待、市場の競争具合によって異なる。その結果、修理制限はさまざまなかたちをとる。計画的陳腐化の先駆者から拝借した方法のなかには、一世紀近い歴史を持つ戦術もある。新しいテクノロジーによって可能になった方法は、もっと最近のイノベーションだ。修理を意図的に妨げる方法もあれば、修理に対する無関心な態度を反映した方法もある。さらに、優先事項の競合によって、修理可能性を犠牲にするトレードオフがかたちになったものもある。

修理を妨げる決定の根底にある動機を読み取るのは、必ずしも簡単ではない。AirPodsは、アップルが修理戦争を積極的に仕掛けている証拠だろうか。設計者は、AirPodsの修理がほぼ不可能だという点を、単に考慮しなかっただけかもしれない。あるいは、設計プロセスを決定する妥協のなかで、価格、サイズ、美しさなど他の製品特性を、修理可能性より重視したのかもしれない。どの製品の欠陥もすべて、計画的陳腐化か、密室の重役会議で決まった修理阻止計画の証拠ではない。買い替えによる売上げ増をどれほど望んだとしても、サムスンはGalaxy Note 7に、爆発しやすいバッテリー〔発火や爆発事故が相次いだ〕を意図的に組み込んだわけではないだろう。[11] サムスンが述べたように、間違いがあったのだ。だが、他の選択肢を無害な偶然として説明するのはもっと難しい。修理を妨げる設計や方針を前にした時、企業は美しさ、使い勝手、性能、消費者の安全に根ざした公的な正当性を主張する。とはいえ、対投資家のコミュニケーションのなかで、企業は修理が及ぼす経済的な影響を認めている。(12)

修理を制限する設計や方針を採用する理由を、企業が明確に記した証拠はめったに手に入らない。意図が明らかになるような社内の議論や検討の類を、企業が明らかにすることはまずあり得ない。たとえ文書が公開されたとしても、それが示すのは、大企業が複雑な組織であり、競合する視点を含んでいるために、時に矛盾した行動となって現れることだ。二〇二〇年七月、テクノロジー分野の競争について連邦議会の公聴会を前に、アップルは修理をめぐる内部の論争に触れた社内メールを公開した。同社のコミュニケーション担当副社長が、あるメールに記したように、「(修理にまつわる)戦略は不明瞭です。いま、私たちの話は矛盾していて、どこを目指しているのか、誰も明確にしていません」[13]。アップルのロビイストが、修理する権利の立法化と全米中で闘っている時、同社の環境技術チームは、修理マニュアルをアップルのウェブサイトにアップロードしていたのだ。企業の意図を読み解く試みは、直接的な証拠が不足しているだけでなく、証拠が明らかにするであろう矛盾するストーリーとも闘わなければならない。

意図に大きな焦点を当てれば、さほど悪質ではないプロセスによって修理が制限されてしまうという事実が、曖昧になってしまいかねない。つまるところ、重要なのは、設計の選択、価格計画、修理に障壁を設ける方針の結果なのだ。本章では、目的がどうであろうと、消費者が修理する際に直面する困難を増大させる企業の手法について見ていこう。だが、障壁をつくり出す具体的な戦術について詳しく取り上げる前に、まずは一般的に、私たちの行動に影響を与える方法について考える価値があるだろう。

## 行動を規制する

法学者のローレンス・レッシグは、強い影響力を持つ論文のなかで、行動は四つの基本的メカニズムによって形成されると主張した。法、アーキテクチャ、市場、規範である。[14] この四つのベクトルのいずれかに沿った変化が、程度の差はあれ、行動を促したり抑制したりする。新型コロナウイルス感染症のパンデミックのあいだ、マスク着用をめぐって、コミュニティが直面した問題を例に考えてみよう。当初、アメリカはマスクの効果を軽視していたが、公共の場でマスクを着用すると、ウイルスの拡散を大幅に抑制できるという共通認識が、公衆衛生関係者のあいだで形成された。そうであれば、より多くの人により多くの場所でマスクを着用してもらうという目標は、どうすれば達成できるだろうか。

行動を形成する四つの基本メカニズムのうち、まず法は最も明白で身近な規制手段だろう。社会的に有害な行動――この場合、公共の場でマスクを着用しない――を対象とした刑事責任や民事責任は、行動を抑制する強いインセンティブを生み出す。法は強力な手段だが、必ずしも最も効果的な選択肢とは限らない。法的解決にはコストがかかる。罰金や懲役という国家の強制力に依存し、警察組織や裁判制度の協力を仰ぐ時、特有の問題や欠点が発生する。マスクを着用しなかったから罰金、逮捕、裁判という考え方は、法制度の最も効果的な利用なのか、という疑問が湧くのも無理はない。特に新しいとつぜんの行動変容に対しては、厳しい法的規制が逆効果に働いて反発を生み、中途半端にしか遵守されない恐れがある。法以外の手段であれば、もっとさりげない方法でより広範な正当性をもって、マスク着用を促せる可能性がある。

次のアーキテクチャ――私たちが見出す世界と、設計するものの両方のかたちで――は、必然的に私たちの行動を形成する。たとえば、スピードバンプ（減速帯）は、ドライバーが車を減速させるよう道路に設けられた有効なツールだ。これと同じように、面倒くさくて、つけ心地の悪いマスクしかなければ、用心深い人しか着用しようとは思わないだろう。一方、軽くてつけ心地が快適で、色や柄が選べるマスクがあれば、公衆衛生の専門家のアドバイスに従う可能性はぐっと高まるはずだ。物理的なデバイス――とデバイスの機能を決定するソフトウェアコード――をどう設計するかが、選択のパラメータを大きく左右する。

行動を形成する四つの基本的メカニズムの三番目は市場だ。さまざまな市場メカニズムを通じて、マスクの着用を促すことができるだろう。財やサービスの値段が上がれば、楽しむ人の数は少なくなる。[15] これは市場経済学の基本原則だ。他の条件がすべて同じ時、マスクを着用すると安くなり、着用しないと高くなるのであれば、マスクの着用率は高まるはずだ。あなたが食料品店を経営しているとしよう。従業員を感染リスクから守るために、客にマスク着用を促したいとする。ひとつの方法は、客にマスクを無料で配ることだ。あるいは、マスク着用者に対して一〇パーセントの割引を実施する。その一方、マスクを着用していない客には追加料金を請求することで、彼らが被るコストを増大できるだろう。いずれにせよ、経済条件を変えることで、行動は予測可能になり確実に変化を促せる。

四つの基本メカニズムのうちの最後の規範も、行動を形成する方法である。家族、隣人、友人、同僚などのコミュニティが、特定の行動に対して共有する期待を表明すると、ほとんどの人はその行動に注意を払う。たとえささやかであっても、社会からの非難は強力な圧力となる。そのため、食料品店でマスクを着用しなかった場合に、直接的な批判、受動攻撃的な発言〔皮肉など〕、敵意ある視線に耐えなければならないかもしれない。そして、多くの人にとってコミュニティからの激しい叱責は、次回はマスクを持参しようという効果的な注意喚起となる。やがて、私たちはそのような規範を内面化する。たとえ誰も見ていなくても、ゴミをポイ捨てしないだろう。だが、規範は集団の優先順位を反映するため、変更される可能性がある。コミュニティの価値観の有機的な変化を通して、規範は強化されたり、再考されたり、覆されたりする。重要なことに、コミュニティ外部からの広告、啓発キャンペーン、プロパガンダなどの意図的な取り組みによっても、規範は形成できる。

実際、これらの規制モデルは単独では作用しない。時には補強し合い、時には弱め合いながら、重なり合う影響力の層を形成する。これらが一緒になって一種の規制のトポグラフィーをつくり出し、その規定された空間のなかで私たちは個々の選好を重視し、判断を下し、選択する。その規制のかたちが、私たちに意思決定を命ずるわけではないが、他の選択よりも特定の選択を容易にし、よりコストを低くし、優位にする可能性がある。

そのような相互作用の例を紹介しよう。本書の執筆中、私のMacBookにバッテリー切れの兆候が現れ始めた。フル充電したあとに、急速にバッテリーが消耗し、警告なしに終了するようになったのだ。時々、アップルからバッテリーの「修理」を促すメッセージが表示された。とはいえ、それ以外は何の問題もなく使える。新しいMacBookがほしいとも思わないし、無用な買い替えは避けたい。ひとつには、私のこの考えは、倹約の規範、環境保護、デジタル消費主義に対するちょっとした抵抗を反映していた。そこで最初に思いついたのが、バッテリーの自力交換だった。これまで何年も、他のラップトップでは何の問題もなく交換してきたからだ。ところが結局、二〇一六年製のMacBookのバッテリーを交換するのは複雑な作業だと判明した。アイフィックスイット（第1章参照）の修理ガイドによれば、この作業には最大三時間かかり、壊れやすいアンテナやロジックボードの取り外しなど、五一の手順が含まれる。だが、最も私の意欲を削いだのは、アルミニウム製ボディにバッテリーを接着している接着剤を、溶剤で溶かさなければならない工程だった。私は自力での修理を考え直し、アップルにバッテリー交換を依頼した場合の費用を調べた。状況を踏まえれば、二〇〇ドルのサービス料は不合理とは思えない。だが、四年間使用した私のMacBookは、アップルの「ビンテージ」指定まであと一年だ。一年後には、交換部品もサービスも保証されなくなる。となると、次に問題が起きた時には、そう簡単には解決できないかもしれない。そういうことなら、買い替えたほうが賢い投資かもしれない。アップルには教職員向けの割引価格プログラムがある。それを利用した場合、買い替え費用は八九九ドル。しかも親切にも、消耗したバッテリー付きの私のラップトップに、三四九ドルの下取り価格を提示してくれた。つまり、私の選択肢は次のふたつ。一年後に修理がいま以上に困難になるかもしれないデバイスの修理に、二〇〇ドルを支払う。もしくは、さらに三五〇ドルを加えて合計五五〇ドルで、新品のデバイスを購入する。規範的に言えば、バッテリー以外は問題なく使えるラップトップをこのまま使い続けたかった。だが、ラップトップの物理的な設計と交換の経済性によって、私は後者の決断をした。ということで、この段落は古いラップトップで書き始めたが、新しいラップトップで書き上げている。

この体験談は、設計、経済性、規範が一体となって、消費者の修理の選択を決定するさまざまな例のひとつにすぎない。誰にでも、同じような体験があるのではないだろうか。企業は意図的かどうかにかかわらず、消費者の修理の決定に影響を及ぼす障害をつくり出す。次から、その方法について整理していこう。

## 修理を阻む障壁を設計する

修理を阻むうえで、企業がコントロールする重要な手段のひとつは、製品設計である。コンポーネントや素材の選択、配置や組み立て、デバイス内部にアクセスするために必要なツールは、修理のしやすさを決めるうえで非常に重要だ。そして、今日では多くの場合、物理的な部品と同じように、ソフトウェアはデバイスの動作にとって不可欠である。修理可能性を重視する企業と、修理に無関心か敵視する企業とでは、製品に大きな違いが出る。とはいえ、消費者がデバイスを購入する際に、修理を判断の第一条件に据えることはもちろんないだろう。製品の機能、価格、互換性、美しさ。これらすべてが、消費者の注意を引こうと競い合う。修理可能な設計かそうでない設計かが明らかになるのは、問題が生じたあとだ。その時になってはじめて、修理を念頭につくられた製品と、買い替えを念頭につくられた製品との違いを実感することになる。

## ハードウェア設計

デバイスの故障を診断し、修理するための第一ステップはたいてい、デバイスを開けて内部のコンポーネントにアクセスすることだ。トースターでパンが焼けない？　ラッチアセンブリにパンくずが詰まっているのかもしれない。筐体を外せば、すぐに修理できるだろう。ユーザーが内部コンポーネントに頻繁にアクセスする必要があると予想する設計者は、そのためにカバーやパネルを用意する。車のボンネットは、シンプルだが効果的な設計のよく知られた例のひとつだ。

その対極にあるのが、ほとんど開けることのできないデバイスだ。その一例が、すでに述べたアップルのAirPodsだ。プラスチックの外殻を接着剤で固定しているため、内部コンポーネントにアクセスしようとすると、まず間違いなく壊れてしまう。二〇一七年に発売されたマイクロソフトのSurface Proラップトップもそのひとつである。内側が合成マイクロファイバーで覆われており、無理やり開けると、取り返しのつかない損傷を与えてしまう。接着剤で固定された生地を剥がすためには、切断するしかない。その下には、金属シールドが超音波スポット溶接で固定されている。コンポーネントにアクセスするには、溶接を壊さなければならない。そのため、バッテリー交換のためにラップトップを何とかこじ開けられたとしても、元通りに組み立てるのは至難の業だ。アイフィックスイットの分解ガイドによれば、Surface Proラップトップは「接着剤だらけのモンスター」であり、「壊さなければ開けられない」という。(16) ウォール社のバリカンのような単純なデバイスでさえ、切れ味の落ちた刃を研ぐといった日常的な修理を妨げる方法で設計されている。(17)

ほとんどの製品は、ボタンひとつでアクセスできるものと、内部が密閉されたものの中間に位置する。どんなデバイスにも、車のボンネットのような仕組みが必要なわけではない。だが、消費者や修理の専門家が、デバイスを開けるのが難しい設計に悩まされるケースは多い。腹立たしいのは、スマートフォンやタブレットの多くが、カバーや繊細な画面を接着剤で固定していることだ。サムスンのGalaxyや、マイクロソフトのSurface Proの旧世代のタブレットもそうだ。モトローラのレイザーもその代表例だ。二〇二〇年に折りたたみ式画面のスマートフォンを販売すると決めた時、モトローラは往年のブランド名を復活させた。二〇〇四年に発売された初代レイザーは、折りたたみ式携帯電話として人気を博した。ツールを使わずに背面パネルが簡単に手で取り外せ、バッテリーやその他のコンポーネントにアクセスできることが特徴だった。これに対して、後継機では外殻が接着されており、バッテリーを交換するためには、まずデバイスを加熱して、接着剤の粘着力を弱めるところから始まる。(18)

通例、修理の際に望ましいのは、接着剤よりもネジの方だ。分解と組み立てがずっと簡単だからだ。特に何度も修理することが予想される場合、長期的に見れば、ネジの方が信頼性が高い傾向がある。とはいえ、ネジは完璧な解決策とは言い難い。ネジを外すためには、適切なツールが必要だ。ドライバーは通常、とりわけ複雑でもなければ高価でもない。多くの人の工具箱や引き出しには、マイナスとプラスのドライバーの小さなコレクションが入っているだろう。ところが、このふたつのドライバーは、消費者向けデバイスに使われる留め具のごく一部ですらない。ロックス、モートルク、ポジドライブ〔プラスドライブの改良品〕、ロバートソン（スクエア）などのドライバーを自宅に揃えている人は、はるかに少ない。メーカーが特殊なネジを選択すると、修理コストは増加する。

特殊なネジが機能上、重要な利点をもたらす用途もある。例をあげれば、ロックスのドライバーを使う時には、ネジとドライバーの接触点が一二カ所あるため、トルクが増大し、摩耗が低減する。別の例では、取り外しを難しくするためとして、特殊なネジの選択が明白に正当化される場合がある。いわゆるセキュリティネジ〔市販のドライバーやレンチが使えないネジ〕は、専用ツールの所有者が極めて少ないために、不要な取り外しや分解を防ぎ、盗難やいたずら防止対策として正当に使用される。スパナ——二穴ネジ、ブタ鼻ネジとも——は不正アクセス防止のために、エレベータの制御パネルによく使われる。とはいえ、これらはカメラからキッチン家電までの消費財にも使われている。[19]トルクスネジ〔星形六角形〕や六角ネジはそもそもあまり一般的ではないが、ネジの中心部に突起したピンの付いた安全性の高い種類があり、やはり特殊なツールでなければ外せない。同様に、ブライス・ファスナー社はピン付きの五角形ドライブを製造し、対応するドライバーを一般消費者に販売しないよう目を光らせている。[20]他にも、締めることは可能だが外せないワンウェイネジや、取りつけ後に頭部を切り落とせる、ブレークアウェイ留め具を販売する企業もある。

このような規格外のネジが消費者向け製品に組み込まれると、問題が生じる。二〇一一年、アップルがペンタローブネジ〔アップルが独自に開発した、星形五角形のセキュリティネジ〕を採用し、話題になった。当初は、内部コンポーネントの固定だけに使われていたが、やがて一般的なプラスネジの代わりに、iPhone や MacBook の筐体にも見られるようになった。現在では、ペンタローブ用ドライバーのセットが数ドルで手に入るが、当時は入手困難だった。一般的なネジを特殊なネジに交換するという選択が、消費者による自力修理や勝手なアップグレードを妨げるためだ、と広くみなされたのも無理はない[21]。ビデオゲーム機メーカーも同様の戦略をとっている。任天堂はゲーム機とカートリッジに、トライウィング〈三叉〉留め具やラインヘッド〈星形〉ネジ――ゲームビットの名で知られる――の特殊ネジを使用している[22]。

デバイスを何とか開けることができたとしても、内部で同様の問題に直面する。コンポーネントが見慣れないネジで固定されていることに気づくだろう。さらに悪いことに、接着剤やはんだで固定された部品もあれば、リベットで固定されている場合もある。そのため、コンポーネントを取り外すと、さらに高価な部品を破損してしまうリスクがある。あるいは、故障したコンポーネントと部品とを無事に分離できず、何の問題もない部品まで交換するはめになるかもしれない。いずれにせよ、修理はより難しく高くつく。

近年、MacBook の設計上の欠陥が明らかになってきた。アップルはラップトップの内部に、さまざまなトルクスネジやペンタローブネジを使用している。プロセッサ、グラフィックカード、RAM、フラッシュメモリはどれも、ラップトップのロジックボードに直接はんだ付けしてあり、どのコンポーネントも交換できない。スピーカーとバッテリーは金属シェルに接着され、キーボードはリベットで固定されている。つまり、キーが故障した場合、選択肢は次のどちらかだ。リベットを慎重に取り外して、キーボードをネジで交換する。もしくは、上部ケース全体を交換する。キーボードが問題なく機能していれば、リベットに気づくことはなかっただろう。だが、二〇一五〜一九年までアップルのラップトップに搭載されていたバタフライキーボードは、信頼性が低かった。キーストロークの新しい、浅い設計は通常の使用に耐えなかった。極薄構造のために、埃やゴミが日常的にキーと本体のあいだに入りやすく、キーが反応しなくなるのだ。集団訴訟のあと、アップルは最終的に、対象となるMacBookのキーボード交換プログラムを発表した。ところが、リベットが多いために、不具合のあるバタフライキーボードを交換するには、トラックパッドと上部ケースも交換しなければならなかった。

これは、パソコンに限った問題ではない。たとえば洗濯機だ。ここ数十年、洗濯物を入れる扉が前についている前面型（いわゆるドラム式）洗濯機の人気が高まっている。その理由のひとつは、縦型洗濯機と比べて、水と電力の使用量が少ないという環境に優しい特徴にある。だが、よく発生する不具合がふたつあり、修理の難しさから、前面型が持つ環境上の利点を台なしにしている。前面型の基本的な内部構造を簡単に説明しよう。円筒形のドラムを水平に配置し、開いた方の端が外側に向いている。洗濯物、水、洗剤がドラムのなかに入る。ドラムの後部に、スパイダーアームと呼ばれる三本の腕を持つブラケットが取りつけてあり、ドライブシャフトを介して小型モーターに接続している。モーターが作動すると、摩擦を軽減する二組のベアリングの力を借りながら、スパイダーアームとドラムが回転する。うまく機能すれば、ドラムのなかの洗濯物はあっという間に、春の日のような爽やかな香りに包まれる。
　前面型の所有者がよく訴える苦情のひとつは、ベアリングの故障だ。シールの破損によって水が侵入し、やがてベアリングが作動しなくなってしまうのだ。ベアリングの交換は一般的にさほど高くなく、わずか四〇ドルほどだ。ところが、ドラムの取り外しと機械の組み立てが必要になるために、大きな労力を要する。修理費はたいてい、買い替えと同じくらいかかってしまう。[23] なかには、ベアリングだけの交換ができない機種もある。[24] その場合は、ドラム部分全体を購入しなければならない。もうひとつの苦情は、スパイダーアームの故障だ。ドラムは通常ステンレス製だが、背後のスパイダーアームはたいてい、洗剤に触れると腐食する安価なアルミニウム合金でできている。その多くは、たった数年使用しただけで崩壊し始める。ベアリングと同じく、スパイダーアームの交換にはドラム部分の交換が伴う場合がある。たとえ交換できても、概して法外な人件費がかかってしまう。[25]
　自動車整備士には、アクセスできない部品にまつわる〝ホラーな〟話がある。ひとつ例をあげると、Audi S4 はタイミングチェーンの修理に、恐ろしく手間がかかることで有名だ。タイミングチェーンはエンジン後部にあり、ファイアウォールの横に挟み込まれているため、修理の際にはエンジンを完全に取り外す必要がある。一般的なベルトではなく、チェーンを使用することで、アウディはメンテナンスの問題を回避できると踏んだのかもしれない。ところが、その設計には、熱や摩擦に耐えられないプラスチック製のチェーンガイドとテンショナーが必要になり、修理費は八〇〇〇ドルに跳ね上がる。英国のＳＦ作家ダグラス・アダムスの超大作「銀河ヒッチハイク・ガイド」のシリーズ作『ほとんど無害』には、こんな一節がある。「故障の可能性があるものと、ぜったいに故障しないものとの大きな違いは、ぜったいに故障しないものが故障したときは、そばに近づくことも修理することもたいてい不可能だということです[26]」〔安原和見訳、河出書房新社、二〇〇六年〕。驚くことでもないが、S4の中古車は投げ売りのような価格で売られている。だが、ある評論家はこう述べている。「S4を買うということは、アメリカで最も幽霊が出る屋敷だと知らずに、絶叫ものの価格でこの車を手に入れるようなものだ[27]」

バッテリーやベアリングなど交換が予測できるコンポーネントは、簡単に入手できる必要がある。製品設計によって企業が部品交換を複雑にしてしまうと、修理コストは不必要に増大する。もちろん、アフターマーケットの部品が手頃な価格で入手可能であることが前提だ。既製の部品や、広く出まわっている部品を組み込んだデバイスの場合は、ほとんど問題ないだろう。ところが、多くの場合、企業は特注のコンポーネントを製造し、消費者による入手を積極的に制限している。この問題については後述しよう。その前に、製品設計において考慮すべき、もうひとつの側面について見てみよう。

## ソフトウェア設計

今日、トースターから自動車までデバイスの機能を制御しているのは、内蔵のソフトウェアコードである。このコードによって、デバイスメーカーは、製品を販売したあとのあらゆる種類の消費者行動、それも特に修理に対する権限を獲得する[28]。ソフトウェアコードにアクセスしない限り、故障の診断、機能の回復、交換部品の取りつけが不可能な場合がある。メーカーは通常、そのコードを、デジタル著作権管理テクノロジーの追加レイヤーで保護し、アクセスを正規の修理プロバイダに限定している。このようにソフトウェアに制限を設けると、あとで説明するように、デバイスの所有者と独立系の修理プロバイダに法的なリスクをもたらす。だが、デバイスを修理したい人に対して、現実的な問題も引き起こす。

誰も驚かないだろうが、ソフトウェアに対する管理を活用することによって、修理しようという所有者の意欲を削ぎ、修理を阻止したり無効にしたりすることに、最も積極的なデバイスメーカーのひとつがアップルだ。同社には、自力で修理したり、独立系の修理ショップに依頼したりする所有者を苛立たせてきた歴史がある。そして毎年、新たな物議を醸しているように思える。

二〇一六年、数千人の iPhone 所有者が衝撃を受けた。デバイスが起動しなくなり、連絡先や写真などのデータにアクセスできなくなったのだ[29]。サードパーティに修理を依頼して、数週間、長くて数カ月は正常に動作していた iPhone が、アップルのソフトウェアをアップデートしたあと、とつぜん〝文鎮化〟〔起動できなくなること〕してしまった。新しいコードは、デバイスのホームボタンとタッチＩＤ〔指紋認証〕センサーとのあいだで、交換されたコネクタを検出するように設計されていたため、サードパーティが修理したという事実の確実な指標となる。そして、そのコネクタが見つかると、ソフトウェアが iPhone の動作を完全に停止するように指示し、「エラー53」という不可解なメッセージを表示する。世間の反発を受け、集団訴訟を起こされたあと、アップルは結局、該当する iPhone の機能を復元する別のソフトウェア・アップデートをリリースした。オーストラリアでは、今回の騒動で損害を受けたデバイスの返金を受け取る権利について、同社が消費者に誤解を与えたことが覆面捜査で明らかになり、数百万ドルの罰金の支払いを命じられた[30]。

とはいえ、これらの罰金は、アップルが最近、別のソフトウェア・アップデートによる集団訴訟の和解に向けて、支払いに合意した五億ドルとは比べものにならない[31]。二〇一七年、レディット〔掲示板型SNSサービス。アメリカ版2ちゃんねるとも呼ばれる〕のユーザーは、アップルが古いバッテリーを搭載したiPhoneのプロセッサを、意図的に遅くしている問題（バッテリーゲート問題）を暴いた。アップルはのちに、iOSのアップデートがバッテリーの劣化を検出し、その劣化を補うために、プロセッサの速度を低下させていたことを認めた。アップルによると、この対応は唐突な電源オフを防ぐためだったという。だが、そのコードは消費者に開示されていなかったため、多くの人が単にバッテリーを交換するのではなく、新しいデバイスに買い替えた。スロットリング〔意図的に性能を抑制したり、一時的に要求を拒否したりする制御〕と、それにまつわる秘密主義によって、消費者は修理ではなく買い替えを選び、アップルの収益が膨らんだ。批判の殺到を受け、同社は割引のバッテリー交換を実施したが、CEOのティム・クックはのちに、iPhoneが販売不振に陥った原因は消費者が修理を選んだからだと発言している[32]。

二〇一八年、アップルはT2チップという、タッチIDの指紋データやさまざまな暗号キーを処理するプロセッサを、ラップトップとデスクトップに搭載し始めた。セキュリティの進化と謳われるこのチップは、デバイスの修理可能性も制限する。ディスプレイ、ロジックボード、キーボード、タッチパッド、フラッシュメモリなど特定の部品を交換した場合、アップルのプロプライエタリなシステム構成ソフトウェアの祝福を受けるまで、デバイスは〝動作不能〟になる恐れがある。とはいえ、このプログラムを利用できるのは、アップルと正規サービスプロバイダだけに限られる。[33] ソフトウェアにアクセスできなければ、独立系の修理ショップは修理ができない。T2チップはまた、再生業者によるユーザーデータの削除を妨げる。すなわち、元の所有者がユーザーデータを確実に消去しない限り、中古デバイスは再販できない。個人か法人かを問わず、多くのユーザーはデータを消去しないため、わずか数年前には三〇〇〇ドルもした数千台のラップトップが、一台一二ドルでスクラップにされている。[34]

iPhone のアクティベーションロックは、新しい所有者が元のユーザーの iCloud パスワードなしには、iPhone にアクセスできないようにする機能だ。これによって、数百万台とは言わないまでも、数十万台のデバイスが不必要に廃棄されてきた。寄付されたスマートフォンの再配布とリサイクルを行なう、コロラド州のワイヤレス・アライアンス社は、アクティベーションロックがかかったiPhoneを、わずか三年間に六万六〇〇〇台以上も受け取った。二〇一八年には、寄付されたiPhone の四分の一が、この機能によって再利用も修理もできなかった。[35] これは特別な話ではない。アメリカだけでも、スマートフォンの修理、再生、リサイクルを行なう何百もの組織が、アクティベーションロックのかかったスマートフォンと闘っている。

同様のツールを利用しているメーカーは、アップルだけではない。グーグル、マイクロソフト、ノキア、サムスンなどが、モバイルデバイスにこの機能を用いている。導入のきっかけは、世界中の都市でスマートフォンの盗難が懸念されたことにある。立法者や警察当局は、盗品の需要を減らすために「キルスイッチ」を組み込むよう、デバイスメーカーに呼びかけた。[36] 所有者のパスワードがなければ使用できないデバイスは、窃盗犯にとって価値が大きく低下する。アクティベーションロックによって、スマートフォンの盗難が大幅に減少した点は素晴らしい。だが、その一方、合法的な修理や再販を妨げてきた。寄付されたスマートフォンの元の所有者を特定することは、ほとんどの場合、現実的に不可能であるため、ワイヤレス・アライアンスのような組織には、この機能を無効にする手段がない。[37] また、デバイスメーカーはこれまでのところ、これらのデバイスを安全かつ合法的にリセットするためのツールを、合法的な再生業者に提供することを拒否している。したがって、デバイスは部品を抜き取られるか、そのままシュレッダーにかけられて終わりを迎える。[38]

もっと最近では、アップルはより巧妙な戦術を採用して、消費者をサードパーティや自力での修理から遠ざけている。iPhone の修理で最も多いのは、バッテリーと画面の交換だ。だが、部品を交換したのがアップルでもその公認パートナーでもない時、アップルはユーザーに明確な警告を表示する。[39] iPhone 12 のカメラを交換すると、同様のメッセージが表示される。[40] たとえアップルの純正部品が使われていたとしても同じだ。確かに、バッテリーも画面も問題なく機能する。ところが、交換部品が純正であるにもかかわらず、本物であるかどうか「確認できません」という警告が表示されてしまったら、地元の独立系修理ショップの仕事ぶりがどれほど素晴らしいものだったとしても、その修理ショップに対する信頼を失ってしまうかもしれない。

警告を見て気づくように、デバイスが独自に修理されたかどうかが企業にはわかってしまう。ユーザーの不安を掻き立て、誤解を招くような警告メッセージを表示する代わりに、メーカーは正規の交換部品が機能しないようにすることもできる。そして、場合によってデバイスメーカーはまさにそうしているのだ。アップルのデバイスは、壊れた画面の交換時によく必要になる、新しいタッチIDやフェイスIDのセンサーを検出できる。ところが、セキュリティ上の懸念を理由に、デバイスを新しいセンサーとペアリングできるのは、自社の技術者だけだとアップルは主張する。[41]同様に、サムスンも画面交換後にスマートフォンの指紋認証リーダーを無効にした。[42]次には、バッテリーやカメラといった他のコンポーネントが、シリアル化される可能性がある。

同じ問題はゲーム機の修理でも生じる。マイクロソフトとソニーは、ゲーム機の光学ドライブをマザーボードとペアリングしている。そのため、さほど珍しいことでもないが、光学ドライブが故障しても、同じ部品と交換することができない。[43]これは著作権侵害を防ぐためだというのが、ゲーム機メーカーやゲームパブリッシャー（発売元）の主張だが、新しい光学ドライブのペアリングに使われるソフトウェアによって、消費者が海賊版のゲームやゲーム機のOSにアクセスできるようになるわけではない。ゲーム機を修理しても、購入済みのゲームを楽しめるようになるだけだ。同じタイトルが、光学ドライブを自由に交換できるPCゲーマーに販売されていることも多いため、修理のリスクは明らかに誇張されている。もっと根本的に言えば、交換可能な部品という概念そのものを覆すようなテクノロジーが開発された時、私たちは極めて懐疑的になるべきである。

消費者向け電子機器に限らず、他のメーカーも同様のソフトウェアベースの戦略に従い、交換部品の機能を管理し、修理に関する消費者の意思決定に影響を与えている。二〇一二年、マサチューセッツ州で自動車修理権法が制定されたあと、自動車メーカーと修理ショップは、診断情報、部品、ツールに対するアクセスを拡大する全米規模の協定を締結した。(44) だが、この協定を苦労の末に勝ち取る以前は、ごく簡単な修理――ワイパーのスイッチを交換するだけ――であっても、自動車ディーラーだけが利用できる初期化ソフトウェアが必要であり、そのことに消費者や独立系の修理ショップは大きな不満を抱えていた。(45) そのソフトウェアの指示がなければ、適切に取りつけられた純正部品の作動を、車に搭載されたコンピューターが妨げたからだ。

今日でも、農機や重機のメーカーは、サードパーティによる修理を制限するため、ソフトウェアベースの初期化という方法を使い続けている。たとえば、第1章で取り上げたディア社のトラクターは、正規の技術者が初期化しない限り――この時、多額の費用がかかる――純正の交換部品を認識しない。(46) そのため、方向指示器のような簡単な装置を取りつけただけでも、農家はディア社の地元ディーラーに支払わなければならない。この慣行は事実上、サードパーティや自力での修理に対する税金である。実際に誰が作業を行なったのかに関係なく、ディアは料金を徴収する。

二〇一八年、農家の激しい反発と立法介入の脅威に直面したディアは、機器メーカーとディーラーを代表する業界団体とともに、二〇二一年一月までに、農家が修理情報、ソフトウェア、ツールを利用できるようにすると約束した。(47) ファーウェスト機器ディーラー協会(FWEDA)は、この約束を受け入れるカリフォルニア州ファーム・ビューローとの「基本合意書(MOU)」(MOUは覚書のため、法的拘束力がない)の公開署名式をわざわざ開催した。ところが、それから二カ月近く経っても、全米のディアのディーラーは、ソフトウェアやその他のツールを農家に販売することを拒否し続け、入手できるのは公認ディーラーだけだと主張している。モンタナ州農民組合の代表を務めるウォルター・スワイツァーは、トラクターの修理に必要なソフトウェアと機器を販売してくれるディーラーをやっとの思いで見つけ出したが、その価格は八〇〇〇ドルだった。

同様のテクノロジーは、重要な医療機器の修理も妨げている。タンザニアでは、新生児用の保育器が使われずに倉庫に放置されたままだ。内蔵ソフトウェアがパスワードで保護されているため、現場の修理技術者はアクセスできないのだ。多くの病院にとって、正規のサービスは利用できないか、信頼できないか、高額で手が出せない[48]。ソフトウェアのロックは、アメリカの病院も悩ませている。人工呼吸器が二台あるにもかかわらず、一台は画面が壊れ、もう一台は呼吸ユニットが壊れていると想像してほしい。論理的に考えれば、解決策は壊れた画面を正常な画面と交換することだ。壊れた人工呼吸器が二台あるより、正常に使える人工呼吸器が一台でもあったほうがいい。ところが、修理にはハードウェアのドングル〔不正コピー防止のハードウェア。これをコンピュータに接続しない限り、プロプライエタリなソフトウェアが使用できない〕が必要であり、メーカーは、独立系の修理技術者にドングルを提供したがらない。そこで、技術者は他の供給源に頼るしかない。たとえばポーランド人ハッカーに接触して「ふたつのコネクタがついた、プラスチックに包まれた回路基板にすぎない」粗悪なレプリカを手に入れる[49]。だが、それで用が足りる。

ソフトウェアを使った修理の妨害は、消費財にも及ぶ。不条理極まりない例のひとつは、純正のフィルターを取りつけなければ水が出ないようにプログラムされた、GEの特定の冷蔵庫だろう。もちろんこの部品は高額だ。一般的な浄水器がわずか一三ドルのところ、GEの正規の交換品はなんと五五ドルもする[50]。唯一の違いは、GEのフィルターにはRFIDタグが付いていて、冷蔵庫に内蔵されたソフトウェアがそのタグを識別することだ。ところが、意欲的な消費者がすぐに発見したように、タグはGEの公式フィルターから慎重に取り外せるため、システムを騙して、汎用の代替品でも正規品と認識させることが可能だ。

ここまで、消費財の物理的コンポーネントを、ソフトウェアコードがどう規制するのかに焦点を当ててきた。だが、ソフトウェアと永続的なネットワーク接続との組み合わせは、消費財の機能を大きく移転させた。いわゆる〝スマート〟製品は、家庭やポケットのなかのデバイスから、クラウドにあるリモートサーバに仕事を移すことで、機能をアウトソーシングする。[51]言い換えれば、私たちが購入する製品を役立つものにするコンポーネントの多くは、もはや私たちの手元にはない。リモートのデータセンターにしまい込まれている。これは、修理に大きな問題をもたらし、多くのデバイスの継続的な運用を、メーカーの手に委ねてしまう。基本的な動作をリモートサーバに依存するデバイスが修理を妨げる方法については、すでに本書で説明した。ネストのコードにアクセスできなければ、Revolv の所有者は、機能を復元させる方法がなかった。ジーボの購入者もロボットの劣化を、なす術もなく見守るしかなかった（ともに第1章参照）[52]。

この新たな現実は、オートメーションハブやソーシャルロボットの購入者だけの問題ではない。アメリカ最大級の家電量販店であるベスト・バイは、インシグニア・ブランドの名前でさまざまな製品を提供している（第1章参照）。二〇一九年一一月、同店は〝スマート〟冷蔵庫、電気プラグ、照明スイッチ、防犯カメラなど、インシグニアのラインナップのサーバを停止した。そのあとも、冷蔵庫は変わらず食品を冷やし続け、照明スイッチは手動で操作できた。ところが購入者は、リモート制御、タイマー設定、その他の〝スマート〟機能を利用できなくなった。気まぐれな製氷機や当てにならない調光器と違って、これらの機能は所有者には修理できない。キッチンに設置されたあとでも、機能は何もかもすべてメーカーの決定に左右される。購入者が製品の機能と考えていたものは、むしろメーカーがいつでも終了できるサービスに近いものだったのだ。

## 市場の制約

修理費用が高くなればなるほど、消費者がその費用を支払う可能性は低くなる。デバイスに対する特別な愛着や修理に対する思想的なこだわりがないのなら、すべての条件が同じ時、ほとんどの人は買い替えを選ぶだろう。だから、もし修理費と買い替え価格にさほど差がないのなら、消費者を確実に新品購入に誘導できる。しかも、企業はその計算を操作する方法に事欠かない。修理費を高く設定できる。これは、自社の修理サービスにもサードパーティの場合にも当てはまる。部品やサービス料金を直接高く設定すればいいのだ。あるいは、遅延させたり修理サービスを探し出しにくくしたりするなど、間接的な方法も使える。また、下取りプログラムやその他のインセンティブを通して新規購入を補助することで、消費者の行動を変えられる。これらの経済的な戦略のなかには、消費者にとって明らかなものもあれば、水面下で行なわれ、見えない方法で修理市場を形成するものもある。

## 価格と入手可能性

デバイスメーカーは、修理費を直接決めることができる。たとえばサムスンは、Galaxy スマートフォンの画面交換に二七九ドル、折りたたみ式画面には最高で五九九ドルを請求する。[53] アップルは最近、反射防止コーティングが薄くなった MacBook の画面修理に、二〇五一カナダドルの見積りを提示した。[54] これは、ラップトップを新しく購入する価格を上まわる。高額の修理費を考えると、ディアから地元の自動車ディーラーまで、企業が修理を大きな利益が見込める成長分野と捉えていることがわかる。[55] 高額な部品やサービスは、メーカーが修理に不利な状況をつくり出すのに役立っている。消費者が高額な修理費に二の足を踏めば、買い替えの可能性が高まる。修理費をしぶしぶ支払った場合にも、企業にはかなりの利益が入る。

ところが、この「結局は企業の独り勝ち」戦略には大きな障害がある。サードパーティによる修理の競争市場が活況を呈する限り、消費者にはより安価な選択肢が存在することだ。また、機械いじりに自信があるか、単純に修理技術を身につけたい消費者が、自力で修理する場合もある。修理市場を絶滅に追い込む——あるいはその価値を確保する——ために、企業はサードパーティによる修理や、消費者による自力修理を完全に排除するか、修理が不可能な水準にまで価格を引き上げなければならない。

その方法のひとつが、交換部品を不必要に高額に設定することだ。これは、自動車業界で長く燻っている不満だ。フォード・フォーカスのヘッドライトアセンブリは二〇〇〇ドル近くする。[56] 車種によっては、サイドミラーがひとつ一〇〇〇ドル。[57] 家電も似たようなものだ。ミーレの冷蔵庫のドアハンドルが三〇〇ドル以上。[58] 安価に生産されたプラスチック部品でさえ、苦笑いするしかないほど高価な場合がある。洗濯機の新しいノブが必要になった？ シアーズでは、製造コストがわずか数セントのプラスチック成型品を三九・七八ドル＋送料で喜んで販売してくれる。ところが、これで七三ドルという正規小売価格の四六パーセント引きだという。[59] とはいえ、サムスン製品の交換用ノブの一八六ドルに比べれば断然安い。[60] あなたにも、交換部品の価格にショックを受けた経験があるのではないだろうか。数年前、我が家では、フーバー製掃除機の二本のホースを固定していたクリップが壊れて、吸引力が落ちてしまった。二本の新しいプラスチックホースは、発送までに数週間を要したうえ、値段は新しい掃除機とほとんど変わらなかった。

ソフトウェアのおかげで、企業はサードパーティによる修理やユーザーの自力修理に、追加コストを課すことが増えた。たとえ純正部品に高額の費用を支払ったとしても、さらに多くのお金を支払わなければならないかもしれない。ディアは一律二三〇ドルの基本料金に加えて、農家や独立系の修理ショップが取りつけた純正部品を初期化するためだけに、一時間あたり一三〇ドルを請求する。[61] この時間給には移動時間も含まれ、僻地の農家は特に高いコストを支払うはめになる。

もうひとつの方法は、サードパーティに対する部品の販売を単純に拒否することだ。これは、ニコンが人気のデジタル一眼レフで採用している方針である。[62] 同じように、独立系の修理ショップは、アップルに電話をして画面、キーボード、その他の交換部品を注文できない。その結果、独立系の修理ショップは、しばしばグレーマーケットの輸入品、サードパーティの部品、回収されたコンポーネントに頼るはめになる。高品質のコンポーネントを確保する難しさが、自力で修理する際のコストを押し上げてしまう。

企業は部品を流出させないだけでなく、多くの古いデバイスの修理を単純に拒否する。部品の在庫を維持し、老朽化した製品を修理する訓練を受けた技術者チームを維持するのは、確かにコストがかかる。[63] 新車の生産が終了したあとも、T型フォードの補修部品を製造し、在庫を管理し、販売し続けるという意思を示したフォードの意気込みは異例だった。PlayStation 2の修理に対する、ソニーの取り組みも同様だ。ソニーが修理業務を終了すると発表したのは二〇一八年、同機の発売から一八年が経ったあとだった。[64] その一方、マイクロソフトは初代Xboxの修理を、発売から七年余りで終了した。現代の動向に一致する決定である。[65]

アップルが、iPhone、iPad、Macコンピュータについて、明確かつ信頼性の高いタイムラインを公表し、修理サービスを終了する日付を正確に知らせている点は評価できる。同社の定義では、販売店への供給を停止した日から、五年以上七年未満の製品を「ビンテージ」製品とみなし、同じく七年以上経過した製品は「オブソリート」製品〔英語で「使用されていない」「廃れた」「旧式の」などの意味〕とみなして区別している。[66] ビンテージ製品については修理の可能性を約束していない。部品の在庫があった場合、あなたは運がいい。そうでなければ、その保証はない――カリフォルニア州に住んでいれば話は別だ。カリフォルニアの州法では、小売価格が一〇〇ドル以上の製品については、最長七年間は補修部品を提供することが義務づけられている。[67] 一方、オブソリート製品については、アップルは「例外なく、すべてのハードウェアサービスを終了している」。[68] 言い換えれば、七年前のあなたのラップトップにアップルは関与しない。また、サードパーティの修理ショップが修理できるように、部品を販売することもない。最高級のMac Proの購入価格は五万三〇〇〇ドルを超え、BMW4シリーズとほぼ同額だ。[69] 七年後に修理ができなくなる車を買う人はほとんどいないだろう。それなら、なぜパソコンは同じではないのか。

さらに悪いことに、一部の現行製品についても、アップルは修理を拒んでいる。iPadの「サービスと修理」を提供しているが、実際に修理することはほとんどない。画面の割れ、バッテリーの不具合、カメラの故障、充電ポートの故障などは、すべて同じように扱われる。そして、デバイスと保証状況に応じて一律の「サービス料金」を請求し、交換用デバイスを自宅に送ってくる。[70] AirPodsやApple Watchの場合も同じだ。「サービス」とは交換を意味する隠語である。

デバイスメーカーにとって、これは収益性の問題だ。利益を最大化するために企業はできることは何でもする、と想定すべきだろう。良くも悪くも、現代の企業はそのようにできている。そして、新製品の製造を重視するサプライチェーンにとっては、たとえ最終的には埋立地行きになるとしても、古い製品のメンテナンスに費やす資源を最小限に抑えたほうが、効率がいい。同じように、ウーバーはドライバーを従業員として認めない方が、[71] フェイスブックは偽情報にプラットフォームを開放した方が、[72] 化石燃料企業は好き勝手に環境を汚染できた方が、利益が上がる。[73] 企業は、コストを外部化して利益を得ている。だからといって、それらを野放しにすべきだというわけではない。

## 正規の修理

ほとんどの企業は、サードパーティの修理プロバイダを完全に排除することが、自社の利益にならないことを理解している。独立系の修理プロバイダに対する部品販売を全面的に拒否すれば、法的リスクが生じる恐れがある。現実的に言って、消費者の修理需要を満たすためには、ほとんどの企業はサードパーティの修理プロバイダの協力を得なければならない。世界的に巨大な存在感を放っているにもかかわらず、アップルストアは世界中に約五〇〇店舗しかない。修理の一部を担うために、アップルの正規サービスプロバイダ（ＡＡＳＰ）プログラムは、一般ユーザーや大多数のサードパーティの修理ショップが利用できない交換部品、情報、ソフトウェア、ツールに対する特権的なアクセスを、選ばれた修理パートナーに付与している。(74) 保証期間が過ぎたあとの修理については消費者が直接費用を負担する一方、保証期間中のデバイスについては、アップルがＡＡＳＰに修理費を払い戻す。

だが、このプログラムは、修理プロバイダにとって大きなデメリットがある。行なえる修理の種類が限定されているのだ。(75) たとえば iPhone のバッテリーや画面の交換はできるが、カメラ、充電ポート、ヘッドフォンジャックの交換は許可されていない。ＡＡＳＰではこのような比較的簡単な修理は行なえず、デバイスをアップルに送らなければならず、修理費全額ではなく、少額の紹介料を受け取る。多くの場合、アップルは実際に修理するのではなく、整備した再生デバイスを消費者に送り返す。アップルの許可を得て行なうごく限られた種類の修理で、ＡＡＳＰに支払われる修理費は、毎月のパフォーマンス指標によって決まる。同社は、修理にかかる時間、使用した部品の数、初回の訪問で修理したデバイスの数を記録し、パフォーマンス指標を使ってＡＡＳＰに支払う金額を決定する。(76) このような制約を踏まえると、ほとんどの修理プロバイダがＡＡＳＰになることを拒否してきたのも不思議ではない。幅広い修理サービスを提供する独立系の修理ショップにとって、同プログラムは収益を著しく減少させ、顧客に提供できるサービスレベルを低下させる。[77] アメリカ国内のＡＡＳＰショップの大部分は、世界最大の家電量販店ベスト・バイの一部として展開している。[78]

立法者や規制当局による監視の強化はもちろん、消費者や独立系修理コミュニティからの度重なる批判に直面したアップルは、二〇一九年八月、新たに独立系修理プロバイダ（ＩＲＰ）プログラムを発表した。ＡＡＳＰと同様に、ＩＲＰとして承認されると、純正の画面とバッテリーが購入できる。とはいえ、ＩＲＰプログラムは保証対象外のデバイスにしか適用されないため、ＩＲＰには修理費が支払われない。それにもかかわらず、アップルは修理をより身近なものにするための大きな一歩として、独立系修理ショップに部品を積極的に販売する姿勢を、このプログラムによってアピールした。ところが約一年後、登録は一四〇社にとどまったという。[79] おそらく不評のせいか、アップルはこのプログラムをカナダとヨーロッパに拡大し、対象範囲をMacにも広げた。[80]

アメリカ人がiPhoneの修理に毎年何十億ドルも費やしており、アップルの新しい部品を入手するのが難しいことを考えれば、なぜＩＲＰプログラムに参加する修理ショップは少ないのか。このプログラムの発表をメディアに取り上げてもらおうと、アップルは躍起になっていたが、同社はやはり内部の仕組みについては極度の秘密主義だ。ＩＲＰ希望者は、このプログラムの義務を記した契約書をただ見るためだけに、秘密保持契約書に署名しなければならなかった。[81]

契約の内容を確認すれば、アップルが秘密主義にこだわる理由もよくわかる。ＩＲＰ契約は、修理業者に厄介で理不尽な要求を押しつけ、修理プロバイダのビジネスを損ない、顧客のプライバシーを危険に曝すからだ。まず画面、バッテリー、その他の部品を手に入れる条件として、IRPは各顧客から「書面による明示的な同意」を取りつけなければならない。その目的は、修理プロバイダによるものではなく、アップル自体は保証しない、という点を顧客が理解していることを確認するためである。たとえこのやりとりに顧客が怖気づかなかったとしても、彼らが期待する修理の品質に対して、疑念の種を植えつけてしまいかねない。

さらにアップルは、IRPがいわゆる〝禁止〟修理部品を保管したり、使用したりすることを禁じている。そのなかには、〝偽造〟部品や「アップルの知的財産を侵害する」部品も含まれる。表面的には合理的な要求に思えるかもしれない。なぜアップルが、偽造部品を使用する修理ショップに部品を販売しなければならない？　ところが、次章で述べるように、アップルは〝偽造〟を拡大解釈し、純正か合法的な部品の輸入品を没収するよう税関職員に協力を求めている。知的財産権の行使も問題になっている。地球上で最も企業価値の高い企業と、独立系修理ショップとの不均衡な力関係を踏まえれば、知的財産の侵害かどうかを、裁判所のような中立的な調停者が判断することはない。アップルが独断で判断する。丸みを帯びた角のスマートフォンに関する特許をめぐってサムスンを訴えるために、六〇〇〇万ドル以上を躊躇なく費やす企業が、立場の弱いIRPを相手に自社の権利をどれだけ大胆に定義するか想像してほしい(82)。修理ショップが禁止部品を使用しているとアップルが判断した時、一件につき一〇〇〇ドルの罰金を科すだけでなく、アップルが支払った調査費用を負担するよう、IRPに強制してもおかしくはない。

禁止部品が使用されていないかどうかを調査するため、ＩＲＰは抜き打ち監査に同意しなければならない。検査には、ＩＲＰ施設への立ち入り、従業員との面接、さらに厄介なことに、顧客が特定できる個人情報の共有を許可するように求められる。アップルはＩＲＰに対して、顧客の名前、電話番号、メールアドレス、住所を含む「電子サービスデータベースか書面、あるいはその両方を保管する」ように求める。アップルは、いつでも顧客情報の提示を要求できる。たとえ修理ショップがＩＲＰプログラムから脱退しても、契約上、最長五年間、検査の実施と顧客情報の開示を請求できる。こんな条件では、大多数の修理ショップがＩＲＰになりたがらないのも無理はない。

だが、正規の修理プロバイダとして資格を取得したあとでも、純正部品を入手できる特権が継続して与えられる保証はない。かつてニコンの公認だった、修理技術認定店のオーナーに聞いてみればいい。二〇一九年後半、ニコンは一五社の認定修理プロバイダとの関係を解消すると発表し、同社のカメラを修理するのは、アメリカ国内でニューヨークとロサンゼルスの二カ所だけになってしまった。[83] 修理プロバイダの確実なネットワークがなくては、顧客は六〜八週間、修理を待たされることになるだろうとニコンでは見ている。同社のレンズを使って生計を立てている人は、長引く遅延のせいで新たなカメラの購入を余儀なくされるかもしれない。また、すでに同社のレンズや周辺機器を多く所有している場合には、修理が問題になることがわかっていながら、やはりニコン製品を購入しなければならない可能性が高くなる。

航空会社は、機内の席の限られた頭上スペースに対する不安を解決する方法として、エリートステータスや優先搭乗を売り込む。これと同じように、ニコンにもプロフェッショナル・サービスプログラム――カーボンとプラチナの二種類――があり、資格を有する会員に対して、修理の優先受けつけを約束している。[84] このプログラムに参加するためには、ニコンのカメラを二台以上、レンズを二本以上所有し、「対象機器」の合計が七五〇ポイントであることを証明しなければならない。一眼レフカメラD6は三五〇ポイントに相当するが、スピードライトSB-900はわずか二五ポイントしかない。[85] メッセージはあからさまだ――「早く修理してほしいなら、もっとたくさん買え」。ところが、二〇二〇年三月にニコンが新型コロナウイルス感染症の対応で、ニューヨークとロサンゼルスの修理施設を閉鎖した時には、トップクラスの写真家でさえ、その影響を免れなかった。[86] ニューヨークの修理拠点は九月にはオープンしたものの、ロサンゼルスの施設は閉鎖されたままだった。たとえ世界的な混乱がなかったとしても、厳重に管理された正規プロバイダのネットワークに依存している企業は、顧客に長期の修理待ちを強いるリスクを抱えている。たとえばテスラでは修理プロバイダが不足し、車体やサスペンションの修理は普段から数カ月待ちだ。[87]

訓練を受けた技術者による、純正部品を使用した修理を奨励することで消費者を保護している、というのが正規プロバイダプログラムを擁護する企業の主張だ。より良い訓練がより良い修理を可能にすることは間違いない。また、純正部品が公正な価格で販売されている限り、ほとんどの場合に純正部品が望ましいことにも異論はない。ところが、アップル独自の試験に合格した認定技術者であっても、正規プロバイダで働いていない限り、部品は購入できない。これらのプログラムの目的は、高品質な修理へのアクセスを最大化することにあるのではない。訓練、修理ツール、部品へのアクセス制限を利用して、修理サービス市場をコントロールすることにあるのだ。

メーカーは正規修理プログラムによって、サードパーティのプロバイダに対する権限を得る。時には、その影響力を利用して簡単な修理を阻止する。別の場合には、数日、数週間、数カ月単位で修理を遅延させる。たとえばアップルは、ＡＡＳＰによる部品の保管を認めない。したがって、修理のたびに部品を注文しなければならない。そのため、バッテリーの交換が一時間では終わらず、数日を要してしまう。また、部品の入手可能性を厳しく管理して、競争を抑制し、高額な修理価格を維持する。ということで、表向き、修理の有効性を高めるように見える修理プログラムが、実際にはより多くの消費者に新規購入を促す可能性がある。

## 再販市場を制限する

一般的に、二次流通市場はデバイスメーカーの影響を受けずに運営されている。とはいえ、特定のオンライン小売業者に取引が集中しているため、メーカーが影響力を行使しやすくなっている。小売業者やデバイスメーカーが再生品の販売を制限すれば、修理需要が人為的に抑制される。

二〇一八年後半、アマゾンは初めてアップルの全製品の取り扱いを開始した。アップルは長年、アマゾンサイトでの直接販売を拒否し、自社の小売店やウェブサイトにトラフィックを誘導させていた。ところが、アマゾンが年間数千億ドルを売上げ、アメリカの全オンライン販売の三分の一から二分の一を占めるという、小売市場としての優位性によって、アップルは考えを改めた。[88] 両社の取り決めにおいてアップルが手にした重要なメリットのひとつは、同社がサードパーティの販売者を管理できるようになったことだ。アマゾンは企業に、マーケットプレイスでの商品販売を管理するための多様な手段を提供し、「トランスペアレンシー」や「プロジェクト・ゼロ」などの新しいブランドプログラムと並んで、偽造品を減らすための手段として「ブランドレジストリ（ブランド登録）」を販売している。[89] だが、さらに一歩進んで、サードパーティによる販売を全面的に禁止することも厭わない。二〇一七年に同じような契約をナイキと結び、キヤノン、ダイソン、マキタ、ニコン、任天堂、サムスン、ソニーなどさまざまな企業の要請で、サードパーティによる販売を制限しているという報告がある。[90] そして、同じことをアップルにも約束した。

この取り決めを結ぶ前、RDKLという小さな企業を経営するジョン・バムステッドのような再生販売業者が、数千台のMacBookを購入して修理し、アマゾンで再販していた。ところが、二〇一八年一一月、アマゾンはバムステッドに出品リストを削除すると通告した。販売を続けるためには、九〇日ごとにアップルから二五〇万ドル相当の再生製品の在庫を購入するなど、何らかの方法でアップル公認の再販業者とみなされなければならないと告げたのだ。[91] その認定を得る方法はいまも不明だ。実際、これらの条件を満たす独立系の再販業者は存在しないため、小規模の再生販売業者による修理済みアップル製品の販売は、事実上、終了した。[92] 販売業者の減少によって価格は高騰した。また、購入者へのアクセスが減少したことで、再生販売業者がスマートフォン、タブレット、ラップトップを修理するインセンティブも薄れた。多くの業者が店を閉めた。

アップルとアマゾンの契約が何を意味するのか、じっくり考えてみる価値はある。世界で最も企業価値が高く、影響力を持つふたつの企業が共謀したために、消費者は修理品を購入するのが難しくなった。両社はこの取り決めから利益を得るが、結局のところ、消費者、修理プロバイダ、地球全体はより悪い状況に陥る。

アップルが二次流通市場を取り締まる例は、アマゾンとの契約だけにとどまらない。二〇二〇年、同社はカナダのリサイクル業者GEEPを提訴した。粉砕処分が決まっていた一〇万台超のデバイスを、契約に反してGEEPが再販していたからだ[93]。動作するデバイスは決してリサイクルしないと公言していたにもかかわらず、再販された製品が見つかった。GEEPの倉庫に監査に入ったところ、再販された製品が、活発にデータネットワークに接続していることが検出されたのだ。廃棄を拒んでデバイスを修理して市場に戻していたとして、アップルはこのリサイクル業者を訴えた。

## 広告を制限する

アマゾンとアップルの契約が、再生販売業者と潜在的な顧客とのつながりを断ち切ったように、オンライン広告ネットワークが修理を妨げることがある。グーグルの世界最大の広告ネットワークは、年間数百億ドルの売上げを誇る[94]。そして、中小企業の多くが、新規顧客の獲得をグーグルの広告に大きく依存している。スマートフォンを落とした消費者はたいてい、「スマホ修理」や「画面割れの修理」といったキーワード検索をする。これらの検索クエリにリンクした広告を購入する修理ショップは、そうでないショップよりも、よりたくさんの電話や訪問、顧客につながる。多くの修理ショップでは、顧客の大部分がグーグル検索を介している[95]。

ところが、二〇一八年、グーグルが「消費者向けテクノロジー製品及びオンラインサービスのサードパーティプロバイダによるテクニカルサポート」の広告を禁止する新たな方針を発表した[96]。

この変更は当初、ハードウェアの修理を対象としたものではなかった。無防備なコンピュータユーザーを騙すテクニカルサポート詐欺に対して、懸念が高まっており、それを取り締まるための正当な対応だった[97]。広告は、ユーザーにフリーダイヤルに電話するよう誘導する。それが、たいてい地元の法執行機関の管轄外にあるコールセンターにつながると、役に立たないか有害なソフトウェア修正に、法外な料金を支払うことになってしまう。

グーグルの広告禁止措置は残念ながら、詐欺行為と合法的な独立系の修理ショップとを区別していない。その結果、修理プロバイダは七〇パーセントの収入減に見舞われ、廃業に追い込まれた者もいた[98]。何より腹立たしいのは、小さな修理ショップが広告を禁じられる一方、デバイスメーカーやベスト・バイのような小売パートナーは禁じられていない点だろう。そのため、修理サービスを求める消費者は、独立系の修理プロバイダという選択肢から、デバイスメーカーが維持する正規のエコシステムへと誘導されてしまう。

二〇一八年八月、グーグルは合法的なプロバイダ向けに「近い将来、認定プログラムを開始する」と約束した[99]。結局、そのプログラムは実現しなかった。それどころか、二〇一九年後半に修理広告の禁止を強化し、世界規模に拡大した。この時にも、グーグルには不正な詐欺広告を取り締まる正当な理由があった。だが、合法的な修理プロバイダを追い出す根拠を認めるのは極めて難しい。グーグルは近年、ハードウェアビジネスに参入した。二〇一四年には、スマートデバイスメーカーのネストを買収し、二〇一六年一〇月にはスマートフォンのピクセルシリーズを、一年後にはピクセルブックを発売した。他のデバイスメーカーと同じく、独自の修理サービスや認定修理プロバイダを提供している。[100]サードパーティによる修理を制限することで、わずかとはいえ、同社も明らかに経済的利益を得ているのだ。

## 下取りプログラム

最後に、修理に不利な状況をもたらす下取りプログラムについて見てみよう。一見すると、これは純粋に消費者寄りのプログラムのように思える。消費者は新しいラップトップやスマートスピーカーを割引価格で購入できるとともに、元のデバイスが責任を持って処分されるという満足感も味わえる。だが、下取りプログラムには大きな欠陥がある。購入価格を下げることにより、デバイスの生産と消費を促進してしまうのだ。割引によって消費者には節約となり、企業は利益を減らすが、だからといって、新しいデバイスの環境外部性を減らすことにはならない。むしろ、ユーザーを使い捨て消費主義の共謀者に巻き込むことで、環境外部性を悪化させてしまう。

この問題をよく描き出しているのが、ネットワークスピーカー大手のソノスと、今は亡き「リサイクル（文鎮）モード」だ。ソノスは、古い〝レガシー〟製品を段階的に廃止するために、買い替えの顧客に三〇パーセントの割引を提供していた。新しい製品を手に入れた顧客は、元のスピーカーやアンプのリサイクルモードを起動させなければならない。するとカウントダウンが始まり、二一日後、元のデバイスは停止する。つまり、ソノスが取り消しに同意しない限り、誰もそのデバイスは使用できなくなる。[101]ソノスの主張によれば、不要なデバイスを地元の電子機器リサイクル業者に持ち込むか、同社に返送して廃棄処分にするという、消費者が環境に配慮した行動を促すことがその目的だという。[102] ところが、スピーカーの運命としてはるかに有用なのは、再利用、再販、修理のはずだ。あちこちから批判が殺到したため、ソノスはリサイクルモードを廃止した。レガシー機器の所有者は引き続き割引を受けられ、新しいスピーカーに買い替えたあとも、元のデバイスを自由にできる。[103] デバイスは新たな居場所を見つけられるかもしれないが、ソノスはソフトウェアのアップデートやサポートは提供しないため、あまり役には立たない。[104] また、再販されて再利用された時にも、最新のハードウェアにアップグレードするという、新しい所有者の経済的インセンティブは失われない。

アップルも同様の下取りインセンティブを提供し、「いま持っているデバイスを、欲しいデバイスに変えよう」と顧客に呼びかける。[105] iPhone XS Max に飽きたら、次のデバイスを四五〇ドル値引きしてくれる。MacBook Pro は、新機種から一七六〇ドルという目を見張るような額を値引いてくれる。こうしたインセンティブは、修理が持つコスト上の優位性を低下させ、さらには排除してしまう。下取りプログラムは、新たなデバイスを高値で購入するよう誘惑するだけではない。中古デバイスの二次流通市場を、企業がコントロールする役にも立つのだ。メーカーが下取り品を再生して、再販売する場合もある。より高価な新機種を製造するために、リサイクルされる場合もある。[106] とはいえ、いずれにせよ、アップルのような企業は下取りプログラムを利用することで、広範な中古市場に製品が流入して、新しいデバイスの需要が減少するのを防いでいる。

## 消費者規範

規範とは、私たちの行動を形成する、多くの場合、暗黙で非公式の社会的ルールだ。そして、デバイスメーカーは規範を通じて、私たちに修理を諦めさせることができる。消費者がどのくらいの頻度で買い替えるのか、修理するのかどうか、どこで修理するのか、友人や知人の選択をどう判断するのかについて、企業はあからさまな方法と目立たない方法の両方で影響を与える。たとえ私たちが気づかなくても、規範はこれらの取り組みで強力な役割を果たす。通常、規範は有機的に現れるが、マーケティングやプロパガンダ、その他のコントロール手段の影響を受けないわけではない。デバイスメーカーは、企業の経済的方針を推進する価値観を消費者に伝えるとともに強化する。消費者が耐久性やＤＩＹ精神を軽視して、新しさやブランドのお墨付きを優先するように促す。

法律や設計による強制がない時、規範だけで行動を効果的に変えられるのかどうか、疑問に思うかもしれない。ジャーナリストのアダム・ミンターは、著書『中古（Secondhand）』（二〇一九年、未邦訳）のなかで、説得力のある例を紹介する。[107] 新米の親は、チャイルドシートが高価なことを知っている。それにもかかわらず、子どもの成長に伴い、数年で使えなくなってしまう。通常、そのような場合、中古市場が盛んになることが予想される。委託販売店やリサイクルショップ、非公式のお下がりネットワークには、ベビー服や玩具といった消耗品はもちろん、ベビーベッドやハイチェアが溢れかえっている。それなのに、中古のチャイルドシートはほとんど見かけない。なぜか。それは、中古のシートは危険だという考えを、私たちが内面化しているからだ。古いシートをよその家庭に売りつける親はあまりいないだろう。大切な我が子の命を中古品に預けようとは、もちろん思わない。中古品を安く買ったと自慢げに話す父親は、家族や友人の疑わしい視線を浴びるか、裏で悪口を言われるか、懇々と説教されるかもしれない。そのような規範もあって、世の親はチャイルドシートに年間五〇億ドル以上を費やしており、この数字は二〇二五年には七六億ドル超に膨れ上がると見られる(108)。

ところが実際には、中古シートの危険性はメーカーが広めた不滅の神話にすぎない。衝突事故が起きた時に使われていたチャイルドシートは、確かに安全ではないかもしれない。だがそうでなければ、中古品が安全でないか効果がないと示す証拠はない。チャイルドシートは六、七年で〝期限切れ〟となり、使用すべきではないとメーカーは主張する。大手メーカーのグレコは、「中古のチャイルドシートを購入するか、お下がりをもらって、少しでも節約したいと思うかもしれませんが、良い考えとは言えません(109)」と述べている。万が一〝期限切れ〟のチャイルドシートが手に入ったら？　グレコのアドバイスは「ただちに……使用中止にしましょう」だ。そして「カバーを外し、ハーネスストラップを切断するか取り外して、油性マジックで「使用禁止。期限切れ」と書いて、黒いゴミ袋に入れる」べきだと続ける。つまり、社会常識を発揮して、誰も使えないように破棄を求める。小売業者も、期限切れのチャイルドシートの話を口真似のように繰り返す。ディスカウント百貨店チェーンのターゲットは何年も前から、中古のチャイルドシートは使わないように忠告し、下取りに出すと割引してくれる。こうして使用済みのシートを廃棄処分にすることで、中古品の競争を意図的に抑制してきたのだ(110)。

こうしたおどろおどろしい警告にもかかわらず、アメリカでは、使用済みか期限切れのチャイルドシートに関する法律も規則も規制もない。また、子どもの安全を守ることについては、世界で最も厳しい法律を制定しているスウェーデンのような国の規制当局は、実のところ、中古シートの使用を奨励している。アダム・ミンターの取材に対し、大手メーカーや小売業者は、自分たちの主張を裏づける証拠を何ひとつ提示しなかった。それにもかかわらず、このメッセージは北米やヨーロッパの何百万人もの親たちのあいだに浸透して、彼らの規範を形成し、行動に影響を与えている。

現代の規範は、新しい製品を手に入れる重要性を強調し、メーカー公認でない修理を疑うように吹き込む。だが、昔からそうだったわけではない。二〇世紀前半には倹約、質素、個人の勤勉が称賛された。アメリカにおいてこの流れは、資源の責任ある管理が人類の繁栄には不可欠だと、考えていた清教徒にまで遡ることができる(111)。その後、ベンジャミン・フランクリンは、経済的自立に必要な手段として倹約を提唱した(112)。一九一〇年代頃には、YMCA(キリスト教青年会)のような組織が、資源節約の価値を伝えるために「倹約週間」を祝うようになった。子どもは、節約、耐久性、資源を長持ちさせることの重要性を教わった。自立を重んじ、浪費を慎むことを学んだ。一九一七年には、フランクリンの誕生日に合わせて、全国的な倹約週間が初めて制定された。一九二〇年代までに英国、イタリア、日本などでもこの運動が根づいた。先に述べた通り、再利用や修理を尊ぶ姿勢は第二次世界大戦中に最高潮に達し、国策による広報活動によって、戦争遂行に必要な愛国的貢献とみなされた。ところが、戦後経済が好景気に沸いた一九五〇年代には、倹約ではなく善き消費者という美徳を教えることが、アメリカで新たな焦点となったのだ。(113) 消費主義が台頭し、一九六六年に最後の全国倹約週間が開催された。

生活水準の向上、消費財価格の低下、執拗な広告宣伝の数十年が過ぎ、今日の価値観は著しく異なる。私たちが大切にするのは倹約、長持ち、信頼性ではなく、見せびらかし消費、新しさ、使い捨てだ。このような態度の変化とそれに伴う社会規範の変化は、決して偶然ではない。生産と消費の連動する絶え間ないサイクルを経済の中心に据えようとする、継続的な取り組みの結果だ。この取り組みは、二〇世紀半ばに自動車メーカーによって始まった。毎年発売される新車。外見の美しさのわずかばかりの変化。技術の革新的進歩に対する、しばしば大袈裟な約束は、彼らが販売する車よりもはるかに耐久性があった。だが、現代のデバイスメーカーで、これらの戦術を最も巧みに導入したのがアップルだった。

一九九八年にiMacを発表して以来、メディアも一般ユーザーも、アップルの製品発表を息もつけないほどの興奮と期待で待ち望んだ。アップルの成功の多くは、イノベーション能力とデザイン性による。だが、大きなイノベーションのあいだにも、新たなテクノロジーに対する規範を形成し、利用することで売上げにつなげる。二〇〇七年以降、毎年、少なくとも一世代のiPhoneを大々的に発表してきた。一部の例外を除き、新製品は順番に名前がついている。プロセッサ、メモリ、カメラの段階的なアップグレードに加えて、サイズ、形状、色、素材も異なる。角の特徴に焦点を当てれば、iPhoneは当初、丸く加工されたラウンドエッジだった。その後、角張ったフラットエッジのデザインが次々と登場し、より薄い丸みを帯びた新しい形状に変わった。二〇二〇年に登場した

iPhone 12では、フラットエッジのデザインに戻ったことがニュースになった。

このようなデザイン変更は、誰が最新のデバイスを持ち、誰がまだ昨年のハードウェアを使っているかを消費者に伝える。残念ながら、お互いに対する私たちの評価は、最新デバイスの所有が成功し望ましい人間であることの一要素だ、という考えによって形成されている。アメリカでスマートフォンを持っていない人は、遅れたラッダイト主義者〔ラッダイトは、産業革命時代の英国で繊維産業を中心に起きた機械の打ち壊し運動。現代の最新技術の開発や利用に消極的な考え方や、そのような生活の実践者をネオ・ラッダイトと呼ぶ〕に見えるかもしれない。現代生活の必需品であるスマートフォンを買う余裕がない、と思われるかもしれない。二〇一六年の調査によれば、「iPhoneほど、高所得者だという予測に使えるブランドはない[114]」という。iPhoneを所有しているだけで、その人が所得の上位四分の一に属するかどうかを、六九パーセント以上の確率で予測できた。学歴の予測にも最適だった。コンピューティング技術が普及する前の一九九二年当時、最も優れた予測因子は、グレープポン社のマスタード〔一八世紀創業。フランス王室御用達とされた〕だった。

性的魅力でさえ、デバイスと結びついている。出会い系サイトのマッチ・ドットコムが二〇一七年に実施した調査では、古いスマートフォンを所有していると、恋愛のチャンスを逃してしまうことが明らかになった。スマートフォンが旧式の人は、その前年にデートした可能性が五六パーセントも低かったのだ。そして女性は、古いスマートフォンを使っているかどうかを、結婚相手の候補者選びの基準に使う可能性が、男性よりも九二パーセントも高かった[115]。このような社会的コストを考えれば、ポケットのなかのガジェットがまったく何の問題もなく使えたとしても、最新機種を買うために多くの人が列をなしたとしても不思議ではない[116]。

別の研究チームが、英国の消費者一一五名を対象に、デバイスを買い替える動機に焦点を当てた討論会を実施したところ、「買い替えは――少なくとも一部には――仲間や家族に後れをとらないためという動機が働く」というのが結論だった[117]。批判されたり「〝時代遅れ〟と思われ」たりしたくない時には、そのような懸念のない時より早くデバイスを買い替える。さらに、これらの規範を内面化し、最新の製品を所有することを成功の証と捉える。その意味で、規範は私たちの行動や世界観に大きな影響を与える。

メッセージの内容がより露骨な場合もある。長年にわたって、アップルのマニュアルには大胆な警告が書いてあった。「自分で修理しないでください[118]」。二〇一九年の iMac のマニュアルには、次のようにある。「お使いの iMac には、ユーザーが修理できる部品はありません。例外はメモリです。二七インチモデルではユーザーによるメモリ増設が、二一・五インチモデルでは、サービスセンターによるメモリ増設が可能です。iMac を分解すると損傷したり、お客さまが怪我をしたりする可能性があります[119]」

アップルは iPhone の所有者にも同様に警告し、「iPhone を開けたり、自分で修理しようとしたりしないでください[120]」と明確に告げている。代わりに、同社の修理サービスか、正規サービスプロバイダを利用するように促す。

どちらの場合であれ、アップルのロゴは、修理の品質の信頼性を消費者に保証する。つまるところ、単に製品を所有する者にとって、アップルブランドがそれほど強力な象徴であるのなら、それが企業自体に与える力を想像してみればいい。その力は大部分、商標法の機能によるものである。実際、企業が修理を阻止するために用いる戦略の多くを法的規則が補強し、製品販売後の使用についても、間違いなく企業にかなり強い権限を与える。さて次章では、そのような法制度について見ていこう。

# 第5章　修理と知的財産

　すでに見てきたように、企業は修理を制限し、その利益を確保するためにさまざまなツールを駆使する。とはいえ、おそらく最も強力なツールである知的財産（ＩＰ）については、まだ議論していなかった。メーカーにとって著作権、特許、商標、営業秘密は、修理との闘いで役立つ武器庫だ。実際的な観点から言えば、許可なく製品を修理しようとするユーザーの大胆な試みを、知的財産法を使って確実に禁止し、相手を黙らせ、破産に追い込むぞと脅すことができる。修辞的に言えば、説得力のありそうなナラティブを政策立案者と一般市民に提供し、修理が活力ある経済とテクノロジーの進歩を危険に曝すと思い込ませる。知的財産は、イノベーションにとって欠かせないインセンティブを提供するため、不正な修理によってこれらの権利が蝕まれれば、消費者は次の画期的な製品を逃してしまうというわけだ。

　だが、企業側の主張を丹念に分析すれば、それがたいてい煙幕にすぎないことは明らかだ。イノベーションに訴える裏には、競争を制限しようという思惑が隠れている。トラクターを修理するために内蔵のソフトウェアにアクセスしても、いかなる著作権も侵害しない。掃除機を修理しても、いかなる特許権も侵害しない。極小の商標ロゴのついた純正部品を輸入しても、消費者が混乱することはない。修理技術を共有しても、企業の営業秘密を暴露することにはならない。確かに、デバイスメーカーの売上げは減少するかもしれない。だが率直に言って、それがどうだというのだ？知的財産権の目的は、あらゆる競争圧力から企業を保護し、収益性を保証することではない。

知的財産法は、少なくとも理論上は、公衆の利益にかなうことを意図しており、権利者の財産は二の次だ。著作権と特許の目的は、新しい著作物や発明を創作する法的インセンティブの確立にある。ところが、それらのインセンティブが強すぎると、それ以上の社会的利益を提供することなく、公衆のコストが増加する。(1) 製薬会社が新薬の開発に投資し、その見返りに一〇年間の独占価格設定を手に入れ、二〇年間の独占権を与えられたら、それは公衆にとっては恐ろしい取引だ。商標は別の目的を果たす。紛らわしい名前やロゴを排除することで、消費者のスムーズな購買活動を支援することだ。これによって、商標法は競争を妨げるのではなく促進する。ブランドが信頼の置ける指標として機能する時、消費者は欲しい製品を見つけ出し、それ以外の製品を回避しやすくなる。最後に、営業秘密には二重の機能がある。企業が健全な競争と企業スパイ活動との境界を維持しながら、価値ある情報を開発するよう促すことだ。法的権利は絶対的なものではない。この点を反映するために、これらの法体系は内部に制限を設け、範囲を限定し、他の社会的価値に付随的な被害を与えないよう設計されている。

本章では、次のふたつについて見ていこう。ひとつは、デバイスメーカーがどのように知的財産権を利用して修理を制限するのか。もうひとつは、企業側の主張が一般に、知的財産の妥当な理解となぜ矛盾するのか。とはいえ、最終的な理非にもかかわらず、知的財産を主張すると、修理を委縮させてしまう効果がある。訴訟を起こしても、必ず勝てるとは限らない。弁護費用は高くつく。デバイスメーカーは資源のうえで、消費者や修理プロバイダに対して莫大な強みを抱えている。(2)

## 著作権

著作権法は、著作者に創作物に対する独占権を与え、書籍、音楽、映画、芸術、ソフトウェアの市場価値を獲得することを認める。それらの創作物が最小限に独創的で、何らかの具体的なかたちに記録されている限り、著作権は自動的に発生する。理論的に言えば、複製に対する法的権利は、公衆に喜ばれる作品を生み出すために、より多くの時間と労力をつぎ込むよう、創作者の創作意欲を促進する。とはいえ実際は、多くの創作性は著作権のインセンティブがなくても生まれる。(3)そして証拠によれば、著作権の独占性が常に、より多くの、あるいはより優れた創作物につながるとは限らない。(4)たとえ、インセンティブ理論を受け入れるとしても、著作権法は、著作権の範囲を狭める制限と例外の必要性を認めている。著作権の法理の範囲は、後続の創作者、消費者、そしてもっと広く公衆の利益を保護するために設計されている。

アメリカの著作権法をもとに、特に重要な点をいくつか整理しよう。まずは事実についてだ。事実はオリジナリティに欠けるため、どれほど意外な内容であろうと、著作権では保護されない。(5)したがって、有名な劇作家のサミュエル・ベケットが、かつて隣人の子どもだった、のちの伝説のプロレスラー、アンドレ・ザ・ジャイアントを、小学校までトラックで送っていたという世にも奇妙な事実を、誰でも繰り返し話すことは自由だ[6]〔一二歳のアンドレ少年の身長が一九〇センチメートル以上あり、スクールバスに乗れなかったためとされる〕。加えて、著作権が適用されるのは、著作者によるアイデアの独自の表現だけであり、下敷きとなったアイデアそのものではない。たとえば、一九九八年公開の『アルマゲドン』は、差し迫った小惑星の衝突から地球を救う使命を描いたSF映画だ。一方、同じ年に公開された『ディープ・インパクト』は、差し迫った彗星の衝突から地球を救う使命を描いたSF映画だが、『アルマゲドン』のプロデューサーは『ディープ・インパクト』のプロデューサーを訴えることはできない。同じことは、二〇〇六年のサスペンス映画『プレステージ』と『幻影師アイゼンハイム』、二〇一一年のコメディ映画『ステイ・フレンズ』と『抱きたいカンケイ』、二〇一三年のアクション映画『エンド・オブ・ホワイトハウス』と『ホワイトハウス・ダウン』についても言え、同じアイデアを元にした多くの類似映画にも当てはまる。著作権では、ある作品で描写されたか、その作品に含まれる機能要素も除外される。機能要素には、システム、手法、プロセスが含まれる[7]。というわけで、あるユーチューバーが、ふわふわのレインボーカラーのユニコーンスライムのつくり方を説明する動画を投稿し、誰かが実際にそのスライムをつくってネバネバの完成品を販売したとしても、その動画の著作権が動画の制作者に、完成品の販売を差し止める権限を与えることはない。最後に、有用な物品、あるいは機能的な物体について言えば、著作権が保護するのは、たとえばグラフィックや彫刻の構成部分などの、物品全体から分離可能で創造的な要素に限られる[8]。だが、連邦最高裁判所は最近、その基準の下により広い保護の扉を開いた[9]。

これらの制限を超えて、「フェア・ユース（公正使用）の法理」がある。これは、その利用による社会的な利益が著作権者に与える損害を上まわる時に、著作物を著作権者の許諾なく利用することを認める規定である。ポップソングのパロディ化やニュース報道のなかで作品を複製することから、ビデオゲームの機能情報の抽出や、検索エンジンの作成を目的とした膨大な量の書籍のデジタル化まで、法廷はフェア・ユースの幅広い範囲を認めてきた。[10] フェア・ユースの立証は、訴訟によってのみ解決可能な事実重視の問題であるため、その立証は莫大な費用のかかる不確実な命題である。

最後に、他の知的財産制度と同じように、著作権も消尽（使い尽くされて消えること）の原則を認めている。著作権者が、著作物の特定の複製を販売するか他の方法で所有権を譲渡すると、著作権者は頒布方法を管理する権利を失う。消尽――ファースト・セール（権利消尽）の法理と呼ばれる――によって、友人に書籍を貸与したり中古レコードを転売したりできる。この法理がなければ、著作権者は私たちが書籍を購入したあとでも、複製物の管理を保持し続けることになる。これらの法理や他の法理は総合して、著作権の適切な範囲を定義し、制限する。

### 部品番号とマニュアル

創作性のある作品に焦点を当てている点を考えれば、著作権法は修理とはあまり関係がないと思うかもしれない。ところが、修理に影響を与える著作権論争は一定の頻度で持ち上がる。初期の例のひとつは、一九〇一年に判決が出た児童書の再販業者の裁判だ。[11] ジョージ・ドアンは、いろいろなかたちで破損している児童書を購入した。ページが「汚れたり破れたり」しているものも、表紙が破損しているか最初からないものもあった。ドアンは再販する前に本を修理した。なくなったページを補い、場合によってはオリジナルと「まったく同じ」表紙を取りつけた。アメリカンブック・カンパニーが著作権侵害を理由にドアンを訴えた時、第七巡回区控訴裁判所はその訴えを退けた。ドアンは児童書の所有者として、たとえ「オリジナルの正確な模倣」であっても、「修理もしくは更新する権利」を享有し、脱落したページをつけ加えたり、新しいページを作成したりできる。裁判所は次のように判断した。「書籍の所有権には、できる限り元に近い状態で維持する権利が含まれる」。その権利の否定は「耐えがたく、唾棄すべきもの」だったに違いない。言い換えれば、修理する権利は所有権に固有の性質なのだ。

数十年後、メーカーは著作権法を使って修理市場をコントロールする別の戦略を思いついた。この時、主張したのが部品番号の所有権だった。現代の機器を修理するためには交換部品を入手する必要があるが、必要な部品を間違いなく特定することが難しい場合がある。企業は通常、複雑な機械を構成する膨大な数のコンポーネント一つひとつに、部品番号を割り当てている。部品を販売するサードパーティにとって、部品に互換性があることを伝える最善の方法は、ＯＥＭ先の部品番号を複製するか参照することだ。たとえば、冷凍庫の製氷機の組み立て部品を取り換えなければならないとする。ＯＥＭの部品番号はＤ７８２４７０６Ｑとわかっている。サードパーティの製品のなかから、互換性のある組み立て部品を見つけたい時、部品番号は明らかな検索用語だ。だが、まさしくその理由によって、メーカーは他の人間による番号の使用を阻止しようとする。

それが、一九八〇年代に独立系の部品メーカーとの新たな競争に直面した時、乗用芝刈り機の大手メーカーであるトロ社がとった戦略だった。トロは、同社の部品番号システムを違法に複製したという理由でR&Rプロダクツを訴えた。自社製品を通信販売カタログで販売するR&Rは、カタログに自社の交換部品と価格とともに、トロの部品名と番号も掲載していたのだ。裁判所はトロの著作権の訴えを退けた。各交換部品にランダムな番号を任意に割り当てるトロのシステムが、創作性にまつわる最低限の基準を満たしていないと判断したからだ(12)。

トロの失敗から学ぼうとした企業もある。部品をカタログ販売していたATCは、自動車のトランスミッションの分解イラストをカタログに掲載していた。各イラストには、さまざまな部品、アセンブリ内の部品の関係、部品番号が表示してあった。そこへ新たな競合が現れ、ホワットエバー・イット・テイクス社が同じ部品番号を記載した類似のカタログを配布したため、ATCが提訴した(13)。ATCの主張によれば、同社の番号システムはトロのものとは異なり、相応の判断力と創作性が必要だという。ランダムな順番ではなく、部品をある分類法に基づいて体系化し、新しい部品の開発を予測して、特定の番号をあけたまま残してある。それでもやはり、裁判所は同社のシステムは保護されないという判断を下した。なぜならATCの分類法は、個々の部品の番号についてほとんど創作性が認められなかったからだ。さらに、ホワットエバー・イット・テイクスがATCのイラストを複製したという訴えも棄却した。イラストは「できるだけ正確であろうと意図された」ものであって、「独創性とは正反対」のものだったからだ。

また別のケースでは、コンピュータや電気通信機器に使われる留め具の製造会社サウスコが、競合する交換部品の販売業者であるケインブリッジを訴えた[14]。サウスコの番号システムは業界の標準だった。そこでケインブリッジは、自社の部品を販売する時に使う比較表に、サウスコの部品番号を記載した。トロやATCと違って、サウスコは部品番号を生み出したシステムではなく、部品番号そのものが著作権で保護されると主張した。番号は、各留め具のさまざまな特徴――特に材質、サイズ、長さ、仕上げなど――を反映した九桁の番号で構成される。だが、いったんシステムが構成されると、部品番号はやはり創作的な選択ではなく、ルールの機械的な適用によって決定される。というわけで、裁判所はサウスコの著作権の訴えを退けた。

競合する二社の塗料メーカーが、ほとんど見分けのつかない白の色調につけた名前の場合はどうだろうか。シャーウィン・ウィリアムズ社は、白の色調に「スノウバウンド（雪に閉じ込められて）」「ウェストハイランド（ホワイト・テリア犬）」「ヘロン・プリュム（シラサギの羽毛）」と名づけ、ライバルのベーア社は「ウィスパー（囁き）」「ビット・オブ・シュガー（砂糖を少々）」「ナイト・ブルーミング・ジャスミン（夜香花）」と名づけた。たとえば、五ミリメートルの拘束ネジに「驚いた夜明け前のアンテロープ」という名前をつけるのは創作性があるかもしれないが、顧客のニーズはさほど満たさない。そして、たとえサウスコがもっと表現力豊かな名前を選んでいたとしても、名前やタイトル、スローガンは著作権では保護されない[15]。

近年、一部のメーカーは新たな方法を採用してきた。部品番号ではなく、修理マニュアルの著作権を主張するのだ。マニュアルには、さまざまな故障診断と修理に役立つ情報が詰まっており、デバイスを分解するか、壊れたコンポーネントを交換するための方法がステップごとに提示され、消費者の時間や金銭を節約し、イライラを解消する。多くの場合、マニュアルは暗号めいたエラーコードを読み解く役に立つ。たとえばボイラーのＬＥＤが二回点滅したら、圧力スイッチが壊れたという意味かもしれない。六回点滅したら点火失敗の合図で、一〇回ならば極性反転が疑われる、といった具合だ。とはいえ、それを読み解くためのマニュアルがなければ、エラーコードには意味がない。ラップトップ、家電、自動車、さらには医療機器にもたいてい修理マニュアルが付いている。ところが、いつしかマニュアルを紛失してしまったり、捨ててしまったりする。ということで、とりわけ中古デバイスの所有者と、多様なモデルを修理する独立系の修理ショップにとって、マニュアルにアクセスできるかどうかは重要だ。なかには、デジタル版のマニュアルに簡単にアクセスできるようにするか、重要な情報を製品に直接添付するメーカーもあるが、アクセスを制限している企業もある。

二〇一二年、東芝はオーストラリアのブロガー、ティム・ヒックスに対し、彼が運営するウェブサイト「フューチャー・プルーフ」から、多くのラップトップモデルの修理マニュアルを削除するように要求した。[16] 東芝は正当性を並べ立て、ラップトップを自力で修理する際の安全上のリスクを引用したが、他のほとんどの大手メーカーはあまり同じ懸念を抱いているようには見えなかった。ヒックスのマニュアルが不特定の「プロプライエタリな情報」を含んでおり、それを「入手できるのは、弊社の正規サービスプロバイダだけだ」と、東芝側は主張した。だが、最終的にその要求の元にあったのは、ヒックスのマニュアルが同社の著作権を侵害しているという主張だった。修理マニュアルをオンラインで複製し、表示することで、ヒックスが東芝の独占権を侵害していると訴えたのだ。東芝のような企業を相手にする訴訟コストを理解して、ヒックスは引き下がる他なかった。

もっと最近では、修理マニュアルを入手できるかどうかの重要性がさらに増している。二〇二〇年、アイフィックスイットは、特に人工呼吸器、麻酔システム、呼気分析装置などの一万三〇〇〇以上に及ぶ機器の修理マニュアルを集めた「医療機器修理データベース」を構築すると発表した。[17]とはいえ、医療機器のマニュアル集はこれが初めてではない。タンザニアを本拠とするウェブサイト「フランクス・ホスピタル・ワークショップ」は、何年も前から医療技術者たちの頼れる情報源だった。[18]だが、アイフィックスイットは信じられないほど広い範囲を網羅し、そのタイミングは、迅速で信頼できる修理に対する切迫したニーズを反映していた――新型コロナウイルス感染症が世界中の基本的な医療インフラを脅かしていたからだ。修理マニュアルをオンラインで公開している医療機器メーカーもあるが、多くのメーカーは公開していない。このような情報を集めたレポジトリは医療専門家に、患者の命を救うために必要な情報を提供した。それは、信頼性が高く、体系的にまとまった注釈付きの情報源だった。

だが二〇二〇年五月、オハイオに本拠を置くステリスという医療用滅菌装置メーカーで、知的財産の主任法律顧問を務めるラッセル・ウィートレーが、アイフィックスイットに書簡を送り、[19]データベースからステリスのマニュアルをすべて削除するように要求した。理由はたったひとつ。著作権だ。著作権に詳しくない者にとっては、単純明快な問題に思えるだろう。マニュアルの著作権は自社にあり、それをアイフィックスイットが許可なく複製した、とステリスが主張したのだ。だが、判断はさほど単純ではない。実際、修理情報へのアクセスを制限しようという動きに対して、裁判所がステリスに有利な判決を下すとは言い切れない、もっともな理由がある。
第一に、ステリス・ハーモニーの手術用照明システムのマニュアルを見ると、記載された情報の大部分が、どう考えても著作権の対象でないことは明らかだ。[20] マニュアルの約三分の一、およそ五〇ページは部品名と番号の長いリストであり、単純なイラストが付いている。すでに見てきたように、独創性のない部品リストと実物を写し取ったイラストを元に、著作権の保護を求める主張に対し、裁判所の判断は厳しい。第二に、マニュアルの大部分は修理の手法とプロセスを集めたものであり、著作権の範囲外である。たとえば「サービスモードの手順」は、故障を診断し、ファームウェアをアップデートするために、メニューをうまく進んでいくためのステップごとのガイドである。あるいは、次のようなコンポーネントの交換や調整プロセスの詳しい説明だ。

**八－四　ナックルカバーの取り外し（任意）と取りつけ**

一、ナックルカバーを固定しているネジを外してください。ネジは固定されていないので、脇に置きます。
二、小型のマイナスドライバーを使って、カバーの半分をそっとこじ開けます。合間にドライバーを差し込んでゆっくり動かし、カバーの半分を取り外します。
三、カチッと音がするまでゆっくりはめて、カバーを再び取りつけます。
四、ナックルカバーをネジで固定します。LOCTITE２４２（ステリス部品番号はP１２９３７７―２９０）あるいはそれに相当するもの。

著作権で保護されないプロセスのこの機械的な描写に、百歩譲って創作性があるとしても、「マージ（融合）の法理」と呼ばれる範囲に含まれる。〔アイデアを表現する時に表現の自由度が低い場合、著作権は認められないという原則〕。この理論では、一部のアイデアは限定された方法でしか表現されないと認めている。報われない愛という概念を表現する方法は、ほぼ無限にあるかもしれない。ところが、ナックルカバーの取り外し方を描写する時、そこに芸術性が花開く余地は少ない。言葉の選択のわずかな差異――「そっとこじ開ける」の代わりに「優しく引き離す」を使うなど――を除けば、プロセスのいかなる明確で正確な説明も、ステリスの説明とほぼ同じに見えるだろう。そのような状況において、アイデアとその表現はマージしたものとみなされ、どちらも著作権の対象ではない(21)。

だが、マニュアルのなかに、著作権に値するオリジナルな表現が一部含まれていたとしよう。その場合でも、アイフィックスイットはフェア・ユースを強く主張できる。裁判所がフェア・ユース訴訟で考慮する重要な要素のひとつに、「使用の目的と性質」がある。この点で、マニュアルをオンラインに掲載するアイフィックスイットの目的は、フェア・ユースに強くかなう。まずデータベースは商用ではないため、マニュアルへのアクセスに料金を請求していない。それどころか、かなりのコストをかけ、公共サービスとしてこのプロジェクトに取り組んでいる。次に、膨大な医療機器マニュアルを一カ所に集め、わかりやすい分類法で検索可能にすることで、単なる寄せ集めではない、はるかに使い勝手のよい情報源を新たに構築した。フェア・ユースの用語で言えば、社会の変化を促す利用であり、アイフィックスイットの主張を強く裏づける事実である。

これに対して、ステリスが指摘すると思われたのは、数万ドルもする医療機器に加えて、同社がマニュアルに一一〇〇ドルの価格をつけている点だ[22]。だから、そのマニュアルを無料で公開されることで、マニュアル販売が妨げられていると主張するだろう。マニュアルのレポジトリは、ステリスの売上げを減らしているかもしれない。とはいえ、それは必ずしも著作権法が扱う損失ではない。もし医療技術者が、ステリスの詩的な表現ではなく、事実や方法、プロセスにアクセスするためにマニュアルをダウンロードしているのなら、売上げ損失の原因は著作権の侵害にあるのではない。たとえそれが原因だったとしても、危機の際に医療機器が確実に機能するという公共の利益は、同社の経済的損失を上まわると、裁判所は簡単に判断を下せる。

文学的価値を求めて医療機器の修理マニュアルを手に取る、まともな考えの人間はいない。私もいくつか熟読してみたが、ビーチに寝転がって読むような類ではない。修理マニュアルには、医療機器をメンテナンスし、故障を診断し、修理する読み手を助けるという極めて具体的な目的がある。その点を踏まえると、マニュアルの著作権は修理を管理するツールになる。言い換えれば、もしステリスのような企業がマニュアルへのアクセスを制限できるなら、修理も制限できてしまう。詳しい技術情報を入手せずに、複雑なデバイスを修理することは不可能に近い。だが、著作権法の目的は修理の独占状態をつくり出すことではない。

アイフィックスイットの主張がどれほど強力であろうと、法廷でその主張を力強く訴えようとすると非常に高くつく。この種の著作権訴訟では、弁護士料は優に一〇〇万ドルを超えてしまう恐れがある。[23] この時、運よくアイフィックスイットの代理人を務めてくれたのは、電子フロンティア財団（ＥＦＦ）だった。知的財産の深い専門知識をもとに、法律サービスを提供する非営利組織である。[24] そして、ステリスの訴えを退け、マニュアルは今日も公開されている。ところが、莫大な売上げを誇るデバイスメーカーに法的に脅された人たちがみな、アイフィックスイットほど運がいいわけではない。

## ソフトウェアと法の抜け道

ソフトウェアは、著作権法を使って修理を制限する別の方法をメーカーに授ける。すでに述べたように、現代の消費財と産業機械を機能させ、不具合を診断し、修理するためにはソフトウェアコードが不可欠だ。著作権法はコードも保護対象とするため、デバイスメーカーは著作権が約束する法的権限に強い魅力を感じる。

この戦略を使った初期の例のひとつは、一九九二年に起きたコンピュータメーカーと独立系の修理プロバイダとの闘いだった。ＭＡＩシステムズは、自社のＯＳ、プログラム、診断ソフトウェアを実行するワークステーションを構築した。また、ほとんどが小さな銀行と信用組合の顧客に、修理とメンテナンスサービスも提供した。コンピュータメンテナンス会社であるピークコンピュータ社が、修理契約を奪い始めた時、ＭＡＩは阻止する手段を探した。そして、著作権侵害でピークを訴えた。ピークが顧客のコンピュータを立ち上げて診断ソフトウェアをローディングした時、ＭＡＩのコードをデバイスのＲＡＭに複製したのだ。[25] ＭＡＩのライセンス（使用許諾）契約が、ピークのようなサードパーティによる複製を認めていなかったため、それが著作権侵害にあたるという主張だった。たとえRAMへの複製が一時的なものであれ、またコンピュータの所有者がピークにMAIのコードへのアクセスを望んでいたとしても、裁判所はMAIに有利な判断を下した。

この判決は大きな影響を及ぼした一方、厳しい批判の声も上がった。(26) これによって、プログラムかデータをRAMにローディングするだけで、複製が著作権侵害にあたるという判例が確立し、数件の訴訟があとに続いた。すなわち、ファイルを開くかプログラムを実行するたびに、著作権者の許諾か、何らかの法的根拠が必要になる。デバイスに内蔵されたソフトウェアが、スマートフォンや自動車、ブレンダーを制御している世界では、このルールは著作権者に極めて強い権限を与える。とはいえ、この解釈は著作権法の条文と矛盾する。著作権法が明らかにしているように、複製は「一時的な期間を超えて、知覚、複製、その他の方法で伝達されることを可能にする」ほど永続的でなければならないからだ。(27) そのため、十数年後になってようやく、第二巡回区控訴裁判所が異なる判断を下した。(28) RAMに保存された情報が数秒か数分の場合は、ほぼ間違いなくその基準を満たさないという結論だった。

より広範なRAMの複製問題はさておき、MAIの判決が修理プロバイダに破滅的な影響を与えかねないことを、連邦議会は理解した。そして、著作権侵害に新たな例外を設け、保守と修理を法的責任から切り離した。アメリカの著作権法一一七条（C）の下で、機械の所有者または賃借人は、保守か修理のあいだ、コンピュータプログラムの複製を作成することが許される——または作成を修理プロバイダに許可する。(29) だが、この権利は重要な点で制限がある。複製は他のいかなる目的にも使えないのだ。保守か修理が終わったあとは破棄しなければならない。最も重要なことに、複製が「コンピュータプログラムの許可された複製を合法的に含む、機械の起動によってのみ作成され」なければならない。噛み砕いて言えば、修理に必要なソフトウェアが、すでに機械内に保存されていない場合、所有者と修理プロバイダは、複製を入手するか作成する権利がないことになる。

デバイスメーカーは、外部のソフトウェアツールを設計することで、その制限を巧みに利用してきた。たとえば、農機大手のディア社が交換部品の認証に利用しているプロプライエタリなソフトウェアは、農家のトラクターにではなく、技術者のラップトップにインストールされている。[30] そのコードがなければ、農家も独立系の修理ショップも純正の交換部品が初期化できない。必要なコンポーネントを与えてくれる技術者に数百ドルを支払うよう、ディアは農家に請求する。それに対し、一部の農家は制限を回避するために、不正コピーを販売するウクライナのウェブサイトを利用する。[31] 不正ソフトウェアを許可なくダウンロードすることは、たとえ合法的な修理目的であっても、ほぼ間違いなく侵害行為だ。

加えて、ディアの新しい製品に付属するソフトウェアのライセンス契約は、次のように求める。農家は「(ライセンスされたソフトウェアか製品を) 迂回するかハッキングするために設計された、いかなる迂回装置もハッキング装置も……購入」してはならない。[32] 無許可の供給元からジョンディアのソフトウェアを手に入れると、農家はその規定に違反することになるかもしれない。農家は所有するトラクターをただ使うだけで著作権の侵害になると、ディアは主張できるだろう。なぜなら、ディア組み込んだソフトウェアが、トラクターのメモリー内で再生されるからだ。しかしながら、ディアにとって議論はそう簡単ではない。まず、先のＭＡＩシステムズで採用された、ＲＡＭ複製の欠陥ある法理を、法廷が支持するかどうかという問題がある。次に、根底にある著作権上の利益とのあいだに合理的な関連性がない限り、法廷はライセンス違反について、著作権上の法的責任を認めない傾向にある。[33]農家がみずから所有するトラクターを作動させることが侵害の根拠である時、ディアは難しい闘いに直面する。最後に、著作権法はソフトウェアの複製の所有者に、その使用に不可欠な複製を作成する権利を与えている。ただし、この権利が及ぶのは複製の所有者だけだ。ディアの主張によれば、農家は同社のソフトウェアを使用する許諾は得ているが、トラクターを「ディアのように走らせる」ために埋め込まれた複製を、実際には所有していないという。[34]ＧＭも、自社の自動車の内蔵コードについて、同様に主張する。[35]結局、著作権侵害について農家の側には正当な主張があるとはいえ、潤沢な資金を持つ著作権者によるいじめに立ち向かうには依然としてリスクがある。

農家が著作権侵害者とみなされることはないという確信があっても、必ずしも容疑が晴れたわけではない。権限のない修理を根絶しようとするデバイスメーカーに、著作権法は別のツールを提供する。デジタルミレニアム著作権法第一二〇一条だ。この条項は、ソフトウェアを含む著作物へのアクセスを制限する技術的保護手段（ＴＰＭ）の迂回を違法とする。[36]言い換えれば、ソフトウェアなどの著作物へのアクセスを阻止するデジタルロックを解除することは、違法である。また、迂回を可能にするツールの作成、販売、配布も第一二〇一条に違反する。[37]このふたつが、伝統的な著作権侵害に加わった法的リスクの原因である。

音楽、映画、ビデオゲームへのアクセスを制限する、さまざまな種類のデジタル著作権管理（DRM）テクノロジーについて、詳しい人も多いのではないだろうか。一九九八年にデジタルミレニアム著作権法が成立した時、第一二〇一条には、著作権者が著作物のアップロードを奨励する意図があった。[38] デジタル著作権管理を根拠に、著作物へのアクセスを制限できるなら、著作権者はデジタル配信を受け入れやすくなるだろうという考えだった。ところが、プリンタ、ガレージドア開閉システム、その他のデバイスメーカーはまもなく、第一二〇一条を使えば、アフターマーケットの交換部品やサービスの競争を制限できることに気づいた。デジタルミレニアム著作権法の適用範囲を拡大しようとする初期の動きを、裁判所は棄却した。[39] だが、第一二〇一条が広く適用されるリスクは、修理プロバイダと部品メーカーにとっていまも懸念材料だ。今日、スマートフォンから自動車までのデバイスを制御する、内蔵コードへのアクセスを制限するために、メーカーはデジタルロックを活用し続けている。多くの場合、内蔵コードは診断と修理に必要であるため、保護手段は消費者と修理プロバイダにとって現実的なハードルである。デバイスのロックを解除するか回避する所有者に対する法的責任を、第一二〇一条が導入することで、そのハードルはいっそう高くなる。

第一二〇一条を使って修理プロバイダを廃業に追い込もうとした訴えを、ある裁判所は当然ながら退けた。[40] ストレージテック社は、データストレージシステムを販売していた。システムは多くの〝サイロ〟で構成され、各サイロはロボットアームを備え、テープカートリッジをさまざまなドライブに挿入する仕組みだった。各サイロはコントロールユニットで作動し、システムは、ネットワークでつながった管理ユニットで集合的に制御されていた。ユニットは、ストレージテックのソフトウェア——診断プログラムを含む——を実行し、システム所有者にライセンス供与していた。競合他社の影響力を削ごうとしたストレージテックは、独立系の修理プロバイダであるカスタム・ハードウェア・エンジニアリング＆コンサルティング（ＣＨＥ）を訴えた。ＣＨＥがストレージテックの保護措置を迂回して、同社のソフトウェアコードにアクセスしたというのが、その理由である。

ストレージテックのソフトウェアがエラーコードを生成し、ＣＨＥは故障した機械を診断するために、コードを取得する必要に迫られた。エラーコードにアクセスするために、ＣＨＥはゲットキーを無効にしなければならなかった。ゲットキーとは、システムをロックダウンするためにストレージテックが作成した、パスワード保護スキームのことだ。最初、ＣＨＥは無数のパスワードを生成するツールを利用して総当たり攻撃を行ない、ゲットキーを解読した。その後、コントロールユニットに送信されるシグナルを模倣する方法を学んで、エラーコードを明らかにした。それに対してストレージテックは、どちらもアクセスコントロールの迂回だと主張した。

連邦巡回区控訴裁判所は、ストレージテックの訴えを棄却した。以前の訴訟で、第一二〇一条に違反するためには、迂回は著作権の侵害行為と妥当な関連性がなければならない、という判断が示されていた。[41] その「重要な関連性」がなければ、迂回は合法である。裁判所はこの論理をストレージテックの主張に当てはめ、迂回策が侵害につながる可能性はほぼないと判断した。なぜなら、第一一七条の下に、ＣＨＥにはソフトウェアのコピーを作成する権利があるためだ。この論法が、多くの状況において、所有者と修理プロバイダを迂回に伴う法的責任から保護するように思える一方、他の裁判所は、連邦巡回区控訴裁判所が下した関連性要件の採用を拒んできた。これが、修理にまつわる法的な不確実性がいまなお続く一因である。[42]

一二〇一条が成立した時、連邦議会は予期せぬ結果が起きる可能性を認識していた。そこで著作権局と議会図書館長に呼びかけ、迂回禁止条項によって悪影響を受けそうな可能性があるが、著作権侵害ではない利用を特定するために、デジタルミレニアム著作権法を三年ごとに見直すことになった。そのような利用が認められると、迂回を禁ずる規則から一時的に除外されて保護される。[43]二〇一五年、修理擁護者による困難な闘いのあと、議会図書館長はデジタル著作権管理の迂回を認める免除を採用し、これによって診断と修理を目的とした場合、「陸上車両」を制御するソフトウェアへのアクセスが制限されなくなった。[44]三年後の二〇一八年には免除範囲が多少拡大され、「スマートフォンや冷蔵庫、サーモスタット、空調制御システム、電気システムなどの家電やホームシステム」を制御するソフトウェアが含まれるようになった。[45]

免除は修理擁護者にとって画期的な成功だったものの、範囲はやはり限られた。第一に、タブレットやスマートスピーカー、カメラ、テレビ、ゲーム機などのデバイスは含まれない。第二に、一時的な措置にすぎない。二〇二一年に著作権局が新たに規則を制定する時には、免除を見直したり範囲を縮小したりするか、完全に排除する可能性も残されている。[46]第三に、免除は第一二〇一条の迂回禁止条項に限定される。迂回ツールの違法取引の禁止については弁護しない。[47]したがって、修理のために迂回するのは合法だが、迂回を可能にするツールの作成と共有は合法ではない。そのため、メーカー公認でない修理にとっては、実質的に高いハードルとなってしまう。高度に運用されている場合でも、迂回ツールをゼロから構築するのは大変な仕事だ〔二〇二一年と二〇二四年の見直しで免除範囲がさらに拡大されたものの、迂回ツールの作成と共有への制限は、依然として残っている」。

アメリカは自国の迂回禁止制度を積極的に輸出し、この二〇年にわたり、二国間と多国間の貿易協定において、自国の制度を重要な条項として相手国に押しつけてきた。今日までに要求に応じた国は次の通りだ。オーストラリア、バーレーン、カナダ、チリ、コロンビア、コスタリカ、ドミニカ、エルサルバドル、グアテマラ、ホンジュラス、メキシコ、モロッコ、ニカラグア、オマーン、パナマ、ペルー、シンガポール、韓国。(48)同じように、二〇〇一年、EUはアメリカに急き立てられて迂回禁止制度を採用した。(49)さらに、南アフリカ共和国などに対して、厳格な迂回禁止制度を採用するよう、いまも圧力をかけ続けている。(50)とはいえ、第一二〇一条の輸出については熱心なものの、例外と制限の設置についてはさほど熱心ではない。そのため、アメリカで現在、修理を認めているような防御措置や免除を他の国や地域も自由に設けられるものの、果たしてどうするのかについて保証はない。結果的に、このような貿易協定は合法的な修理活動を世界中で危険に曝している。

## 実用特許

著作権と同じように、特許も経済的インセンティブを目的に設計されている。市場独占権と引き換えに、発明者は新たな技術の開発に時間と資本をつぎ込む。その結果生まれた発明は、公衆と共有される――製品という具体的なかたちをとって私たちが購入し、特許文献として公開される。だが、たとえ最低限の創作性であっても、創作された時点で自動的に発生する著作権と違って、実用特許は、発明がより高いハードルをクリアしていなければ認められない〔アメリカの場合、特許には「実用特許」「意匠特許」「植物特許」の三種類があり、そのうちの実用特許は技術的アイデアに対して付与され、日本の特許に対応する〕。

アメリカでは、発明は第一に、次の四つの対象範囲に含まれなければならない。機械、製品、組成物、方法である。それに対して、抽象的なアイデア、自然法則、自然現象は含まれない[51]。第二に、発明に新規性があること。新しい発明でないものは保護対象ではない[52]。第三に非自明性があること[53]。言い換えれば、発明を構成する要素が従来なかった組み合わせであっても、その発明の関連分野において、通常のスキルを持つ技術者が思い浮かぶ程度の組み合わせならば、特許の保護対象ではない。第四として、発明は具体的で、実用的で、信頼できる用途が可能でなければならない[54]。ペーパーウェイトとして機能するコンポーネントの精巧な集合体は、特許に値する発明ではない。アメリカ以外のほとんどの国や地域でも、同様の基準を適用している。たとえばヨーロッパでは、発明は「新規性」と「進歩性」を実証し、「産業上の利用が可能」でなければならない[55]〔「進歩性」とは、容易に発明できない高度な程度であること。アメリカの「非自明性」にあたる〕。

特許権の存続期間は通常二〇年だ[56]。その期間中、実用特許は幅広い独占権を与える。他人がその発明を製造、使用、販売することを妨げる権利を付与する[57]。その三つの活動は、特許権者の許諾がない限り、ほぼ例外なく侵害にあたる。その結果、発明を具体化した製品の使用――非営利目的の私的使用を含む――はもちろん、製造と販売に対しても、特許権者は大きな権限を行使する。

消尽の法理は、特許権者の権限に重大な制限を課す。著作権法の場合がそうであるように、特許の場合にも消尽の原則によって、特定の製品を販売したあと、使用と譲渡に対して特許権者はコントロールを主張できない。特許取得済みのデバイスの所有者は、好きなようにデバイスを使用し、販売し、所有権を譲渡する法律上の権利を持つ[58]。たとえ特許権者が異議を唱えても、認められない。本質的に、物理的製品の所有者の個人財産権は、特許権者の知的財産権よりも優先される。連邦最高裁判所がすでに一八五二年に認めていたように、「機械が購入者の手に渡る時、機械はもはや独占の制限内にはない。制限の外に出て、議会制定法の保護下にはない……道具あるいは機械は（所有者の）私的な個人財産になる[59]」。重要なことに、特許取得済みの機械の購入には「使用可能な限り、その機械を使用する権利が伴う[60]」。

一世紀以上も前のこの法理は今日も重要である。二〇一七年、裁判所は特許権の広範な消尽ルールを再確認した。互換性のあるインクカートリッジを補充して再販する競合他社の行為を、プリンタメーカーのレックスマークが阻止しようとした時、裁判所はその訴えを棄却した[61]。レックスマークが顧客とのあいだで、制限を謳うライセンス契約を結んでいたとしても、特許法の問題として、インクカートリッジの補充を禁ずる権限はレックスマークにはない、という判断を下したのだ。そう判断することで、法廷は消尽と修理との関係を次のように強調した。

中古車の修理と販売を行なう店を例にとろう。その店の商売が成り立つのは、店に車を持ち込む人がその車を所有している限り、店が制限なく車を修理したり、再販したりできるという安心感を持てるからだ。自動車を構成する数千の部品を製造する企業が、最初の販売後も特許権を保持できたならば、このスムーズな商取引の流れは止まってしまう。たとえば部品企業は再販の権利を制限し、特許侵害を理由に店のオーナーを訴えるかもしれない。

消尽は、購入した製品を使用する所有者の権利を保証し、裁判所は購入に付属する修理する権利を一貫して認めてきた。だが重要なことに、消尽は特許取得済みのデバイスの製造あるいは複製には及ばない。[62] たとえば、特許取得済みの手術用ロボットを購入する病院に、二台目のロボットを製造する権利はない。

修理と再構築の区別は、一八五〇年のウィルソン対シンプソンの訴訟まで遡る。平削り盤（工作機械）の摩耗した刃の交換をめぐる訴訟だった。[63] 機械の所有者は、その機能を維持するために、切れ味の落ちた刃を数カ月ごとに交換する権利があると主張したが、特許権者の主張はこうだった。「（機械の一部が）使用によって摩耗するか他の方法で破損した時、発明された組み合わせ――特許を取得した箇所――はもはや存在せず、製造する権利を行使しない限り、修復できない」。わかりやすく言い換えれば、摩耗するか壊れた部品を交換する時、機械の所有者は発明をただ利用しているのではない。発明をつくり直しているのだ、と。裁判所は、その主張を認めなかった。摩耗したか壊れた部品を交換することは、「再構築ではなく修復行為」である。法廷は修理を「自分の所有物を長持ちさせるために誰もが使う、手入れをする権利の行使にすぎない」と理解した。

それからほぼ一世紀後、最高裁は特許取得済み装置の修理について再び検討した。コンバチブルの屋根に関する特許権者が経営する、コンバチブル・トップ・リプレースメント・カンパニー（コンバチブル屋根交換会社）という、どうにも独創性のない名前の企業が、アロー・マニュファクチャリングを訴えた。理由は、特許取得済みの発明に合うようにカットされた交換用ファブリックを、アローが販売したからである。(64) この特許は、次の三つの基本的な構成要素を持つ装置について記載していた。「柔軟性の高いトップのファブリック、サポート構造、車体側面に対してファブリックを密封するメカニズム」である。特許権者の主張はこうだ。自社製品に合わせて裁断されたファブリックの販売によって、顧客が特許装置を再製造する作業をアローが手助けした、と。裁判所はその言い分を退け、こう書いている。「同じ部品を繰り返し交換するにせよ、異なる部品を連続して交換するにせよ、特許で保護されていない個々の部品を、ひとつずつ交換するだけでは、所有者が所有物を修理する合法的な権利にすぎない」

裁判所は、修理を特許侵害の主張から切り離す、一般的ルールの幅広い輪郭を描いてきた――修理とは「腐敗、損傷、破損、あるいは部分的破壊のあとに、健全か良好か完全な状態に戻すこと」と理解される。(65) 修理は一時的な修繕か、小さなコンポーネントの交換に限らない。(66) 一回限りの修理も、規模の大きな産業的な再生も含まれる。(67) 耐用年数を延ばす限り、そのルールはオリジナルな設計の変更にも適用される。(68)

たとえ明示的に一度限りの使用のために設計された特許製品であっても、特許権者の許諾なしに修理できることがある。長期にわたって議論の的となったのは、富士フィルムが開発した使い捨てカメラの特許だった。この安価なプラスチック製のデバイスは、レンズ付きフィルムが装填された状態で販売された。数十枚の写真を撮ったあと、購入者は本体ごと現像に出す。写真プリントは二、三日後に受け取れるが、使い捨てカメラは戻ってこない。ジャズフォトなどの再生販売業者は、フィルムを使い切った使い捨てカメラの本体を回収して、フィルムを詰め替え、バッテリーを交換し、カウンターをリセットして再販売した。富士フィルムは、特許技術の再製造だとして訴えた。(69)だが、カメラの耐用年数はフィルム一ロール分に限定されないというのが、裁判所の見解だった。たとえ富士フィルムが一回限りの使い捨てカメラとして販売したとしても、「特許権者の一方的な意図が、それ以上のものではない時、特許製品の再利用を妨げるものではなく、修理から再構築へと転換するものでもない」

確かに、修理と再構築の境界線は必ずしも明らかなわけではない。(70)だが、その不確かさはいまに始まったことではない。法廷はこの問題に一世紀以上も悩まされてきた。一九〇一年、ある裁判所は特許を持つミシンの修理について、次のように検討している。「難しい問題はいまも解決していない……修理はいつ装置や機械のアイデンティティを破壊し、発明を侵害するのか。どの時点で装置や機械の合法的な修理が終わり、違法な再構築が始まるのか」(71)。英国の裁判所は同じ年、架空の農場用荷車を例にこの問いに取り組んだ。

男性は最初、新しい荷車を所有していた。やがて、車輪の片方か両方が摩耗してしまい、両方の車輪を交換した。さて、これは古い荷車だろうか。それとも古い荷車ではないのか。いまの状態では、古い荷車であることを疑う者はほとんどいないだろう……だが、やがて長柄が駄目になってしまい、新しい長柄に取り換えた。自分の意見を押しつけるつもりはないが、まだ古い荷車のままだと言える可能性がある。ところが、今度は荷車の車体の番になり、車体が取り外されて新しい車体を取りつけるか、荷車の大部分に新たな木材が取りつけられたとしたら、いまもまだ古い荷車だと言うのはもちろん不可能だ[72]。

部品を順番に交換することには、最低でも二〇〇〇年前に遡る、より深い問題が思い出される。帝政ローマのギリシャ人思想家プルタルコスは、ギリシャ神話に登場する伝説の王テセウスがクレタ島から帰還した時の船を、アテナイの住民が保存した様子について描写している。「朽ちた古い厚板を取り外して、もっと強度の高い木材を新たに取りつけた[73]」。哲学者のあいだで、テセウスの船は時間の経過とアイデンティティの問題を具現化していた。保存された船は、テセウスが帰還した時に乗っていたものと同じ船か。それとも、まったく新しい船なのか。

無理もないが、このような形而上学的な問題に見解を下すことに裁判所は苦労してきた。修理と再構築とを区別するために、法廷は数十年にわたり、嫌というほど多くの要素を検討してきた――交換した部品の耐用年数は、装置の他の部分と比べて短いのか。部品は壊れたのか、単に摩耗しただけなのか。高価なのか安価なのか。特許を取得したイノベーションの本質を成すものかどうか、など[74]。法廷はまた、特許権者と消費者の意図や期待も考慮した。だが、アローの判決のなかで、最高裁はさまざまな要素に囚われないように忠告した。最高裁によれば、中心的な問題は、その装置が「全体として使用済み」かどうかだという。最高裁は「使用済み」という言葉を、装置全体が耐用年数に達したという意味で使ったと思われる。装置が使用済みとみなされるのなら、その機能を元に戻す取り組みは、違法な再構築になる。[75] その一方、もし装置全体が使用済みでないなら——たとえ一部の部品が使用済みでも——、合法的な修理によって、コンポーネントを交換するか新しくできる。とはいえ、装置が使用済みかどうかを、裁判所はどうやって具体的に判断するのか。下級裁判所は判断を下すにあたって、アロー以前の判決と同じように複数の要素を分析することが多い。そのため、特許法は一般的に修理の幅広い概念を受け入れながら、下級裁判所がどの基準を適用するかについては不確実性が伴うため、消費者と修理プロバイダに不利に働きかねない。

アメリカの特許法が採用するフレームワークは、他の国や地域の裁判所が受け入れているアプローチとほぼ変わらない。日本、ドイツ、英国、オーストラリアにおいても、責任は、修理と再構築との——曖昧にせよ——基本的な違いによって決まる。日本の最高裁判所が表現したように、問題は被告が「オリジナルな製品と異なるアイデンティティを持つ新製品をつくり出した」かどうかにある。[76] だが、アメリカの裁判所と同じように、日本の法廷も時おり、一貫性のある予測可能な基準になかなかうまく落ち着くことができなかった。日本の裁判所は、たとえば特許製品の属性、根底にある発明の性質、被告が取り組んだ交換か再生の具体的な行為などの、幅広い要素を考慮する。[77] ドイツの裁判所が問題にするのは、次のような要素だ。被告の行為が、関連市場において典型的なメンテナンス活動として理解されるかどうか。発明の技術的本質が、交換されたコンポーネントに反映されているかどうか。[78]

同じように、英国の裁判所も長いあいだ、次のように認めてきた。「特許品の購入者は、特許侵害の責任を問われることなく修理できる。その一方、新しい物品の製造はできない……そして、特許権者が販売した特許品に由来する部品を使用した……というだけの理由で、特許は侵害していないと主張できない」[79]。二〇一三年、英国の最高裁判所は、特許装置のひとつの要素を交換する行為が再構築にあたる、という特許権者の訴えを棄却した[80]。シュッツ対ウェリット訴訟事件において、特許権者は危険な液体の輸送用コンテナを販売していた。プラスチックのボトルを鉄製のケージのなかに据えつけ、それをパレットに載せた仕組みだった。ケージとパレットは何度も使用されるが、ボトルは使い捨ての設計だ。ウェリットが交換用ボトルを販売したことは特許権侵害にあたる、とシュッツは主張した。法廷は、ボトルの交換は新たな装置の製造ではなく、合法的な修理だと認めた。この判断はふたつの重要な事実に基づいている。第一に、ボトルの耐用年数は他の部分と比べてかなり短い。ケージの交換が必要になる前に、平均五、六度は交換する。第二に、ボトルは特許権の「発明概念」を反映していない。言い換えれば、ボトルは、コンテナが発明された当時の既存技術と区別されるものではなかった。

二〇二〇年、オーストラリアの高等裁判所は修理の問題に判断を下すことになった。その内容は、先述したアメリカのプリンタメーカー、レックスマークの裁判の事実とほとんどそっくりだった[81]。エプソンは、プリンタと使い捨てインクカートリッジを販売していた。一方のカリダドはカートリッジの再生販売業者であり、エプソンの中古カートリッジを輸入して、プリンタが認識できるようにメモリチップを改造し、インクを装填して販売していた。エプソンは、再生カートリッジが自社の特許を侵害しているとして提訴した。争点は、「再利用のために製品を改造することは、新しい製品の製造に相当するか」だった。それに対し、高等裁判所は次のような判断を下した。カートリッジに穴を開けてインクを補充したあと、穴を塞ぎ、メモリチップを書き換えるという改造は、「容認できない新製品の製造に当たる」ものではない。むしろ、「製品の耐用年数を延ばし、より有効に活用するための所有者の権利の範囲内にある」。

重要なのは、修理の合法性が黙示的ライセンス〔特許権者が明示的に許諾の意思を表示していなくても、その意思があったと推定されて認められるライセンス〕に基づくものだという主張を、高等裁判所が棄却した点だ。このアプローチでは、売り手も買い手も修理の発生を予想し、それに応じて取引したという前提のもと、特許装置の販売には修理する権利が伴うことが推定される。ところが、その論理的根拠に従えば、売り手は修理の可能性を明示的に留保したり制限したりできることになる。そのため、新車を購入した際、修理を禁ずる通知が目に付くように添付してあったならば、故障したトランスミッションを修理すれば、侵害とみなされてしまうかもしれない。その代わりに、オーストラリアの高等裁判所は、ドイツ、日本、アメリカ、英国の最高裁判所と同じように、修理する権利を消尽の法理にしっかりと根づかせた。最初に販売されたあと、特許権者は――いかなる留保や制限を通知していたとしても――製品の使用をコントロールするすべての権利を失う。

この動向の顕著な例外のひとつはカナダだ。他の国や地域と同じように、カナダの法律も「特許品の購入者は、特許を侵害することなくコンポーネントを修理できる」[82]と認めている。また問題の中心が、被告は新しい製品を製造したのか、それとも単に既存の製品を修理しただけなのか、という点であることにも同意している。[83]だが、カナダの法律は、独立した消尽の法理を完全に採用してきたわけではない。むしろ、修理の合法性の論理的根拠は「特許権者がこの種の活動を許可すると推測されるという事実」にある。[84]言い換えれば、特許権者は購入者に、修理について黙示的ライセンスを与えるが、これは簡単に留保できてしまう。たとえば、イーライ・リリー対ノヴォファーム訴訟事件において、カナダの最高裁判所はこう判断した。いったん特許品が販売されたら、特許権者は「使用と販売の独占的権利を黙示的に放棄した」ことになるため、特許権者は「特許品について、もはやいかなる権利も有しない[85]」。もし特許権者が「反対の条件を表明」した場合、特許品の所有者は修理できなくなるだろう。モンサント対シュマイザー訴訟事件において、法廷はさらに明確に書いている。「所有権は特許法の違反を抗弁しない[86]」。おそらくこのかなり曖昧な根拠のために、カナダの特許法に基づく修理する権利は、他の国や地域と比べて、実際にはあまり拡大しない傾向にある。[87]

コンポーネントを交換、修理する所有者の権利を裁判所が認めている場合でも、特許法はやはり修理を妨げる可能性がある。もしコンポーネントそのものが特許を取得している場合、製造、販売、使用は依然、特許権者の独占的権利の対象である。その権利を利用して、特許権者は修理プロバイダが必要とする交換部品を提供しなかったり、法外な価格を請求してサードパーティによる修理を阻止したりできる。

イタリアのボランティアが、人工呼吸器のバルブの交換品を3Dプリンタで製造した時〔第1章を参照〕、当初、報道は彼らが特許侵害で訴えられる可能性を示唆していた。ところが、デバイスメーカーは即座に声明を発表し、訴訟を起こす用意はないと正式に表明した。[88]だが、金に目のくらんだデバイスメーカーが特許侵害で訴えるのを阻止する理由が、特許法にはない。そのバルブが実用特許の対象だったと仮定しよう。交換バルブの製造は――3Dプリンティングによるものであろうと、従来の方法によるものであろうと――特許侵害になるだろう。[89] 幸い、ほとんどの交換部品は単独では、比較的厳しい実用特許の法定要件を満たさない。だが残念ながら、すべての特許の取得がさほど難しいわけではない。

## 意匠（デザイン）

知的財産制度はまた、製品の外観や装飾などの意匠に対する独占権も与える。アメリカでは意匠特許が利用できる。ヨーロッパやその他の地域でも、登録意匠権と非登録意匠権（後述）が同様の機能を果たす。実質的な詳細や細かい手続に多少の違いはあるものの、意匠が製品とコンポーネントの機能面にどの程度まで及ぶのかについて、これらの制度は難しい問題をもたらす。とりわけ交換部品の設計の独占権は、それ以外の点では合法的な修理を妨げるリスクがある。この問題の対応は国や地域によってさまざまだ。アメリカの法制度は肩をすくめるみたいに無関心だが、ヨーロッパは修理の弱体化を招きかねない意匠権の利用可能性と範囲に制限を加えることで、完璧に有効ではないにせよ、もっと真剣に取り組んできた。

### 意匠特許

一八四二年以来、アメリカの法律は意匠特許を認めてきた。[90] 発明の機能に注目する実用特許と違って、意匠特許はデザイナーの美的貢献に権利を与えることを目的とする。今日、この権利は「製品の新しい、オリジナルで、装飾的な意匠」にまで拡張されている。[91] 特許の保護対象となる意匠は、新規性と非自明性があり、装飾的でなければならない。[92] 色彩、グラフィック要素を含む製品表面の装飾、三次元の構成や形状、あるいはこれらの組み合わせも含まれる。[93] コカコーラのボトルやイームズチェアから、レゴのかたち、フェンダーのテレキャスターまで、アイコン的な意匠はこれまで特許で保護されてきた。さほど有名でない例も含めれば、数十万件にものぼる。

一度認められると、意匠特許の存続期間は一五年にわたる。その期間中、特許権者は他人が特許意匠を製造し、使用し、販売し、販売を提案し、輸入することを阻止する法的権利を有する。[94] 侵害を証明するためには「一般の観察者が先行技術を考慮して、（被告の）意匠が特許意匠と同じだと考える」[95] ことを証明しなければならない。わかりやすく言えば、特許意匠に酷似した製品を許可なく製造、販売、もしくは使用する者は誰でも侵害者となる。

時の経過に伴い、法の解釈が変化して、意匠特許の利用可能性と範囲を制限する安全装置は蝕まれていった。この自由化によって、特許を取得した意匠の数が膨大に増加した。一九八〇年、アメリカ特許商標庁（USPTO）が認めた意匠特許は、わずか三〇〇〇件だった。[96] 二〇一九年には、一〇倍以上の三万五〇〇〇件近くに膨れ上がった。[97] 二〇一〇年の調査によれば、特許商標庁が実質的な根拠に基づいて拒絶したのは、意匠特許出願者全体のわずか二パーセントにも満たなかったという。[98] 一方、訴訟の損害賠償額は新たな高みに達した。iPhoneの意匠特許――丸みを帯びた角、ホームボタン、アプリアイコンのグリッドなど――を侵害したとして、アップルがサムスンを訴えたあと、陪審は五億ドルを超える損害賠償を命じた[99]。

このような展開は幅広い業界に広範な影響を及ぼすが、特に修理に重大な影響を与える。コンポーネントや交換部品の意匠特許が容易に取得できるのであれば、メーカーはその権限を行使して、製品の所有者や修理プロバイダに対する部品の供与を拒んだり、不当な額を請求したり、わずらわしい条件をつけて部品へのアクセスを制限したりできる。

そのような戦略は、すでに自動車業界でまかり通っている。連邦巡回区控訴裁判所――特許紛争の専属管轄権を持つ控訴裁判所――が判決を下した最近の訴訟は、その懸念を例示するものだった。自動車ボディパーツ協会（ＡＢＰＡ）は、フォード社のトラックのボンネットとヘッドランプの意匠特許を無効にするよう提訴した[100]。消費者はオリジナルのものと同じ機能を果たすだけでなく、自動車の外観を元の状態に戻す部品を好むため、フォードの二件の意匠は装飾的ではなく機能的とみなされるべきだ、とＡＢＰＡは主張した。連邦巡回区控訴裁判所はこの主張を退け、「消費者に対する意匠の美的魅力は、その意匠を機能的なものとするには不充分だ」と判断した[101]。裁判所はまた、消尽と修理に関するＡＢＰＡの主張も棄却した。自動車が販売されたあと、フォードは自動車を構成する物理的コンポーネントをコントロールする権利を失うが、だからといって、特許取得済みの意匠を複製した非純正部品を使用する権利を、所有者に与えるわけではない。またフォードの意匠特許が保護対象とするのは、車両全体ではなく個々の部品であるため、特許法の修理する権利は、非純正部品の製造か使用を許可してはいなかった。

自動車の部品やアクセサリーの巨大なアフターマーケットは、アメリカだけで毎年、数千億ドルの売上げを誇る。[102] この市場は歴史的に競争が激しく、自動車の所有者は、メーカーの純正部品（OEM部品）か、より安価で幅広い非OEM部品の選択肢から選ぶことができ、衝突事故の修理について言えば、年間およそ一五億ドルを節約してきた。[103] だが、意匠特許はその競争環境を損ないかねず、消費者と修理ショップは純正部品を高額な価格で購入しなければならなくなる。

二〇〇五年以降、メーカーは競合する修理部品の取り締まりを強化してきた。その傾向が始まったのは、フォードがF-150ピックアップトラックの交換部品の輸入を停止するよう、国際貿易委員会〔輸入品の知的財産権の侵害などを調査、報告する準司法機関〕に苦情を申し立てた時だった。その後、フォードはかつての競合他社に、フォード製のアフターマーケット部品の独占販売権を与える契約を結び、競争を激しく阻害した。[104] この戦略に続いて、他の自動車メーカーもバンパー、フェンダー、ヘッドライト、その他部品の意匠特許を利用して、非OEM部品の製造業者、輸入業者、販売業者、その部品を使用する修理ショップに圧力をかけてきた。[105] スマートフォン、カメラ、家電のメーカーが、同じ戦略を同じように悪用するのは簡単だ。

それなら、アメリカの意匠特許法はなぜ、こんな痛ましい状況に陥ってしまったのか。それは、重複するふたつの法改正に原因がある。第一に、連邦議会の意図をはるかに超えて、裁判所が意匠の対象を拡大してしまった。第二に、連邦巡回区控訴裁判所の明確な指令に従って、意匠特許を取得するための重要な障壁を、アメリカ特許商標庁がほとんど排除してしまった。

特許法の条項に基づき、特許は「製品の意匠」に対して取得できる。[106] この文言の解釈は、意匠特許が保護する対象の適切な範囲を理解するうえで、中心的な意味を持つ。広く解釈することで裁判所は、本来は意図していなかった、複雑な機械のような製品にも意匠特許の扉を開いた。そしてまた、それら複雑な機械の構成部品だけを――さらに悪いことに――その部品の一部分だけを対象とした意匠特許を認める下地もつくってしまった。

アップル対サムスン訴訟事件の控訴審で、連邦最高裁判所は「製品」を広く定義した。最高裁によれば、製品という言葉は、「単に手か機械でつくられたもの」という意味であるため、「消費者に販売される製品と、その製品のコンポーネントの両方を包含」するという。[107] ところが、この解釈は製品という用語の単純な意味合いと長い歴史を誤解している。アメリカの意匠特許制度の著名な専門家であるサラ・バースタインが主張するように、「製品」という文言は「機械と組成物を除く、人間によってつくられた有形のアイテム」を指す。「一体構造を持ち、使用と販売のためにそれ自体で完成されたもの」である。[108]

当初の問題として「機械」は長いあいだ、意匠特許の対象外とされてきた。あらゆる「機械、製品、組成物、方法」に範囲が及ぶ実用特許と違って、意匠特許は「製品」だけを対象とする。[109]「機械」は明らかに対象外だ。数十年にわたって、特許商標庁は、機械を製品とは捉えず、意匠特許を取得する資格はないと理解してきた。[110] 機械の意匠を主張する最初の特許が認められたのは、一九三〇年のこと。将来の発展を予見して、トラックの車体とフレームについて主張したのだった。[111] それ以来数十年、特許商標庁は機械に対する意匠特許を日常的に認め、法廷も躊躇なく受け入れてきた。

一〇〇年近く前のこの過ちを脇に置いたとしても、意匠特許法はさらに最近、またしても道を間違えてしまった。長年の原則で、意匠特許法が焦点を当ててきたのは意匠全体であって、その構成部分ではなかった。消費者は意匠を、ラインや形状、色彩の集合としてではなく、統合された単一の全体として認識する。ある裁判所が一九〇〇年に述べたように、「意匠の本質は、個々の要素や配置方法にあるのではない。それは、ひと揃いのなかに――観察者の心に何らかの感覚を呼び覚ます、定義できない全体のなかに――存在する」[112]。したがって当然のことながら、物品の一部分を主張する意匠特許の出願者は、たいてい敵意を持って迎えられた。たとえば「車体の前方の角」に対する出願は、「製品全体をカバーして」いないという理由で退けられた[113]。控訴審は、車体の角が個別に製造されて販売されていないという理由で、一審の判断を支持した。

だからと言って、断片的な意匠特許が絶対に認められなかったわけではないが、製品の単なる一部分を、裁判所が初めて明示的に認めたのは、一九八〇年だった。今日の連邦巡回区控訴裁判所の前身にあたる、アメリカ関税特許控訴裁判所（CCPA）〔一九〇九～八二年〕は、「ドリルビットの軸の装飾的な意匠」について出願を審理した[114]。この時、出願者のザーンが主張した意匠は、ビットの上部に限定され、先端部、つまり穴を開ける部分については明らかに出願範囲から外れていた。この選択には、ふたつの重要な意味があった。第一に、製品の一部分に限って意匠特許を出願しており、統合された全体という意匠特許の原則を無視していた。第二に、特許の図に描かれた、ツイストの先端部は出願範囲に含まれていなかったため、同じような軸の付いた、あらゆるドリルビットが対象になった。そのため、たとえ製品の全体的な外観がまったく似ていなくても、スペードビッド、コアビッド、ステップビットはどれも意匠特許を侵害することになってしまう。

慣例に従い、特許商標庁はこの出願を退けた。ところが、控訴審において関税特許控訴裁判所が違う判断を下した。裁判所によれば、ドリルビットの部分のみの出願という事実は、特許性を妨げるものではないという。具体的に言えば、「製品の意匠は、製品の全体よりも小さな部分に具体化されている場合もある」[115]という判断を下したのだ。だが、そのような言葉でこの問題を定義づけた時、裁判所はザーンによる部分を対象とした特許の出願が、そもそも「製品の意匠」に該当すると仮定していた。[116]ここに疑問が生じる。法廷は、次のような問題を判断する必要があった。すなわち、製品の一部分に対する申し立ては、果たして特許性のある意匠なのかどうか。バースタイン教授の主張には説得力がある――ザーンの出願は特許法の読み誤りと間違った論理に基づいている。[117]時には裁判所も間違える。そして、過ちを犯した時には、その過ちに永遠に縛られるべきではないだろう。

もし特許審査官が意匠特許の本質的な要件を熱心に検討すれば、「製品」を幅広く定義するリスクを軽減できるかもしれない。残念ながら、現実はその逆である。連邦巡回区控訴裁判所は、特許商標庁の決定を再検討する独占的権限を行使して、意匠特許取得のハードルを一貫して引き下げてきた。今日、五〇〇〇ドルが支払えて、少しの忍耐力があれば、事実上誰でも意匠特許が取得できる可能性がある。侵害による債務によって、競合他社に確実に脅威を与える権利が手にできるのだ。[118]

特許を取得するためには、意匠は新規性と非自明性があり、装飾的でなければならない。ところが、連邦巡回区控訴裁判所の一般的な解釈の下、この三つの要件が重大なハードルになることはめったにない。[119]まず、新規性という基準を満たすために、出願者が証明する必要があるのは、その意匠が、すでに開示された意匠――特許法の用語で「先行技術」と呼ばれる――と「あらゆる重要な点で同一」でないことだけだ[120]。実のところ、連邦巡回区控訴裁判所は、出願された意匠と先行技術とのわずかな相違点を即座に特定し、合理的に知覚できる消費者が見逃すかもしれない、ちょっとした相違点を強調し、大多数の意匠が新規として取り扱われることを保証している[121]。

次に、理論的には、非自明性――発明の程度が高度であること――はより高い障壁だ。たとえ厳密にそっくりな意匠をそれまで見たことがなかったとしても、関連分野で並の技術を持つデザイナーにとって、その意匠が自明ではない場合にのみ、特許の保護対象になる[122]。それでは、その意匠が自明かどうか、具体的にどうやって判断するのだろうか。連邦巡回区控訴裁判所は、二段階のテストを行なう。第一段階として、先行技術の一次参考意匠――「出願された意匠と基本的に同じ」である既存の意匠――を探す。もし見つかった場合、裁判所は第二段階へと進み、出願された意匠の他の要素を含む二次参考意匠を探す。一次と二次の組み合わせが、通常の技術を持つデザイナーにとって自明であれば、出願された意匠は自明である。とはいえ、新規性に対するアプローチと同じように、連邦巡回区控訴裁判所は、出願された意匠と一次参考意匠の候補とのごくわずかな違いにも非常に敏感だ。そして、一次参考意匠が見つからなかった場合、出願の意匠は自明とはみなされない[123]。すなわち、非自明性が成立する。

最後に、意匠特許を取得する意匠は装飾的なものでなければならない。実用的なイノベーション――新たな機能的利益を提供する発明――は、実用特許で保護される。理想的に言えば、装飾性の要件は装置の動作に寄与する意匠を含まない[124]。とはいうものの、連邦巡回区控訴裁判所はこれについても、中心的要件を損なってきた。意匠が「機能によって決定される」ものではない限り、装飾的なものとみなされる。[125] つまり、何らかの代替意匠が「同一か類似の機能的能力」を提供する限り、その意匠は装飾的なものとみなされるのだ。[126]

このいかにも心許ない基準は、標準的な扉の蝶つがいやフレキシブルな排気管など、およそ装飾的とは言えない意匠にも特許の扉を開く。[127] さらに悪いことに、実際に機能的な利点のある意匠特許も許可する。[128] iPhone の角が丸みを帯びたことによって、デバイスの「ポケットでの持ち運びやすさ」と「耐久性」が向上したと、連邦巡回区控訴裁判所が認めたにもかかわらず、アップルは iPhone の意匠特許を主張することに成功した。[129] もっと古い訴訟では、ハンマーとバールを組み合わせた多機能の解体ツールのサイズと形状が、その機能と不可分であるという事実にもかかわらず、その工具の形状に対する意匠特許を、裁判所は装飾的と判断して支持した。[130]

内部コンポーネントも装飾的になり得る。裁判所によれば、普段、利用している時にはほとんど隠れていても、意匠は装飾的だという。製造から最終的に破壊されるまでのどこかの時点で、目に触れるだけで構わない。[131] わかりやすい例をあげよう。人工股関節の意匠は、移植されると隠れてしまうにもかかわらず、装飾的だとみなされる可能性がある。連邦巡回区控訴裁判所の主張によれば、人工股関節は医師に対して宣伝されているからである。[132]

以上をまとめると、意匠特許の保護対象の拡大と本質的な要件の侵食によって、デバイスを構成するコンポーネントの独占権が蔓延することになる。その権利と、権利によって可能になる訴訟の脅威は、サードパーティの修理市場をリスクに曝す。もし車やラップトップ、食洗機の部品が特許で保護されていれば、たとえ修理に必要な部品が入手できたとしても、高額になる可能性が高い。正規の修理パートナーが交換部品をより確実に入手できる一方、独立系の修理プロバイダにはさらなる圧力がかかる。不利な条件に同意しなければ、メーカーから部品をまわしてもらえないかもしれないからだ。明るい面を見れば、欠陥のある解釈はどれも判例法の問題だ。法律が介入しなくとも、正しい事実と説得力のある議論を提示すれば、法廷は軌道修正することができる。そう願いたい。

## EU、オーストラリア、英国の意匠権

ヨーロッパでは、意匠をめぐる独占権が修理に及ぼす問題に、アメリカよりもはるかに注意を払ってきた。問題が解決したわけではないが、修理部品を製造、販売、使用する者にとって、アメリカよりもずっと快適な環境だ。

　ヨーロッパの法律の下、EUの意匠指令とそれに続く規則は、意匠の扱いについて次のように定義している。意匠は「……線、輪郭、色彩、形状、質感及び／または素材……に由来する製品全体または部分の外観」をいう。[133] この資格を満たすために、意匠は「新規性」と「独自性」を示していなければならない。そのような意匠は、製品全体かコンポーネントに適用される場合がある。とはいえ、通常に使用するあいだ、コンポーネントは見えたままでなければならない。アメリカの裁判所が適用する基準より、いくぶん厳格な基準だ。

　ここでいう新規性と独自性という要件は、アメリカの法律の新規性と非自明性にほぼ対応する。

ところが、独自性の基準に対して、ヨーロッパではもう少し厳しいテストが課される。特許を申請する意匠が独自性の資格を満たすためには、通常の情報を有するユーザーに与える「全体的な印象」が、それ以前の意匠が与える印象と異なっていなければならない。ヨーロッパのこのルールが、アメリカの比較的生ぬるい自明性の基準をクリアする一部の意匠を、除外する可能性がある。適格な意匠の所有者は、製品を製造、提供（販売）、流通、輸入、輸出、使用する独占的な権利を手に入れる。登録意匠の場合、権利は五年ずつ保護期間を更新でき、最長二五年間保護される。非登録意匠権は、最初に公衆に利用可能とされた日から三年間に限定される〔非登録意匠権は、特に手続の必要がなく、EU域内で一定の条件下で開示された意匠として、保護を受けられる〕。

意匠権にまつわる複数の制限は、修理の問題に関連がある。他の知的財産制度と同様に、意匠権にも一般的な消尽の原則が適用される。製品が販売される、あるいはその他の方法で「市場に投入される」と、権利所有者は特定の製品の使用か譲渡を管理する権限を失う。したがって、たとえ修理が意匠の使用とみなされるとしても、製品の所有者は一般的にその外観を修復する権利を持つ。たとえば、軽い接触事故で車のドアにへこみができてしまったとしよう。修理ショップに頼むまでもない時、プランジャー、熱湯、ドライアイス、圧縮空気などを使った自力修理で、問題が解決するかもしれない。その修理技術はどれも、消尽ルールの下で意匠を侵害するものではない。さらに、意匠権はいかなる私的行為や非営利行為にも適用されない。そのため、たとえ、まったく同じドアを交換用につくり出したとしても問題はない(134)。

より広範に言えば、修理に関連して、EU法は次のふたつの重要な点で製品の特徴に対して意匠権を制限する。第一に、「（製品の）技術的機能によってのみ決定される」特徴に、意匠権は適用されない[135]。この規定は一般に、アメリカの意匠特許に基づく装飾性のルールに対応する。ただし、意匠の機能的側面を排除する、より有効な障壁を提供する。当初、法廷は特徴が機能によって決定されるかどうかを判断するために「形状の多様性」テストを適用し、同じ機能を実現できる代替意匠がない場合にのみ、意匠権を否定していた[136]。ところが、二〇一七年、欧州司法裁判所はこの規則を退けた[137]。そして、重要な問題は代替意匠の有無ではなく、見た目の魅力とは対照的に、機能的な考慮が外観を決定づける唯一の要素かどうかだと考えた[138]。もし、デザイナーの選択がすべて機能によるものである場合、意匠権は認められない。装飾性のルールと同じように、この禁止規定も絶対的に製品の機能的な特徴を排除するものではないが、焦点を代替意匠の有無から外すことによって、多少は厳格な基準を課す。

　第二に、ヨーロッパの意匠法は「……製品が……機械的に別の製品に接続されるか、または他の製品のなかに、周囲に、他の製品に対して配置されるために、必ず正確な形状と寸法で再生産されなければならない」特徴を持つ製品について、権利の付与を禁じている[139]。この「マストフィット」部品に対する制限によって、修理は――わずかながらも――重要な活動領域を取り戻す。そして、部品や製品の機能にとって不可欠な側面に独占権を与えるのを防ぐ。たとえば充電式スマートスピーカーのメーカーは、充電ケーブルの先端部分に対して独占権を主張できない。正確な形状と寸法は接続性に不可欠な特徴だからだ。

　だが、すべての補修部品が「マストフィット」に当てはまるわけではない。調理用レンジのつまみのひとつが壊れたとしよう。何種類か適合するつまみがあり、火加減をコントロールするにはまったく何の問題もない。とはいえ、残りのつまみにマッチ（一致）する意匠はひとつしかない。当然ながら、消費者はそのマッチするつまみを強く希望する。多くの人にとって、この選好は極めて強く働き、マッチしない選択肢を代替品として考えようともしない[140]。これは、さまざまな部品や製品にも当てはまる。

となると、この「マストマッチ」部品の意匠権を法はどう扱うべきだろうか。意匠指令の準備段階において、ひとつ目の案は、修理部品の意匠権を三年間に制限するという考え方だった[141]。ふたつ目の案は、意匠権者に支払いが行なわれる限り、意匠の使用を許可するという考え方だった。だが、議論が分かれてどちらの案も採用されなかった。代わりに、指令の一四条――しばしば「凍結条項」と呼ばれる――は、一時的で不完全な解決策を提供している。つまり、修理部品については各加盟国内の既存の規則を維持し、現状のまま凍結するように求めたのだ。独占権を否定し、責任に例外規定を設け、交換部品の製造、販売、使用を容易にすることで、新しい法律が「部品の市場を自由化する」場合に限り、各加盟国はルールを自由に変更できる[142]。そのため、修理部品の扱いは一致していない。たとえばベルギー、ハンガリー、アイルランド、イタリア、ラトビア、ルクセンブルク、オランダ、ポーランド、スペインの修理条項は、補修部品の独占権を制限する。一方、デンマークとスウェーデンでは、修理部品は短期間、独占権を享有する。残りの加盟国は特別なルールを採用しておらず、他の製品コンポーネントと同じ扱いにしてきた。

共同体意匠権はヨーロッパ全体で施行可能であり、より統一的なアプローチが必要である。第一一〇条の下、「複合製品」を修理して外観を修復する者に対して、メーカーは意匠権を行使できない。[143] 制限の正確な範囲については議論が続いている。他の場合には、意匠の外観がコンポーネントの部品に「依存している」時のみ、意匠権を制限するという解釈も成り立つ。[144] 一部の裁判所は第一一〇条をより狭く解釈し、たとえば自動車の合金ホイールの意匠権を認めている。[145] ところが、欧州司法裁判所はその解釈を退けた。製品全体の外観が、そのコンポーネントに依存しているかどうかに関係なく、修理に使用される部品に意匠権は主張できないという結論を導いたのだ。[146]

EU以外の国では、修理部品に対応する最善の方法に取り組んできた。たとえばオーストラリアの意匠法は、修理に対する意匠権侵害の抗弁を規定している。この意匠法は、複合製品——最低でも交換可能なコンポーネントをふたつ有する製品——を修理し、外観を修復するために、意匠を具体化した製品の使用を認めている。この法律では、修理として次の項目を定義している。「腐食または損傷したコンポーネントの修復」「腐食または損傷したコンポーネントの交換」「付随品の交換」「メンテナンスの実施」だ。[147] この抗弁が発動されると、部品が修理以外の目的で使用されたことを、被告が知っていたか知っていたはずだと、意匠権者が証明しなければならない。[148]

英国では、登録意匠にも非登録意匠にも独占権が与えられる。だが、登録意匠法の下ではマストフィットの特徴が除外され、[149] 複合製品のオリジナルな外観に戻すことを目的とする、マストマッチ部品の使用は侵害とはみなされない。[150] 非登録意匠については、著作権、特許、意匠は同じようにマストフィット特徴を除外している。[151] 加えて、「不可欠な部分を形成する」他の製品の外観の上に成り立つどんな特徴も、競合他社は自由に複製できる。だが、英国の法廷はその条項を狭く解釈してきた。代表的な例をあげれば、掃除機で有名なダイソンが補修部品メーカーのクアルテックスを提訴した件がある。この時、クアルテックスは、マストマッチ規定に該当するため意匠は自由に複製できると主張した。法廷はこの主張を認めなかった。部品を変更した場合に製品全体の外観が「根本的に異なる」場合にのみ、意匠権は退けられるべきだと結論づけたのだ。[152] この基準に落ち着くことで、裁判所はマストマッチ条項の範囲を大幅に狭く設定し、製品の外観を根本的に変えるとは具体的にどういうことかについては曖昧にした。

意匠の独占権は修理を阻止し、消尽の原則を制限しかねない。このような問題が認識されている場合でさえ、自動車メーカーをはじめとする製造業者に経済的利益が集中する状況に、対処する難しさが証明されてきた。だが、EU、オーストラリア、英国が導入しているモデルは、アメリカのはるか先を行っている。アメリカにおいて、修理市場の成長に最も重要な法的脅威を及ぼしているのは、おそらく野放し状態の意匠特許だろう。

## 商標

商標は、修理を妨げるデバイスメーカーにさらに別の法的ツールを与える。だが幸運にも、商標法は複数の法理を発達させてきたため、もしその法理が忠実に適用されたなら、交換部品メーカー、修理プロバイダ、消費者に対して、自社の商標を利用しようとするメーカーの権限を制限する。それにもかかわらず、商標権の侵害を主張して、自力修理や独立系プロバイダによる修理のコストやリスクを増大させようとする企業の動きに、歯止めをかけられなかった。企業は裁判に訴えたり高額の訴訟をちらつかせたりして、小さな企業を脅しつけ、修理を妨げてきた。

著作権や特許と違って、商標法の目的は創造的か革新的な製品に対する経済的インセンティブの提供ではない。商標法は、公正な競争を促進し、悪辣な販売者から消費者を保護するという、ふたつの目的を果たす。自社の製品とサービスを消費者が確実に特定でき、市場で自信を持って見つけ出せるようにすることで、企業はそのふたつの目的を達成する。商標は出所を示す標識だ。ブランド名、ロゴ、場合によっては独特の製品意匠は、特定の製品やサービスの出所を潜在的な購入者に伝える。

あなたが、新しい食洗機を買おうとしているとしよう。ボッシュの家電を使った経験があり、良いブランドイメージを持っているため、キッチンに合うボッシュの食洗機を探すことにする。オンラインか地元の小売店で探すと、すぐに見つかる。同社の製品には、企業名とシンボルマーク――マグネトー式点火装置の断面図――がついている。時代とともに少しずつ変更されてきたが、どちらも一世紀以上にわたって使われてきたものだ[153]。商標を見れば、家で使っている調理レンジも、食洗機のうしろに並んでいる冷蔵庫も、同じ会社が設計して製造したものとわかる。消費者が容易に出所がわかるようにするために、商標法は紛らわしくて消費者を混乱させるような名前やロゴやその他の商標を、競合他社が使用することを禁じている。したがって、家電を販売するバッシュという名前の企業には、苦情が殺到するだろう。

出所を示す標識が確実に機能し続けるよう商標法が保証することで、企業は苦労の末に手に入れた評判から利益を手にできる。ボッシュは多大な資本と労力をつぎ込み、高品質な製品を開発し、宣伝し、顧客との関係を築いている。そのため、その高い評判を維持し、同じ社名や紛らわしい名前の競合他社に顧客を横取りされないことに、強い関心を抱いている。一方、消費者は地元の家電店でボッシュの名前のついた食洗機を選んだ時に、それが怪しげな会社の製品ではなく、実際にボッシュの製品であってもらいたい。商標は消費者に、購入する製品の安定性と質の高さに、より大きな自信を与える。また、あらゆる製品を調査するという時間も手間も省ける。商標は多くの情報を効率よく教えてくれる。商標がなければ、私たちは自分で情報を集めなければならない。

## 識別性

商標法は重要な目的を果たすが、過保護にはマイナス面もある。最長の保護期間が決まっている著作権や特許と違って、商標は永久に保護される。商標に広範な権利を与えると、消費者には何の恩恵もないままに競争を排除するリスクがある。こう想像してみよう。ある企業が電子機器の修理サービスに関連して、「修理」などの一般的な言葉で商標を取得したとする。商標の所有者がその日常的な言葉の使用を管理できたなら、修理市場の競合他社は重大な不利益を被ることになる。そして、自分たちのサービスを正確に定義することが難しくなり、より曖昧な言葉を使った企業名を考え出さなければならなくなるだろう。たとえば「アリスの修理店」ではなく、「アリスの直す店」など。そうなると、消費者に修理ショップとして見つけ出してもらえなくなるかもしれない。

一般的な言葉は、正当な理由によって商標権で保護されない[154]。修理サービスの「修理」や家電の

「食洗機」は誰も登録できない。商品やサービスのカテゴリーを説明する言葉は、誰でも無料で使える。実際、時の経過に伴って商標が一般的になり、かつては特定のメーカーと関連があった言葉でも、商標としての地位が失われた製品もある。アスピリン、エスカレータ、リノリウム。これらはみな、アメリカでその運命をたどった(155)。

　言葉か他のシンボルを商標として認めるためには、識別性がなければならない(156)。すなわち、商標は製品の出所について、消費者に何かを伝えなければならない。アメリカの法律では、一部の商標を本質的に識別可能だと考えている。消費者は商標を見ただけで、出所を表す標識だとわかる。恣意的、空想的、示唆的な商標も含まれる。この三つについて簡単に説明すると、まず恣意的な商標は、それが付いている製品とは何の関係もない、日常的な意味を持つ既存の言葉だ。電子機器企業にとって「アップル」は恣意的な商標である。次に、空想的な商標は造語だ。商品やサービスの供給源との関係以外には何の意味もない。動画配信サービスの「Hulu（フールー）」がそのわかりやすい例だろう。英語では何の意味もない［フールーは中国語で、大切なモノを入れる瓢箪の意味(157)］。そのため、消費者が最初にその言葉に遭遇した時、それが単一の出所による特定のサービスだと認識する可能性が高い。最後の示唆的な商標は、製品やサービスの特徴についてほのめかすが、直接的に説明してはいない。たとえば「Netflix」という商標は、インターネットと映画について何かを示唆しているが、それがどんなサービスなのか具体的には語っていない。

　もし商標が製品やサービスの特徴をそのまま表しているのなら、その商標を見たり聞いたりした消費者が、その商標を特定の出所に結びつけることを、企業は証明しなければならない(158)。競合他社を不利な立場に追い込むような商標が保護されないのも、このようなより高いハードルのおかげだ。航空会社は記述的な社名が好みらしい。いくつか例をあげると、アメリカン航空、ブリティッシュ・エアウェイズ、エミレーツ航空、ターキッシュエアラインズなど、どれもわかりやすい。数十年も乗客をほぼ時刻通りに運び続け、巨額の広告費を投じてきたおかげで、私たちはアメリカン航空の商標を、アメリカに本拠を置く航空会社のひとつではなく、まさしく特定の航空と結びつけるようになった。

製品の形状や意匠――トレードドレスとも呼ばれる――も、獲得した識別性を常に証明しなければならない商標の一種である(159)〔トレードドレスは商品、店舗、サービスなどの全体的な外観やイメージを指す〕。適切な状況において、製品の意匠はロゴや名前、その他の商標に関係なく、製品の出所について何かを伝達する。ギター好きは、観客で満杯のアリーナの向こう側から、音色を聞かなくても、ギブソンのレスポールなのかフェンダーのテレキャスターなのかがわかる。ファッション通が、ルブタンとマノロのハイヒールを見間違えることはない。だが、アメリカの法律で製品の意匠が商標権で保護されるためには、商品の形状を単一の供給源と消費者が結びつけることを、商標権者が証明する必要がある。これはなかなかハードルが高い。しかも、ほとんどの製品はその基準を満たさない。

EUの商標法では、製品意匠の捉え方が少々異なる。獲得した識別性の証明を求める定型的なルールはなく、EU法の下では「商品の形状」は本質的に識別可能であり、製品の意匠を見た消費者がその出所を実際に連想するかどうかを証明する必要性はない(160)。それにもかかわらず、全体的に、製品の形状を消費者がその製品の出所を示すものとみなす可能性が低いことを、法律は認識している。欧州司法裁判所が説明するように、「規範や習慣から大きく逸脱した商標のみ」が、類似商品に対して識別性を持つ。[161]

## 機能性

製品の意匠が識別性のハードルをクリアしたとしても、今度は商標法の機能性の法理と闘わなければならない。この規則では、実用的な利点を提供する製品の特徴は除外される。[162] 製品をより機能的にしたり、生産コストを低下させたりする特徴は、トレードドレスとして保護されない。これは、競合他社が代替意匠を用意できるかどうかに関係なく当てはまる。その意味において、意匠権ではかなりお粗末だった装飾性の要件とは対照的に、アメリカの法律の下、機能性の要件は商標権に、より重大な制限を与える。同様に、EU法は「商品自体の性質から生じる」形状、「技術的結果を得るために必要な」形状、「商品に実質的な価値を与える」形状で成り立つ商標の登録を禁じている。[163]

それにもかかわらず、メーカーは製品のコンポーネントをトレードドレスとして主張することに成功してきた。フォードやボルボなどの自動車メーカーは、フロントグリル、テールライトといったコンポーネントを商標として登録している。[164] 郊外の軍事コスプレイヤーのために開発された、ハマー車（SUV）のミニチュアレプリカを売り出した玩具メーカーに勝訴したGMの例もある。[165] その裁判においてGMは、「フロントグリル、斜めに盛り上がったボンネット、分割されたフロントガラス、長方形のドア、四角いエッジ」など「ハマーの外観とスタイリング」を、玩具が模倣していると主張した。GMが実施した詳細な調査に基づいて、法廷は、消費者がミニチュアのスタイリングとハマーブランドとを結びつける、という結論を下した。また、これらの意匠要素は機能的な重要性によって決定されている、という玩具メーカー側の主張も認めなかった。法廷は充分な分析も行なわないまま、ハマーの外観の特徴は「本質的に機能的なものではなく」、「機能とは無関係な思いつきの可能性が高い」と結論づけた。裁判所のこの論理が、独立系修理部品のサプライヤーや修理ショップに適用されないと考える理由はない。そして、もし本当にそうなってしまえば、消費者と修理プロバイダは、高額なOEM純正部品か、安価でマッチしない部品のどちらかを選ばざるを得なくなり、メーカーとディーラーのネットワークが競争上、明らかに優位に立つことになる。

とはいえ、他の裁判所は、機能にまつわる重要性にもっと敏感に反応してきた。アフターマーケット市場でジープのフロントグリルを販売する製造業者を、クライスラーがトレードドレス侵害で訴えた時、代替品が利用可能だという理由で、同社はグリルの意匠は機能的ではないと主張した。(166) 法廷はその主張には同意しなかった。代わりに、中心的な問題は「消費者がジープのグリルカバーに」何を「期待するか」だと考え、車両の美観とマッチさせること自体が、グリルの重要な機能のひとつである可能性を認めた。

もっと最近では、アップル対サムスン訴訟事件において、連邦巡回区控訴裁判所は、アップルのトレードドレスの主張を棄却した。(167) アップルは、iPhone のさまざまな特徴は、出所を示す標識として機能すると主張した。これには、次のような特徴が含まれた。「四つの角が均等に丸みを帯びた長方形の製品。前面を覆う平らで透明な表面。透明な表面の下のディスプレイ画面。その上下の目立つ黒い縁取りと、画面の両サイドにある細い黒の縁取り。そして……ディスプレイ画面の内側に、角が均等に丸みを帯びた正方形でカラフルなアイコンのマトリックス」。法廷はそれらの要素を、iPhone の使用時に中心となる機能的な特徴とみなした。法廷が指摘したように、アップルは「製品の特徴が、もっぱら識別の目的しか果たさないことを証明」しなければならなかった。ところが、現実はその反対だった。特徴の一つひとつが、iPhone の全体的な使いやすさに貢献していたのだ。したがって、たとえ消費者がそれらの特徴とアップルとを結びつけたとしても、他の誰かによる使用を妨げることはできなかった。

総合すると、識別性の要件と機能性というハードルによって、製品かコンポーネントの意匠から生じる商標権の主張は、たいてい排除される傾向にある。これらの法理は絶対確実ではないものの、修理コミュニティが直面する法的リスクを大きく軽減してくれる。だが、トレードドレスの主張は脇に置いても、商標が修理を妨げる方法は他にもある。

## 言及的な使用

商標権者が独占的権利を有する時、修理プロバイダや交換部品メーカーはどうすれば効果的な広告を出せるだろうか(168)。あなたが、iPhone の修理ショップを開いているとする。だが、アップルの商標を使用できない時、あなたが提供するサービスの説明はすぐに一種の言葉当てゲームと化してしまう。「アップルの iPhone を修理いたします」ではなく、こんな広告を試してみなければならない。

「クパチーノに本拠を置く企業が製造する、人気のスマートフォンを修理いたします」。だが商標法は、商標登録済みの製品に言及する必要性を理解し、まさにそのためのツールを開発してきた。

一九六〇年代にはすでに、修理プロバイダによる商標の使用を規制しようという商標権者の目論見を、裁判所は断固として挫いていた。初期の重要な訴訟のひとつは、カリフォルニア州ロングビーチの自動車修理ショップで起きた。[169] 一九五八年、ダグラス・チャーチが「モダン・フォルクスワーゲン・ポルシェサービス」を開店した時、彼は——ご想像通り——フォルクスワーゲンとポルシェの修理を専門としていた。ワーゲンが彼の店名に異を唱えた時、チャーチは店の名前を「モダン・スペシャリスト」に変更した。それにもかかわらず、四年後、ワーゲンは彼を商標権侵害で訴えた。チャーチの店の前の「モダン・フォルクスワーゲン・ポルシェサービス」という看板の言葉が、商標権に違反していると主張したのだ。ワーゲンはさらに図々しくも、「独立系フォルクスワーゲンサービス」と「独立系ＶＷサービス」という言葉を、ビジネスカード、販促アイテム、広告に使用することは商標の侵害だと訴えた。だが、裁判所はこの行き過ぎた訴えに同情的ではなかった。「独立系」という言葉を使用することで、チャーチのサービスが、ワーゲンが提供するか正規のサービスでないことは充分に伝わると判断したのだ。しかもチャーチは、ワーゲンのロゴも書体も配色も借用していない。誰が修理を行なうのかについて、消費者が間違える可能性は低かった。[170]

当時、こんな言葉はなかったが、今日の裁判所は、チャーチの広告や看板を指名的フェア・ユース（商標権者の商品やサービスに言及するために、他者の商標を使用すること。商品やサービスを説明するために使用する場合には、記述的フェア・ユースと呼ばれる」とみなすだろう。一九九二年、第九巡回区控訴裁判所はその旗印の下、この種の使用を支持する既存の判例法を制定した。その論争が起きたのは当時、大人気だったボーイズバンド、ニュー・キッズ・オン・ザ・ブロックが全国紙の『USAトゥデイ』を訴えた時だった。同紙が五人のメンバーのなかで誰が一番好きかという永遠の問いを投げかけ、アンケートへの参加を呼びかけたのだ。もう少し詳しく言えば、第一面の大きな見出しに「ニュー・キッズ・オン・ザ・ブロックは、ポップス界でいちばんホットなグループだ。あなたの推しのニューキッドは?」と問いかけ、電話投票を呼びかけた。商標の無断使用だとバンドが訴えた時、裁判所は、商標登録済みの商品とサービスの言及を許可するという明確なルールを示した。混乱を招く合理的なリスクはないという判断だった。

法廷は、指名的フェア・ユースの三段階のテストについて説明した。第一として、製品かサービスを、商標を使わずに容易に特定できない場合、商標の使用が許可されるべきである。『USAトゥデイ』紙は、こう訊ねることもできた。「モーリス・スターがマネジメントする、ボストンを拠点としたボーイズバンドのなかで、あなたのいちばんの推しは?」。だが、その質問では、モーリス・スターがプロデュースした別の六人組ボーイズバンド、ニュー・エディションと、読者が勘違いする可能性がある。商標を使えば曖昧さを回避でき、もちろん、もたついた質問にもならない。第二に、その商標を使った側が、製品を特定するために必要以上に商標を利用したかどうかを裁判所は考慮する。『USAトゥデイ』紙は、グループ名を標準的な書体で書いた。関連のロゴも他のどんな商標も使っていない。第三に、裁判所は商標権者がその使用を後援したか承認したという、示唆があったのかどうかも考慮する。もし『USAトゥデイ』紙が、「公式」あるいは「公認」の人気投票を実施していると主張したら、問題だったかもしれない。だが、その種の言葉は使われていないため、グループ名に言及したことは完全に合法である。

指名的フェア・ユースのおかげで、部品メーカーや修理プロバイダは消費者に正確な情報を伝えられる。交換用タッチ画面のメーカーは、特定のモデルがサムスンのGalaxy Note20 Ultraとは互換性があるが、20 Plusには対応しないと説明できる。家電修理ショップは、フリッジデールやワールプールのモデルは専門だが、サブゼロ製品の修理は断っていると顧客に伝えられる。同様に、指名的フェア・ユースのテストには一定の限界がある。たとえば修理ショップが自社のウェブサイトやバンに、メーカーのロゴをあしらうか、正規の修理プロバイダだと誤解させるように示唆するのは賢明ではない。

ヨーロッパとアメリカは同じ専門用語を採用していないものの、ヨーロッパの裁判所も同様の判断を下してきた[171]。「BMWの修理と保守」を提供しますという広告が、自動車メーカーの商標を侵害したのかどうかという訴訟が持ち込まれた時、欧州司法裁判所はこう説明した。「商標で保護されている商品の修理と保守を実施していることを公衆に知らせる目的で、サードパーティが商標を使用することを禁止する」権限は商標権者にはない[172]。したがって、商標権者と提携関係にあると偽って示唆しない限り、修理プロバイダは特定メーカーの商品の修理を専門にしていると表示できる。

最近では、英国の控訴裁判所がEU法を適用して、公衆に対する情報提供と提携を示唆することとの境界線を明らかにした。[173] ＢＭＷは再び、テクノスポーツという修理ショップを相手どって提訴した。彼らが「ＢＭＷ専門」というスローガンを使うことには反対しなかったが、「テクノスポーツ－ＢＭＷ」という言葉を目立つかたちで用い、ＢＭＷの丸いロゴを添えた時には、メーカー側もやりすぎだと抗議した。裁判所はＢＭＷの訴えに同意した。サービスを説明する際に商標を使用したのは合法だったが、ＢＭＷのロゴを見た一般の消費者が、この修理ショップを「正規代理店」と勘違いする恐れがある。この判断は、アメリカの指名的フェア・ユースのアプローチの下で予想される判断と一致する。

## 消尽と輸入

他の知的財産制度と同じように、商標法では消尽の原則が認められる。ファーストセール・ドクトリン、すなわち権利消尽の法理の下では、商標製品が販売されたあと、その製品の使用と譲渡を管理する商標権者の能力は著しく制限される。[174] この法律によって、たとえ商標権者が不満を訴えた場合でも、商標で保護された正規の商品を販売できる。[175] とりわけ自動車や電子機器、衣類の中古市場があれほど盛況である理由も、このルールによって説明がつく。それにもかかわらず、商標権者はやはり再販市場を取り締まろうとする。[176] 最近、シャネルは、デザイナー商品のオンライン委託販売店、ザ・リアルリアルを訴えた。[177] だが、彼らが販売する衣類が中古であり、独自に鑑定した商品である点を、同サイトが明確にしていたため、法廷は何の問題もなくシャネルの訴えを棄却した。

とはいえ、正規品の再販を支持する一般的なルールを複雑にするふたつのシナリオがあり、どちらも修理に影響を及ぼす。第一のシナリオとして、再販された商品はたいてい新品と同一ではない。一〇年前のプリウスを売却する時、修理したか部品交換した可能性が高い。バッテリー、ブレーキ、タイヤだけでなく、冷却ポンプやひびの入ったフロントガラス、衝突でへこんだボディパネルの交換まで行なっているかもしれない。ある意味、あなたが売却する自動車は最初に購入した頃のトヨタではない。だが商標法の下では、たとえ非ＯＥＭ部品を使ってサードパーティが修理した再生製品であっても、再販は法的に何の問題もない。

一九四七年、自動車用点火プラグのメーカーであるチャンピオンが商標権を侵害されたとして起こした訴訟に、アメリカの最高裁が判断を下した。相手は、チャンピオンの中古品を再調整して再販したサンダーズだった。[178] サンダーズが「修理済み」製品と明確に表示する限り、裁判所に異論はなく、チャンピオンの商標を削除する義務はサンダーズにはなかった。法廷が理解したように、それは依然としてチャンピオンの点火プラグだった。修理によって、ほとんど元の状態に近かった。新品ほど信頼性は高くなくても、再生品と明示してある限り問題はなかった。

裁判所はさらに踏み込んだ。そして、再販する製品に再び商標ロゴをつけて販売する再生業者の権利を認めた。たとえば、タイトリストのゴルフボールの製造メーカーが、中古のゴルフボールを再調整して販売していたニトロ・レジャーを訴えた。[179] ニトロはタイトリストの使用済みボールを回収して、擦り傷や損傷した塗装の層を取り除き、タイトリストのロゴも消した。その後、塗装し直して、タイトリストの商標を忠実に再現した。性能は劣ったが、中古である点を明記していたため、ニトロには新たにタイトリストのロゴをつける権利があった。ニトロのボールは大幅なディスカウント価格で販売され、購入者がその中古ボールに新品と同じ性能を期待していなかったことは、法廷も理解していた。

再生品に対するこのような保護は、少なくとも次の二点で重要だ。その一は、チャンピオンの点火プラグのように再調整した中古品は、ＯＥＭの純正品ではない、より安価な選択肢を与える。元のメーカーが製造を中止して入手困難になったコンポーネントの場合、再生部品しか選択肢がない場合もある。その二は、再生品を再販できれば、修理を推進する重要なカギとなる。前章で紹介したＲＤＫＬのジョン・バムステッドのような独立系の再生販売業者は、壊れたラップトップを一〇〇〇台単位で回収して、問題なく動作する状態に整備してから、常識的な利益で再販する。再生品の二次流通市場がなければ、これらのデバイスはスクラップ後にリサイクルされるか、埋立地行きになるかのどちらかしかない。

アメリカの商標法にある権利消尽のルールに対するアプローチには、修理に影響を与える第二のシナリオがある。商標のついた製品が、商標権者が販売する製品と重要な点で違いがある時、商標侵害の可能性があることだ(180)。このルールは通常、いわゆるグレーマーケット——特定の国向けに生産され、他の国で販売される——商品に適用される。あなたが、フォードのフォーカスを英国からアメリカへ輸入したいとする。運転席が右側にある〔英国は左側通行〕点を除けば、英国向けに生産されたフォーカスも、アメリカ製とほとんど変わらない。ところが、ほとんどの購入者にとってこれは重大な違いだ。そのため、フォードは、英国向けに生産されたフォーカスをアメリカに輸入して販売することを阻止する権利を持つ。このルールは、同じ商標がふたつの法域で、まったく異なるふたつの製品を表すことができるという事実を反映している。法廷は、アメリカで製造されて外国市場に輸出される製品にも、同じルールを適用してきた。(181)

この場合に重要な問題は、何を重大な違いとみなすのかという点だ。残念ながら、厳密な基準はない。製品どうしの何らかの違いを、消費者が購入時に「重大」とみなす可能性がある限り、実質的に異なることになる。(182) そして、商標権者はその違いのひとつを表示すればそれで充分だ。それでは、裁判所はどんな違いを重大な違いとみなしてきたのか。ヨーロッパ市場向けに生産された、ディアの収穫機の訴訟を例にあげよう。この時、法廷が重大な相違点として認めたのは、多くの農家にとってかなり重要である可能性の高い、収穫機のライト、方向指示器、ヒッチ機構の機能だった。(183) また別の裁判所は、日本で生産されたクボタのトラクターが、アメリカ製トラクターとは重大な違いがあるという判断を下した。警告ラベルとサービスマニュアルが、英語ではなく日本語で印刷されていたからである。(184)

だが、重大性の意味を最大まで拡張したケースもあった。免税店向けのクールウォーターの香水の壜《びん》から、エッチングツールを使ってバッチコード〔メーカー名や製造日などの情報を含む識別コード〕を削除した販売業者を、商標権者が訴えたのだ。たとえ香水、壜、パッケージは同じでも、壜についた幅三センチメートル弱、縦三ミリメートルほどのエッチングマークを、法廷は重大な違いと認めた。(185) 物理的な違いがまったくなくても、重大な違いを認めた例もある。アメリカとオーストラリアで、ボーズのラジオの保証期間が一年違うことが、充分な理由として輸入禁止につながった。(186) 別の例では、ボールベアリングの販売に伴い、テクニカルサポートのホットラインが利用できるかどうかによって、重大な違いが成立するという判断が下った。輸入のボールベアリングの場合には、ホットラインが利用できなかったのだ。[187]

カナダも重大な差異の基準を採用しているが、適用においては商品の自由な流通を支持する傾向にある。[188] ある商標の下で、重大な差異のある商品が販売され、公衆に害をもたらすリスクがある時、カナダの法廷は介入して輸入を差し止めるだろう。そのため、たとえば破損品の輸入を禁じるかもしれない。[189] とはいえ、公衆にリスクがないか、製品にラベルを貼って具体的な情報を伝えることでリスクが回避できる場合、カナダの法律は一般的な権利消尽の法理を適用する。

国際的な消尽制度を採用しているアメリカやカナダと違って、ヨーロッパが選択したのは地域的な消尽制度だ。ある商標製品が世界中のどこかで合法的に販売されている時、その製品がアメリカの商標権者か関連組織によって製造されたものである限り、一般的にアメリカに輸入できる。ところが、ヨーロッパの法律では、消尽はEU市場内で販売された場合にのみ発生する。つまり、フランスで販売されるとアメリカで消尽される可能性があるが、その反対はない。これによってヨーロッパにおいて、企業はEU単一市場の外から入ってくる、商標登録済みの製品や部品の輸入を差し止める、大きな裁量を手に入れる。

重大な差異の基準と同様に、ヨーロッパの商標法の下では、権利消尽のルールが適用されない場合がある。「商標権者が、商品のさらなる商業化に反対する正当な理由」がある場合、それも「特に市場に投入されたあとに、商品の状態が変更されるか損なわれる場合」だ。[190] 欧州司法裁判所は長年にわたって、この「正当な理由」を狭く解釈していた。消費者の混乱や風評被害を招く恐れのある方法で、パッケージし直したりラベルを貼り直したりした商品の移動を、商標権者は制限できた[191]。だが、同じ商標がついている製品どうしの差異が商標権者のマーケティング活動の副産物である時、欧州司法裁判所はその差異を重大なものとは認めなかった[192]。

それにもかかわらず、いくつか厄介な兆候もある。コパド対ディオール訴訟事件では、ディオールが厳しく管理している流通ネットワークの外で、コパドがコルセットドレスを販売するという出来事が起きた[193]。多くの高級ブランドの例に漏れず、ディオールは自社製品を扱う小売店の種類を厳選している。ディスカウント小売店であるコパドが、真正のディオールのドレスを販売し始めた時、この高級ブランドはコパドを訴えた。裁判所は、この件では権利消尽のルールが回避できると考えた。ドレスの流通が「商品に高級というオーラを授ける魅力と、プレステージ性の高いイメージを損なう」からだ。言い換えれば、ディオールの商品が、ディスカウントストアの棚にみすぼらしく飾ってあるのを見たら、そのまばゆい輝きが失われてしまうリスクは、商品の自由な移動に干渉する「正当な理由」になるというわけである。

この論法が真の高級品に限定されてしまうならば、大きな問題となりそうだが、最近の決定はこの論理を安価なアクセサリーにも適用した[194]。イタリアのノミネーション社製のチャームとリンクを組み合わせると、消費者は誰でもブレスレットを手づくりできる。なかには貴金属製のチャームもある。リンクはステンレス製だ。ノミネーション社は、その製品を「誰でも手に入れられる高級ジュエリー」と位置づけている。一方、JSCは交換可能なリンクを製造しており、自社製のデイジーチャームのリンクとノミネーション社製のリンクをセットで販売していた。イーベイにはセット内容が正確に記載してあり、ノミネーションのリンクには「イタリアのノミネーション社が製造し、英国のＪＳＣジュエリーが再包装した」というラベルをつけて出荷された。それにもかかわらず、ノミネーションは、ＪＳＣの包装が適切な高級感を伝えていないとして、自社製品の再販に反対した。同社の正規代理店が時々、リンクを小さなビニール袋に入れて販売していたが、英国の控訴裁判所はこの時、ノミネーションには販売を差し止める「正当な理由」があると判断した。もし一八ドルのステンレススチールのブレスレットリンクが高級品とみなされるのなら、その言葉は本来の意味を失っている。この論法は、念入りにデザインされたパッケージに入って提供される一〇〇〇ドルのスマートフォンにとって、再販制限の扉を開くだろう。

グレーマーケット輸入を制限すると、修理プロバイダに深刻な問題をもたらしかねない。多くの場合、電子機器メーカーは独立系の修理ショップに交換部品を直接、販売したがらない。そのため、通常修理ショップはグレーマーケットに頼らざるを得ない。交換部品の入手方法はさまざまだが、アップルのような企業が依存している、複雑なグローバルサプライチェーンを利用する。アップルがメーカーと契約して画面、バッテリー、その他のコンポーネントを製造する時、一部が最終的にサードパーティの修理プロバイダの手に渡る。生産ラインから流用される場合もある。診断テストに合格せず、その後、再生されたものもある。これらのコンポーネントは、商標権者が使用するのと同じ工場で、同じ労働者によって、同じ基準の下で製造される。ところが、海の向こうで部品を注文する修理ショップにとって、純正部品とサードパーティが製造した模倣品とを区別することは、必ずしも容易ではない。[195] しかも、コンポーネントに純正部品とサードパーティ部品とが混在している場合もある。[196]

どこから輸入するのかに関係なく、メーカーは交換部品の流れを取り締まろうとする。そしてそのために、輸入に関する比較的有利な商標法の規則を、強いインセンティブを持って利用する。とはいえ、商標法を発動するためには商標が必要だ。アップルのような企業が、バッテリー、プロセッサ、ケーブルなどの内部部品にロゴを配しているのはそのためである。ほとんどの消費者は、内部コンポーネントを目にすることはなく、米粒ほどの大きさのロゴに注目することもめったにないだろう。[197] サードパーティがアップルのロゴを複製すると、商標侵害の恐れがある。だが、重大な差異テストの下で、グレーマーケットのコンポーネントには保証サービスや他の特典が利用できないとアップルが主張する限り、同社は新品と再生した純正部品の輸入を、まず間違いなく差し止めることができる。

商標を利用して競争を制限しようとするアップルのあからさまなやり方に、一部の裁判所が懐疑的な考えを持つのも当然である。ところが、侵害の可能性のある商品を国境で差し押さえることを、アメリカの法律が認めているため、適正手続や実質的な監督の必要がない、司法によらない方法をアップルは頼りにできる。著名な修理専門家のジェサ・ジョーンズが、アップルのロゴの入った純正のフレックスケーブルを組み込んだ、iPhone の交換用画面を輸入しようとしたところ、国土安全保障省に没収されてしまった。[198] 同じく、独立系の修理プロバイダであり、遠慮のない意見の持ち主である修理擁護者ルイス・ロスマン宛に出荷された、純正バッテリーも没収されてしまった。[199]

二〇二〇年にノルウェーの最高裁判所が下した判決は、アップルによる交換部品の制限が、修理プロバイダに及ぼす拘束力をよく表している。[200] 小さな電子機器修理業を営むヘンリク・フセビーは二〇一七年、iPhone の画面を香港のサプライヤーに六三枚注文した。彼はそれを、アップルの再生コンポーネントだと考えていた。交換用画面はたいてい、LCDディスプレイ、ガラス面、外枠、ディスプレイをロジックボードに接続するフレックスケーブルなど複数の部品から成る。アップルは、フレックスケーブルに幅二、三ミリメートルの極小ロゴを入れている。

ノルウェーの税関職員は、フセビー宛の荷物を没収した。税関の報告によると、フレックスケーブルには、黒のインクで見えにくくなっていたものの、アップルのロゴが入っていたという。アップルは、ロゴは同社が配したものではなく、画面は偽造品だと主張し、ディスプレイの破棄を要求した。この時、争点が、ケーブルについていたアップルの小さなロゴの出所にほぼ絞られてしまったため、ディスプレイそのものが、果たして新しいガラスで再生されたアップルの本物の画面だったのかどうかは、いまもわからない。

フセビーの主張によれば、画面の輸入はふたつの理由で法的に問題はないという。第一に、アップルのロゴが偽物だったとしても、黒のインクで上から消されていた。フセビーが各ケーブルからインクを慎重に拭き取らない限り、それがアップル製だと考える理由は誰にもない。第二に、たとえ偽造ロゴが露出していたとしても、フレックスケーブルは内部構造の奥深くに埋め込まれたコンポーネントだ。消費者が iPhone を分解しない限り、目にする機会はない。そのため、消費者が混乱するか、アップルの商標権の正当な利益に損害を与えるリスクはほとんどなく、仮説の域を出ない。ところが裁判所の判断は、ロゴが隠れていたという事実は、それがアップルに損害を与える

「危険性を永久に排除した」わけではないというものだった。フセビーは控訴したものの敗訴し、アップルに二万八〇〇〇ドルの訴訟費用の支払いを命じられた。

腹立たしいことに、輸入部品の出所が明らかではないという問題をつくったのは、アップル自身だ。ジョーンズ、ロスマン、フセビーが、サードパーティの高品質な再生部品を求めて、世界中を探しまわらなければならない理由は、厳格に管理し、誰も支持しない独立系修理プロバイダプログラムに参加しない限り、アップルが交換部品を販売しないからだ。それらの部品を適切な条件で供給すれば、たいていの修理プロバイダは喜んで購入するだろう。修理ショップが新しい純正部品にアクセスするのを拒否し、アップルは商標法を利用してグレーマーケット部品、再生部品、サードパーティ部品の供給の息の根を止めようとしている。商標法は不正競争の防止を謳っているが、メーカーはあまりにも多くの場合、商標法を使って修理市場の競争を阻害しようとしている。

## 営業秘密

メーカーが利用する知的財産権の武器庫の最終兵器は、営業秘密である。営業秘密法は、貴重な機密情報の不正な取得と使用を禁じている。歴史的に、アメリカにおいて営業秘密は州法で保護され、五〇州のうちの四八州が何らかの「統一営業秘密法（ＵＴＳＡ）」を採用している。(201) 二〇一六年、連邦議会は「営業秘密保護法（ＤＴＳＡ）」を制定し、営業秘密の不正行為に対する連邦訴訟原因を新たに追加した。(202) 同じ年、「営業秘密保護に係るＥＵ指令」によって、ヨーロッパの営業秘密法が統一された[203]。後述する注目に値する例外を除けば、ＥＵの営業秘密の基本的な輪郭は、アメリカの連邦法と州法に一致する。

営業秘密とは、公然と知られておらず、秘密に管理するためにそれに見合う努力を払う対象であり、経済的な価値のある情報のことだ。コカコーラの配合やケブラー繊維の製造プロセスといった技術的な情報や、それよりも魅力度では劣るものの、マーケティングプランや顧客リストといった営業上の情報も営業秘密になり得る。情報に価値があり、公然と知られておらず、秘密を維持するための努力が払われている時、法は営業秘密にかかわる不正行為を禁じる[204]。

営業秘密を不正な手段で取得した場合には、不正行為に該当する[205]。不正な手段には、ハッキング、警備の厳重な施設への侵入、ドローン監視といった強盗映画さながらの手段も含まれるが、たいていは、秘密保持契約や雇用契約の暗黙の守秘義務違反など、もっと日常的な行為に焦点が当てられる。加えて営業秘密を使用するか開示した時、その行為を行なった者が、それが不正な取得によるものであることを知っていたか知る理由があった場合には、不正行為とみなされる。

修理について言えば、メーカーは、サービスマニュアル、診断情報、回路図、修理技術を重要な秘密だと主張する。たとえば東芝は、製品の所有者や修理プロバイダに無料で配布していたマニュアルを、ウェブサイトから削除するようブロガーに要求した[206]。もっと最近では、人工呼吸器メーカーが同様の懸念を表明した[207]。修理に関する現在進行形の政策論争において、多くの企業が曖昧で根拠のない主張を繰り返す。消費者かサードパーティに修理情報を公開すると、特定の情報ではないにせよ、貴重な秘密が失われるというのだ[208]。

だが、これらの営業秘密には多くの落とし穴がある。第一に、秘密情報の取得がすべて不正行為というわけではない。重要なのは、営業秘密法がリバースエンジニアという、製品が機能する仕組みを調べるプロセスを認めていることだ。もしテスラのバッテリーを交換する方法を独自に発見した場合、たとえテスラがそれを営業秘密とみなしていたとしても、その方法の使用と開示は不正行為には当たらない(209)。したがって、アイフィックスイットのようなサイトが、マイクロソフトの新しいタブレットを分解して、手順ごとの修理プロセスを開示したところで、不正行為ではない。独自に取得した情報だからだ(210)。

第二に、企業が秘密だと主張する情報のすべてが、実際に秘密とは限らない。場合によっては、情報を入手するのは非常に容易であるため、そもそも秘密とはみなされないこともある。「容易に知り得る」情報は、営業秘密には含まれないのだ(211)。すなわち、書籍や雑誌、その他一般に入手可能な情報によって簡単に知ることができたなら、入手手段にかかわらず、そこに保護すべき秘密はない。地元で犬の散歩を仕事にしている人間が、自分の顧客リストを営業秘密だと考えているとしよう。その女性は、精巧な生体認証セキュリティシステムに保存され、暗号化されたドライブに、顧客リストを保存しているとする。だが、そのリストを知りたければ、彼女のバンを一日追いかけて、公園に向かう前にどの家でどんな犬を預かるのかを見張ればいい。もし彼女の家に押し入り、ドライブを盗み出して暗号を解読したならば、次々と犯罪を犯すことになってしまうが、営業秘密の不正行為には当たらない。なぜなら、容易に確かめられる情報であるため、最初から秘密ではなかったからだ。

同じことは、一般に知られている情報についても当てはまる。電気自動車メーカーは、バッテリー交換の手続は営業秘密だと主張するかもしれない。だが、同じ業界の整備士のほとんどがその方法を知っていて——しかも、秘密保持契約に署名していないなら——、営業秘密とは言えない。したがって、詳しい修理ガイドや公式のサービスマニュアルを投稿することは、完全に合法である。誰にでも高校時代にイタい経験があるように、秘密というものは、いったん漏れ出てしまったら元に戻す方法はない。つまり、もし広範に開示されてしまったら、最初の不正行為によって営業秘密が秘密でなくなる可能性がある。

DVDコピーコントロール協会（DVD CCA）がアンドルー・バナーを訴えた時、法廷が下したのもそのような判断だった[212]。DVD CCAはCSS——事実上、あらゆる市販のDVDを暗号化するためのソフトウェアツール——を管理していた。ノルウェーに住む一〇代の少年ジョン・ヨハンセンが、DVDの暗号化を解除するDeCSSというプログラムを作成したところ、たちまちインターネット上で拡散してしまった。バナーは、コードをオンラインに投稿した数百人のうちのひとりとして、営業秘密の不正行為で訴えられてしまった。ところが、法廷が指摘したように、DeCSSがすでに公知だったのであれば、バナーが開示したのは秘密ではなかった。「最初の公表が、熱心な読者に即座に広く再公表される」場合、他の人たちはその情報を自由に再公表できる。同じ判断は、サイエントロジー協会の内部文書をオンラインで公開した元信者を、協会が訴えた時にも下された[213]。法廷が説明したように、「文書はインターネット上に流出した」ため、かつて秘密だった情報は、不満を覚えた会員だけが流出させたわけではなかった。その結果、教会は文書が

「一般に知られていなかった」ことを立証できなかった。このルールは、最初に秘密を取得するか開示した者に対する責任の脅威は排除しないものの、その後に公表した者を法的リスクから保護する。

時には、秘密の漏洩にも正当な理由がある。自動車メーカーが排気ガス検査で不正をしたり、電気通信事業者が政府の監視に協力したり、エネルギー企業が粉飾決算を行なったりすれば、国民はその事実を知るべきだ。だが、他の知的財産と違って、営業秘密についてはフェア・ユースや不正使用の法理が認められておらず、この種の情報開示は保護されない。法学部の教授であり作家でもあるディーパ・バラダラジャンは、営業秘密の法律にもそのようなルールを組み込むべきだと、説得力ある主張を展開してきた(214)。豊胸用インプラントの危険性、汚染物質が環境に及ぼす有害性、投票システムの公正性など、公衆の健康と安全の問題に対して、内部告発者の口を封じ、批判を抑え込むために、営業秘密の所有者はみずからの権利をその時々で積極的に主張してきた(215)。

これらの懸念を認識していたこともあって、アメリカの「営業秘密保護法」とヨーロッパの「営業秘密保護に係るEU指令」はどちらも、内部告発者の保護をある程度、組み込んでいる。前者が設定する安全地帯はかなり狭い。政府当局者に機密情報を報告する時、内部告発者は保護されるが、「目的は、法律違反が疑われる件を報告または調査する」場合に限られる(216)。一方、後者が設定する範囲はかなり広い。この規定の下では、「直接関連する不正行為、不法行為、違法行為が明らかであり、公共の利益にかなう」場合、営業秘密は開示を妨げない。アメリカの法令は公共の利益を明確に謳ってはいないが、判例法の有力な抜粋である「第三次不正競争のリステイトメント」は、裁判所が「公衆の健康や安全、犯罪や不法行為、公共の重大な関心事にかかわる情報の開示」を許可する可能性が高い、と示唆している。[217] とはいえ、この勧告を採用した裁判所はほとんどない。

後者の「営業秘密保護に係るEU指令」は、「表現と情報の自由の権利」を保護している。[218] 前者の「営業秘密保護法」は、言論の自由に対する保護措置を明示的に謳っているものではないが、連邦法も州法も、憲法修正第一条――宗教、言論、出版の自由などを保障――によって一般的に保護される。法学者のパメラ・サミュエルソンが説明したように、営業秘密の主張に対する憲法上の異議申し立ては、ほとんどない。[219] 被告はたいてい自分の商業的な利益のために秘密を保持したいのであって、公表したくはない。ごく稀に、憲法修正第一条の抗弁が成功することもある。ある食肉包装工場が、従業員が隠し撮りした映像の放映差し止めを求めてCBSを提訴した時、「合衆国憲法修正第一条の下で」放送の差し止め命令は「容認できない」[220] と、ブラックマン判事は判断した。

同じように、燃費と排気ガス戦略、パワートレイン技術の向上について議論したフォードの内部メモを、あるウェブサイトが投稿した時にも、法廷は憲法修正第一条を引用して公開の差し止めを退けた。[221] 目前に迫った製品発表の情報を公開したニュースサイトを、アップルが訴えた時にも、カリフォルニア州の裁判所は同じ結論に達した。法廷が述べたように、サイトはその情報を「金銭目的に」使ったのではない。それどころか、公衆のために「ジャーナリスティックなニュースとして開示」したのだ。営業秘密と言論の自由との対立において、「譲歩しなければならないのは準財産権のほうであって、情報を共有し取得するという、憲法で守られ、深く根づいた権利ではない[222]」。

換言すれば、営業秘密は時には他の公共政策の優先事項に譲歩しなければならない。アメリカの証券取引委員会は、詳細な財務情報の開示を企業に要求する。[223] 内国歳入庁は、非営利組織に対して、資金源、支出、従業員の給与の開示を主張する。[224] 食品医薬品局（ＦＤＡ）も、製薬の臨床試験の開示を求め、原材料をはじめ、潜在的に価値のある情報を、食品ラベルのかたちで明らかにするように求めている。[225] 実際は情報を秘密にしておきたくても、多くの場合、情報は一般に公開される。公衆の健康、安全、幸福が危険に曝される時、立法者と規制当局は情報開示を強制できる。企業がたとえ営業秘密だと主張しても、経済的、環境的な利害を考慮して、販売する製品の保守と修理に必要な情報を公開するよう、強い根拠を持って企業に要求することがある。

## 修理と〝進歩〟

知的財産の根底にあるいちばんの正当性は、創作性とイノベーションに対する投資を奨励するという法律の約束だ。著作権、特許、そして比較的規模は小さいものの、営業秘密が授ける市場の独占権は、企業が価値ある無形資産を開発するための、強力な経済的インセンティブをつくり出す。アメリカでは、知的財産の論理的根拠は憲法に遡り、「科学と有用な技術の進歩を促進する」ために、著作権と特許を保護する法律を制定する権限を、連邦議会に与えている。[226]

すでに述べたように、進歩を促進するという指令は、必ずしもあらゆる考慮事項に優先するわけではない。法はそれ以外の価値観——特に表現の自由、競争、個人のプライバシー——も考慮する。アメリカの特許法は、特許取得済みの医療処置を、法的責任に問われる恐れなしに施す権利まで医師に与えるが、それはイノベーションを促進するからではない。発明の金銭的価値よりも、患者の福祉のほうが重要だからだ[227]。修理は環境、経済、個人の自主性に利益をもたらすため、同じように優先されるべきだという強い根拠がある。もし広範な知的財産権が修理を妨げるのなら、知的財産法はますます悪法になってしまう。本章で詳しく述べたように、すでに修理の価値を認めている法理はいくつもある。私たちの環境と経済の将来に修理が及ぼす中心的な重要性をよりよく反映させるために、もっと多くの法理が拡大され、強化されるべきである。

知的財産法に内在する論理においてさえ、修理はもっと重視される価値がある。純粋に対立する検討事項ではなく、修理はイノベーションや進歩の問題と密接に結びついている。修理に対する私たちのアプローチによって、将来、どんな種類のイノベーションを目にすることになりそうか、そして誰が、どんな条件でそれにアクセスするのかを左右する。その意味で、修理に対する私たちの姿勢は、私たちがどのような技術的、社会的進歩を重視するのかを反映している。イノベーションと進歩についてレトリックを駆使するのは結構だが、知的財産政策は、それが具体的にどんな種類の作品を新しくつくり出そうとしているのかについては、何も検討していない。特許法の視点から見れば、不在時の自動応答メールの特許[228]は、遺伝子編集テクノロジーと同じくらい価値がある[229]。著作権法は、楽屋で撮った衣装候補の写真と、アメリカのバンド、ワクサハッチーの二〇二〇年の素晴らしいアルバム『セント・クラウド』をまったく区別しない[230]。

だが、法律が創作性のある生産に影響を与えると考えるならば、知的財産法の範囲とかたちをどう調整するかによって、システムが生み出す製品の種類が変わる。そのため、法律が修理を制限すると、製品ライフサイクルの短縮化を促し、製品の表面的な差異が重視されてしまう。もし知的財産を利用して修理を妨げることができるのなら、企業はマイナーなアップデートと見栄えの微調整という、定期的な流れをつくり出すことに焦点を当てるだろう。だが、製品を毎年、市場に投入することと、真に革新的なブレークスルーを――少なくとも定期的に――生み出すことは両立しない。たとえアップルやサムスンや他のデバイスメーカーが毎年、大きな新機能を次々に繰り出したとしても、それがどうだというのだ？　私たちにはスマートフォン、自動車、食洗機が必要だ。もし、手持ちのデバイスを修理できないなら、新しい技術進歩があまりなくても新しいデバイスを購入する。対照的に、修理を奨励する環境では、純粋なイノベーションに対する、より強力なインセンティブを生み出す。四年前のスマートフォンや一〇年前の自動車を確実に、低コストで使い続けられるなら、重要な新機能を待ってから買い替える可能性が高くなるだろう。修理はさらに、経済学者のヨーゼフ・シュンペーターが創造的破壊と呼んだ、新しいテクノロジーが古いテクノロジーに取って代わるプロセスを促すことさえあるかもしれない[231]。もし年間数百億ドルにものぼる新しいスマートフォンの売上げをもはや頼りにできなくなったら、企業はいまはまだ想像もつかない新たな製品カテゴリーに注目するだろう。

知的財産法の専門家リア・チャン・グリンヴァルドとオファー・トゥル＝シナイが示唆するように、進歩についてより広い視点を持つならば、修理の価値がいっそう明確になる[232]。企業が新たなテクノロジーを発明するか、作家が素晴らしい小説を執筆するだけでは、進歩は起こらない。その価値が実現するためには、公衆の手に届かなければならない。ある意味、広範な公衆へのアクセスは知的財産の経済的理論とは相容れない。その理論が前提とするのは、市場独占性とそれが可能にする高価格だからだ。だが、知的財産法は、相容れない利益のバランスをとる必要性を長く反映してきた。一九七四年、連邦最高裁判所は次のように記している。特許法の最終目的は「国民の生活を向上させる新製品の導入を通じて、社会にプラスの効果」をつくり出すことだ[233]。その一年後には、著作権をこう説明した。著作権法は「最終的には文学、音楽、その他芸術の幅広い公衆利用を促進する大義に役立たなければならない[234]」、と。すでに見てきたように、二次流通市場とより幅広いデバイスの長い寿命を支持することで、修理はテクノロジーを、二次流通市場でなければ手に入れられない人たちの手に届ける役に立つ。

アクセスの問題を超えて進歩について思い描く時、その全体的な視点は、私たちが集団的に直面している状況変化を、それもとりわけ気候変動やその他の環境的な脅威を考慮しているべきである。海面が上昇し、飲料水が不足し、異常気象がコミュニティを危険に曝す世界において、Wi-Fi対応のコーヒーメーカーや無限に供給されるSnapchatフィルターは、根本的に空虚なものである[235]。とはいえ、グリーンエネルギーから海水淡水化までの新たなテクノロジーが、脅威に取り組む役に立たないなどと言いたいのではない。だが、進歩の理解に持続可能性を組み入れた知的財産システムは、そうでないシステムよりも、社会のニーズに応える能力が高い。そして、修理を受け入れることは、技術進歩の持続可能なビジョンに向けた、最もシンプルなステップなのだ。

# 第6章　修理と競争

前章では、修理を妨げる企業の取り組みを、法が強化している現状について紹介した。法は権力を与えると同時に、抑制することもできる。知的財産法がデバイスメーカーに、その創作物について独占的権利を与える一方で、他の法制度は独占的行為を制限するように設計されている。その意味で、アメリカの反トラスト法と英国の競争法は、修理を妨げる戦術に対する防波堤となり得る。自動車、電子機器、家電の世界的な修理市場の売上げは、毎年数千億ドルにのぼる。本章では、反トラスト法が修理市場の保護とともに、競合他社と消費者の利益の保護に果たす役割についても見ていこう〔アメリカの独占禁止法である反トラスト法は、おもに「シャーマン法」「クレイトン法」「連邦取引委員会法」の三つの法律で構成される〕。

最近、世界中の競争当局は、デバイスメーカーが修理に課す制限に注意を向け始めた。アメリカ連邦議会の委員会は、修理と再販をめぐるアップルの方針について、数年に及ぶ継続的な調査に乗り出した[1]。二〇一九年、下院司法委員会は「サードパーティの修理に課す制限」について、アップルに証拠の提示を求めた。これには、同社が正規サービスプロバイダに許可している修理と、独立系の修理プロバイダに供給する部品についてのルールも含まれた[2]。さらに委員会は、アマゾンが独立系の再販業者のほとんどを禁止した、二〇一八年のアップルとアマゾンとの合意（第5章参照）についても調査した。アメリカの調査が始まったのは、アップルが携帯電話事業者に保証修理費の支払いを強要した件について、同社が韓国の公正取引委員会と八四〇〇万ドルで和解した直後だった。[3] また、ヨーロッパの競争当局が調査を開始すると、アップルは保証修理を製品の購入国に限定するというルールを放棄した。[4] 以上の例が示すように、反トラスト法の厳しい調査に値する企業の方針や慣行には事欠かない。

## アメリカの反トラスト法の基礎

一九世紀後半、鉄道王は広大な輸送ネットワークを支配し、独占企業は石油、鉄鋼、砂糖の市場を支配した。[5] その独占力によって、トラスト（企業合同）は競合他社を蹴散らし、価格を吊り上げ、本来なら彼らを抑制するはずの競争力の制約を受けなかった。これに対して連邦議会は、独占力の濫用に歯止めをかけ、消費者を保護し、最終的には市場支配力の集中的な蓄積を制限するために、反トラスト法を制定した。

一八九〇年にシャーマン法が制定された。その目的は、「自由で束縛のない競争を維持するために、経済的自由の包括的な憲章とすることにあった[6]」。同法第一条では、ふたり以上の行為者のあいだで「取引を制限するすべての契約……結合、または共謀」を禁じている。[7] 用語は幅広いが、裁判所は文字通りには適用していない。表面上、反競争的な契約、たとえば競合間で価格を固定したり市場を分割したりする契約は、当然違法〔行為の目的や影響に関係なく、当然に違法とみなされるという原則〕とされるが、たとえば排他的供給取り決めのような他のほとんどの契約は、いわゆる合理の原理〔その行為が市場に与える反競争的な効果の有無によって、違法性をケースバイケースで判断するという原則〕に基づいて違法性が判断される。裁判所はこのアプローチに基づいて、市場の性質、取り決めの経済的効果、企業が提示する競争上の正当性など、あらゆる要件を考慮して、その契約が不当かどうかを検討する。

シャーマン法第二条では、一方的な行為、つまり企業が独自に行なうが、それでも競争に損害を与える行為に対する措置について述べている。この規定によって、市場を「独占する、あるいは独占しようとする」いかなる者の行為も違法となる。言い換えれば、反競争的行為によって、独占を求め、獲得し、維持することは違法である。独占化には、企業が市場支配力を有すること、すなわち競争市場が維持できる価格以上に、価格を吊り上げる力を持つことを証明しなければならない。加えて、独占は反競争的行為の結果でなければならない。理論上、企業は「優れた製品、ビジネスの才能、歴史的な偶然の結果」として、独占を獲得することがある。[8] シャーマン法に違反すると判断されるためには、独占力が何らかの略奪的、排他的行為の結果でなければならない。具体的にどんな行為がその定義に一致するのかについては、次に説明しよう。

一九一一年、最高裁が合理の原則を採用すると、シャーマン法は弱体化した。[9] 連邦議会はこれに対応して、特定の行為を対象とするクレイトン法を制定した。[10] この法律は、競争の実質的な低下を招く合併と買収を禁じている。[11] 修理にとってもっと重要なことに、クレイトン法はまた、「競争を実質的に削減するか、独占をつくり出す傾向がある」場合、購入者が「（販売者の）競合他社の……商品を使用するか、競合他社と取引してはならない」[12]という条件で、商品を販売することも禁じている。さらに一九三六年にはロビンソン・パットマン法が制定され、競争を大きく損なうようなかたちの価格差別を禁じた[13]。とはいえ、一般的に、価格差別に対する異議申し立てが認められた訴訟はほとんどない。

次の一〇〇年にわたり、これらの法律は市場の競争力を維持するために、さまざまな熱意をもって使用されてきた。あるケースにおいて、裁判所は有力企業の事業運営方法に特定の制限を課し、特定の方針や慣行や契約を禁じた。また別のケースでは、有力企業を規模の小さな、競合する事業体に分割した。連邦最高裁判所は、石油精製市場を寡占していたスタンダード・オイルを七社の地域企業に分割した[14]。数十年後の一九八四年、司法省は独占状態にあったＡＴ＆Ｔに対しても、同社の地域通信事業を八つの地域ベル電話会社に分割した[15]。一九九九年、司法省がマイクロソフトを反トラスト法で提訴した。当初、第一審は同社を二社に分割する是正命令を下した。WindowsのＯＳを管理する部門と、WordやInternet Explorerのようなソフトウェアアプリケーションを製造する部門である[16]。だが、最終的には司法省とのあいだで和解が成立し、競合するサードパーティのアプリケーションに対して、Windowsをより受け入れやすいものとすることで分社化を免れた[17]。二〇二〇年後半、連邦政府はフェイスブックとグーグルに対し、両社が反競争的で独占的な慣行を通じて、それぞれソーシャルネットワーキングと検索において独占力を違法に維持していると主張して、反トラスト法違反で提訴した[18]。

反トラスト法は、あらゆる種類の商品やサービスの市場を規制し、構造化するが、特にアフターマーケットにおいて重要な役割を長く果たしてきた。すでに述べたように、製品を購入したあとも、消費者は付属品や消耗品、交換部品でさらに多くのお金を使いがちだ。使い捨てのカミソリ刃やインクカートリッジからバッテリーやヘッドライトまで、アフターマーケットは潜在的な利益を生み出す中心部門である。一九三六年、連邦最高裁判所は、IBMが反トラスト法に違反したという判断を下した。同社のコンピュータをリースしている顧客に対して、データ保存用のパンチカードを、競合他社からでなくIBMから購入するように圧力をかけたのだ。[19] 一〇年後、最高裁はインターナショナル・ソルト社に同様の判断を下した。同社の機械を利用して缶詰食品に塩を投入する顧客に対して、塩の錠剤を同社から購入するように強要したためだった。[20]

一九五二年、連邦政府は別件で再びIBMを提訴した。同社が会計機市場を違法に規制し、独占したという主張である。四年後、同意判決によって訴訟は決着し、IBMは修理部品とサービスの市場を保護するという意図を持つ複数の義務に同意した。[21] たとえばIBM機器の所有者と修理プロバイダに、部品と部分組み立て品を適正な価格と条件で販売することを約束した。また、従業員に実施している保守と修理のトレーニングとともに、すべての「技術マニュアル、取扱説明書、パンフレット、設計図、あるいは同様の文書」を、独立系の修理プロバイダも利用できるようにすると約束したのだ。司法省が理解していた通り、修理部品とサービスの競争市場は、メーカーの市場支配力を抑制する中心的な役割を果たしていた。

修理、部品、サービスは、継続的で安定した収入をメーカーに提供する。そう考えれば、企業が競合他社を排除したくなるのも無理はない。なかでも自動車部品、コンピュータシステム、医療機器のメーカーは、何年にもわたって、アフターマーケットのさまざまな独占的行為を主張する反トラスト法違反の訴訟に直面してきた。[22] 反トラスト法訴訟の事実集約的な性質と、法廷に与えられたかなりの裁量を考慮すれば、修理部品とサービスのアフターマーケットを管理しようとする取り組みが、いつ違法行為の境界線を超えるのかについて、明確で普遍的な判断を導き出すことはできない。だが、一九九二年にアメリカの最高裁が下した判決は、ロードマップとして役立つ。[23] その重要性を考えれば、次の判例について詳細に検討する価値があるだろう。

## イーストマン・コダックとアフターマーケットの競争

イーストマン・コダックは、ハイエンドのコピー機を製造し、企業や政府機関、その他組織や機関の顧客に販売していた。コダックの機械で使用される部品とソフトウェアは独特だった。他のメーカーが用いる部品やソフトウェアと交換できず、互換性もなかった。同社は新しい機械の販売だけでなく、部品とサービスも提供していた。部品の一部は自社で生産し、それ以外の部品は、提携メーカーが契約に基づいて生産した。修理は同社の独占状態で、市場全体の八〇〜九五パーセントを占めていた。

ところが一九八〇年代初め、独立系のサービス組織が何社か市場に参入し、コダックのコピー機の修理とサービスを請け負うようになった。この新規参入者の多くを設立したのは、コダックの従業員だった。もっと手頃な価格で仕事を引き受けても、コダックが修理技術者に支払う収入よりも多く稼げることに気づいたのだ。料金がかなり安かっただけではない。彼らのほうがより優れたサービスを提供していると、多くの顧客が考えた。この独立系のサービス組織のなかには、補修部品を販売したり、コダックの中古機を再生したりする者も現れた。競争上の脅威の新たな登場と、それが労働市場にもたらす圧力に危機感を覚えたコダックは、四つの方針を打ち出した。第一に、独立系のサービス組織と彼らを雇用した顧客に対して、交換部品の販売を取りやめた。この新しい方針に従って、部品はコダック機器の購入者だけに販売されることになり、その場合でも、コダックのサービスに支払ったか、機器を自力で修理する者にしか販売しなかった。第二に、サードパーティの部品メーカーを説得して、部品をコダックに排他的に販売するように仕向けた。第三に、独立系の部品販売業者とコダック製機械の所有者に対して、独立系のサービス組織に部品を販売しないよう圧力をかけた。そして最後に、中古機の入手を制限しようとした。おそらく、部品の抜き取りを怖れたのだろう。以上四つの方針を通して、独立系のサービス組織に対する交換部品の供給を断った。そのため、彼らは売上げを大きく落とし、廃業に追い込まれた者もいた。

独立系のサービス組織のグループはコダックを訴え、同社が修理サービスと交換部品の入手を違法に条件づけることで、シャーマン法に違反していると主張した。また、修理とサービスの市場を独占しているとも非難した。訴訟は最終的に最高裁に持ち込まれ、正当性を訴えるコダックの主張は棄却された。(24)

独立系のサービス組織は、コダックがまったく異なるふたつの商品かサービスを抱き合わせ、顧客が一方を購入した場合にのみ、もう一方が手に入るようにしていると主張した。あとでもっと詳しく説明するが、この手の抱き合わせ販売は違法の可能性が高い。裁判所が最初に問題としたのは、交換部品とサービスがまったく異なるふたつの製品かどうか、という点だった。その答えは、ふたつが別々に要求される場合が多いかどうかにかかっている。言い換えれば、消費者はサービスなしに部品だけを購入したり、部品なしにサービスだけを依頼したりするのか。法廷が指摘したように、機械を自力で整備する顧客は、もちろん部品だけを購入したい。そして、交換部品の要らない修理も一部にはあるため、部品なしのサービス市場も存在する。コダックのサービスに支払う――少なくとも、独立系のサービス組織にサービスを依頼しない――ことに同意した顧客にのみ、部品を販売していたことから、法廷はコダックが部品とサービスとを抱き合わせ販売していると認めた。

だが、たとえ抱き合わせ販売が存在したとしても、違法とされるのは、売り手に市場支配力がある時だけだ。市場支配力がなければ、たとえ抱き合わせ販売であっても、ほとんど害はない。市場の競争が激しい時、抱き合わせ商品を買いたくなければ、ただ他の店に行けばいいだけだ。こう想像してみればいい。よく行く食料雑貨店に、ざくろを買いに行ったとする。フルーツの棚にこんな表示があった。「ざくろは賞味期限切れの牛乳と一緒でないと買えません」。もしその食料雑貨店に市場支配力があれば、飲めるかどうかわからない牛乳も、一緒に買わざるを得ないと思うかもしれない。だが、おそらく近くの競合店に行けば、抱き合わせ商品を購入せずに済み、ざくろだけを買えばいい。ところが裁判所は、コダックの交換部品はざくろとは違うと認めた。コダックの交換部品は、同社を通じてしか手に入らないからだ。独立系のサービス組織が部品を入手するのを妨げることで、コダックは競合他社の数を減らし、修理価格を吊り上げ、消費者がたとえ独立系のサービス組織のほうを望んだとしても、コダックのサービスに頼らざるを得ないようにした。

ところが、コダックの主張によれば、アフターマーケットの部品とサービスについて言えば、市場支配力を行使することは不可能だという。新品のコピー機の市場は競争が激しく、アフターマーケットの価格を引き上げるのは不合理だというのだ。換言すれば、コピー機の導入を検討している企業は、コダック、キヤノン、コニカ、三洋電機、ゼロックスをはじめ多くのメーカーの機種から選べるため、コダックは相当な競争圧力に曝され、部品とサービスの価格を引き上げても利益にはつながらない。もし引き上げれば、顧客は競合他社のコピー機を購入し、コダックは損失を被ることになる。したがって、法律上の問題として見た時、新品のコピー機市場における同社の市場支配力のなさは、必然的に部品・サービス市場での市場支配力のなさにつながると主張した。

その結論のもとにあるのは、根拠の薄い前提だ。まず、コダックは自社の価格設定を二元論で捉えている。競争価格か、それとも顧客が恐れをなすような高い独占価格か。だが実のところ、同社の機種は幅広い価格帯から選ぶことが可能だ。部品とサービスの価格を適度に上昇させれば、新品のコピー機の販売で出た損失分を簡単に埋め合わせることができる。もっと根本的に言えば、コダックは消費者が費用便益分析〔便益と費用の大きさを比較して、経済的妥当性を評価する分析方法〕を実施するだろうと想定しているが、その考えは非現実的である。ライフサイクル価格設定――デバイスの総所有コストを計算するプロセス――は複雑だ。デバイスの初期価格、品質と耐久性、消耗品と将来のアップグレードのために必要となる長期的な価格、修理と交換部品の価格、故障頻度、ダウンタイム（停止期間）のコストなど、詳細で信頼できる情報がなければならない。たとえ銀行や政府機関などの高度な知識を持つ購入者であっても、コピー機の購入前にすべての情報を分析できる立場にはない。一般的な消費者がスマートウォッチや新しい冷蔵庫を購入する際にも、もちろん同じことが当てはまる。情報を入手して正確に評価するコストは、あまりにも高いのだ。

裁判所が指摘したように、部品やサービスの価格が高いと消費者が別のメーカーに乗り換えてしまうという、コダックの主張が疑わしい理由は他にもある。時には、ひとつの製品から別の製品へと乗り換えるスイッチングコストが非常に高くつき、消費者の選択を制限してしまうからだ。このロックイン（囲い込み）効果は、通常の競争力を妨げ、本当は別の製品を選びたくても同じ製品を使い続けなければならなくなる。[25] ある時点で、価格の上昇はその乗り換えコストを上まわるが、それまでコダックのような企業は、アフターマーケットで独占的な価格を請求できる。高額な初期費用、既存の消耗品の在庫、従業員のトレーニングとワークフローへの投資、統一した機器で揃えたいという希望。これらすべてが、コダックの顧客がゼロックスなどの競合他社のコピー機に乗り換えるという考えを妨げた可能性は高い。ということで、新品のコピー機市場での激しい競争が、部品とサービスのアフターマーケットにおいて、コダックの市場支配力のなさを意味するという同社の主張は、最終的に退けられた。[26]

独立系のサービス組織は、抱き合わせ販売の主張に加えて、コダックによる部品とサービスの市場の独占が、シャーマン法第二条の違反に当たると主張した。そして、その主張を立証するために、コダックが部品とサービスの市場で独占力を誇っており、独占が意図的に獲得されたか維持されていることを示す必要があった。第二条に基づく独占力には、抱き合わせよりも高い市場支配力が必要となる。ところが裁判所は、コダック製コピー機の部品やサービスは、他のメーカーの機器と互換性がない点を指摘した。そこで、問題はコダックが自社のコピー機の部品とサービスの市場に対して、どれほどの市場支配力を有しているかに絞られた。コダックは「部品市場のほぼ一〇〇パーセント、サービス市場では八〇~九五パーセント」を支配していたため、法廷は独立系のサービス組織が立証責任を果たしたとみなした。同じように、独立系のサービス組織という競合他社の登場に対応してコダックが実施した方針変更が、「自社部品の独占を維持し……サービス市場の独占的シェアを強化するための排他的行動」を反映している証拠だと認めた。

最後に法廷が注目したのは、コダックが違法行為の釈明のために持ち出した、ビジネス上、想定される正当性である。注目すべきは次の二点だ。一点目は、部品とサービスを排他的にコントロールする必要があったのは、品質に対する評判を維持するためだったという主張である。信頼性の高い部品とサービスを保証することで、新品のコピー機市場において競争を促進していたというわけだ。サードパーティの疎かな修理による非難を回避できれば、キヤノンやゼロックスをはじめ他のメーカーとより有利に競争できると示唆した。法廷は納得しなかった。一部の顧客が独立系のサービス組織を望むのは、彼らのサービスの質が充分高いという意味だと指摘した。

二点目として、「独立系のサービス組織がコダックの設備、部品、サービスへの資本投資にただ乗りするのを防ぐため」だったとして、反競争的な方針を正当化しようとした。言い換えれば、コダックは事業を築くために莫大な資金を投じたのだから、新規参入者が入り込み、競合する修理サービスを提供して、コダックの利益を吸い上げるのを阻止する権利があると言いたいのだ。臨床的に言えば、これは独占脳である。大きなコストを払ってまで事業の成功を掴んだ企業には、競合他社を排除する権利があるというのは、市場の仕組みに対する歪んだ考えだ。コダックの見解によれば、独立系のサービス組織がコピー機のサービスを提供したいのであれば、独自にコピー機を製造して販売すべきであり、もしそうでないのなら「ただ乗りだ」という。[27] だが、裁判所はこう述べた。「ただ乗りの理解は、我が国の判例法では裏づけがない」。さらに言えば、企業に機器とサービスの両方を提供するよう要求すれば、市場参入に大きな障壁を築いてしまう。

法廷はコダックの主張を退け、第一審に差し戻した。陪審は独立系のサービス組織の勝訴とし、コダックに七〇〇〇万ドル超の損害賠償を支払うように命じた。さらに、「すべての部品」を今後一〇年間、独立系のサービス組織に販売するよう求める、差し止め命令を出した。コダックは、今度は第九巡回区控訴裁判所に控訴した。

論点はいくつかあった。とはいえ、最も重要なのは、独立系のサービス組織を取り締まるうえで、自社の特許と著作権はビジネス上、正当な理由になるというコダックの主張だった。コダックは次のように訴えた。自社のコピー機に使われる部品のうちの六五個は特許で保護され、診断とサービスに使われるソフトウェアには著作権がある。その知的財産権の中心には、他者による使用を許可するのかしないのか、という権限がある。知的財産権のライセンスを、あらゆる新規参入者に認めるように強制されるならば、排除する権利には何の意味もなくなってしまう、と。[28] その主張に対して法廷は、知的財産権と反トラスト法とのあいだには長く緊張関係があることを認めた。理解されている通り、「一方の法体系は独占力をつくり出してそれを保護し、もう一方の法体系はそれを禁止しようとする」[29]。法廷は次のように理解することで、その緊張関係を調整した。すなわち、特許と著作権の所有者には一般的に、その知的財産権か、その権利を具体化した製品を販売するかライセンス供与するのを拒否する自由があるが、反トラスト法から完全に免責されるものではない。

一般的なルールとして、特許ライセンスを一方的に拒否することは「排他的な行為」ではない。だが、特許か著作権の所有者が法定権利を利用して、別の市場に対する支配を拡大しようとする時、たとえば、特許部品を使って修理サービス市場を独占しようとする時には、その推定が反駁される可能性がある。特許技術に対する懸念が、反競争的な目的の単なる口実に使われる場合もある。独立系のサービス組織が指摘したように、コダックが販売を拒否した数千の部品のうち、特許部品はわずか六五個にすぎない。また、制限方針を打ち出した時、特許のことは「頭になかった」と、同社の部品管理責任者は証言している。

知的財産権と反トラスト法責任との関係については、いまなお議論が多く、すべての法廷が第九巡回区控訴裁判所の論理的根拠に従ってきたわけではない。数年後、特許部品、著作権のあるマニュアルとソフトウェアの販売を拒否されたとして、独立系のサービス組織がゼロックスを提訴した時、連邦巡回区控訴裁判所はまったく異なる判決を下した[30]。その裁判所の見解によれば、特許が不正に取得されたか、その主張が「単なるインチキ」でない限り、特許権者は「反トラスト法から免責される」という[31]。その種の極端な条件がなければ、法廷は特許権者が製品の販売を拒否する動機を、尋問しようとしなかった。特許で保護されていない部品を違法に抱き合わせ販売しない限り、ゼロックスは競合他社に対して、適切と判断したどんな方法でも知的財産権を自由に行使できた。[32]この絶対主義的な立場は、最高裁の二〇一三年の判断といくぶん緊張関係にある。連邦取引委員会対アクタビス訴訟事件〔アクタビスはジェネリック製薬会社〕において、特許は反トラスト法から完全な免責を約束されるという考えを最高裁は退けた。むしろ、特許と反トラスト法の方針はどちらも、特許権者が反トラスト法の精査を免れる程度を明らかにすべきである。[33]知的財産権と反トラスト法の具体的な関係はいまも、修理の文脈において充分に定義されていない。

最高裁が下したコダックの判決を指針とすることによって、今日のデバイスメーカーの慣行の一部を、反トラスト法のレンズを通して検証できる。独立系の修理プロバイダを締め出そうとする企業の取り組みが、適切な状況下では法に抵触する可能性を私たちは知っている。スマートフォン、トラクター、家電の所有者のなかには、自分のデバイスが機能し続けるためとはいえ、正規修理プロバイダに全面的には依存したくない者もいる。彼らにとって、コダックの判決はある程度、期待が持てる。とはいえ、多くの場合、今日のメーカーは、コダックが採用したわかりやすい方針よりもはるかに巧妙な戦術を駆使している。

## 修理市場に対する反トラスト法理論

すでに見てきたように、デバイスメーカーは修理をめぐって、排他的で反競争的とみなされても仕方のない方針や慣行を採用している。消費者が正規の修理プロバイダに頼らざるを得ないように強制し、交換部品の販売を拒絶し、プロバイダが提供できる修理の種類を制限する。また、小売市場と連携して再生販売業者を排除したり、サードパーティが簡単に修理できないような製品を設計したりする。どれもすべて、反トラスト法の執行者が懐疑的に検討すべき行為の例である。既存の反トラスト法の法理の下で、これらの反修理方針を対象とする四つの法理論がある。[34] 企業が駆使する戦術のなかには、ひとつの理論にきっちり当てはまるものもあれば、複数のアプローチにわたるものもある。

## 一 抱き合わせ販売

コダックの例からも明らかなように、四つの法理論の第一として、抱き合わせの取り決めは競争を違法に妨げる恐れがある。裁判所は抱き合わせの取り決めを、「ある製品を販売するにあたり、購入者が別の（あるいは抱き合わせの）製品を購入するか、少なくともその製品を別の供給者から購入しないと同意する条件でのみ、販売するという合意」と理解する。[35] ここで懸念されるのは、顧客が望まないか他で購入しようと考えていた製品の購入を、市場支配力を持つ販売者が強制できることだ。[36] 企業がこの手の影響力を行使すると、ある市場で持つ優位性を別の市場に拡大し、競合他社の地盤を弱め、顧客の選択肢を奪い、価格を吊り上げることができる。

抱き合わせ販売を立証するために、原告は四つの要素を証明しなければならない。[37] その第一は、ふたつの異なる製品かサービスが存在していること。コダックの例を見ればよくわかるように、部品とサービスは別々に提供される可能性があり、多くの場合そうされる。同様に、新しい機器は通常、交換部品や修理サービスとは別物である。第二に、製品かサービスの販売が、別の製品かサービスの購入を条件にしていること。強制は、製品Aが欲しい場合に製品Bの購入を要求するというかたちをとる。だが、製品Bを競合他社から購入しないという合意を取りつけた場合のみ、製品Aを販売することも抱き合わせ販売となる。このような条件は、明示的な合意の場合もあれば、さほど正式ではない取り決めの場合もある。第三として、抱き合わせ製品の市場において、売り手が経済的な権力――価格を引き上げ、生産量を制限する能力――を有していること。最高裁は何十年ものあいだ、特許製品の販売者がその市場で権力を持っていると推定していた。ところが二〇〇六年、裁判所はその推定を否定した(38)。したがって、原告は売り手が抱き合わせ製品の市場でかなりの占有率――一般に三〇パーセント以上(39)――を持つか、その製品が独特であるため、他の供給者が販売できない点を証明しなければならなくなった(40)。第四の要素として、その抱き合わせが「少なからぬ」量の商取引を排除すること(41)。言い換えれば、売り手の抱き合わせ戦略のせいで、原告がかなりの数の販売量を奪われ、損失を被った事実を立証しなければならない。

以上四つの基準に照らし合わせた時、アップルが部品と修理とを違法に抱き合わせているという強い主張が成り立つ。第一の問題について言えば、アップルのデバイスの場合、部品と修理サービスの市場は別物だ。同社が多くのハードルや制限を課しても、サードパーティによる修理はいまも続いている。自力で部品を購入して修理する顧客もいれば、部品の入手と修理を独立系の修理ショップに依頼する顧客もいる。

とはいえ、第二の問題として、アップルは具体的にどんなふうに部品とサービスを抱き合わせているのだろうか。iPhone の新しい画面、バッテリー、カメラが必要な時には、アップルが修理する。アップルの技術者に修理代を支払って、壊れたコンポーネントを新しいものと取り換えてもらうことになる。だが、アップルは部品を販売しないから、自力では修理できないし、経験豊富な独立系の修理プロバイダに頼むこともできない。顧客と直接取引する時、アップルは部品とサービスを――ごく当然のように――抱き合わせている。

サードパーティの修理プロバイダに対するアップルの扱いについて言えば、状況はもう少し複雑だ。原則として、アップルは誰にも、修理プロバイダにも修理部品を販売しない。ただし、一部の例外は、アップル正規サービスプロバイダ（AASP）プログラムだ（第4章参照）。AASPは、厳密に管理された条件でのみ、部品を購入できる。アップルは彼らに、修理部品を手元にストックすることを許可していない。診断結果が特定され、承認された場合にのみ、アップルが特定のスマートフォンの部品を出荷する。重要なのは、AASPが実行できる修理の種類を、同社が制限していることだ。多くの場合――部品へのアクセスを許可するプログラムの条件として――AASPは、修理のためにデバイスをアップルに送付しなければならない。したがって、AASPが画面やバッテリーの交換を行なうためには、カメラ、充電ポート、ヘッドフォンジャックの修理をアップルに委託しなければならない。消費者の立場からすると、新しい部品を手に入れたければ、アップルか、同社が選定する修理プロバイダに修理してもらう以外に選択肢はない。

世間から批判を浴び、規制当局の監視も厳しさを増したことから、アップルは二〇一九年、独立系修理プロバイダ（IRP）プログラムを開始した（第4章参照）。ところが、このプログラムはせいぜいメディアに好意的に取り上げてもらい、反トラスト法の執行を回避するための策略だと理解するのが正解だろう。IRP合意の秘密の条件はあまりにも厳しく、限度を超え、不愉快を通り越したものであるため、アップルの修理部品を入手したければIRPに参加するほかないにもかかわらず、契約した修理ショップはほとんどいない。アップルの部品とサービスを切り離して部品を入手するために、IRPは業務記録と顧客の個人情報を、余計なお世話の監査に提出しなければならない。そのうえ、〝禁止〟修理部品を購入しないことにも同意する必要がある。同社の商標権と意匠特許の包括的な解釈を考慮すると、互換性のあるサードパーティの部品のほとんどが除外されるだろう。IRP合意は侵害の禁止を名目に、独立系の修理ショップに対して、もしアップルから部品を購入したければ他の誰からも購入できないと告げている。

第三の問題として、アップルは修理部品市場で権力を持っているのか。すでに見てきたように、アップルは多くの部品を——完全ではないにせよ——厳格に管理している。多くの場合、部品はアップルの仕様に合わせて特注で製造され、既製のコンポーネントはほとんどない。サプライチェーンを厳格に管理するだけでなく、部品の多くについて特許や商標を主張している。したがって、独立した生産と流通の可能性がさらに減少し、独立系の修理プロバイダは交換部品の確実な調達に苦労しやすい(42)。他のデバイスから、部品の流用を余儀なくされる修理プロバイダもいる(43)。あるいは、アップルの純正部品でさえ、同社かそのパートナーが取りつけて認証しない限り、完全には機能しない場合もある(44)。

そして第四の問題について言えば、スマートフォン、タブレット、ラップトップの修理市場は巨大で、アメリカだけで年間数十億ドルの売上げを誇る。アップルのスマートフォンの市場シェアは五〇パーセント弱あたりを漂っており、修理市場についてもかなりの割合を占めることがわかる。アップルのような企業が、新しいデバイスの売上げ確保のために電子機器の修理市場を窒息させようとしなかったならば、市場規模ははるかに大きかっただろう。地球上で最も企業価値が高く、潤沢な資本を誇る企業を相手にすることは、常に困難な闘いに違いない。原告が独立系の修理プロバイダの集団であっても連邦政府であっても、変わりはない。だが、戦略的な消耗戦はともかく、アップルの抱き合わせ販売に対して反トラスト法で異議を唱える機は熟している。

ディアの新しい部品の認証スキームは、抱き合わせの別の例である。覚えているだろうか。第4章でも述べたように、ディアの純正交換部品の多くが、同社の技術者がプロプライエタリなソフトウェアを使って初期化しない限り、機能しない。正規ディーラーが修理をした時はもちろん、独立系の修理ショップかトラクターの所有者が修理した時にも、やはり初期化が必要になる。ここには、ふたつの抱き合わせの可能性がある。その一として、新しいトラクターの販売にあたって、アフターマーケットサービス——初期化と修理——の購入を条件としている。ディアはトラクターの所有者や独立系の修理ショップが、同社のソフトウェアにアクセスすることを拒否している。そのため、新しく取りつけた部品を機能させるためには、ディアに支払わなければならない。その二として、修理部品の販売にあたって、ディアはこの初期化サービスを条件としている。同社はトラクターの所有者や修理ショップに部品を販売しているが、もし取りつけた部品に機能してもらいたいなら、初期化費用を支払わなければならない。

これに対して、ディアはこう主張できた。抱き合わせ販売の取り決めが違法と判断されるほど、農機の新品市場において自社に支配力はない、と。クボタ、AGCO（アメリカ）、CNH（アメリカ／イタリア）など、数えるほどしかない農機メーカーのなかでも、ディアは世界最大を誇り、アメリカの農機市場の約半分を支配している。だが、特定の製品カテゴリーにおいて、同社の正確な市場シェアは明らかではない。トラクター、コンバイン、バックホー［油圧シャベルの一種］は互換性がなく、市場支配力の程度はそれぞれ異なると見られる。三〇パーセントという市場シェアのハードルを上まわる場合も、下まわる場合もあるのかもしれない。市場支配力は部品のほうがもっと確実だ。なぜなら、ほとんどの部品がブランド間で互換性がなく、ディア独自の初期化プロトコルによって、サードパーティの部品を排除しているからだ。

## 二　取引拒絶

抱き合わせ販売がない場合でも、市場支配力を持つ企業が競合他社との取引を拒絶すれば、反トラスト法の対象になる可能性がある。一般的に、反トラスト法は取引相手について裁量権を行使する権利を妨げるものではない(45)。あなたが業務用厨房用品の供給ビジネスを営んでいるとして、高校時代の天敵が経営するレストランに、厨房用品を販売したくなければ、販売する必要はない。ほとんどの状況では、直接の競合他社に対する販売を拒絶することも可能だ。とはいえ、企業が独占力を行使している時、独占を形成するか維持するための取引拒絶の場合には、違法となる可能性がある(46)。競合他社との取引を企業に強制することは、それ自体が競争上のリスクを伴うため、取引拒絶を禁ずることに裁判所は当然ながら慎重にならざるを得ない[47]。対応策のひとつは独占力の要件であり、シャーマン法第二条に基づいて、あらゆる主張に適用される。独占力について法廷は特に具体的な定義を採用していないが、一般に実質的な市場支配力と理解されている[48]。その要件が満たされる場合でも、裁判所は取引拒絶を正当と考えるビジネス上の正当な理由を考慮する。このような高いハードルにもかかわらず、競合他社の商品かサービスに、ある程度はアクセスするよう法律が要求する合理的で、明確に定義された状況がある。

先述したコダックの判例では、取引拒絶理論が実際に使用されていた。あの訴訟で法廷が認めたのは、コダックが部品とサービスの市場をコントロールしていることが独占力に相当し、独立系のサービス組織に対する部品の販売打ち切り決定が、同社の独占力の維持と強化を図ったものだという充分な証拠だった。コダック訴訟事件は最も適切な判例だが、この理論の限界をより理解しやすい、別の取引拒絶事件について紹介しよう。

それは、交換部品かアフターマーケットサービスを扱った訴訟ではなく、コロラド州スキーリゾートのチェアリフトをめぐる訴訟だった[49]。アスペンスキーイングは地元にある四つの山岳スキー場のうちの三つを所有し、残りのひとつをアスペンハイランドが所有していた。一〇年以上にわたって両社とその前身は、四つのスキー場すべてに入場できる一律料金の共通パスを販売していた。やがて、収益の分配方法をめぐって二社の提携が決裂した。スキーイングが共通パスを廃止して、三つのスキー場のパスを販売したため、ハイランドは自力でやっていくしかなくなった。だがハイランド側は、自分たちが非常に不利な状況に陥ることがわかっていたため、新たなプランを思いついた。スキーイングのパスを小売価格で購入して、自社のスキー場のパスと一括販売しようとしたのだ。これで競争力は維持でき、スキーイングは自社のパス券の金額をすべて受け取れる。ところが、ハイランドがパス券を購入しようとしたところ、スキーイングが販売を拒絶した。

そこでハイランドが提訴し、スキーイングが競合他社との取引を拒絶して、違法に市場を独占したと主張した。裁判所は、一般に競合他社に協力する義務はないと認めたものの、スキーイングの行動に問題がある点は認めた。長いあいだ人気だった共通パスの取り扱いをやめたために、顧客は購入したい商品が買えなくなってしまった。さらに言えば、正規料金で買おうという買い手に自社商品の販売を拒絶したため、短期的な売上げが犠牲になった。これは、競合他社を排除し、長期的な競争力の削減を狙った動きに見える。合法的なビジネス上の正当な理由がなければ、スキーイングの販売拒絶は、市場の独占を狙ったものとしか解釈できない。スキーイング訴訟事件が「シャーマン法第二条の責任の外周かそれに近い事例[50]」と、広くみなされてきたことは間違いない。だが、この訴訟は重要な問題を提起している。独占企業による取引拒絶がとりわけ問題となるのは、既存商品・サービスを破壊し、短期的な利益を犠牲にして、競争を削減する時である[51]。

次は、修理部品をめぐるニコンの方針転換について考えてみよう。二〇一二年、ニコンは、修理技術認定店以外には今後、修理部品を供給しないと発表した[52]。何十年にもわたって独立系の修理ショップはニコンから部品を直接購入でき、顧客のカメラを修理できた。今後は、入手可能な範囲で、二次流通市場かサードパーティのコンポーネントに頼らざるを得ない。だが、特に新しいカメラの場合、純正ではない部品を入手するのは難しい。iPhone やディアのトラクターと同じように、ソニーやキヤノン用に設計された部品を、ニコンに取りつけることはできないからだ。ニコンは自社の決定を正当化するために、地元の修理ショップにはカメラの修理に必要な専門ツールが揃っていないと主張した。独立系の修理ショップには、現在のカメラを修理するための専門知識や技術が不足しているという言い分は、控えめに言っても、議論の余地がある。適切なツールが揃っていないのなら、ニコンが提供することもできたはずだ。

代わりにニコンは、信頼性の高い修理が提供できるのは同社認定の修理プロバイダのみだと主張した。当時、二二店あった認定店は、引き続きニコンの部品を入手できた。ところがわずか七年後、ニコンはその修理プログラムを終了してしまい、認定プロバイダも放り出されてしまった（第4章参照）[53]。現在、修理を望む者は、アメリカに二店だけ残った、ニューヨークかロサンゼルスの認定店にカメラを送らなければならない。かつての認定プロバイダもいまでは、イーベイを探しまわったり、古い機器から部品を抜き取ったり、中国からサードパーティの部品が届くまで何週間も待たされたりする。プロの写真家にとって、このような遅れはしばしば仕事の妨げになる。

部品の販売を拒絶し、それが法律違反であるためには、ニコンが関連市場で独占力を持っているという要件を満たさなければならない。この時、関連市場は狭く定義される必要がある。それは、カメラの市場でも、カメラ部品の市場でもなく、ニコンと互換性のある部品の市場である。部品のなかには、標準の既製コンポーネントもあるかもしれないが、大部分はニコン専用に設計されたものだ。その部品について言えば、ニコンは相当大きな市場支配力を行使している可能性が高い。一部の部品にとっては、ニコンが唯一の供給源かもしれない。他の部品にとっては、常に入手可能で費用対効果の高い唯一の供給源かもしれない。これは事実を重視した問題であり、同社の在庫部品の範囲によって答えは異なる。それにもかかわらず、少なくとも一部の部品については、独占力があると仮定してまず間違いないだろう。

ビジネス上の正当性という問題もある。同社の決定が修理市場を独占したいという野心に基づいたものではないことを立証する、信頼性の高い証拠が提示できれば、ニコンは責任を免れるかもしれない。当初、ニコンは独立系の修理ショップには、同社の高度な機器を修理する能力がないと主張した。もしそれが真実であれば、ニコンはその経験則に基づく主張を、証拠で裏づけることができるはずだ。もし真実でないなら、単なる口実にすぎない。認定修理プログラムを中止した際、ニコンはまたしても曖昧な説明を行なった。その説明はわかりにくかった。「我々のビジネス環境は進化しており、株式会社ニコンもそれに倣わなければなりません」。どういう意味かと誰もが訝った。だが他のカメラメーカー同様に、クオリティの高いスマートフォンカメラが普及したいまの時代、ニコンも売上げの減少に直面している。部品販売の方向転換について考えうる解釈のひとつは、より高額でより利便性の低い修理によって、低迷するカメラの売上げを押し上げたいという考えだ。とはいえ、修理市場を完全に排除することは、競争を促進する正当な理由とは言えず、法廷が受け入れるはずもない。

独立系の修理プロバイダに、これまで一貫して部品を供給してこなかったアップルのような企業を取引拒絶で提訴するのは、不可能とは言わないまでも、さらに難しい。アスペンスキーイングとコダックの訴訟において、裁判所が焦点を当てたのは、確立していたビジネス関係の破綻だった。

現代の取引拒絶の訴訟においては、このような取り決めの終了によって反トラスト法の調査が始まる。したがって、既存の取引パターンがない場合、市場支配力を持つ販売者に協力を強制することに、法廷はより懐疑的になりやすい。アフターマーケットの文脈において、独立系の競争相手を最初から締め出してきた企業を孤立させれば、逆のインセンティブをつくり出してしまう。とはいえ、もしアップルが、コンポーネントへのアクセスを排除するか新たな条件を課すなど、部品の入手に新たな制限を加えるかたちでＡＡＳＰかＩＲＰプログラムを変更した時には、少なくとも正当な理由がない限り、取引拒絶で提訴されるかもしれない。

独立系の修理ショップの修理の質と信頼性に対する根拠の怪しい懸念は別として、アップルのような企業はまず間違いなく、修理部品の販売拒絶は正当な知的財産権法の行使によって正当化される、と主張するだろう。通常は違法である行為を、知的財産権だけでビジネス上、充分に正当化できるのか。先述した通り、この問題について法廷の見解は分かれる。法廷はそれが口実かどうかを突き止めて、根本的な動機を検討しなければならないと、第九巡回区控訴裁判所は述べている。[54]一方、連邦巡回区控訴裁判所の見解は異なる。企業は特許や著作権を訴えて、反トラスト法による免責を享受できると主張する。[55]他の法廷は、相反するふたつの主張を何とか調和させようと苦慮してきた。[56]

いや、そうであってはならない。知的財産権は絶対的なものではない。スマートフォンの特許権者が、特許を所有するという理由だけで独占の罪に問われないというのは、火炎放射器の特許権者が、特許を所有するという理由だけで放火の罪に問われないというのと、同じくらい理にかなっていない。排他的権利が他の考慮事項に優先を譲らなければならない状況を、知的財産法はすでに認識している。消尽、誤用、さまざまな強制実施権は、競争と消費者厚生の保護を目的として、権利者の権限に制限を設けている[57]。だからと言って、侵害の懸念を理由に、絶対に取引拒絶を正当化できないわけではない[58]。だが、特に知的財産権が氾濫する市場において、知的財産権を主張するだけで、被告があらゆる精査を回避できるという意味であってはならない。

## 三　排他的取引

競合他社との取引を拒絶すると違法の可能性があるが、排他的関係もまたその可能性がある。排他的取引はさまざまなかたちをとる。メーカーが流通業者や小売業者に対して、競合するサプライヤーの製品は扱わないと同意した場合にのみ、自社の製品を購入できる、と伝えるかもしれない。あるいは、買い手がサプライヤーに対し、その製品を他の顧客に提供しないように要求するかもしれない。排他的取引は明示的なこともあるが、直接的で明確である必要はない[59]。企業が、略奪的ではない理由でこの種の契約を結ぶ場合もあるだろう。だが、適切な状況下では、排他的取引が「取引を制限する」契約としてシャーマン法第一条に、排他的行為として同じく第二条に違反するとともに、「競争を実質的に減少させる」可能性のある取り決めとして、クレイトン法第三条に違反する[60]。このような取り決めは、たいてい合理の原則に基づいて評価される。

これらの主張に対する具体的な法的要件は少々異なるものの、有害性に関する包括的な理論は一貫している。排他的取り決めを通して、企業か企業グループは、その種の取り決めがなければ発展するはずだった競争を妨げてしまう。そのような事態が起こりやすいのは、たとえば規模の小さな競合他社が、小売業者にアクセスするのを拒絶された時だ。顧客に接触する機会がなければ、中小企業は生き残れないかもしれない。必然的な結果として、競合他社の破綻によって市場の競争力は低下する。同時に、新規参入の障壁を高めてしまい、排他的取引によってすでに確立した市場に、新規参入者が恐れをなしたとしても無理はない。(61) 排他的供給契約も、競争を損なう恐れがある。もし契約によって、売り手が単一の買い手としか取引できなくなれば、競合他社は合理的な価格の商品を調達するのが難しくなってしまう。場合によっては、排他的取引が二社間の競争を制限する手段となり、両社が実質的に自分たちの望むように市場を分割できるかもしれない。

市場支配力の判断に加えて、排他的取引を合理の原理に基づいて検討する時、法廷は複数の要素を考慮する。特に期間、契約終了か継続中か、終了の方法、排他的取引がもたらす競争上の利益などである。また排他的取り決めの結果、競合他社にとって市場のどのくらいの割合が閉鎖されてしまうのかについても考慮する。大半の裁判所は、通常三〇～四〇パーセントの締め出しが必要と見ている。(62) だが、法廷はその数字には縛られない。(63) 締め出しの重要性を考えると、排他的取引が最も問題になるのは、ライバル企業が他の流通チャネルに頼れない時だ。とはいえ、排他的取引の弊害は市場からの完全な締め出しに限定されない。もしライバル企業が依然として、顧客に――場合によっては部品や材料に――アクセスできる場合でも、代替手段のコストが非常に高ければ、やはり競争が阻害される可能性がある。

デバイスメーカーは、排他的取引を利用して、部品や修理のアフターマーケットを管理する。問題のある例をひとつあげよう。インターシルは、充電チップという、バッテリーの充電速度を制御する小さなコンポーネントの製造企業だ。MacBook Pro に入っているその充電チップが故障したら、一五ドルのコンポーネントをひとつ交換することも、マザーボード全体を約一五〇〇ドルで交換することも可能だ。(64) どちらを選ぶかは悩むまでもないように思える。ところが、アップルとの利益優先の契約のため、同社は充電チップをアップル以外に販売することが禁じられている。(65) この排他的取り決めは、誰がチップにアクセスできるのかを、アップルがコントロールするという意味であり、誰も——AASPでさえ——交換チップを購入できない。この部品は長年、幅広く入手可能だったが、アップルが独占を主張してしまった。ということで、MacBook Pro を甦らせたい場合、修理プロバイダに残された唯一の選択肢は、より安いアップル製品からそのチップを抜き取ることだ。だが、一五ドルという安価な部品が故障した時、消費者はたいてい新しいラップトップを購入するため、完全に修理可能な製品が廃棄処分になってしまう。

これらの明らかな例の他にも、サードパーティのコンポーネントを購入しないよう、契約相手に禁じている限り、正規の修理プロバイダプログラムは排他的契約とみなされるのが当然だろう。そして、部品、ソフトウェア、ツールの入手可能性を制限することで、アップルのような企業は顧客と排他的取引を結んでいるのだ。アップルは非常に賢明であり、iPhone を販売する際に、独立系のプロバイダに修理を依頼しないこと、などという約束を明示的な条件にするような真似はしない。だが、認証やシリアル化はもちろんのこと、部品の販売を厳格に制限することで修理市場での競争を妨げている。形式上、顧客には独立系の修理プロバイダを選ぶ権利がある。ところが実際問題、唯一の実質的な選択肢はアップル認定の修理だけとなる。[66] これらの行為は精査されなければならない。最終的には、狭義の法的な意味では反競争的ではないかもしれないが、デバイスメーカーは自社の戦略の擁護を余儀なくされるはずだ。

アップルとアマゾンとの取り決めについて言えば、排他的取引についてもっと直感的な論拠を述べることができる。アメリカで最も大きな影響力を持つふたつの企業が結んだ協力関係の合意は、その条件にかかわらず、眉をひそめるべきものである。[67] だが、支配的な小売プラットフォームから、売り手が競合他社を排除することを明示的に許可するような合意については、警報ベルが激しく鳴り響くべきだ。アップルのスマートフォン、タブレット、ラップトップを、アマゾンサイトで直接販売させるために、アマゾンはアップルに、同社製品のサードパーティの販売者を排除する権利を与えた。限定的で不明瞭な例外も一部にはあるものの、アマゾンは実際にそのような行為に及んだのだ。[68]

このようなブランドゲート契約〔アップルが認めた正規代理店のみが、アマゾンのサイトで販売できる特殊な取り決め〕は聞いたことのないものではないが、特に修理済みの製品や再生商品にとっては深刻な問題である。アマゾンは、アメリカのオンライン小売市場の半分近くを占める。だが、全部の小売業者が中古品を扱っているわけではないため、ブランドゲート契約の前は、アップルの再生製品市場でのアマゾンのシェアは、もっと高かった可能性がある。自称「エブリシング・ストア（何でも買える店）」のアマゾンは、再生商品のプラットフォームとして成功した。イーベイのようなサイトも、小規模の再生業者に別の流通チャネルを提供しているが、販売量はアマゾンよりもずっと少ない。理論的に言えば、再生業者が独自の小売サイトを開設することもできるが、コストがかかり、うまくいくかどうかもわからない。合意のせいで、競合他社をコスト効率の良い流通チャネルから締め出す時、競争を大きく損なう恐れがある。

この独占的な取り決めによって、アップルは主要な流通プラットフォームから大半の再生業者を排除できた。そうすることで、自社の再生製品の在庫の競争を削減した。一般的にアップルの再生製品は、独立系の修理プロバイダが提供する再生デバイスよりも価格が高い。同時に、高品質で低価格の再生商品が新製品の価格にもたらす下落圧力も弱めた。

## 四 略奪的な製品設計

四つの法理論の最後として、適切な状況下において、製品設計そのものが略奪的になる可能性がある。法律はもちろんメーカーに、製品を自由に設計する広い裁量を与えている。革新的で差異化された製品によってこそ、競争は最も促進される。設計プロセスに介入する法的義務については、健全な懐疑心を持って考慮すべきだろう。(69) とはいえ、競合他社を排除するか不利に陥れる特定の設計を選択しても、異議を唱えられることはないという意味ではない。法廷は、製品の機能や属性を追加、削除、変更するという企業の決定が、反競争的な動機を探る窓になることを認識してきた。マイクロソフトに対する訴訟で連邦政府が引用したのは、同社の独占を強化するような設計方法だった。たとえばWindowsのOSについて、「プログラムの追加と削除」ユーティリティから「削除ボタン」が表示されないようにして、同社のInternet Explorerの削除を困難にし、ユーザーのデフォルトのブラウザ設定を無視したことがあった[70]。医療機器、製薬、プロセッサの設計にも、同様の精査が適用されている[71]。設計が「製品を実質的に改善しないか、わずかな利益しか生まず、ライバル企業の排除につながる」時、その設計は略奪的とみなされるべきである[72]。

ディアがトラクターを設計するにあたり、初期化ソフトウェアなしには純正の交換部品が機能しないようにする時、それは略奪的な設計だ。トラクターの所有者にはほとんど利益がなく、修理プロバイダに対して重大な障壁を築く。同じことは、アップルがiPhone 12用に画面とカメラを設計した時にも当てはまる。この時、デバイスがシステム設定アプリに接続されていない限り、純正部品であっても交換できないように設計してあった[73]。バッテリーや画面をサードパーティが交換した時、古いiPhoneに表示された警告メッセージでさえ、競争を阻害する。タッチIDセンサーの交換を妨げるために同様の戦略を用いた時、同社はユーザーのプライバシーとセキュリティを保護するためという、もっともらしい理屈を並べ立てることができた。もしそれが証拠によって裏づけられれば、アップルの設計を正当化できる可能性がある。だが、バッテリーやカメラの交換が同じ懸念を生じさせるという考えには、何の信頼性もない。合理的な正当性もなく、競合他社を締め出すような設計上の決定が行なわれた時、法廷は事実を——その決定はイノベーションでも実験でもなく、違法行為だということを——認めるべきである。

# 反トラスト法執行のハードル

交換部品、修理サービス、再生デバイスの市場で起こる競争の脅威は現実的なものだが、決して特異ではない。アメリカでは、肘で他者を押し除ける実力主義のレトリックを重視する文化にもかかわらず、競争は全体的に減少傾向にある。下院議員選挙区は真の競争を回避するため、ゲリマンダーを導入している〔特定の政局・候補に有利になるように、選挙区を恣意的に区割りすること〕[74]。スター選手はチームメイトを厳選して、完璧に思えるスーパーチームを結成する[75]。親は我が子をエリート大学に押し込むために、高額で手の込んだ、時に違法な策略をめぐらせる[76]。大企業は驚くべき速度でスタートアップを買収する。競争の芽を早めに摘んでおくためだ[77]。アメリカ経済の幅広い分野で、統合の進展と競争の減少が見られたとしても不思議ではない。航空旅行やコンサートチケットから検索エンジンや家電まで、市場を牛耳っているのは単一の企業かごくひと握りのプレイヤーだ[78]。反トラスト法は、このような問題を何もかも解決できるわけではないが、少なくとも理論上は、市場支配力の蓄積に対処することが期待される。

ところがこの数十年、アメリカの反トラスト法の執行は心許なくなってきた。その活力が衰えた話は複雑で、全体的な経緯は本書が取り扱う範囲を超えている[79]。だがそこには、経済学者ミルトン・フリードマンやジョージ・スティグラーを含む、シカゴ大学の影響力ある専門家グループと、連邦巡回区控訴裁判所判事のリチャード・ポズナー、フランク・イースターブルック、ロバート・

ボークが重要な役割を果たしている。[80] 彼らが展開した理論とアプローチは、反トラスト法を大きくつくり変え、市場の集中を助長し、競争の弱体化を招き、連邦議会の意図を嘲った。この知的な潮流と、その見解を最終的に法廷が受け入れたことが有害な影響を及ぼした。それは今日も痛烈に感じ取れる。

シカゴ学派の議題の中心は、反トラスト法の中核的使命を定義し直すことだった。ボークとその同僚は、反トラスト法を構築し直した。競争市場を構造的に保護するための法体系ではなく、消費者厚生と配分効率を最大化するための実践として、反トラスト法を捉え直したのだ。彼らの考えにおいて、反トラスト法が解決すべき問題は市場の非効率性だった。この観点に立つと、競争を減らし、市場参入を阻止し、市場支配力を集中させる独占は有害ではなくなる。そしてそもそも有害だというのなら、それは独占によって、生産者が限界費用〔ある財・サービスを一単位増やすために必要となる費用〕を超えて膨張した価格を請求し、生産量を削減するからである。[81] だが、もし独占企業が競争市場と同じ価格で財やサービスを提供できるのであれば、法が介入する理由はない。

反トラスト法を方向転換させ、競争を二の次とし、経済効率を第一に扱うやり方を、反トラスト法の専門家リナ・カーンは、法の「グロテスクな歪曲」と評した。[82] 立法史の問題として、ボークの主張は完全な誤りとされた。[83] それにもかかわらず、最高裁に彼らの見解の同意者が現れたのだ。[84] 一九七〇年代半ば以降、反トラスト法に対する法廷のアプローチに変化が見られるようになり、シカゴ学派の唱える消費者厚生という枠組みを採用し始めた。[85] 二〇〇〇年代も半ばになる頃には、スカリア判事は――次のような判決文を全員一致で書き――独占を称賛していた。「単に独占力を保有し、それに伴う独占価格を請求することは違法ではないだけでなく、自由市場システムの重要な要素である。少なくとも短期間、独占価格を請求する機会は、そもそも「ビジネスの才能」を惹きつけるものだ。イノベーションと経済成長を生み出すリスクをとる姿勢を誘発するものだ(86)」

反トラスト法の中核的正当性をめぐる、このような一般的理解の逆転は、少なくとも一時的に、アメリカの反トラスト法の執行を弱体化させる結果を招いた。第一に、裁判所は、独占に好意的な市場観に埋め込まれた説明的な主張――もっと正確に言えば仮定――を多く採用した。中心的な仮定のひとつは、独占力は自己を修正する力を持ち、一時的なものでしかないことだ。もし企業が競争水準を上まわる価格を設定して、支配的立場を濫用したとしても、競合他社がすぐに市場に参入して、独占企業を弱体化させるという考えである。洗練され、利己的な行為者である独占企業は、そのような動きを予期しており、そもそも消費者を食い物にしようとはしないはずだ、というわけである。ところが、歴史には長期独占の例がたくさんあり、その多くが最終的に市場の見えざる手によってではなく、法の厳しい拳によってひざまずいた(87)。シカゴ学派の保証に反して、独占企業は参入障壁を築き、将来の競合他社を蹴散らす。あるいは、競争上の脅威となる前にさっさと買収してしまう。それ以上に信じられないのは、彼らの見解が、市場の行為者が完全な情報を持ち、完璧に合理的な決定を下せると仮定している点だ。だが、消費者、競合他社、さらには独占企業でさえ、その楽観的な仮定とは相容れない深刻な情報コストに直面する場合が多い。

第二に、法廷が反トラスト法訴訟の究極の問題を、ひとたび効率性の観点から概念化すると、反競争的行為に対する正当化、合理化、言い訳が延々と続く扉が開かれる。彼らは、すでに混み合っている市場において、合併は許可されるべきだと主張する。その理由は、規模の経済〔生産規模を拡大することで、単位あたりのコストが小さくなって得られる経済効果〕が、消費者に価格低下をもたらすからだというが、多くの場合、その利益は実現しない。彼らはまた、競争水準を上まわる価格は投資を促進する可能性があるため、容認されるべきだと主張する。さらに、独占力の獲得は、イノベーションを促進する可能性があるため、許容されるべきだとも示唆する。このような利益はしばしば、本来は違法な行為を免責するよう、法廷を納得させるのに充分である。[88] 市場支配力の長所について納得しようとする法廷の意欲は、部分的には、反トラスト法の主張の大半を規定する、合理の原則のフレームワークの副産物である。[89] 特定のカテゴリーの行為に対する当然違反原則を放棄し、ケースバイケースで便益と損失とのバランスをとるアプローチを採用することで、法廷は一種の経済的正当性のある物語を招く――実際には茫漠たる空論であり、もっと言えば単なるでっちあげにすぎない社会的価値に、反競争的な行動が役立っていることを説明してくれる物語である。

第三に、反トラスト法訴訟の複雑さとコストが増大した原因は、おもに合理の原則にある。明確なルールを放棄して融通の利く標準を採用すると、コストがかかる。争点である行為の損失と想定される便益とを包括的に説明することは、事実を重視する取り組みだ。証拠開示プロセスを通して、多くのデータを積み上げる必要がある。同時に、理論を重視する。膨大な経済データを理解するために、判事も陪審員も、訴訟当事者が雇用した専門家証人に大きく依存する。こうして専門の経済学者に依存すると、憲法が定めた法廷と陪審員の役割が奪われてしまう恐れがある。[90] さらに、証拠開示コストと専門家証人に支払う高額の費用が一因となって、反トラスト法訴訟のコストが増大する。だが、コストは非対称的な効果を及ぼし、被告に有利に働く。反トラスト法を執行する想定上の対象である企業が、一般人の原告より資源に恵まれていることはまず間違いない。訴訟コストを引き上げれば、市場支配力を持つ企業は訴訟を未然に防げる。[91] そして、提訴された時にも、潤沢な資金を持つ被告のほうが消耗戦を制しやすい。結局、合理の原則に基づく原告の勝算は惨めなものだ。ある調査結果は衝撃的だ。一九九九〜二〇〇九年に、九九パーセントの確率で被告が勝訴したという。[92]

理論的に言って、支配的な企業の不正行為に目を光らせるために最も適した立場にある連邦政府でさえ、反トラスト法正統派の学説に萎縮してきた。一九七〇〜七二年の短い期間に、司法省が独占企業と寡占企業を相手どって起こした訴訟の数は、約四〇件にのぼる。[93] ところがこの数十年、司法省の好戦的な態度は鳴りを潜めた。一九九〇年代後半にマイクロソフトを標的にして以来、フェイスブックとグーグルを告発すると発表するまで、独占を問いただす大きな訴訟を起こしてこなかった。しかも、マイクロソフトとの闘いも完全勝利とは言いがたい。[94]

とはいえ、アメリカの反トラスト法には復活の兆しが見える。自由放任主義への転換に、当然のごとく批判的な立場をとる専門家の新たな動向があり、彼らは説得力ある主張を行ない、反トラスト法の歴史的ルーツへの回帰を求めてきた。[95] 企業の行動をもっぱら効率の観点から評価するのではなく、反トラスト法は開かれた競争市場の確保に携わるべきだと主張する。[96] これらの声に共鳴する動きを考えれば、彼らの主張は——つい最近まで専門の弁護士と経済学者しか関心を持ってこなかった反トラスト法について——、活発で継続的な公の議論を巻き起こしてきた。[97] 政策立案者も注目し、連邦議会の両党の議員も、市場の集中に対抗する反トラスト法の規則を強化する必要性を認識している。[98]ただし、まだいまのところ、法案成立に合意するめどは立っていない。

だが幸い、問題解決に法律は必要ない。現代アメリカの反トラスト法を規定する法理は、ほぼすべて裁判官が決定したものだ。もし原告が適切な裁判官に、説得力ある主張をするならば、法理は再検討され、修正され、最終的には破棄されるかもしれない。そして、説得力ある事例がつくられる。経験的な問題として、現代の反トラスト政策は、価格の抑制という公的な目標の達成に――それ自体の条件で見ても――失敗しているという証拠がある。[99]さらに重要なことに、今日の法廷が反トラスト法を解釈して適用する方法は、シャーマン法とクレイトン法の条文からはかけ離れている。[100]条文の解釈と立法史の問題として、今日の法廷が好む反トラスト法の窮屈な解釈は、連邦議会が目標として設定した法律とは矛盾している。[101]

司法省と連邦取引委員会において、執行する課題の優先順位は、政治任用によって決まることが多いため、焦点を合わせ直すのは容易かもしれない。彼らが言うように、人事は政策である。適切なリーダーシップの下、競争を保護し、市場の集中に抵抗し、必要に応じて支配的な企業を解体するために、反トラスト法の執行機関による有意義な取り組みが見られるかもしれない。より強固な反トラスト体制に向けたロードマップを作成するうえで、ヨーロッパの競争当局が歩んだ道筋は多くのことを教えてくれるかもしれない。

## ヨーロッパの競争法

「欧州連合の機能に関する条約」第一〇一条は、「競争の機能を妨害し、制限し、もしくは歪曲する目的を有し、またはかかる結果をもたらす」協定を禁止している。つまり価格協定、生産制限、市場分割、差別的取り扱いなど、具体例の非網羅的なリストあげている。[102] さらに同第一〇二条は、支配的な企業がその地位を濫用することを禁じ、一方的な行為にも責任を拡大している。ヨーロッパの競争法は、アメリカの反トラスト法と幅広い類似点があるが、重要な違いは、強硬な執行をより行ないやすい環境をつくり出している点にある。欧州委員会〔EUの行政執行機関。内閣にあたる〕は、幅広い調査権限を持ち、法律違反を犯した企業に、高額の制裁金を科すことができる。また、EU加盟国の競争当局に、それぞれが独立して法を執行できる権限を与えている。[103]

ヨーロッパの関係当局は権限の行使を躊躇しない。欧州委員会は三年間で、グーグルに次の三つの件で制裁金を科した。まずグーグルが自社の有利になるように検索結果を操作した件で、二七億ドルを科し、[104] 次にAndroidのスマートフォンに自社の検索エンジンをバンドルし、他の端末メーカーにも同様にするよう裏金を支払った件で、五〇億ドルを科し、[105] 第三にAdSense〔グーグルの広告サービス〕で競合他社の広告を遮断した件で、一七億ドルの制裁金を科した。[106] 欧州委員会が追及の手を緩める気配はない。現在調査中なのは、フェイスブックがユーザーデータ——そのなかには、二〇一三年に買収したVPNサービスを介して取得したウェブトラフィックも含まれる——にアクセスできることを利用して、将来の競合を完全な脅威に発展する前に見つけ出していた、という疑惑だ[107]。同時に、人気のサードパーティ製品を模倣する目的で情報を収集した疑いで、アマゾンも標的にしている[108]。アップルも厳しい調査に直面している。アプリストアへのアクセス条件として、アップルがSpotifyなどの競合他社にサブスク料金の三〇パーセントの手数料を請求している件で、同委員会が調査中だ[109]。そしておそらく最も重要なのは、ドイツ連邦カルテル庁が、アップルとアマゾンとの取引について調査に着手したことだろう[110]。

ＥＵのより強硬な態度は、アメリカの法律との重要な違いに起因すると思われる。全体的に、種類というより程度の差にあるが、すべてを合わせると結果はかなり大きな違いになる。アメリカの反トラスト法が他の政策の優先事項を犠牲にして、効率性に固執してきた一方、ヨーロッパの法律はより幅広い目標を設定し続けている。消費者厚生は重要だが、多くの目標のひとつにすぎない。中小企業の保護、競争市場構造の存続、統合された単一市場の維持は、それ自体が価値ある目標だ[111]。実質的にＥＵの法律は市場支配力に対してより敏感であり、企業が支配的な地位を享受していると判断する傾向が強い。同じようにＥＵ法は、企業がその行為を通して支配的な立場を濫用していると結論づける可能性が高い。ひとつにはこのアプローチは、市場に対する揺るぎない信頼も、現代アメリカの反トラスト法を活気づける政府の介入に対する不信感も、ヨーロッパの規制当局が共有していないことの表れだ[112]。

修理についても、同じ基本的パターンが当てはまる。アメリカとＥＵのアプローチはほぼ同じだが、顕著な違いがいくつかある。ＥＵの初期の訴訟では、アフターマーケットを狭く定義していた。

そのため、企業が自社製品に対して互換性のない部品を製造していた時には、支配力を容易に立証できた。[113] その後は、コダック訴訟の論拠の影響を受けて、ロックインの問題とライフサイクル価格設定の課題を考慮した。たとえばプリンタメーカーは、トナーカートリッジ市場で支配的な立場にはなかった。消費者がライフサイクル価格を計算し、高いカートリッジ価格を抑制すると考えていたからだ。[114] ところが、高額な初期費用によってロックインが起こりやすくなり、ライフサイクル価格がそう簡単には計算できなくなった時にも、欧州委員会は引き続き、反競争的行為を追及した。デジタル・イクイップメント・コーポレーション（DEC）〔かつて存在したアメリカのコンピュータ会社〕が、ハードウェアとソフトウェアのメンテナンスサービスを抱き合わせ、ハードウェアのメンテナンスプロバイダを締め出していると、独立系のサービスプロバイダが苦情を申し立てたことから、欧州委員会は二年にわたる調査に乗り出した。最終的にDECは方針を変更して、競争に扉を開くことに同意した。[115] また二〇一一年には、補修部品と技術関係の情報に合理的な条件でアクセスすることを拒絶されたと、独立系のサービスプロバイダが非難したことを受け、IBMはその後の五年間、差別のない条件で迅速に情報を提供すると約束した。[116]

アメリカ法とEU法を比較した場合の重要なポイントは、反競争的行為の申し立てに、知的財産権の要素がどう組み込まれるかだ。知的財産権で保護された部品や製品のライセンス供与や販売の拒絶は、ごく少数の例外を除いて、反トラスト法の精査を免れると主張するアメリカの法廷もある。[117] 一方、ヨーロッパの法廷と規制当局は、知的財産権と競争との関係をもっと複雑に理解している。

交換用ボディパネルを輸入して自社の登録意匠を侵害したとして、ボルボに提訴された販売代理店は、ボルボが支配的な立場を濫用して、部品を輸入・販売するライセンスの供与を拒絶したと主張した。[118] それに対して裁判所は、意匠を具現化した製品の製造と販売を阻止する権利は、知的財産権の「保護対象となる」と認めた。ところが、法廷は販売代理店の主張を退けるのではなく、権利の行使の制限を正当化するような状況をいくつか特定した。「独立系の修理業者に、補修部品の供給を恣意的に拒絶する。補修部品の価格を不当な水準に固定する。特定モデルの車がまだ多く流通しているのにもかかわらず、補修部品の生産を打ち切る決定を下す」などである。ボルボが独占行為に関与しているという証拠はなかったものの、法廷は将来に向けてそのような主張の扉を開けておいたのだ。

その後の訴訟では、知的財産権の所有者に対して、製品やサービスのライセンス供与か販売を義務づける「例外的な状況」を認めてきた。マギル訴訟事件とIMS訴訟事件において、法廷は三部構成のテストの概要を述べた〔マギル社はアイルランドのテレビガイド発行会社。英国のテレビ局三社に著作権のライセンスを申し出たが拒絶されたため、許可のないままに三社の番組を記載した週刊テレビガイドを出版して提訴された。IMS訴訟事件では、マギル訴訟事件の判決が踏襲された〕。知的財産権の所有者が製品かサービスへのアクセスを拒絶すると、次の場合に濫用に該当する。「アクセス拒絶によって、潜在的な消費者の需要がある新製品の登場を妨げ、その拒絶が不当であり、二次流通市場での競争を排除するような場合」である。[119]「新製品」要件の正確な解釈については議論があるものの、修理の文脈においては問題となる可能性がある。[120] 目標は派生製品の生産ではなく、既存製品の修理である。[121] いずれにせよ、マギル訴訟事件とIMS訴訟事件の不可欠性のテストは、先のボルボ訴訟事件で概説された「例外的な状況」のリストに加わるもの、として理解されるのが最善だろう[122]。

消費者や修理プロバイダが、支配的地位の濫用を立証するためにこれらの評価基準を満たせるかどうかは、まだわからない。有効な著作権、特許、意匠権の対象である部品の不公正な価格設定の問題はとりわけ難しい。なぜなら、たとえ濫用がない場合でも、法的排他性の事実から、ある程度の価格プレミアムの発生が予想されるからだ[123]。それにもかかわらず、知的財産権が存在するという理由だけで、取引を拒絶する反競争的な結果から企業は免れるわけではない。

消費財の二大市場であるアメリカとヨーロッパは、世界的なビジネス慣行と製品設計の方向性を決定する力を持っている[124]。そのような行動を法が規制するのかどうか、またどのように規制するのかは極めて重要だ。法は、私たちが支払う財とサービスの価格を決定する役に立つ。市場での競争の程度を規制する。中小企業のビジネスチャンスをつくり出したり壊したりする。これらが充分な理由となって法が介入する。だが、修理市場を見ればわかるように、より重要な価値が危機に瀕している。制限のない市場支配力は環境の脅威をさらに悪化させ、人類の生存を危険に曝す。個人の自主性を制限し、想像もつかないほど強大な、ごくひと握りの企業に依存することになる。そして、権力の集中は、個人的な自由ばかりか集団的な自己決定権をも脅かす。二〇世紀初めの連邦最高裁判所判事、ルイス・ブランダイスは述べている。「この国では民主主義を手にすることも、ごく少数の人の手に巨富を集中させることもできるが、両方を手に入れることはできない[125]」

# 第7章　修理と消費者保護

反トラスト法は強力なツールだ。とはいえ、それだけで修理を阻むあらゆる障害を解決してくれそうにはない。実践的な障壁や法理的な障壁は――乗り越えられないわけではないが――極めて高い。現実には、最大の違反者は、ありえないほどの金額を投じて最強の弁護士を雇い、修理に対する権利の砦を維持しようとする。また、消費者を苦しめる被害がすべて、反トラスト法の理論にきれいに当てはまるわけでもない。だが、幸い、消費者保護法が別のツールを提供してくれる。消費者保護の目的は、市場での不正確な情報によって、企業が消費者に誤解を与えないようにすることだ。売り手は情報の自然な非対称性を享受する。そして、たとえ明白な欺瞞がない場合でも、その非対称性を利用した不公正な慣行を禁ずる必要性を消費者保護は認識している。そして最後に、製品が最低限の基本的な品質保証を下まわった時には、消費者保護法が救済措置を提供できる。これらの保護は、市場占有率に関係なく、すべての企業に適用され、独占のありきたりな主張よりもたいてい立証しやすい。消費者保護訴訟が抜本的で構造的な救済につながることはまずないが、市場行動に強い影響を与え、日々の消費体験を改善し、競合他社に対する競争条件を平等にすることは可能だ。

アメリカの消費者保護法は、関連し、重複し合う連邦法と州法を包含している。大雑把に言って、これらの法が目的とするのは、規制当局と消費者に力を与え、市場の詐欺まがいの行為、不公正な行為、濫用行為を阻止することだ。アメリカの反トラスト法を構成するおもな法のひとつ、連邦取引委員会法（ＦＴＣ法）のように、規制当局に市場の行動を取り締まる幅広い権限を与える法律もある。[1] あるいは、公正債権回収法（ＦＤＣＰＡ）やその他の法では、非常に特殊な市場取引について規則を定めている――債権回収者は「異常な時間か場所で」[2] 消費者と接触してはならない、というのもそのひとつだ。これらの法律は、連邦取引委員会や消費者金融保護局（ＣＦＰＢ）などの連邦機関、あるいは州レベルの消費者問題の担当局や司法長官が執行する。そして多くの場合、消費者が直接、申し立てを行なうことができる。同様に、ヨーロッパの法律は、ＥＵレベルと国家レベルの両方において、幅広い基準と分野別の禁止事項を組み込んでいる。[3]

本書で紹介してきた修理に関する制限の多くは、消費者保護法に関係がある。製品の修理可能性について誤解を招く記述や意図的な省略は、欺瞞的な取引行為になる可能性がある。修理部品が入手できないようにすることは、州の法定保証に違反する可能性がある。そして、消費者が自力で修理するか独立系の修理プロバイダに依頼すると、メーカー保証が無効になると脅す一般的な慣行は、連邦法に反する。厳密に管理された修理市場によってこそ消費者は最も保護される、とデバイスメーカーは主張するかもしれない。だが、彼ら自体が消費者に最も深刻なリスクをもたらす可能性を、法はよく理解している。

消費者保護は、消費者独自の修理を擁護する、強力で適用可能な法的ツールを提供する。とはいえ、連邦取引委員会と州の司法長官はこれまで、その法的ツールを有効に活用してこなかった。より明確なガイダンスとより精力的な執行は、デバイスメーカーが展開する極めて悪質な戦術を抑制するうえで、大いに役立つだろう。

## 消費者の修理に対する認識

消費者保護法が自力修理やサードパーティによる修理にどのように適用されるかを知るために、消費者が修理可能性をどう捉えているかについて、よく理解する必要がある。消費者は、製品が修理できることを期待し、重視しているのか。修理可能性は、製品を購入するかどうかの決定に影響を与えるのか。このようなさまざまな問いの答えを探るために、二〇二〇年、私は八〇〇人を超えるアメリカの消費者を対象に調査を実施した。(4) 調査対象は、性別、年齢、収入においてアメリカの人口を幅広く代表していた。調査はまず、電子機器の五つのカテゴリー――スマートフォン、タブレット、スマートスピーカー、デジタルカメラ、スマート冷蔵庫――から、ひとつを購入する消費者を特定することから始まった。(5) 次に、各消費者（回答者）には、最近購入したばかりか購入を検討している電子機器のカテゴリーについて、一連の質問に答えてもらった。

最初の質問は、購入する電子機器の修理が可能かどうかについて、どの程度期待するかを測定する問いだった。回答から、修理可能性に対する期待が高いことと、デバイスメーカーが修理の選択肢を制限した時に消費者が覚えるさまざまな感情――驚き、怒り、さらには裏切られたという思い

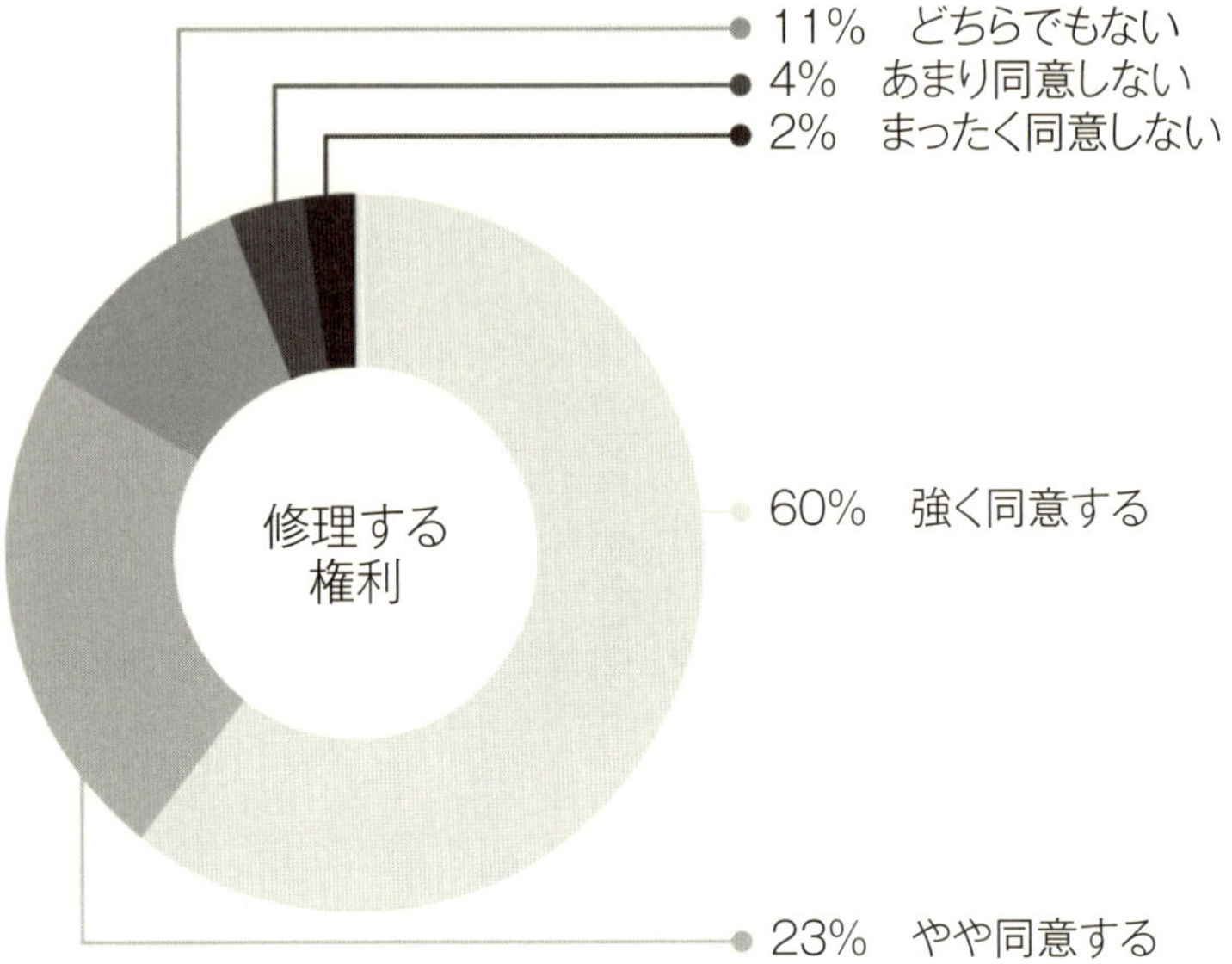


**図1　修理する権利に同意するか**

――を明らかにしている。回答者は、次の考えに同意するかどうかを問われた。「（デバイスを）購入した時、自分で修理するか、自分が選んだ修理ショップに持ち込む権利がある」。**図1**が示すように、回答者の大多数（八三パーセント）が同意し、六〇パーセントが強く同意した。スマートフォン、タブレット、スマート冷蔵庫の結果はほぼ同じだった。スマートスピーカーについては、約七六パーセントが同意した。注目すべきはデジタルカメラであり、同意すると答えた割合が高く、九三パーセントが修理する権利に同意し、七五パーセントの回答者が強く同意した。一九九〇年代に登場したデジタルカメラは、修理を制限する最近の傾向が始まる以前から存在しており、消費者の期待が高いのもそれが理由だろう。

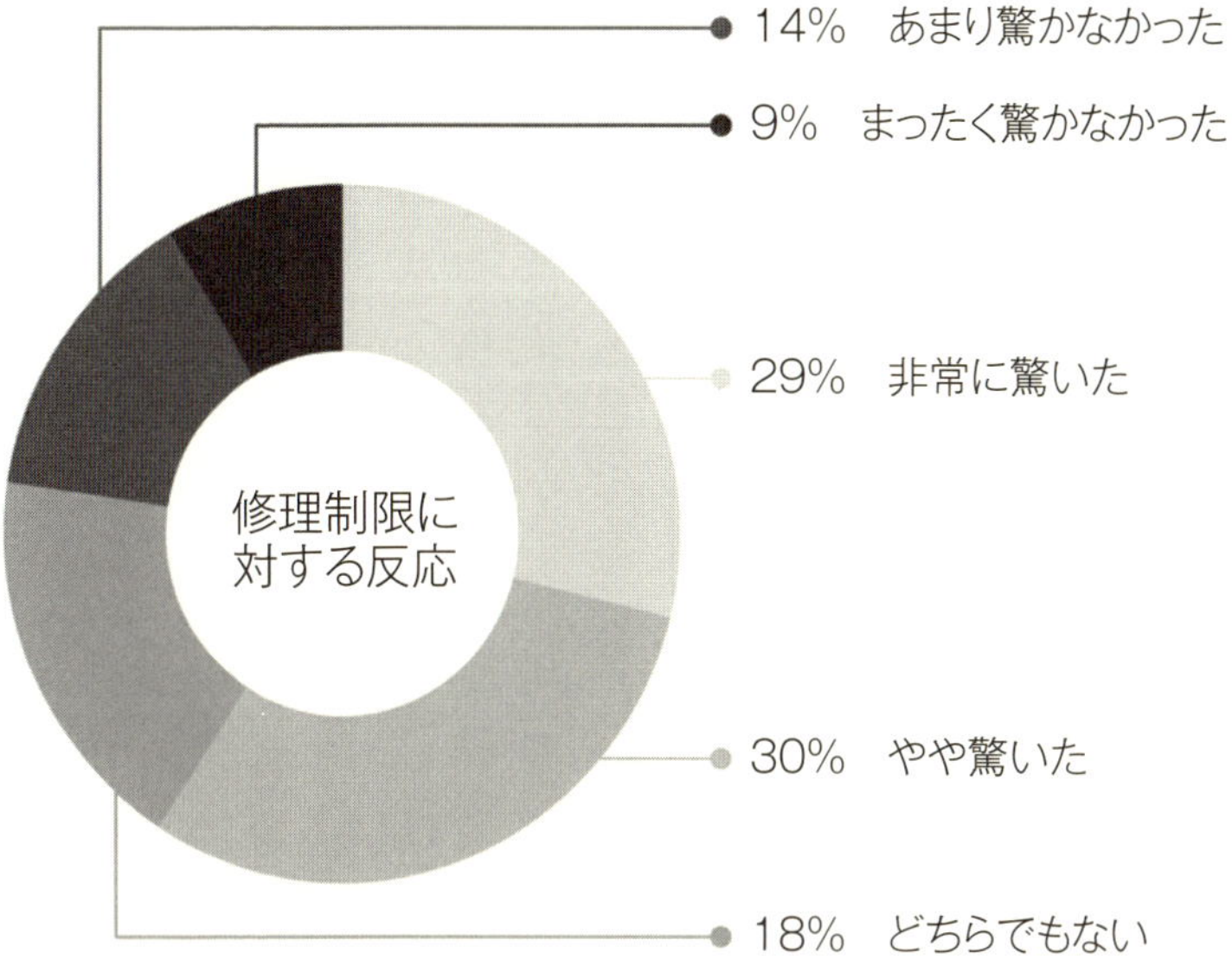


**図２　修理制限に驚いたか**

続いて回答者には次のように質問した。「自分で修理するか修理してもらうことを（デバイス）メーカーが制限していると知ったら、どう思うか」。**図２**を見ればわかるが、大多数が「非常に驚いた」あるいは「やや驚いた」と回答したが、その割合は修理可能性に対する期待よりも低かった。消費者がデバイスメーカーをある程度、懐疑的な目で見ているという意味かもしれない。製品が修理可能であることは期待しているが、メーカーがその期待に応えなくても、消費者はさほどショックを受けないのだ。

消費者はまた、デバイスに対する修理制限を知ったらどう思うかを、自分の言葉で説明するように訊かれた。控えめに言って、回答は非常に批判的だった。六七パーセントが否定的で、肯定的な回答はわずか九パーセントにとどまった。(6) 六三人の消費者が回答した最も多い感情は怒りだった。動揺、失望、苛立ち、憤慨という回答もあった。さらに数十人がもっと強い言葉を使った。たとえば、騙された、ペテン、詐欺、いかさま、インチキ。さらには単純にムカつくなど。他の回答は、修理の制限がいかに自主性を妨げているかを浮き彫りにしていた。ある回答者はこう述べている。「私が製品を購入したあと、それをどうできるかについて、私に指図する権利は（メーカーには）ないと思うがね」。また別の人は「私が合法的に所有する製品について、私がしたいことをする自由に、メーカーは影響を与えています」と懸念していた。

次のふたつの質問は、修理の制限が消費者の意思決定に重要か、言い換えれば、製品購入の決定に影響を与えるかどうかを測定する問いだ。まず次のように質問した。「メーカーが（デバイスを）修理するあなたの能力を制限していると知っていたら、（そのデバイスを）購入する気持ちに影響を与えるか」。**図3**の通り、消費者の七〇パーセント以上が、制限の対象であるデバイスを購入する可能性は低いと回答している。結果はデバイスの種類に限らずほぼ同じ数字を示し、スマート冷蔵庫の六八パーセントからデジタルカメラの七六パーセントまでが、購入の可能性はかなり低いか、やや低いと回答した。

だが、重要なのは単純な二者択一の質問ではない。製品を絶対に購入しないという拒否はさておき、消費者は製品のプラスとマイナスの特性を考慮して、支払ってもよいと思う価格を調整することが多い。そこで次のような質問をした。「メーカーが（デバイスを）修理するあなたの能力を制限していると知った時、（そのデバイスに）支払ってもよいと思う価格に影響を与えるか」。絶対的な

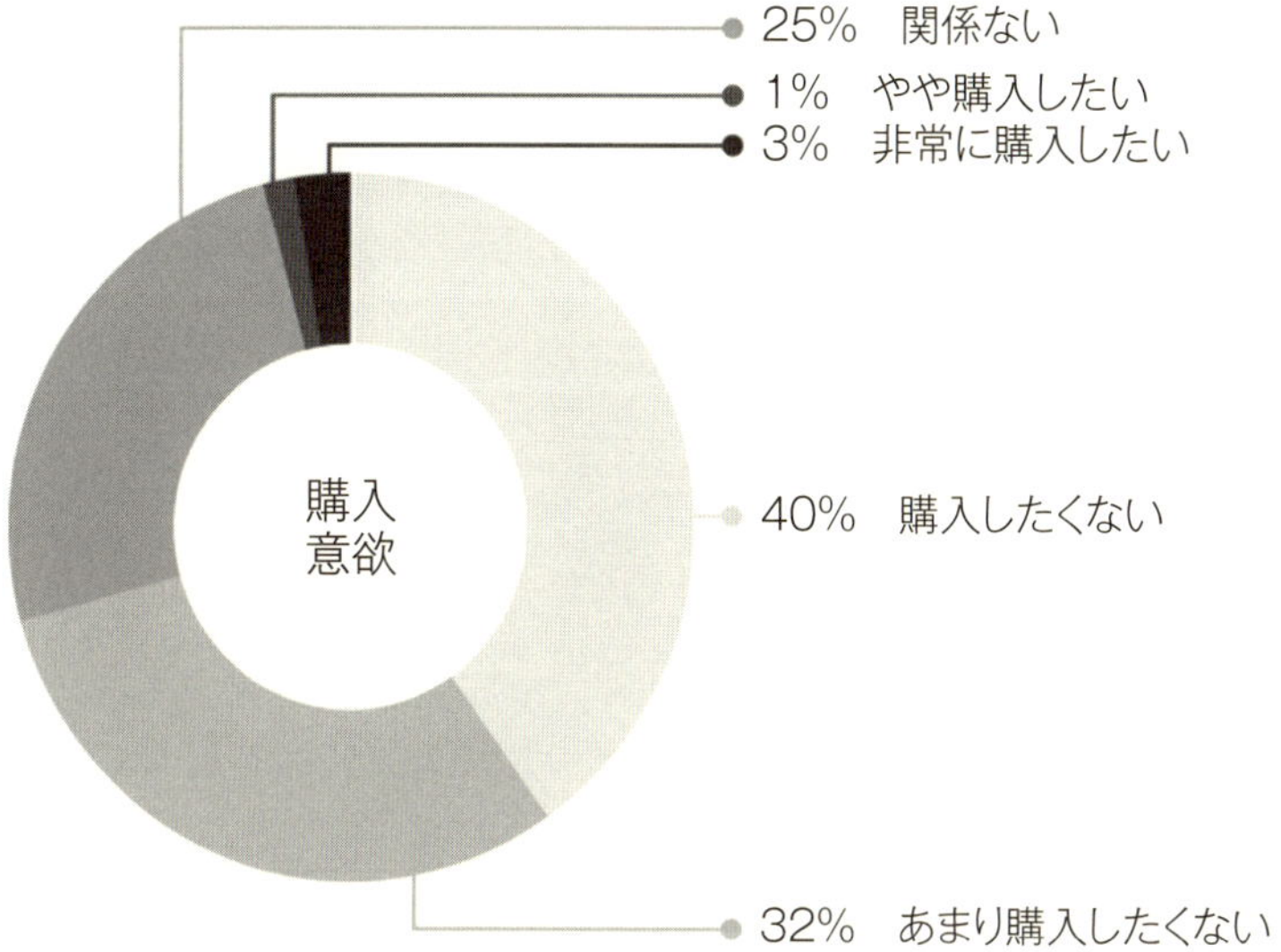


**図３　修理制限のあるデバイスを購入したいか**

金額ではなく、支払っても構わないという意欲を相対的に測定する問いだ。**図４**から明らかなように、修理制限のあるデバイスの場合、大多数の人が支払う額を減らすと回答した。四〇パーセントが「かなり安く」、三〇パーセントが「やや安く」支払うと答えた。回答はスマート冷蔵庫を除いて、残り四つのカテゴリーにおいてほぼ一致していた。だがスマート冷蔵庫の場合でも、六二パーセントが修理制限のある製品を購入する可能性は低いと回答した。

調査結果が示すのは、消費者が修理可能性に強い期待を抱いていることだ。同様に重要なのは、修理制限に関する正確な情報が市場での消費者行動を決めるという考えを、消費者が裏づけていることだ。これらの結論は、二〇一八年に欧州委員会が報告した「循環型経済への消費者の関与に関す

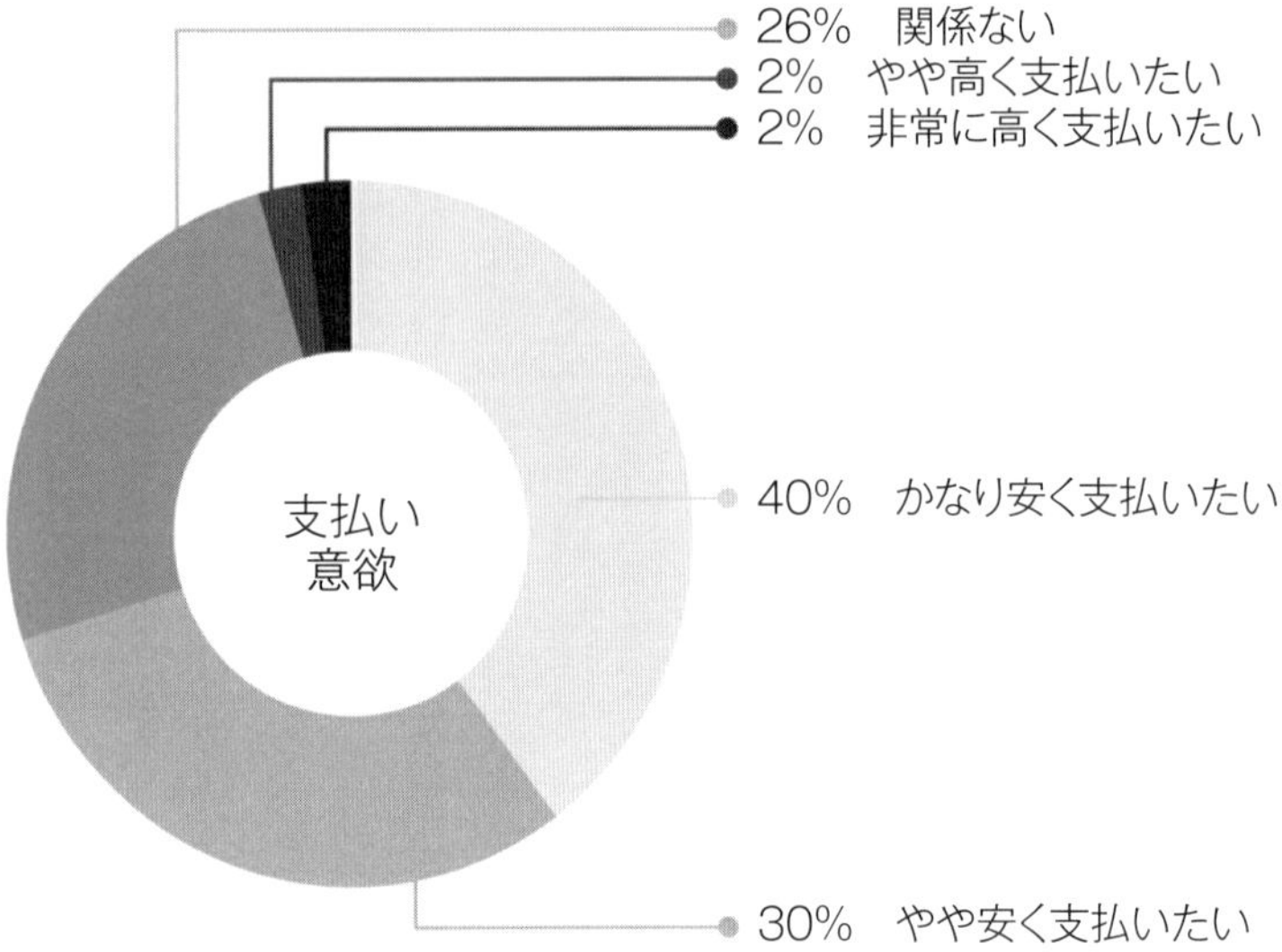


**図４　修理制限のあるデバイスにどのくらい支払いたいか**

る行動調査」の結果と一致する。この報告は、製品の耐久性や修理可能性に関する消費者の態度と行動を、より深く理解する目的でまとめられた。ヨーロッパの消費者に、耐久性や修理のしやすさについてより詳しい情報を受け取りたいか、と訊ねたところ、圧倒的多数が「はい」と答えた[7]。また、ほとんどの人が、修理の情報が最も役に立つのは、購入時点か、どの製品を購入するか比較している時だ、という考えに同意した。

　この報告書には、その種の情報が消費者の購買決定にどんな影響を与えるかを測定する実験も含まれていた。消費者は、擬似ショッピングサイトにおいて、五つの製品――掃除機、食洗機、テレビ、スマートフォン、コート――を、六つのモデルから選んで購入するという実験に参加した。六つのモデルにはそれぞれ、名前、画像、価格が表示してある。

耐久性と修理可能性の情報が書かれたラベルのある場合もあれば、ラベルのない場合もあった。案の定、その情報が購買決定に大きな影響を与えた。そのふたつの情報があった被験者は、六つのモデルのうち、最も耐久性のある製品を選ぶ可能性が三倍、最も修理可能性の高い製品を選ぶ可能性が二倍高かったのだ。[8] よりよい情報は、消費者の選好だけでなく支払い意欲にも変化を与えていた。消費者が重視したのは、修理可能性スコアの高い製品だったのだ。スコアの高い製品の場合、消費者は掃除機には二九〜五四ユーロ、食洗機には八三〜一〇五ユーロ、テレビには七七〜一七一ユーロ、スマートフォンには四八〜九八ユーロを余分に支払っても構わないと考えていた。同じ効果は耐久性の場合にも見られた。[9]

これらの結果から、欧米の消費者が修理を期待するとともに重視している、と考えていいだろう。彼らは、修理制限のある製品にはあまり興味を示さず、修理する権利に対してより多く支払う。このような事実がみなの知るところとなれば、修理に対する消費者の関心を、法律がどのように保護できるのかに目を向けることができる。

### 不公正かつ欺瞞的行為

消費者保護法の中核を成すのが、正直で公正な商行為に対する取り組みだ。市場が機能するために消費者が必要とするのは、信頼の置ける正確な情報であり、企業は非良心的な戦術を使って市場を悪用することはできないという一定の保証である。アメリカでこれらの使命の中心を担うのが連邦取引委員会である。同委員会は一九一四年に設立され、反トラスト法の執行だけでなく、市場において「不公正または欺瞞的な行為または慣行」を、より広範に対象とする権限が与えられている。[10]過去一世紀にわたって、連邦取引委員会の責任は著しく増大した。クレジットカードの情報開示から迷惑メールや迷惑電話に至るまで、消費者利益を保護するために、多くの法律を執行する任務を負っている。この数十年は、プライバシー規制当局として、インターネット経済の重要な部分を監督するという、ますます重要な役割を果たすようになった。[11]

連邦取引委員会はまだいまのところ、修理を制限するデバイスメーカーに対して大きな措置は講じていないものの、この問題が消費者保護義務の幅広い範囲内にあることは認識している。二〇一九年七月、同委員会はワークショップを開催して、「消費者と修理ショップによる修理を、メーカーがどのように制限するのか、そしてその制限が消費者保護に影響を与えるのかどうか」をテーマに議論した。[12]連邦取引委員会の使命の範囲には、修理制限に関係する法律が少なくともふたつある。そのひとつ、マグナソン・モス保証法（ＭＭＷＡ）〔連邦取引委員会が規制権限を持つ消費者保護法。一般消費者向けの製品のみを対象とし、サービスの提供には適用されない〕の下で消費者が享受できる保護については後述する。まずはその前に、不公正かつ欺瞞的な商取引を取り締まるという、連邦取引委員会の中心的使命について見ていこう。

不公正と欺瞞は別個の法理論であり、別個の立証要素を必要とする。ふたつのうち、まずは不公正な行為について取り上げよう。不公正に関する連邦取引委員会の管轄範囲は広範である。連邦議会は不公正を厳密に定義するのではなく、司法審査の対象に対して連邦取引委員会に柔軟な権限を与えた。ところが、時の経過とともに、合理的で自明の基準が発達していった。ある行為が不公正とみなされるためには、連邦取引委員会は次の三つの基準を立証しなければならない。一、消費者に重大な損害をもたらす。二、利益が損害を上まわらない。三、合理的に回避できない(13)。

基準一の重大な損害には、金銭的な損害と、欲しくもない財かサービスの購入義務という、両方の損害が含まれる場合がある。修理について言えば、消費者は修理可能性に大きな価値を置き、修理ができない製品の購入を控える傾向がある。したがって、企業が修理を妨げる設計や方針を開示しない時、消費者は実質的な損害に直面する。正規の修理に対して法外な支払いを強要する方針は、消費者に損害を与える。交換部品はもちろん、純正部品を初期化するために必要なソフトウェアの販売を拒絶することもそうだ。アップルのAirPodsのように修理できない製品は、その旨を明確に伝えなければ、消費者にとって本質的に有害な可能性すらある。既存の方針を転換して、修理をアクセスしにくくする場合もそうだ。たとえばニコンが、既存のサードパーティの修理プロバイダとの契約を打ち切った時、消費者は余分な出費、遅延、不便を強いられた。

こうして損害が立証されると、基準二に移る。すなわち、消費者にとってか、より幅広い競争にとっての利益が、損害を上まわるのかどうかが問題となる。修理を制限するデバイスメーカーは、制限の方針がもたらす利点——たとえば信頼性や安全性、セキュリティの向上など——について得々と並べ立てるだろう。ロビイストは密室で連邦議員にそのような主張を吹き込むが、それは法廷で確固たる証拠を揃えて立証する内容とは必ずしも一致しない。食品医薬品局が明らかにしたように、独立系のプロバイダによる修理は効果的で信頼性が高い(14)。人命を救う医療技術についてそう言えるのなら、同じことはスマートフォンについてもまず間違いなく言える。企業はまた、修理制限がなければ、イノベーションが減少して価格の高騰を招くと主張するかもしれない。毎度お馴染みの、イノベーションという言葉を使った正当化は疑うべきである。消費者が手元のスマートフォンを簡単に修理できるなら、新機種の発売ペースは遅くなるだろうか。答えは、おそらくイエスだ。だが、それだけでは、社会が重要なイノベーションを失ったことにはならない。価格上昇について言えば、現在、多くの電子デバイスのおかげで企業が享受している利益は、たとえ販売台数が減少しても、採算性を確保する充分な余地が残っている。そして修理が増えれば、新機種の価格にさらなる下落圧力がかかるだけだ。

最後に基準三に移り、修理制限がもたらす損害を、消費者が合理的に回避できるのかどうかについて考慮しなければならない。この時、すでに購入した消費者と購入を検討している消費者とを、区別したほうがわかりやすいだろう。iPhone やディアのトラクターを購入したあとでは、修理制限がもたらす損害は事実上、避けようがない。そして、販売者は修理制限の情報を明確に開示していないため、消費者はその条件を購入の決定時に考慮することはできない。たとえ購入前であっても、損害の回避が難しい場合が多い。消費者製品の市場は多くの場合、高度に集中している。選択肢は限られている。製品カテゴリー全体を通して、修理制限はすでに一般的かもしれない。また、修理を阻止する設計や企業の方針は、たいてい開示されていないため、消費者が修理可能性をもとに製品を比較検討するのは難しい。たとえ修理制限のない同等の製品が探し出せたとしても、ロックインによって選択肢が限られてしまう[15]。あなたはすでにMacBook、Apple TV、HomePod（スピーカー）

を所有している。すでにアップルミュージック、ニュース、フィットネスをサブスクし、iCloud にバックアップを保存している。そんな時、Android を買う可能性がいったいどのくらいあるだろうか。実質的に選択肢がないため、排他的な修理方針が及ぼす損害を回避するのは難しい。結果として、連邦取引委員会はその行為を不公正だと判断すべきである。

場合によって、不公正な行為は欺瞞的な行為とみなされるかもしれない。その行為が欺瞞的だと主張するためには、次の三つを立証する必要がある。一、「消費者の誤解を招く可能性の高い表示、省略、慣行」。二、合理的な消費者の視点から見た評価であること。三、「重要な表示、省略、慣行であること」[16]。

大半のデバイスメーカーは、自社製品の修理可能性について明示的な説明を避ける。またほとんどの場合、消費者が自分の選んだ部品やサービスを使って自由に修理できる、という保証を与えることもない。それにもかかわらず、商品の宣伝や販売で使われる言葉が欺瞞的だとして、訴訟につながる場合がある[17]。たとえば、フランスの家電・調理器具メーカーSEB——ティファールなどのブランドを展開——は、一部の製品に一〇年間の修理保証をつけて販売している。これは補修部品が入手可能で、即座に修理に対応し、買い替えるよりも安価だという約束だ[18]。修理を優先し、製品の品質を保証しているSEBのような企業の姿勢は称賛に値する。だが、修理可能性に対して後ろ向きで、しかも約束を果たさない企業の欺瞞的行為に対しては異議を唱えるべきである。とはいえ、明示的な約束がない場合でも、広告や他の商業的コミュニケーションにおいて重要な情報を意図的に省略すれば、欺瞞的行為の元となる恐れがある[19]。もし情報を開示していない結果として、消費者が誤った印象を持つか間違って理解した場合、たとえその誤解を販売者が積極的に招いたわけでなく、消費者の期待から生まれた場合でも、消費者は誤解させられたことになる。[20]

調査結果から読み取れるのは、自分が購入したデバイスの修理について、消費者が強い期待を持っていることだ。八〇パーセント以上の消費者が、自力で修理するか、自分が選んだ修理ショップに依頼する権利があると考えている。この数字は、一般的に欺瞞を立証するために必要となる、消費者のおよそ一〇～一五パーセントという無視できない少数派を大きく上まわっている。[21] 確かに、企業が課す修理制限は一〇〇パーセント有効ではない。とはいえ、かなりの数の消費者が修理を諦める。より高額の正規プロバイダに依頼するよう、誘導される消費者もいる。どちらの場合にも、企業の行動は先の調査で明らかになった消費者の期待とは異なる。

だが、アップルから直接、交換部品を購入できることや、初期化のために地元のディーラーにお金を支払うことなく、トラクターの方向指示器を交換できることを期待する消費者は、単に理性的でないだけなのかもしれない。ひょっとしたら、消費者が単なる世間知らずなのかもしれない。消費者の八〇パーセントを理性的でないとみなす問題はさておき、連邦取引委員会は欺瞞の主張を合理的な人の観点から評価する。[22] そのような仮定の行為者にとって、何が欺瞞になるかを判断する時、連邦取引委員会が重視するのは、明瞭な表示や目立つ但し書きがあり、売り手が重要な情報を意図的に省略していないかどうかである。多くの場合、広告やその他のコミュニケーションに、複数の合理的な解釈が当てはまることを法律は認めている——それらの解釈のひとつが誤解を招く場合、広告主に法的責任がある。結局のところ、虚偽広告を取り締まる法律の意図は、知識のある人や懐疑心の強い人だけを保護することではない。「無知な人、考えの足りない人、騙されやすい人を含む莫大な数の人たち」を保護することにある。[23]

修理制限は誤解を招くだけでなく、重大な問題である。すなわち、もし消費者がデバイスを修理する際にハードルがあると知っていたら、別の選択をするだろうということだ。そのデバイスを購入しないかもしれないし、割引価格でしか購入しないかもしれない。製品のコストとパフォーマンス――修理と強く関係のある特性――に関連する申し立てについて、法廷は重要性を推定する。そうでなければ、調査や消費者の証言などの直接的な証拠を根拠とする。繰り返しになるが、修理が重要であることを調査は強く裏づけている。もしメーカーが修理を制限していることを知っていたら、そのデバイスを購入する可能性が低くなる――より安い価格を望む――と、アメリカの消費者のおよそ七〇パーセントが答えている（図4）のだ。一方、ヨーロッパの消費者について言えば、正確な情報が与えられた場合、修理可能な製品を選ぶ可能性が二倍以上になった。彼らもまた、修理可能な製品であれば少し割高であっても支払うという。

修理制限が不公正で欺瞞的であるなら、なぜその行為が標的にされてこなかったのか。連邦法の欠陥のひとつは、連邦取引委員会法の下に私的訴権がないことだ。[24] そのため、同委員会自体は法を執行できるが、不公正で欺瞞的な慣行に対して、消費者が直接、企業を提訴して異議を申し立てることができない。そうであるにもかかわらず、消費者にとって連邦取引委員会が強力な同盟者である点に変わりはない。市場全体に蔓延している行為であっても、特定の企業を法律違反で訴える権限が、同委員会には与えられているのだ。[25] 個々の企業を提訴するだけでなく、業界の行動を決定するルールや非公式のガイダンスも発表できる。また、事実を追求する権限と、調査を行なう権限を持ち、有害な慣行とそれが消費者に及ぼす影響も明らかにできる[26]。その責任範囲と資源の限界を考えれば、当然ながら、あらゆる懸念領域に取り組むことはできない。とはいえ、経済と環境に与える影響を考慮した時、修理制限の優先順位をもっと高く設定すべきだろう。連邦取引委員会は修理制限を抑制する特別な立場にあり、積極的な措置をとる必要がある。

だが、たとえ連邦取引委員会がなくても、不公正と欺瞞を追求する手立てはある。アメリカの五〇州すべてとコロンビア特別区（ワシントンDC）、プエルトリコ、グアム、ヴァージン諸島は、不公正で欺瞞的な慣行に対して、独自の法律を制定している[27]。これらの法律は多くの場合、州司法長官か消費者保護局〔連邦取引委員会の下にあって、消費者政策を統括する機関〕に執行権限を与えるとともに、民間の原告にも提訴する権利を認めている。したがって、修理制限による損害を受けた場合、消費者はデバイスメーカーを直接訴えることが可能だ。加えて、多くの州では、虚偽広告に対してコモンロー（慣習法）と法定保護の両方を定めている。その結果、網の目のように重なり合う制度によって、不公正で欺瞞的な商慣行に対処できる。たとえばカリフォルニア州の不正競争防止法は「あらゆる違法、不公正、詐欺的な商行為か慣行と、不公正、欺瞞的、虚偽または誤解を招く広告」を禁じている[28]。加えて、同州の虚偽広告法は「虚偽または誤解を招く……記述、そして虚偽または誤解を招くことがわかっているか、合理的な注意を払えばわかるはずの記述[29]」の広告掲載を禁じている。同じくカリフォルニア州の消費者救済の法律は、「不公正な競争方法と、不公正または欺瞞的な行為か慣行」として二七のリストを特定しており、そのなかには「取引が有していないか伴っていない権利、救済、義務を付与するか、伴うかのように表示するもの」[30]も含まれる。これらの法律の的確な表現と責任を立証するために必要な要素は、州ごとに異なる。それでも、修理にまつわる攻撃的で誤解を招くような方針に対抗するために必要な機会を、消費者に提供する。私的訴訟にはメリットがあるが、原告と弁護士には必ずしも訴訟を起こす動機はない。個々の原告に対する損害賠償は低い可能性があり、集団訴訟には独自のハードルが伴う。そして、デバイスメーカーはたいてい仲裁条項を利用して訴訟を回避しようとするからだ。

一方、ヨーロッパについて言えば、「不公正取引方法指令（UCPD）」の下、EU法はアメリカの法律と同様に保護を提供する[31]。同指令第五条は、不公正な行為、すなわち職業上の注意に反して、消費者の行動を著しく歪める行為を広く禁じている。法律によって、売り手は正直な商習慣に従い、誠実に行動するよう義務づけられている。この基準の下、第五条は「〝セーフティネット〟として機能し」[32]、指令の他の箇所で禁じられていない不公正な活動を補足する。第六条は誤解を招く行為を禁ずる。「虚偽の情報が含まれるか……たとえその情報が事実として正確だったとしても、なんらかの方法で……平均的消費者を騙すか騙す可能性がある場合」[33]には、誤解を招く慣行とみなされる。そして、その虚偽の情報か誤解を招く情報は、消費者の行動を変えるものでなければならない。この指令は、多くのカテゴリーのなかでもとりわけ、「製品の主な特徴」や「サービス、部品、交換、修理の必要性」[34]について、誤解を招くコミュニケーションを対象にしている。

省略が誤解を招く可能性もある。「平均的消費者が」情報に基づいて購入を決定するために「必要である重要な情報」を、メーカーか売り手が「省略」し、その結果、もし情報があれば、消費者が購入しなかった製品を購入したり、合意しなかった取引に合意したりした場合、情報の省略は法律違反になる。[35] この禁止条項は、隠された情報をはじめ「不明瞭、理解不能、曖昧、時期尚早」な情報にも適用される。[36] つまり、売り手は消費者に、正確な情報を効果的かつ有意義に提供して、消費者が充分な情報に基づいて購入決定を下せるようにする義務を負う。

その基準が満たされているかどうかは、ケースバイケースで判断されてきた。だが、欧州委員会は公式ガイダンス文書のなかで、計画的陳腐化は、もし非公開の場合には法律に抵触する可能性があると忠告した。その説明によれば、「製品の耐用年数が限られていることを消費者に伝えなかった業者は……重要な情報を提供しなかったとみなされるかもしれない」。[37] したがって、たとえばワイヤレスヘッドフォンのバッテリーが交換できない場合に、その事実を開示しないのは法的に問題がある。同じように、グリーンウォッシング――製品が環境に与える影響を虚偽言及するか過小評価する慣行――も誤解を招く恐れがある。[38] それ自体は正確な主張であっても、誤解を招くような解釈をさせてしまう場合もある。例をあげれば、電気自動車のカーボンフットプリントに焦点を当てた広告の場合、生産段階について言及しないならば、消費者に誤解を与えかねない。このラップトップにはリサイクルアルミニウムを利用しています、と謳っておきながら、それ以外のおもな材料の調達について触れない場合にも、同じことが言える。

最後に、この指令には、当然違法とされる三一の行為を集めたブラックリストが含まれている。そのうちのひとつは、修理に関係する可能性がある。特定の製品を購入しないと、消費者か家族の個人的な安全がリスクに曝される、と不正確に主張することである。[39] 本書で繰り返し述べてきたように、自力修理や独立系プロバイダによる修理、サードパーティ製部品、再生デバイスを取り締まるために、デバイスメーカーが主張する主要な正当化のひとつは、安全ではないという点だ。その主張が証拠によって合理的に裏づけられない場合、ＥＵ法の下では法的に問題がある。そうであるにもかかわらず、アメリカ当局と同様に、ＥＵ当局も既存の消費者保護法の最大の効果を、修理制限にうまく反映できていない。

## 保証

消費者保護法の別の重要な機能は、保証（warranties）――ヨーロッパでは guaranties と呼ばれる――の条件を定義して執行することだ。本質的に、保証はメーカーか販売者による約束であり、明示的な場合がある。たとえば自動車メーカーが、新車を五年間か六万マイル（一〇万キロメートル弱）のどちらかまで保証する時がそうだ。あるいは、黙示的な場合もある。直接、保証されていない場合でも、すべての販売者は法律に基づき、販売する商品の品質と特性について最小限の約束をしたものとみなされる。消費者保護法は、これらの黙示的な約束に意味を与え、明示的な保証条件を強制する手段を提供する。

### 黙示的保証と法的保証

まずは黙示的な保証から見ていこう。アメリカの統一商事法典（ＵＣＣ）第二条の目的は、商品売買に関する州法を可能な限り統一（共通化）させることにある。ルイジアナ州を除く全州で制定され、あらゆる購入者が享受できる黙示的保証について定めている。[40] 第一に、別段の言及がない場合、商品の販売者は商品を所有し、競合する権利なしに譲渡する権利を保証される。たとえば地元のディーラーから中古車を購入した時、それが盗難車や留置権の対象でないことを、購入者自身が独自に確認する必要はない。[41] 第二に、商品性を黙示的に保証する。これは、消費者が購入する商品はどれも「適正に平均的な品質であり」「通常の用途に適合している」ことを保証するという意味だ。[42]

このような基本的な保証の他にも、多くの場合、州は法律によって消費者保護を補完している。たとえば、どの州もいわゆるレモン法（欠陥商品の購入者を保護する消費者保護法。レモンは一般に欠陥自動車を指す）を制定している。レモン法では、特定の期間（たいてい購入から一年）に問題が継続的に発生した場合、メーカーは修理するか、新しい車両と交換しなければならない。もし妥当な期間内に修理できない場合、購入者は新車か返金を要求できる。この種の法律で最も野心的な州法は、カリフォルニア州のソング・ビバリー消費者保証法（通称カリフォルニア州レモン法）だろう。[43] ほとんどのレモン法よりずっと範囲が広く、商品全般の販売に適用される。商事統一法典が黙示的保証期間を設定していない一方、カリフォルニア州レモン法では、明示されている保証期間か、保証期間が明記されていない場合には一年間と規定している。また、メーカーか販売者が意図的に保証義務を怠った場合、消費者は実際の損害額の二倍の賠償額を受け取ることができる。

カリフォルニア州レモン法は、メーカーの修理義務にも直接言及している。[44] 価格に関係なく、デバイスメーカーは——自社内、あるいはサードパーティのプロバイダとの契約に基づいて——州内にサービス・修理施設を維持する義務がある。サードパーティの修理プロバイダが利用できる、部品の在庫も維持しなければならない。卸売価格が五〇ドルを超える電子機器や家電のメーカーは、最低でも三年間は部品と情報を入手可能にしておかなければならない[45]。卸売価格が一〇〇ドルを超える場合は、七年間に延長される[46]。カリフォルニア州の規模を考えれば、同レモン法は全米のデバイスメーカーの方針をかたちづくってきた。たとえばアップルのビンテージ製品と古い製品との区別は、補修部品を七年間維持するという要件の副産物である[47]。

ある裁判所は、未公開の拘束力のない覚書で、これらの要件はメーカー自身の修理施設と正規の修理パートナーの施設にのみ適用されるという判断を下した[48]。この解釈は、法文とは矛盾する。メーカーが設定した明示的保証期間において、部品と情報を提供する義務があるのは「正規のサービス・修理施設」だけである[49]。ところが、製品が明示的保証の対象でなくなる三年か七年の残りの期間、その義務は正規の施設に限らず、あらゆる「サービス・修理施設」に適用される[50]。これは完璧に理にかなっている。明示的な保証期間内、メーカーは修理に責任を負う。だが、その期間が過ぎれば、消費者は独立系の修理プロバイダに自由に修理を依頼できるべきである。

ヨーロッパの法律は、消費者に対して独自の保護をデフォルトで提供している。これらは、アメリカの統一商事法典で定められた内容と類似しているが、いくつか注目すべき点でそれ以上に強固である。商品は通常の目的——すなわち、EU法と各国の国内法の両方、技術基準、業界の行動規範を組み込んだ基準——に適合していなければならない[51]。消費者が合理的に期待する「品質とそれ以外の特徴を備えて」いる必要がある。とりわけ耐久性、機能性、互換性であり、設置や修理関連の説明書も付属していなければならない。デジタルコンポーネントの付いた商品については、必要なソフトウェアのアップデートを提供しなければならない。アメリカの法律と同じように、商品が特定の目的を意図されていることを販売者が知る限り、商品はその目的を果たしていなければならない。

これらの義務は最低二年間続く。[52] だが、欧州経済領域(EEA)のなかで、期間を延長した国もある。たとえば、ノルウェー消費者法ではデフォルトの法的保証は商品の種類に応じて最長五年間、[53] アイルランドでは最長六年までだ。[54] 保証を履行する負担は直接、販売者にある。[55] そのため、製品がこの基準に適合していない場合、消費者は製品を販売した小売業者に返品するだけでいい。メーカーに直接連絡するという面倒な手間は省ける。消費者が不適合な商品について苦情を申し立てた場合、修理か交換のどちらかを選べる権利を持つ。ただし、その選択が販売者に法外なコストを課してはならない。[56] 修理は「消費者に大きな不便を与えることなく」、合理的な期間内に無料で提供されなければならない。

修理か交換を選択する権利——ただし法外なコストは除く——によって、消費者保護と、より幅広い環境問題とのあいだで生じやすい緊張が明らかになる。利便性と市場価値の問題として、多くの場合、消費者は修理を待つより交換したほうがいいだろう。しかも、そのほうが販売者にとってもコストが抑えられるかもしれない。ところが、その選択によってコストが外部化されてしまい、既存のデバイスを修理するより、新しいデバイスを生産することで生じる損害を、社会の残りが吸収しなければならなくなる。持続可能性の目標にもっと合致した消費者法が制定されれば、欠陥商品の交換コストの完全内部化（交換費用の完全負担）をメーカーと販売者に強制することによって、交換ではなく修理を選ぶ動機を与えるだろう。[57]

### 明示的保証と商業保証

メーカーは通常、明示的な保証――EUでは商業保証と呼ぶ――を提供して、デフォルトの法的保護を補完している。保証があれば消費者は安心でき、何かあった時にはメーカーが責任をとってくれるという確信が持てる。保証が購入の決め手になる場合もある。こう想像してみよう。価格も装備もほぼ同じ新車が二台あり、どちらにしようかと迷っている時には、保証が七年のほうがわずか四年の車より選ばれる可能性が高いだろう。この保証は各メーカーとの約束であるため、具体的な条件は原案を作成する企業に委ねられている。したがって、スマートフォンの保証が水没や浸水にも対応するのか、保証期間が二年なのか三年なのかは、デバイスメーカー次第だ。とはいえ、どんな種類の表明が明示的保証に値し、保証はどんなかたちをとり、いつ無効にできるのかを決めるのは法律である。

通常、メーカーの保証書は、明確に表示された書面のかたちをとる。だが、統一商事法典の下では、特定の難解な法律用語を使用するように求める正式な要件はない。「取引の基礎」の一部を形成し、商品に関する確認、約束、説明を行なうものは明示的保証として扱われる。[58] サンプルやモデルの場合でも、商品の品質か特性に関する明示的約束として理解される可能性がある。

連邦法は、明示的保証について正式な基本要件を定めている。マグナソン・モス保証法に基づいて、五ドル以上で販売される製品の保証は、その条件を「シンプルで容易に理解しやすい言葉で、完全かつ目立つかたちで開示」しなければならない[59]。開示には、特に次のような情報を含むこととする。保証の提供者、保証対象の製品、保証期間、利用可能な救済措置、保証を実施する段階的プロセス。メーカーはまた、独自の条件に応じて「完全保証」か「限定保証」かについて明確に表示する必要がある[60]。消費者が完全保証を得るためには、メーカー側は次の三つに同意しなければならない。一、不適合な製品を、合理的な期間内に無償で修理する。二、修理できない場合には、返金するか製品を交換する。三、消費者が間接的に被った損害に対する制限を明確に伝える[61]。この法律はまた、消費者に対して保証内容を販売前に伝えるという規則を定める権限を、連邦取引委員会に与えている[62]。

同様に、EU法は商業保証に関する形式的で救済的な基本フレームワークを定めているが、具体的な条項については、保証を提供する企業に委ねている。販売者に適用される法的保証と違って、商業保証はメーカーに縛りを与える[63]。保証は「平易でわかりやすい言葉で表現」されなければならず、できれば商品とともに届けられなければならない。メーカーの名前と住所、対象商品の説明、保証の請求手続きだけではなく、標準的な法的保証に基づいて、消費者が一切の金銭的負担なく販売者から救済を受ける権利を持つことも、明確に説明しなければならない。消費者が商業保証を受けると決めた場合にも、修理か交換か、どちらかの方法を選択できる[64]。

保証による保護と修理が交わる点で特に注目すべき問題のひとつは、自力修理か独立系プロバイダによる修理を行なった場合に保証を無効にする、あるいは無効をちらつかせる慣行が蔓延しているという問題だ。マグナソン・モス保証法はこの懸念に直接取り組み、メーカーが保証の条件として、特定ブランドの部品やサービスを利用するよう消費者に促す行為を禁じている。(65) すなわち、消費者が独立系の修理プロバイダに修理を頼むか、サードパーティの部品を使用したという理由だけで、保証を無効にすることはできない。連邦取引委員会のガイダンスにあるように、「「交換部品はすべてABC社の純正部品でなければならず、正規ABCディーラー以外のサービスを受けた場合、保証は無効となる」といった条項は、禁止されている」。(66) この規則にはふたつの例外がある。第一は、企業が要求する特定のブランドの部品かサービスを、消費者が無料で利用できる時。第二は、その製品が適切に機能するためには特定の部品かサービスが必要だと、連邦取引委員会が認める時。以上ふたつの場合には例外が認められる。ただし、そのような例外を連邦取引委員会が認めたことは一度もない。(67)

このような明確なルールが存在するにもかかわらず、消費者が勝手にデバイスを開けるなどの行為があった場合、保証は無効になると企業は頻繁に脅している。二〇一八年、連邦取引委員会はソニー、マイクロソフト、任天堂、ヒョンデ、HTC、ASUSの六社に書簡を送り、「シールが破損していた場合、保証は無効になる」というステッカーを自社製品に貼ったことに対し、保証方針を更新するよう三〇日間の猶予を与えた。(68) その後の調査から、家電メーカー五〇社のうちの四五社が、自力修理か独立系プロバイダによる修理を行なった場合に、保証を無効にしている実態が明らかになった。(69) そのなかにはダイソン、キューリグ、LG、ミーレ、サムスン、ワールプールなどの企業も含まれ、保証書でその手の修理を禁止するか、各社の顧客サービスチームを通じて保証制限を伝えていた。法的に問題のあるこの方針は、消費者の選択を制限するだけでなく、部品と修理の競争市場の幅広い発展を妨げることになる。

アメリカだけの問題ではない。自力修理か独立系プロバイダによる修理を行なったデバイスのサービスを、アップルが拒否したことを受け、オーストラリア当局は消費者法に基づいて同社を提訴し、六七〇万ドルの支払いを命じた。(70) ＥＵでは、このような拒否がデフォルトの法的保証を妨げる限り、消費者販売指令に違反する。(71) 商業保証に適用される場合でも、不公正か誤解を招く恐れがある。(72)

## 延長保証と有償の商業保証

三番目の保証について触れておくべきだろう。法律が約束する黙示的保証や、メーカーが無償で提供する保証に加えて、小売業者、メーカー、サードパーティの保険会社が提供する延長保証であり、消費者がこの保証を有料で利用するケースが増えている。地元のディーラーで新車を購入するか、アマゾンでタブレットを購入するか、近所の大型小売店で電子レンジを購入する場合、延長保証、サービスプラン、有償の商業保証を購入するよう積極的に勧誘される。たとえばアマゾンは、Fire HD タブレットを九五ドルで販売する。ところが、カートに追加すると二年間の保証プランに二五ドルを支払うように促される。メーカー保証がまもなく終了する車の所有者には、数千ドルの延長保証を購入するよう、電話やその他の勧誘が殺到した経験があるはずだ。

アメリカの延長保証市場は、年間数百億ドル規模に及ぶ。[73] さまざまな故障や機能不全を起こしやすい複雑なデバイスの購入が増えるのに伴い、消費者は保証という安心感が欲しくなる。だが、消費者にとって延長保証の提案はリスクが高い。予想される耐用年数、計画的陳腐化、修理と買い替えのコストに関する情報が、企業と消費者で非対称だからだ。[74] メーカーは――そして、程度は落ちるが小売業者とサードパーティの保証会社も――、製品が故障すると予想される時期とその修理コストについて、消費者よりもはるかに熟知している。収益性を確保する価格と保証条件を設定できるのも、そういうわけだからだ。自社の電子レンジが平均四年で故障することを知っている企業は、三年の延長保証を喜んで販売するが、五年の保証を販売するのは理にかなっていない。延長保証を購入する時、その人は基本的にデバイスの早期故障に賭けているのだ。その時、あなたの修理費か交換費用を補助するのは、他の保証保有者だ。ところが、全体的に言って、延長保証を提供する企業が支払う金額より、消費者が延長保証に支払う金額のほうが高い。そうでなければ、そもそも企業は延長保証を販売したりしないだろう。

延長保証市場には一貫した消費者保護が欠けているため、購入者が直面するリスクは増すばかりだ。延長保証は、その名前にもかかわらず、アメリカの法律では実際、保証とはみなされない。[75] その結果、マグナソン・モス保証法の中核条項は適用されない。[76] 延長保証は、元の販売とは別の契約上の合意とみなされるため、統一商事法典の保証保護が適用されない。[77] 多くの場合、延長保証は州の保証法によって規定されるが、内容はさまざまだ。[78] 一方、ヨーロッパでは状況はかなり異なる。[79] とはいえ、この点に有償の商業保証は、他の明示的保証と同じ基本フレームワークの対象となる。

おいても加盟国によって具体的なルールに幅がある。[80] 明確で一貫した法的ルールがないため、消費者が直面する情報の非対称はますます悪化する。製品の耐久性や修理コストの場合と同様に、これらの関係を決定する法律、ルール、規制を理解することについて、延長保証を提供する企業は、平均的な消費者よりもはるかに有利な立場にある。

デフォルトとして最小限の保護を設けることで、保証法は消費者を欠陥製品から守り、必要な修理手段を提供するという重要な役割を果たす。ところが、現在の構造では、耐久性、修理可能性、計画的陳腐化を、企業がどの程度コントロールしているのかを完全に明らかにすることはできない。これがとりわけ当てはまるのは、デバイスの機能がソフトウェアによって制御されている時であり、市場占有率の高い商品についてである。デバイスに対するメーカーの管理を効果的に阻止するためには、もっと焦点を絞った介入が求められる。

## 消費者を計画的陳腐化から守る

圧倒的多数の地域において、計画的陳腐化に対する明確な法的救済策はない。テイタム対クライスラー訴訟事件は、この慣行にあえて言及した数少ない判例であり、計画的陳腐化に対する法の下の一般的な判断を要約している。[81] 同訴訟事件では、広告で耐久性と信頼性を謳っているにもかかわらず、ダッジ・ジャーニーのブレーキが頻繁に故障し、しかも修理代が高いことに対して、原告がクライスラーを相手どって集団訴訟を起こした。裁判所は次のような判断を下した。「計画的陳腐化は意図的であれ、偶然であれ、訴訟の対象にはならない」。「ブレーキが販売保証期間を一日でも、あるいは一マイルでも超えて」しまえば、メーカーは法的義務を果たしたことになる。

現行の消費者保護法の下では、計画的陳腐化に無関心に見えることから、立法者や規制当局はこの慣行に真正面から取り組むことを提案してきた。近年、ベルギー、ドイツ、イタリアで計画的陳腐化を禁止する法律が提出されたものの、立法化には至らなかった。[82] 二〇一五年、フランスが初めて法律を制定して違法とした。提案した大臣の名前をとってアモン法と呼ばれるこの法律は、計画的陳腐化を「製品を市場に投入する者が、買い替え率を高めるために、製品の寿命を意図的に短くする手法の使用」と定義している。[83] この行為は明確に禁止されているが、その意図を必要とされる程度、法廷で立証するのは難しいだろう。違反者には三〇万ユーロの罰金が科される、罰金は年間売上げの五パーセントまで引き上げられる可能性があり、企業関係者には懲役二年の判断が下る。[84]

二〇一七年、エプソンとアップルが計画的陳腐化に関与したとして、非営利団体アルトゥ・ア・ロブソレッソンス・プログラメ（Halte à l'Obsolescence Programmée）（フランス語で「計画的陳腐化の停止」）が、フランスの競争・消費・不正防止総局に苦情を申し立て、政府が調査に乗り出した。エプソンに対しては、インクカートリッジが空であるとプリンタが誤って表示し、交換するまで作動しないという主張だった。[85] 一方のアップルの調査において当局が焦点を当てたのは、iPhone の性能を低下させるソフトウェア・アップデートについてだった。二〇二〇年初め、アップルは二七〇〇万ドルの罰金を支払うことに同意し、裁判を回避した。[86] 同じ年の後半、計画的陳腐化に対する三件目の訴訟が持ち上がった。欠陥のある Nintendo Switch のコントローラーをめぐって提訴

されたのは、任天堂だった。(87)

計画的陳腐化に対するフランスの姿勢は重要な前進だ。この動向は、消費者保護と環境規制の融合が避けられないことを認識している。デバイスの生産と消費が世界にもたらす破滅的な影響を考えれば、消費者法をもはや、購入者が公正な取引を確実に行なえることにとどめてはおけない。もちろん、元の目標に価値があることに変わりはない。だが、公正とは何か、その公正性を実現するために私たちが頼りにする方法は、企業が消費者を——個人的にも集団的にも——犠牲にして利益を得る方法について、より深く理解している必要がある。アモン法はその理解を反映したものだ。同時にそれは、デバイスメーカーによる不正行為を対象とする、直接的で積極的な法的ルールの可能性をも示している。修理を支援する市場と文化を再構築するためには、その種の介入が必要だが、それだけでは充分ではないだろう。

# 第8章　修理を再構築する

　前章まで、修理を妨げるさまざまな障壁について見てきた。企業は修理を困難にする製品を設計する。競争を阻止する方針を採用する。消費者の選好を歪めるマーケティングメッセージを作成する。法律はそのような企業行動に対抗する重要なツールを提供する一方、あまりにも多くの場合、修理を妨げる企業の方針を可能にし、その責任に目をつむってきた。私たちの経済的幸福、地球に対する集団的利益、日々の生活を自分たち自身でコントロールすることの重大性を考えれば、歴史的に見て、修理を人間の文化の正しい地位に復帰させる戦略を見つけ出さなければならない。このところの計画的陳腐化は、何百万年にも及ぶ修理の伝統から逸脱する行為だった。人類が技術を手にしてから、私たちは修理し続けてきた。それが脅威に曝されるようになったのは、二〇世紀のことだ。それは必然的に、地球を破壊して、人類の長期的な生存を脅かしてきた世紀でもある。

　企業が私たちの行動を操ろうとする方法を研究すれば、対応策のロードマップが描ける。修理を抑制するために企業が使うものと同じツールを使えば、修理を再び活性化できる。法律を改正し、市場を再組織し、設計を再構成し、規範を再形成できる可能性がある。二〇二〇年、外務省の諮問機関であるオーストラリア生産性委員会は、修理する権利と、それが消費者と競争に及ぼす影響について調査を始めた。最初の評価において、同委員会は、税制上の優遇措置や補修部品の義務付けから設計標準や保証の保護まで、考えうる政策介入の可能性を特定した。[1] このアプローチが意味するのは、修理に立ちはだかるさまざまな脅威に取り組むためには、幅広い介入が求められるという理解だ。さて、最後となる本章では、修理文化を再構築するために必要なステップについて概説しよう。

## 修理を決断する要因

効果的な変化を起こすためには、消費者が修理をどう捉えているのかについて、より明確に理解する必要がある。壊れたスマートフォンや家電を修理するのではなく、買い替える時、なぜそう決断するのだろうか。本書ではここまで、修理という決定に——一般的な消費者が意識していないレベルで——影響を与える設計、方針、法律について掘り下げて見てきた。したがって、もし消費者に影響を与えたいのなら、彼らの視点で物事を捉えなければならない。修理するという決断について消費者に質問すると、壊れたデバイスを修理したいという気持ちはあっても、修理費が高すぎるか不便だという理由で諦める場合が多いとわかる。

アメリカのスマートフォンとタブレットの所有者を対象に、私が実施した調査では、「買い替え、廃棄、リサイクル」という回答が八六パーセントを占めた。[2] 消費者がデバイスを処分する理由はさまざまだ。単純に新しい製品が欲しかったからという人もいる。だが、画面のひび割れとバッテリーの寿命という、簡単に修理可能なふたつの理由が最も一般的だった。それぞれ五六パーセントと四九パーセントが、そのふたつの原因で買い替えを選択していた。消費者は、内部ストレージからカメラまで、修理可能なハードウェアの問題をいろいろあげて、デバイスを買い替えていた。

アメリカの消費者のあいだでは買い替えが一般的であるにもかかわらず、修理に対する関心は高かった。スマートフォンとタブレットを買い替え、廃棄、リサイクルしたことのある人のうち、九二パーセントが何らかのかたちの修理を検討するか試していた。[3]半数が独立系の修理サービスを検討するか試したのに対して、メーカーに修理を依頼した人は四八パーセント、自力で修理した人が四四パーセントだった。ところが、修理経験についての質問から、ふたつの問題が浮かび上がった。修理費が高すぎると回答した人が半数以上。二四パーセントが、必要な部品やツールが手に入らないと回答したのだ。そしてもうひとつ、下取りプログラムも行動に影響を与える重要な要因だった。大多数が損傷したか故障したデバイスと引き換えに、新品デバイスの割引を受け取るか提案されたと報告した。これらの消費者のうち、新しいデバイスの購入に「かなり積極的」か「やや積極的」が七八パーセントを占め、結果的に三八パーセントが修理にあまり関心がなかった。

この回答から、どんな結論が導けるだろうか。強く読み取れるのは、消費者がデバイスの修理に前向きで、興味を持っていることだ。だが、修理費が高く、部品やツールが手に入らないという重大な障害がある。このふたつのハードルは深く絡み合っている。サードパーティの修理プロバイダにとって、交換部品の不足は修理費全体に大きな影響を及ぼす。もし部品が手に入りやすく修理費が下がれば、私たちが期待するようなもっと競争の激しい環境で、修理を選択する消費者が増えるだろう。
これらの調査結果は、欧州委員会の「循環型経済への消費者の関与に関する行動調査」（第7章参照）の内容とほぼ一致する。掃除機、食洗機、テレビ、スマートフォンを修理しない理由について最も一般的なのは、修理費が高すぎるという回答（三四〜五〇パーセント）だった。さらにこの調査には、価格以外の要素が修理するかどうかの決定にどんな影響を与えるかを、より深く理解するための実験が含まれていた。被験者は、壊れて保証対象でなくなった製品を修理するか買い替えるか、どちらかに決めるように問われた。そして、修理する場合は元の購入価格の二五パーセント、中古デバイスに買い替える場合は七〇パーセント、新品に買い替える場合には一二〇パーセントの費用がかかるという条件が与えられた。三つの価格は、現実世界の状況をおおまかに推測したものにすぎないが、実験者は次のふたつの変数を測定することができた。

第一の変数は、必要な労力のレベルだ。この労力は、たとえば修理プロバイダの検索、選択肢の比較、デバイスの持ち込みと引き取りなど、修理費以外のコストを表した。最初の被験者グループは、修理にも買い替えにも何の労力も必要なかった。というわけで、単に自分が好む選択肢を選んだ。二番目のグループは、修理には労力が必要だが、買い替えには何の労力も必要なかった。もし修理を選べば、修理プロバイダの電話番号とデバイスのシリアル番号——実験者から提供された情報——を入力しなければならなかった。そして三番目のグループは、条件が逆になった。すなわち、買い替えには労力が必要だが、修理には必要なかったのだ。

さて、実験結果はどうだっただろうか。製品にもよるが、ヨーロッパの消費者の六二〜八三パーセントが修理を選んだ。ところが、労力が増加すると、修理を選択する割合が大幅に減少した。修理の利便性が減ると、修理を選ぶ回答者も減る。不思議なことに、同じ傾向は買い替えには当てはまらなかった。買い替えに必要な労力が増加しても、数字の大きな減少は見られなかったのだ。したがって、修理は取引コスト〔経済取引を行なう際にかかるコスト。情報検索、交渉、契約締結などにかかるコスト〕の上昇に影響を受けやすいが、買い替えの場合は比較的、影響を受けにくいと思われた。

第二の変数として、誰が修理を行ない、部品の供給源は誰なのかの二点が、消費者にとってどれほど重要かを調べる実験を行なった。あるグループの場合、修理はメーカーが行ない、別のグループの場合は独立系の修理ショップが行なうと教えられる。さらに、純正の部品が使われると伝えられたグループと、純正と非純正の両方の部品が使われると伝えられたグループがあった。正規の修理のほうが優れていると説得しようとするメーカー側の努力にもかかわらず、被験者はメーカーと独立系の修理ショップの両方に満足だった。純正部品か非純正部品かについてもほぼ同じことが当てはまり、ふたつの条件下で修理率にほとんど差はなかった。修理に対するこのようなこだわりのなさは、現実世界での体験を反映している可能性が高い。修理サービスに料金を支払った経験のある人のうち、七〇パーセント以上が、修理ショップの「利便性、スピード、品質、親切な態度」に満足していた。実際、月刊誌『コンシューマー・レポート』が二〇一四年に、およそ三万人の読者を対象に実施した調査では、独立系の修理サービスを利用した人のほうが、メーカーの修理サービスを利用した人よりも満足度が高かったという(4)。

これらの証拠から明らかなのは、かなりの割合の消費者が、修理にオープンな態度をとっていることだ。とはいえ、価格、利便性、利用しやすさは依然として大きな障壁だ。消費者にもっと頻繁に修理を利用してもらいたいなら、自己負担額と取引コストの観点から、修理コストを引き下げるための介入策に焦点を絞らなければならない。そこで、必要になるのが部品やサービスの競争市場である。だが、修理可能性に関する情報も、容易に手に入るようにしなければならない。このような目標を念頭に、本書の第4章で概説した、行動を規制する四つのメカニズム――法律、市場、設計、規範――に戻ろう。この四つのアプローチはそれぞれ、期待の持てる有望な解決策を提供し、私たちが購入した製品を修理する能力を取り戻す役に立つだろう。

## 法を改正する

本書ではすでに、修理制限を支持するか適切に取り締まらない法律について述べた。そのような既存の法律を改正すれば、修理への道が開かれるだろう。いくつか例をあげよう。デジタルミレニアム著作権法第一二〇一条は、大幅に縮小するか、完全に廃止すべきだ。意匠特許の基準を上げて、特に機能上の利点を提供する交換部品の保護を除外すべきである。反トラスト法は、アフターマーケットの競争を損なう抱き合わせ販売やその他の慣行を、より積極的に対象とすべきである。修理に限らず、法の改正や解釈を通してこのような変化を支持するのには正当な理由がある。だが、企業が修理を妨げるために展開するさまざまな戦略を考慮すると、現行法の改正だけでは充分とは言えない。修理を可能にし、推進することに焦点を絞った法律が必要だ。

アメリカの連邦議会議員は修理に焦点を当てた新たな法律を提案してきたが、いまのところ目立った成果はない。二〇〇一年にはすでに、自動車所有者の修理権法が提案され、車両の修理に関する制限を撤廃しようとした[5]。二〇一一年にはこの法案の最新版が提出され、「自動車の診断、整備、保守、修理」に必要な情報、ツール、機器を、所有者とサービスプロバイダに提供するよう自動車メーカーに義務づけようとしたが[6]、連邦議会の支持が得られなかった。もっと最近では、二〇一七年に自動車修理、貿易及び販売の促進法（ＰＡＲＴＳ）が提出された[7]。意匠特許侵害の申し立てに対する抗弁を新たに作成して、修理目的の場合に自動車の外装部品の製造、販売、輸入を免除しようとした[8]。ところが、連邦議会の委員会で頓挫してしまった。

二〇二〇年、ロン・ワイデン上院議員とイヴェット・クラーク下院議員は重要医療インフラの修理権法を提出した[9]。パンデミック中に、病院やその他の医療提供者は、人工呼吸器をはじめとする機器の修理と保守の問題に直面した。その課題に対処するために、このような法律があれば、彼らを法的責任から保護するとともに、特定の情報やツールを提供する義務をメーカーに課すことができる。この法案には知的財産法の下で、次の三つの例外が含まれていた。第一に、サービスマニュアル、回路図、診断ソフトウェアの複製を許可する。第二に、修理を可能にするデジタル著作権管理の迂回と、その際に必要なツールの作成、取り込み、提供の両方を可能にする。第三に、意匠特許を持つ重要な機器の修理部品を作成する権利を、医療提供者らに与える。この法案は、知的財産法の条項に限らず、修理を制限する契約条項を無効にするものだった。また、重要な医療機器メーカーに対し、ツールと情報を合理的な条件で、機器の所有者、リース契約者、サービスプロバイダに提供するよう義務づけ、連邦取引委員会にこれらの要件を執行する権限を与えるものだった。

この法案の適用は狭い範囲の機器や状況に限られていたものの、その広範な実体規定は、修理の復権を目指すための積極的な法的介入のモデルになる。家電から産業機器まで、あらゆる製品に拡張する必要がある。ワイデンとクラークは、深刻な医療危機に対応する緊急修理の必要性を認識していた。とはいえ、グローバルなサプライチェーンに依存する経済において、次の破壊的な危機が何かは予測できない。戦争、政情不安、旱魃、洪水、サイバー攻撃。どれもすべて重要なシステムを危険に曝す恐れがある。次の災害に慌てて対処するのではなく、医療だけでなく輸送、農業、通信インフラについても、危機に対応する能力をいまから構築しておかなければならない。同時に、進行する地球環境危機のただなかに私たちが生きており、それ自体が、修理を促進する新たな法的ルールを正当化するという点を認識する必要がある。

制定法に目を向けよう。現在の基準はフランスのアモン法（第7章参照）である。計画的陳腐化の禁止に加え、特に修理に向けた規定を含んでいる。その規定は、修理可能性を製品の本質的な特性とし、正規プロバイダに修理を限定するために企業が駆使している手法を禁じている。[10] 同様に、修理に必要な部品、説明書、機器、ソフトウェアに対する修理プロバイダのアクセスを制限する合意や慣行も禁じている。[11] これらの条項に違反すると、計画的陳腐化の禁止と同じ罰則が科され、最低でも三〇万ユーロの罰金――最高で年間売上げの五パーセントの罰金――、企業関係者には二年の懲役が命じられる。[12] 修理に対するアモン法のアプローチには極めて厳しいムチが含まれるものの、アメがないわけではない。デバイスメーカーの懸念のひとつは、自力修理に失敗した際に責任を問われるリスクである。法はその懸念に対処している。メーカーが安全上の指示を適切に提供している限り、ユーザーの「不器用さ」が原因か、指示に従わなかった際の損害について、企業が責任を問われることはない(13)。

このような立法措置がフランスだけで終わるはずがないという、期待の持てる兆候がある。二〇二〇年一一月、「製品の修理を妨げたり邪魔したりする慣行を撲滅する」という要望を反映して、欧州議会が「ヨーロッパにおける真の修理の権利」の創設を求める決議を可決した(14)。この目標を実現するために、消費者と修理プロバイダが「診断ツール、補修部品、ソフトウェア、アップデート」に自由にアクセスできるルールの制定を、欧州委員会に求めている。さらに、定められた期間にわたって補修部品を供給し、妥当な価格で販売し、即座に納入するよう、生産者に要求することになる。このような変更が実現すれば、ヨーロッパ全土で修理の法的地位が定義し直され、修理に対する世界中の考え方や慣行が新しく形成される可能性がある。

アメリカではすでに、修理法の制定に連邦議会が乗り気ではないことが明白なため、立法活動の大半は州レベルに移行した。修理制限を一律に禁止するのではなく、メーカーに情報やツールの共有を義務づけることで競争を促進することに、おもな焦点を当ててきた。当初、法案の対象は自動車修理だった。二〇一二年、マサチューセッツ州は自動車メーカーに対して、「公正で合理的な条件で」「車の所有者……と独立系の修理施設が」ディーラーと「同じ診断・修理情報を購入できるようにする」とともに、「あらゆる診断修理ツール」を入手できるよう義務づける法律を制定した(15)。

自動車メーカーはまた、二〇一八年モデルから「市販のパソコンを使って、車載診断（OBD検査）、修理情報システムへのアクセスを提供」しなければならなくなった。[16] この法案は二〇一二年七月に議会を通過したが、同様の修理権の義務を制定する住民発議が、すでに一一月に実施される予定だった。マサチューセッツ州の有権者はこの発議を圧倒的に支持し、八六パーセントが賛成票を投じた。[17]

マサチューセッツ州法は、すぐに事実上の国家標準として採用された。二〇一四年一月、自動車メーカーと修理プロバイダを代表する業界団体は、同州法の条項に基づいて運営される全国的な協定を結んだ。[18] ところが、この自主的な取り決めに法的な強制力はない。協定に参加しなかったテスラのような非当事者を拘束せず、違反の申し立てがあった場合は、さまざまな業界団体のメンバーと調停者で構成される紛争解決パネルが評価することになる。[19]

また、この協定は、その後数年間に自動車修理市場を再形成することになるテクノロジーの変化は予測していなかった。今日、テレマティックス・システム〔電気通信を意味するテレコミュニケーションと、情報処理を意味するインフォマティックスを合わせた造語〕は、車両の性能データを収集して、メーカーやディーラーに無線で送信する。[20] そのデータにアクセスできなければ、独立系の修理プロバイダは、非常に不利な立場に置かれる。そのため、マサチューセッツ州の有権者は二〇二〇年、テレマティックスのデータを車の所有者や修理ショップに提供するよう、自動車メーカーに義務づける別の自動車修理法案を、今回も圧倒的な多数で承認した。[21] 自動車業界はとんでもない誤報キャンペーンに乗り出したが、有権者は惑わされなかった。自動車メーカーはこのキャンペーンに二五〇〇万ドル超をつぎ込み、そのなかには、この法案が可決されれば「性犯罪者がデータを利用して、被害者をストーカーする恐れがある」と主張するテレビ広告まで含まれていた。とはいえ、その誤りを専門家はすぐに暴いた。[22] 法案の可決に伴い、業界のロビー団体である自動車イノベーション協会は、有権者の決定を無効にすべく訴訟を起こした。[23]

マサチューセッツ州の元の修理法は、自動車だけにとどまらず、消費者の修理する権利を州法に明記する広範な全国的取り組みの雛形となった。この成功を足がかりに、政策提唱者、修理の専門家、修理業者、一般消費者は、スマートフォン、ラップトップ、テレビだけでなく、家電、ウェアラブルテクノロジー、農機具、医療機器など、消費者向け電子機器の修理する権利を認める法案の可決を推し進めてきた。二〇一四年、サウスダコタ州議会は最初の法案を検討した。[24] 二〇二一年に修理権の法案を提出した州議会は、全米五〇州のうち二七州にのぼった。[25]

このような法案は、修理業者、擁護者、趣味人、環境活動家を代表する統括組織である、修理協会のモデル法案を詳細に下敷きにしている。[26] モデル法の重要な条項では、デジタル電子機器のメーカーに対して、「文書、部品、ツール、情報または内蔵ソフトウェアのアップデートを、診断、保守、修理の目的で、独立系の修理プロバイダか電子機器の所有者に……公正で合理的な条件で提供するように[27]」要求している。電子セキュリティ対策で保護された機器については、メーカーは「診断、保守、修理の作業中に、ロックされるか機能が無効になった場合に……リセットに必要な特別な文書、部品、ツールを提供[28]」しなければならない。デバイスの所有者や修理プロバイダが、情報、部品やツールを合理的な条件で入手できるようにすることで、これらの法案は、今日、自力修理か独立系のプロバイダによる修理を妨げる、大きな障害の一部を取り除くだろう。

ところが、重大な欠点がひとつある。それは、デバイスメーカーに、実際に交換部品を製造するよう義務づけていないことだ。モデル法案は、「本節のどの規定も、OEMメーカーが部品を入手できなくなった時、その部品を入手するようOEMメーカーに要求するものではない」[29]と規定する。つまり、企業がわずか数年で製品サポートを終了すると決めた場合、サードパーティの修理市場に部品を提供する義務はない。カリフォルニア州レモン法に一致する、もっと厳格なアプローチでは、企業は最低でも七年、もしくは必要に応じてそれ以上長いあいだ、部品を供給しなければならない。[30]

州レベルの修理法は、幅広い支持を集めてきた。アメリカン・ファーム・ビューロ・フェデレーション[31]［アメリカ最大の農業団体］、イリノイ保健病院協会、[32]『ニューヨーク・タイムズ』紙編集委員会、[33]『アメリカン・コンサバティブ』誌、[34]さらに二〇二〇年の大統領選に立候補したバーニー・サンダース[35]とエリザベス・ウォーレン[36]もそうだ。このような支持があり、法案を提出するよう州議会議員の説得に成功してきたにもかかわらず、法案はどこでも可決されていない。だが、法案が引き起こした激しいロビー活動を考えれば、成立が難しいのは残念ながら予想通りだ。企業は修理する権利の提案を非難する――公に反対することもあるが、たいていは密室で。企業のなかには、アップル、AT&A、キャタピラー、ダイソン、GEヘルスケア、ディア、レックスマーク、LG、メドトロニック、マイクロソフト、トヨタ、ベライゾン、ウォールも含まれる。[37]この一部のリストに加えて、先進医療技術工業会、エンターテインメント・ソフトウェア協会、機器ディーラー協会、テックネットといった業界の協会や団体が、加盟企業の利益のためにロビー活動を繰り広げ、修理法案に反対している。[38]

知的財産に対する大袈裟な懸念は予想通りだが、企業と業界団体はさらに警戒心を煽る主張を展開して、修理権法に対する支持を弱めようとした。アップルはネブラスカ州議会に対して、法案は同州を〝悪人のメッカ〟に変えてしまうと発言した。ハッカーをはじめ極悪な犯罪者がネブラスカ州に集結して、消費者を搾取するに違いないという意味である。[39] カリフォルニア州では、アイフォンのバッテリーを勝手に交換しようとすると、消費者が怪我をするリスクがあると警告した。[40] ウォール社は、バリカンの修理が火災を引き起こす恐れがあると注意を促し、ダイソンとLGは身元調査が万全でない修理担当者を自宅に招き入れることで、消費者の身の安全を危険に曝しかねない、などという根拠のない警鐘を鳴らした。[41]

デバイスメーカーはまた、プライバシー侵害とセキュリティ侵害の懸念を提起し、「審査を受けていないサードパーティ」にデバイスを手渡すと、「思わぬ厄介な結果」につながりかねないと警告する。[42] そもそも修理技術者は、ほとんどの場合、個人データにアクセスできないという事実は脇に置いても、独立系修理ショップの経営者は信頼できず、地元の家電量販店ベスト・バイの「認定」従業員は信頼できる、という理屈は成り立たない。さらに、セキュリペアズ（Securepairs）〔法的な修理の権利を支持する、サイバーセキュリティと情報技術の専門家組織〕の創設チームも証言しているように、独立系のプロバイダによる修理は脆弱性を特定して対処する可能性があり、「攻撃リスクが減少」しやすいという。[43]

ディアと重機業界のお仲間たちは、トラクターを修理する権利を農家に認めれば、諸連邦法で定められた排出基準に違反したり「改ざん」への扉を開いたりすることになると訴えて、立法者を説得しようとした。機器製造業協会の会長デニス・スレーターは、「もし犯罪者が機器のバックエンドコードを改ざんすれば、安全上と排ガスの脅威を公衆にもたらす」ことになると主張した(44)。環境への懸念を利用して修理規制を擁護しようとする皮肉な取り組みは、汚染規制を武器化しようという業界の目論見と一致する(45)。アメリカ環境保護庁は、産業機器に排出制限を課している。とはいえ、デバイスを販売したあと、メーカー側にコンプライアンスを継続して遵守する責任はない。その責任は運用側にある。それにもかかわらず、ディアは排出基準違反を検知するトラクターを製造している。搭載されたソフトウェアが、トラクターを〝リンプモード〟〔異常を検知して低速走行になる〕にし、ディアの認定技術者が問題を解決するまでトラクターはほとんど動かなくなってしまう(46)。修理する権利があれば、農家が連邦法に違反してこれらのシステムを改ざんできてしまうというのが、機器業界の言い分だ。だが、環境保護庁自体は、機器を「適切な機能に戻す」限り、機器の修理や改造を合法と認めている。そして、農家が実際に改ざんしている場合、その行為は修理権法では保護されない。結局のところ、排ガスと改ざんを利用した業界の嘘泣き作戦は、農家からさらにお金を搾りとろうという手段のひとつにすぎない。

それよりほんの少しだけもっともらしい言い分として、医療機器メーカーとその業界団体は、修理に関する安全性の懸念を提起してきた。医療機器の業界団体である先進医療技術工業会は、提案された修理法案では「訓練を受けていない担当者が、医療機器の保守や修理を行ない、不適切な交換部品が使われてしまう恐れがある(47)」と立法者に警告した。同じく、GEヘルスケアは、ニューハンプシャー州の議会議員に宛てた書簡のなかで、州の法案は「食品医薬品局のクラス一と二の医療機器メーカーに対して、独自の診断と修理情報を、規制されていないサービス提供者に提供することを義務づける」ものだと訴えた。[48] その意味するところは明らかだ。サードパーティは信用できず、医療機器の修理は任せられない、と。ところが、最近の食品医薬品局の報告書によれば、「医療機器のサービスと修理にサードパーティを継続的に利用できることが、アメリカの医療システムを機能させるためには不可欠だ」という。[49] 食品医薬品局の説明にあるように、多くのサードパーティの修理プロバイダは「極めて高品質で安全かつ効果的なサービス」を提供する。[50] また、最近の調査が明らかにしたように、医療修理技術者の三分の二が、メーカーが修理できなかった機器も修理していた。[51] サードパーティによる修理の重要性が明らかになったのは、新型コロナウイルス感染症危機さなかのロサンゼルスだった。カリフォルニア州は、故障した一七〇台の人工呼吸器をメーカーに送り返す代わりに、燃料電池エネルギーの発電機メーカーであるブルーム・エナジーに依頼したところ、ほんの数日で修理が完了したのである。[52]

修理制限の禁止であれ、部品や文書の提供義務であれ、法的介入は修理の可用性とコストに多大な影響を与える可能性がある。法案の成立は確かに難しい。政治の舞台では慣性の法則が猛威を振るう。さらに、修理の擁護者と現状維持に投資する企業とのあいだには莫大な資源の格差があり、それらを考えれば、消費者と独立系の修理ショップのために立ち上がるように議員を説得するには、継続的で集中的な取り組みが必要だろう。その一方、修理する法的な権利は広く国民の支持を得ている。「部品、ツール、ソフトウェアのアップデート、文書を、合理的な条件で独立系の修理ショップや消費者に提供するよう、機器メーカーに義務づける法的ルール」を支持するかという問いに、八六パーセントの消費者がイエスと答えた。これは、二〇一二年にマサチューセッツ州で、修理権の義務を制定する住民発議に有権者が投じた賛成票と同じ数字である。[53] また、そのような措置を強く支持する者は、六〇パーセント近くにのぼった。修理する権利について「よく知っている」と回答した人の場合、支持率は実に九八パーセントに達した。とはいえ、大半の消費者にとって、修理する権利はいまなおあまり馴染みがない。この事実はがっかりするどころか、潜在的な支持が望めるという意味である。立法プロセスが真に一般市民の意思に応えるものであれば、いつか修理する権利が法律として成立するだろう。

## 市場を変える

市場は行動を規定する強力な影響を及ぼす。価格が上がると需要は減る。たとえばタバコに高い税金をかけるのは、禁煙を促す方法のひとつだ。[54] その反対に、再生可能エネルギーに対する払い戻しや金銭的インセンティブは、技術の導入を促す。[55] だが、市場に影響を与える方法は、価格を変えることだけではない。新古典派経済学の前提にもかかわらず、自分が購入するものについて、消費者が完璧な情報を把握していることはめったにない。そのため、購入者の決定は少なくとも部分的には、誤解や憶測、時にはまったくの欺瞞に影響される。何かを新しく購入する時、重要な事実をことごとく調べるためには時間と労力が必要だが、消費者にとてもそんな投資はできない。犬は散歩させなければならない。子どもの宿題は見てやる必要がある。Netflix のドラマも気になる。だが、重要な情報をより見つけやすい時、消費者の行動を変えることができる。自分の選択肢について、もっと完全な理解が得られるようにすればいいのだ。鉛含有塗料が脳に損傷を起こす怖さや、プラスチックのストローがウミガメの命を奪うという事実を知れば、別の選択肢を受け入れるようになるだろう。最後に、市場で入手可能な商品とサービスの組み合わせによっても消費者の行動は変わる。新たな代替手段が導入されると、人は選択を変える可能性がある。たとえばウーバーやリフト（Lyft）のような配車アプリが、良かれ悪かれ、都市の移動方法を変えてしまったことを考えればわかりやすいだろう。

それなら、修理を促すためにどうやってコストを変えればいいのだろうか。比較的シンプルな方法のひとつは、税制を活用して修理の実効価格を引き下げることだ。オーストリアとスウェーデンは、修理に対する付加価値税（ＶＡＴ）を引き下げ、消費者が支払う税率を少なくとも半分に削減した[56]。アメリカでは、ほとんどの州が交換部品と修理サービスの両方に消費税を課している。これらの税金が減額されるか廃止されれば、少なくとも何とか消費者に買い替えではなく修理を選ぶように説得できるかもしれない。連邦レベルでは、議会が修理費の減税や控除を提案できるだろう。内国歳入法はすでに、社会工学のツールであり社会的に価値があるとされる幅広い活動に、インセンティブをつくり出している。たとえば住宅の購入、大学進学、出産、低燃費車の運転などがその例である。修理関連にこのようなインセンティブを導入する政策上の根拠は、既存の減税や控除以上に強力であり、予算に及ぼす影響が小さくて済むというものだ。

修理に補助金を出すことは、より直接的な代替策である。オーストリアの多くの州や都市では〝修理ボーナス〟を提供し、修理費の最大五〇パーセントを補助している。[57] またフランスは二〇二〇年、交通量を削減するために、自転車の修理を専門家に依頼した個人に五〇ユーロを提供するプログラムを開始した。[58] アメリカでは、住居や自動車の修理費を負担するにあたって、州政府と連邦政府の補助金が利用できる場合もあるが、厳しい所得制限があり、しかも資金が大幅に不足している。[59] もっとも、大規模な補助金プログラムは前例がないわけではない。二〇一七年、納税者が支払った六四九〇億ドルの税金から化石燃料補助金が流用された。[60] さらに二〇一九年、トランプ政権の通商政策の失敗を補うために、農家は二二〇億ドルの補助金を受け取った。[61] だが、政府がもっと規模の小さな補助金を消費者に直接支給することもある。二〇〇五年、連邦議会がテレビ放送事業者にアナログからデジタル信号への切り替えを義務づけた時、デジタルへの変換器の購入資金として一五億ドルの支出を認可し、旧式のテレビを見ている人が引き続き視聴できるようにした。[62] 国内の全世帯は、変換器の購入費として、四〇ドルのクーポンを二枚まで請求できた。周波数帯政策によるプログラムだったが、追加の利点として、壊れていない数百万台のテレビの早期廃棄を防いだ。同じような支出レベルの場合、対象を絞った修理補助金は、計画的陳腐化がもたらす環境汚染や廃棄物に、大きな影響を与える可能性がある。

隠れたコストを考慮することは、市場を修理の方向に導くもうひとつの方法だ。一般的に、消費者行動は価値観や選好を表す優れた指標と考えられている。お金の使い方は、消費者が何に関心を持っているかを――不完全ながらも――教えてくれる窓となる。だが、隠れたコストがあると、その考え方が曖昧になり、消費者にとって本当に重要なものは何かを見極めることが難しくなる。外部性は隠れたコストのひとつだ。取引から生じるコストを負担する必要が、売り手にも買い手にもない場合、そのコストは外部に転嫁される。したがって、消費者が外部性を完全に考慮しなければならない場合、どう反応するのかについては断言できない。すでに述べたように、寿命の短い消費財がもたらす環境被害は、まさしくこの外部性に他ならない。市場を再調整する方法のひとつは、これらのコストを販売当事者に内部化させることだ。新しいスマートフォンや冷蔵庫の価格が、隠れたコストを反映していれば、需要は減少するだろう。表示価格が安く、耐久性や修理可能性が低い冷蔵庫に、それが環境に及ぼす影響を見積もった物品税を課すと、消費者をより高品質の製品に誘導し、メーカーに耐久性のある製品を製造するインセンティブを与えることになる。

ＥＵ法はすでに、拡大生産者責任（ＥＰＲ）を認めている。つまり、自社の製品が及ぼす損害に対して、生産者が経済的負担を負うべきだという考え方である。[63] 電子ゴミ、製品の梱包、耐用年数に達した車両。これらはすべて社会にさまざまな環境コストを課している。[64] この制度の目的は、生産者にコストの内部化を義務づけることにある。廃棄物の回収、リサイクル、適切な処分に責任を負い、企業はそれらのコストを小売価格に組み込まざるを得ない。したがって、消費者は少なくとも間接的に、みずからの選択に伴うコストに向き合うことになる。これらのシステムが、明らかに修理について述べていることは想像がつくだろう。より耐久性が高く、より修理可能な製品を製造する企業は、使い捨てデバイスを製造する企業よりも、拡大生産者責任プログラムに関与する度合いが低くなるはずである。

ただし、重要な点がある。隠れたコストがすべて外部性ではないことだ。一部のコストは購入者が直接負担する。それは、修理制限についても当てはまる。消費者が、故障や障害の可能性を考えて製品を購入することはめったにない。彼らが焦点を当てるのは、新しい機能、特徴、ファッション性であり、購入する新しいデジタル機器が将来、いつかの時点で壊れた時にどうなるかについてはほとんど考えない。交換部品は手頃な価格で手に入るのか。個人ユーザーにも修理可能か。それとも、専門家に依頼する必要があるのか。ごく普通の消費者は、その時が来るまで、こんな質問をしたりしない。だが、その種の情報がすぐ手に入り、目立つかたちで伝えられれば、消費者は修理関係の情報を検討するようになり、より良い情報をもとに購入の決定ができるだろう。そして、そのような情報があれば、より多くの人が修理可能性を選択するのではないか、と考える正当な理由がある。

民間団体は多大な努力を払い、修理可能性に対する透明性を高めようとしてきた。アイフィックスイットは長年、デバイスを詳しく分解して、その情報を元に新製品を一～一〇の尺度で採点してきた。[65]スマートフォンやラップトップからゲーム機やヘッドフォンまでの製品を修理する難しさを、関心の高い消費者に、明確で理解しやすく評価している。接着されているか、複雑な分解手順が必要なデバイスはスコアが低い。開けやすく、詳細なサービスマニュアル付きのデバイスはスコアが高い。アイフィックスイットの修理可能スコアは利便性が高いが、完璧とは言えない。具体的な計算式は公開されておらず、一部、主観的な要素に基づいており、交換部品の入手可能性やコストも充分に考慮していない。その手の批判はあるものの、電子機器の修理可能性を評価したい消費者にとっては、おそらく最も有用なツールを提供している。残念なのは、ほとんどの人がアイフィックスイットを知らないことだ。

より効果的な解決法は、修理可能性の情報を、購入時にわかりやすいかたちで消費者の目に触れるようにすることだ。選択肢のひとつは認証マークである。あなたが販売するジャガイモが本当にアイダホ産であり、そのコーヒーが本当にオーガニックでフェアトレードであること、煙感知器がUL規格――非営利の検査機関ULによる製品安全規格――を満たしていることを知らせたい時に役に立つのが、このマークである。アメリカの法律において認証マークは、商品の出所は示さないことを除けば、商標と同じように機能する。このマーク付きの製品は、特定の基準を満たしていることを消費者に伝える[66]。アイフィックスイットのような企業は、デバイスメーカーが対象製品のパッケージや広告に、アイフィックスイットの修理シールを貼るか表示するのを許可することもできるだろう。消費者はやがて、シール付きの製品を選ぶようになるかもしれない。だが、認証マークは純粋に自主的なものだ。たとえ自社の製品が適格だとしても、マークを表示する義務は企業にはない。反対に、基準を満たしていないことを明らかにする義務もない。

この問題を解決するために必要なのは、強制的なラベル表示システムだ。製品の良し悪しを問わず、全製品に修理可能性スコアを目立つかたちで表示する。専門家は、修理可能性を測定して伝えるための基準を考案してきた[67]。だが、二〇二一年初めにフランスが導入するまで、法律で義務づけられたラベル表示制度はなかった。この制度は、次の五つの基本的基準を審査する。一、マニュアル、技術情報、自己修理説明書などの文書。二、手順の数、必要なツール、使われるネジなどの種

**図5　フランスで義務づけられている修理可能性ラベルの例**

類を含む分解プロセス。三、補修部品の入手、納期、独立系の修理プロバイダに入手可能かどうか。四、補修部品の価格。五、製品タイプ特有のさまざまな考慮事項。[68] 以上五つの基準に与えられたポイントに基づいて、〇から一〇までのあいだで最終的なスコアを割り出す。このスコアは**図5**のようなマークで表示され、ラップトップ、芝刈り機、スマートフォン、テレビ、洗濯機をはじめとする幅広い製品のパッケージや広告に記載しなければならない。

フランスの修理可能性指数は画期的とはいえ、批判がないわけではない。[69] 厄介なのは、デバイスメーカーが自己申告と自己本位な評価に基づいて、自社製品のスコアを割り出していることだ。市場のありとあらゆる消費者向けデバイスを独立して評価すれば、確かに膨大なコストがかかってしまう。そこで、妥協案として、各製品の詳細な採点プロトコル（手順や規則）を公開するよう、メーカーに義務づけた。そうすれば、消費者、競合他社、その他の組織がその評価を精査できるからだ。

ふたつ目の懸念は、採点者が誰かに関係なく、指数が非常に寛容なことだ。大学院のコースの多くがそうであるように、落第点をとるのは難しい。スマートフォンやラップトップの場合、バグ修正、セキュリティパッチ、アップグレードなど、ソフトウェアのアップグレードに関する情報を提供すれば、それだけで製品は一ポイントを獲得する。OSとファームウェアをリセットできると、スコアはまたしても〇・五ポイント上がる。その結果、指標のスコアは同じレベルの点数に集中しがちになる。

このような評価のインフレには、少なくとも三つの理由で問題がある。第一に、消費者が製品を正確に比較できなくなる。指数の有効範囲が狭い場合、〇・五ポイントの差は些細に見えるかもしれない。一方、圧縮されたスコアの場合、〇・五ポイントの差によって、修理可能性に大きな差が生まれる可能性がある。第二に、評価がインフレ状態にある時、デバイスの修理可能性について消費者に誤解を与えかねない。あなたが新しい洗濯機の購入を考えているとしよう。修理可能性が六・一という数字を見て、あなたはこう思う。「悪くない。〇〜一〇の採点で言えば、ほとんどの洗濯機よりもいいほうだ」と。ところが実際は、市場に出まわる洗濯機のなかでは最悪のスコアだ。そのような過信は、修理可能性指数の色分けシステムのせいでいっそう強まってしまう。スコアが八〜一〇の場合、ロゴは濃い緑色だ。六〜七・九は黄緑。四〜五・九は黄色。二〜三・九はオレンジ。〇〜一・九は赤。つまりスコアが四・六という、修理可能性が最悪の iPhone 11 には、警告とはほど遠い黄色のラベルがつく。そして第三の問題は、これほど緩い基準では、メーカーどうしの競争を刺激して、より修理可能なデバイスの製造を促すという目標が達成されなくなってしまうことだ。もっと明確な違いがない限り、消費者が「これで充分」とみなすレベルを維持すればいい、というインセンティブがメーカー側に強く働いてしまう。修理可能性が六・一で黄緑のラベルならば、わざわざそれ以上を目指す必要があるだろうか。

公平を期すために言うと、修理可能性指数はまだ新しいため、まず間違いなく時間の経過とともに改善されていくだろう。採点基準の更新やスコアの表示方法の微調整は比較的簡単なため、数年以内に変更されるかもしれない。その一方、デバイスメーカーはシステムを骨抜きにして、一般消費者にとって価値のないものにしようと画策するだろう。そのため、消費者と修理する権利の擁護者は、より厳格な基準の採用に向けて取り組み続けなければならない。

フランスの先駆的な取り組みが、EU全体のより広範な措置に組み込まれれば、改革の契機になるかもしれない。二〇二〇年一一月、欧州議会は修理権決議の一環として、修理可能性について「明確で読みやすい」情報開示を義務づけることを承認した。これには、補修部品の価格や入手可能性に関する情報も含まれる。これらの勧告が実施されれば、フランスの修理可能性指数の成功と課題が、貴重な教訓になるはずだ。

市場が修理のインセンティブを変えるかもしれない方法は、もうひとつある。結局のところ、修理制限をもたらしているのは、より多くの製品を売りたいという企業の欲望だ。永遠に壊れないか修理が簡単なデバイスでは、とても商売にならない。そこで企業は、本質的に修理が困難で、寿命に限りのある製品をつくり続ける。だが、寿命の短いデバイスのコストを、消費者からメーカーに転嫁すれば、インセンティブが逆に働く可能性がある。そのための戦略のひとつが、企業が製品の販売から離れることだ。この二〇年、私たちが目にしてきたのは、所有ではなくアクセスを軸に構築されたビジネスモデルだ。[70] B2B部門、すなわち企業間取引では、この手の取り決めは新しいものではない。ロールスロイスは、パワー・バイ・ザ・アワー・プログラムを提供している。これは、顧客が航空エンジンを使用した飛行時間に応じて課金する制度〔ロールスロイス社の航空部門による、サブスク方式の航空機エンジン供給方法〕であり、一九六〇年代初めに導入された。[71] もっと最近では、フィリップスがペイ・パー・ルクスサービスを開始した〔照明サービスソリューションのリース契約。照明器具の所有権はフィリップスにあり、オフィスなどの顧客は固定のサービス料を支払う〕。同社は企業の顧客に対して電球や備品を販売するのではなく、照明サービスを提供する。[72] アマゾンの利益の大部分は、サーバやデータセンターを購入したくない企業に、スケーラブルなウェブサービスを販売することだ。[73]

最近では、こうした動向が消費者市場にも入り込んできた。Spotify に毎月数ドル支払えば済むのに、なぜレコードコレクションを所有する必要がある？ アドビがサブスクプランを提供しているのに、なぜフォトショップを購入しなくちゃならない？ マイクロソフト、ソニー、任天堂、グーグル、アップルが、ダウンロード可能かストリーミングで利用可能なタイトルを、わずかな月額料金で提供してくれるのに、ビデオゲームを購入する必要はないだろう？ ジェイソン・シュルツとの共著『所有の終焉』でも述べたように、これらの傾向は、日々使用する製品と私たちとの関係を、多くの点で悪い方向へと大きく構築し直してしまった。だが、レンタル／リース、サブスクモデルの持つ魅力を理解するのは簡単だ。柔軟性があって持ち運び可能で、多様性に富む。必要な先行投資はたいてい少額で済む。

というわけで、このビジネスモデルがデジタルメディアから物理的な製品へと拡大したところで、驚くことでもない。レント・ザ・ランウェイやアーモワールなどの衣服のサブスクサービスでは、服を買わずにワードローブをいつも新しくしておける。フェザーやファーニッシュなどのスタートアップは、家具リースのサブスクサービスを提供する。イケアのような老舗の小売店でさえ、リースモデルを検討している。[74]また、ボッシュが最近、発表したパピヨンプログラムでは、低所得世帯の家庭が新しい家電を月額約九ユーロでリースできる。[75]

消費者が所有するという形態から一時的にアクセスするという形態へのシフトは、理論上、耐久性と修理可能性に投資するよう企業に促す可能性がある。[76]リースしたソファが壊れるかサブスクした食洗機が故障した場合――利用規約によって、それらのリスクが消費者の責任に割り当てられていない場合――そのコストを負担するのは、メーカーかレンタル／リースサービスだ。もし製造者側が修理費を負担しなければならないのなら、企業は修理が簡単で長持ちする製品の価値を受け入れるようになるかもしれない。スキー用具のレンタルを例に考えてみよう。リゾートには、レンタルスキーを少しでも長く、良好な状態に保ちたいという強い動機があるだろう。そこで、定期的な保守や修理に投資する。そして、耐久性に優れ、修理が比較的容易なスキー用具を購入する可能性が高くなる。だが、スキーレンタルの経済性は特殊だ。なぜなら、スキー用具のレンタルはリゾートにとって付随的な考慮事項だからだ。リゾートは、スキー用具のレンタルビジネスで稼いでいるわけではない。宿泊、食事、リフト券を販売している。そして、これらのサービスから、スキー用具の修理費を捻出する。アップルのような企業が、デジタルサービスの提供にシフトするのに伴い、状況は変わるかもしれないが、今日のデバイスメーカーのビジネスはハードウェアの販売であり、その目標は依然として修理とは相容れない。

もっと一般的には、サブスク制度による一時的なアクセスへの転換について、私たちは次のような三つの理由から懐疑的な目を向けるべきだ。第一の理由は、企業によるサブスクの経済的提案が、消費者にとって見た目ほど利益がないかもしれないことだ。企業がサブスクモデルに投資するのは、廃棄物を削減するか環境への悪影響を内部化したいという、道徳的な主義に基づいた願いからではない。そのほうが儲かると考えているからだ。消費者はリースに割増料金を支払う。ボッシュのパピヨンプログラムは「社会貢献」の実施と謳っているものの、数字が物語るのは別の話だ。ボッシュの新しいシリーズ6の洗濯機は五九九ユーロ。パピヨンプログラムで想定されているのは、一〇年間のリースで月額九ユーロ。合計一〇八〇ユーロになる。リースが終わる一〇年後には、小売価格の二倍近くの金額を支払ったにもかかわらず、消費者は洗濯機を所有していない。そのため、新しい洗濯機を購入するか、別の洗濯機をリースしなければならない。この計算が、新しいサブスクサービス全体に当てはまることは間違いない。ベンチャーキャピタリストの支援、素晴らしいグラフィックデザイン、魅力的なモバイルアプリ。これらを除けば、前世紀からお馴染みの略奪的な購入選択権付きリースの販売業者とさほど変わりない。そんなわけで、ほんの数年前にアウディ、BMW、キャデラック、メルセデス・ベンツが鳴物入りで発表した、定額制自動車サービスが終わりを告げたとしても、不思議ではない。

第二に、サブスクモデルは消費者を生産者に依存させる。こんな想像をしてみよう。あなたの家が洗濯機、乾燥機、冷蔵庫、食洗機、オーブン、電子レンジ、コーヒーメーカーなどリース家電だらけだとする。割増料金を支払っていることは、あなたにもわかっているが、それでもリースする価値があると判断した。だが、リース家電のひとつが壊れた時、どんなことが起きるだろうか。メーカーにメンテナンスを依頼し、食洗機が壊れたようだと伝える。すると、技術担当者は早くて二週間後まで予約がいっぱいですと言う。あなたは辛抱強く待つ。そして担当者がようやくやってくると、今度は、必要な部品は入荷待ちで三〜四週間かかりますと言われてしまう。だが、あなたに残されたのは、毎月のサブスク料金を支払い続ける選択肢だけだ。もし料金の支払いを拒んだ時には、一部の自動車金融業者が、支払いが滞った顧客相手に行なうように、食洗機を回収するかリモートで機器が使えないようにしてしまう。(77) あるいは、リース開始の一年後に、会社が月額料金の値上げを決定した場合はどうか。月額料金が八〇ドルから一〇〇ドルに跳ね上がる。あなたは激怒するが、数千ドルを出費して新しい家電を買う余裕はないため、月額二〇ドルの値上げのほうがまだありがたい。

これらのリスクは単に仮定の話ではない。アメリカの図書館の窮状を考えてみよう。何世紀にもわたって、図書館は紙の本を購入していた。彼らは本を所有していたため、出版社に継続して印税を支払う義務もなく、好きなだけ自由に本を貸し出せた。ところが、電子書籍の登場で状況が一変した。現在、図書館は紙の本を購入するのではなく、基本的に書籍をリースしている。電子書籍を一定回数、あるいは指定期間（たいてい二年間）貸し出す権利に対して、出版社に支払う。そして、その権利に対して電子書籍の小売価格の数倍の金額を支払う。リース期間が終了すると、再度料金を支払うように求められる。図書館は本を完全に所有しているわけではないため、出版社に従う他ない。消費者は、先の洗濯機のようなリース条件を受け入れる前に、もう一度よく考えてみたほうがいいだろう。

そして、サブスクに懐疑的であるべき第三の理由は、サブスクモデルが耐久性と修理可能性にもたらす利点が不確実だからだ。製品の改良が利益につながるならば、企業はそうするはずだ。ところが、その計算結果は明らかではない。リースプランに割増金――小売価格ですでに得られる利益をさらに超える金額――を請求すれば、三～四年後には、リースしたテレビで充分、利益が引き出せる。となると、修理に投資する意味がない。実際、その逆が正しい可能性がある。すなわち、リースモデルは前払金が抑えられているため、消費量が増加し、アップグレードサイクルが短縮する可能性があるのだ。あなたが目をつけている新しい冷蔵庫が二五〇〇ドルであれば、いま、キッチンにある冷蔵庫が寿命を迎えるまで購入を躊躇するかもしれない。ところが、月二五ポンドでリースできるとなると、つい契約してしまうかもしれない。そして、二、三年後に新しい外観か新しい機能を備えた新しいモデルが登場してそれが魅力的に思えたら、またアップグレードしたくなる。私たちには何かを新しく購入する時、そのデバイスを長く維持しようという気持ちが湧く。自分が所有するものを大切にする傾向があるのだ。ところが、レンタル品には当然、あまり投資しない。レンタル／リース会社が車を一、二年で新しくするのにはわけがある。[78] デバイスが家庭の備品ではなく、毎月の支払額である時、デバイスを取り換える傾向が高くなる可能性がある。もしそうであれば、リースモデルは耐久性や修理可能性の低い製品をつくる動機を生み出す。たとえデバイスメーカーの管理によって耐久性が向上したとしても、消費者は修理で培った知識やスキルを失ってしまう。メーカーの言いなりになって、デバイスの操作について主体性を失ってしまうのだ。

製品を安価に、一時的に手に入れることは、耐久性や修理可能性の高い製品をつくることにはつながらない。だが、もし市場が反対の方向に動いたらどうだろうか。耐久性と品質に優れた製品と修理への取り組みで、企業は高い評判を確立できる。一九六〇年代、フォルクスワーゲンのビートルが絶大な人気を誇った理由は、修理のしやすさにあった。[79] 今日、衣料メーカーのパタゴニアは、幅広い商品の修理ガイドを発行し、小さな破れや穴を補修する安いパッチを販売し、顧客の商品を補修する修理センターを設置し、アメリカのあちこちで修理イベントまで開催している。[80] スウェーデンに本拠を置くヌーディ・ジーンズも同様のアプローチをとり、十数カ国でデニムの修理ショップを展開するとともに、移動式の修理ステーションを運営している。[81] また、自力で修理する人のために、さまざまなパッチ、糸、針、説明書入りの修理キットを無料で送付している。アメリカのレッド・ウィングは、ブーツや靴を手作業で修理し、擦り減ったかかと、ガセット（補強用の革の部分）、フック、紐穴などを手頃な料金で交換してくれる。[82] ジッポは、防風ライターのラインナップを生涯、無償で修理してくれる。[83] 修理に対する積極的な姿勢を除けば、これらの会社の共通点は価格帯が比較的高いことだ。パタゴニアとヌーディ・ジーンズのジャケットは、どちらも約二〇〇ドルが最低ラインで、レッド・ウィングの靴は約三〇〇ドルだ。ジッポのライターは三〇ドル。どれも決して市場で最高級の価格ではないものの、安価とはとても言えない。修理が、高級品を買える人だけの贅沢であってはならない。とはいえ、安価な使い捨て製品に慣れた消費者に、より耐久性のある製品に投資するよう説得するのは——たとえそれが経済的に賢明な選択であっても——容易ではない。それでもやはり以上の例が示すのは、耐久性があり、修理可能な設計が市場で高く評価される可能性である。

## 設計を変える

修理を可能にするためには、製品の構築方法を考え直す必要がある。本書では、企業が修理に対する偏った考え方を、どのように製品設計に組み込んでいるかについて見てきた。修理が困難で、場合によっては不可能であることは、進歩するテクノロジーにとって避けられないことではない。それは、選択と優先順位とを反映している。企業が修理を妨げようとしている場合もあれば、まるで無視している場合もある。むしろ、修理可能性は見た目の美しさやサイズ、エネルギー効率と同じく、設計上の優先事項でなければならない。

となると、修理を考えて設計された製品とはどのようなものだろうか。理想的な世界では、Fairphone のようなものだ。二〇一三年、バス・ヴァン・アベルがアムステルダムに設立したフェアフォン（Fairphone）は、その名前をつけた四種類のスマートフォンを市場に投入した。Fairphone は、アフリカの紛争鉱物危機（第2章参照）に対応して設立され、耐久性と修理に重点を置いた製品設計に取り組んでいる。ヴァン・アベルはこう説明する。「スマートフォンを二倍長く使用すると、製造数は半分で済みます……。そこで、部品を簡単に交換できるようなスマートフォンを設計しました。たとえば画面です。もし落として画面が割れてしまっても、自分で交換できます。時間とともに壊れる可能性のあるコンポーネントのすべてを、交換できるようにしています[84]」

二〇二〇年に発売されたFairphone 3 Plusは、小売価格が四六九ユーロ。新品のiPhoneの半額もしない。背面カバーを手で開けられる点が特徴で、カバーを外すと、バッテリーと明記したラベルを貼った拡張可能ストレージが入っている。このストレージも、ツールなしに取り外せて交換が可能だ。ディスプレイは標準のプラスドライバーだけで交換できる。ありがたいことに、そのドライバーは同梱されている。いちばん頻繁に交換されるこのふたつのコンポーネントを除けば、カメラ、スピーカー、USB－Cポートはすべてモジュール式のため、どれを交換しなければならない時にも、簡単に所定の場所に取りつけられる。実際、Fairphone 3を所有している顧客は、古いカメラを、3 Plusに標準搭載されているアップグレードバージョンに簡単に交換できる。デバイス全体を交換する必要はない[85]。また、内部コンポーネントを交換する必要がある場合には、モジュール自体を簡単に開けられる。交換部品は、同社のウェブサイトにおいて手頃な価格で購入可能だ。スクリーンが約九〇ユーロ。カメラが五〇ユーロ。バッテリーが三〇ユーロ。USBモジュールもスピーカーも二〇ユーロ。スマートフォン内部に印刷された説明を補足するため、ステップごとの修理ガイドも無料で提供している。アイフィックスイットが、Fairphoneに満点を与えたのも当然だろう[86]。

Fairphoneは確かに、プロセッサが最速なわけでも、画面が最も明るいわけでも、デザインが飛び抜けて洗練されているわけでもない。[87] だが、最近のビンテージの、完全に機能するスマートフォンに比べてもほとんど遜色がない。どんな設計にも妥協が伴う。アップルかサムスンの新しいスマートフォンは、数ミリ薄くなったり、オンラインパーティゲーム「アモング・アス」の読み込み速度が、数分の一秒速くなったりするかもしれない。だが、フェアフォンの欠点は、寿命の大幅な向上と修理コストの大幅な削減を実現するために払った合理的な犠牲の結果である。

フェアフォンを一種のギミックだと、あるいはもっと好意的に言って、市場で実現可能性のない概念実証(第3章参照)だと、一蹴したくなるかもしれない。だが、フェアフォンはすでに数十万台の販売実績を誇り、この規模の企業として素晴らしい偉業を達成している。最初の製品を発売したのはわずか数年前だ。スマートフォンの設計、製造、販売に対する実績も既存のインフラもなかったが、瞬く間にヨーロッパで急成長中のスタートアップのひとつになった。モジュール式で修理可能な電子機器のビジョンを追求する企業は、他にもある。同様の設計哲学を表現し、さまざまなスマートフォンやタブレットを提供している企業のひとつが、ドイツのシフト(SHIFT)だ。[88] また、アメリカのフレームワーク・コンピュータ(Framework)は二〇二一年初め、モジュール式で修理可能なラップトップの発売を発表した。[89]

高い評判を築いた大手テクノロジー企業も、その気になれば修理可能な製品を設計できる。アップルでさえ、容易に修理できるデバイスを製造することがある。二〇一九年、フラッグシップであるMac Proのデスクトップは、アイフィックスイットから一〇点満点中九点という、素晴らしいスコアを獲得した。[90] デバイス上部に回転ハンドルがついているこのデスクトップは、外部ケースを片手で取り外せる。RAMは手で交換でき、I/Oボード、ビデオカード、電源などその他のコンポーネントもプラスドライバー一本で取り外せる。ほとんどの場合、デバイスは標準インターフェイスのコンポーネントを使用しているため、交換は簡単だ。デバイス内の役立つイラストやチャート図を見て、ユーザーはその通りに作業が進められる。基本的な手順を説明する修理マニュアルやビデオも提供している。エンドユーザーが修理する可能性が最も低い、CPUなどの部分には簡単にアクセスできないが、全体的に言って、Mac Proはアップルがいまなお修理可能で、パワフルかつ美しいデバイスをつくり出せるという証拠である。確かに、Mac Proのフォームファクタ〔形状や大きさ、配置などの仕様〕は、スマートフォンや時計ほどの制約は受けない。また、五万ドルを超える価格のため、他のデバイスでは一般的な、毎年アップグレードを図るというビジネスモデルは不可能だ。[91] それにもかかわらず、HPやデルなどのマスマーケットの競合他社は、長年にわたって、確実に修理可能で手頃な価格のポータブル製品を製造してきた。

以上の例から一歩後ろに下がってみると、修理しやすいデバイス設計の一般原則がいくつか引き出せる。電子機器設計の一般的なアプローチでは、できるだけ小さなスペースにすべてを詰め込んで外函を密閉し、最善の結果を期待するが、修理しやすさを念頭に置いた製品をつくるためには、ユーザーの作業しやすさを確保しなければならない。かつて神聖視されていたデバイス内部への侵入に対応する――むしろ侵入を歓迎する――必要がある。ユーザーはもちろん、修理専門家であっても、デバイスを開けるためだけに特殊なツールやテクニックが必要であってはならない。問題のない場合には、手を使って開けられるようにすべきである。そして、接着剤は厳禁とする。留め具は、コンポーネントの接続や取り外しのたびに使われることを理解し、それを前提に選ぶべきだ。そして、複数回の使用に耐えられなくなった場合に、簡単に交換できるものでなければならない。同様に、部品へのアクセス、取り外し、取りつけが簡単でなければならない。劣化したり壊れたりする可能性が極めて高い、バッテリーや画面などの場合が特にそうだ。設計はモジュール式とする。故障したコンポーネントをひとつ交換する場合、他の機能部品が一緒に配置されているボードを交換する必要があってはならない。実際に部品を交換する時、部品は手軽な価格で入手できなければならない。すなわち、可能な限り、複数の供給源から入手可能な標準的コンポーネントを使用する。設計者がこれらの部品の配置を計画する時は、修理への影響を考慮しなければならない。コンポーネントの取り外しと交換の手順は、直感的でわかりやすいものであること。また、デバイスそのものは、内部設計図、テキスト、図などを通じて、一般的な修理手順をユーザーに伝える必要がある。もっと複雑かあまり一般的でないプロセスの場合、デバイスメーカーは、マニュアルやウォークスルー動画を提供する。なかには、組み立てられていない状態で販売されるデバイスもある。たとえば組み立て式で「修理可能なフラットパック・トースター」を設計したケイシー・ウーは、消費者がデバイスを自分で組み立てたほうが、その仕組みをより理解でき、修理する能力に自信がつくようになることに気づいた。[92]

修理を考慮した設計には、間違いなく発想の転換が求められる。だが、新しいテクノロジーや素材を使えば、修理はこれまで以上に簡単になるだろう。従来の接着剤ではなく、タブを引っ張ると簡単に剥がせるストレッチリリース接着剤を使用するだけで、修理性は向上する。[93] 3Dプリンティングなどの積層造形プロセスを使えば、利点はさらに大きい。[94] メーカーが全デバイスのあらゆる交換部品を製造、保管、出荷するのではなく、小売店においてコストの安い部品をオンデマンドでプリントできる。あるいは、信頼できる高性能の家庭用プリンタが普及すれば、新しいブラケットやラッチ用のファイルをダウンロードして、ソファでくつろぎながらプリントできるようになるだろう。自動車産業や航空宇宙産業では、調達が難しい部品の製造にすでに3Dプリンティングが使われている。そうであれば、トースターや掃除機に同じことが当てはまらないわけがない。他にも、画期的な自己修理デバイスがすぐ未来に期待される。二〇一八年、東京大学の研究者たちが、圧力を加えるだけで、手で修理できる新しいポリマーガラスを開発した。[95] もっと最近では、韓国科学技術院（KAIST）のチームが、亜麻仁油のマイクロカプセルを注入した新しいスクリーンを発表した。わずか二〇分で、ひび割れの九五パーセントを自動的に修理する。[96] 同じ頃、アップルは自己修理スクリーンを組み込んだ折りたたみ式デバイスの特許を申請した。[97]

進歩、消費者意識の高まり、市場の変化が組み合わさることで、より多くの企業が修理を念頭に置いた設計を行なうようになる可能性がある。とはいえ、今後の設計のあり方について、政府が果たす役割は無視できない。設計プロセスに対する規制当局の介入——メーカー側は干渉と呼ぶだろう——に、デバイスメーカーが抵抗することは間違いない。競合しつつ依存し合う考慮事項のバランスをいかにとり、どう優先順位をつけるか。メーカーは、製品設計がそういった複雑な作業であることに確実に気づくだろう。修理可能性に対する法的義務があれば、その計算は一層複雑さを増す。だが、設計者にとって、耐久性と修理可能性は知らない考慮事項ではないはずだ。また、製品設計の方向性を決める法的制約や義務に関する前例はたくさんある。企業は当然、競合他社の特許を考慮して設計する。そして、アメリカの法律は消費者の利益と環境を保護するために、すでに製品設計に介入している。たとえば、連邦法は一九六八年以降、シートベルトの着用を義務づけてきた。[98] 一九七五年以降、連邦基準によって自動車の燃費も規制された。[99] アメリカの消費者が毎年数千億ドルを電子機器に費やすことや、使い捨て消費主義がもたらす驚異的な環境コストを考えると、積極的な介入は正当化される。[100]

ヨーロッパの規制当局はまさに、そのような姿勢をとっている。エコデザイン指令を実施する規則は、デバイスの修理可能性に関する特定の要件について多く説明している。[101] これらの規則は食洗機、冷蔵庫、洗濯機、電子ディスプレイについて、特定の補修部品が最長一〇年にわたって入手可能とするよう義務づけるだけでなく、デバイスに永久的な損傷を与えることなく、ごく一般的なツールを使って部品を交換できる設計も求める。[102] さらに、デバイスメーカーに対して、回路図や診断コードをはじめ、修理に必要な情報の提供を義務づける。サーバやデータストレージデバイスについては、メモリ、プロセッサ、マザーボード、電源などのさまざまな内部コンポーネントの修理や交換を妨げる留め具や密閉技術の使用を禁じる。[103] これらの設計義務はつい最近、施行されたばかりだが、欧州委員会は特にスマートフォン、タブレット、ラップトップなどの修理可能性に焦点を絞った、別のエコデザイン規則を積極的に策定中である。[104]

これらの規制は、ヨーロッパだけでなく世界中で、修理可能性の未来に大きな影響を与えるかもしれない。消費者がバッテリーを手で交換できるラップトップやスマートフォンを設計するよう、企業に義務づける規則があったらどうだろうか[105]。フェアフォンが示すように、これはエンジニアリングの不可能な偉業ではない。なぜなら、二〇〇九年にはアップルもまだ、スイッチを押すだけでバッテリーを取り外せるMacBookを販売していたからだ。あるいは、普段使うツールで簡単に画面が交換できるスマートフォンを設計するよう、義務づける規則があったらどうだろうか。デバイスの寿命が長くなれば、環境に及ぼす影響と同じように消費者に及ぼすコストも、大幅に削減されるはずだ。一般的な消費者が、あらゆるデバイスのあらゆる部品を修理できる必要はない。訓練を受けた修理専門家は常に必要だ。だが、熟練した専門家であっても修理を想定した設計の恩恵を受けることになるだろう。

ヨーロッパ市場の規模を考えると、積極的な設計義務が世界的な製造基準を設定する可能性がある。交換可能なバッテリーと画面を備えた、ヨーロッパ向けデバイスの製品ラインを構築し、その他の地域向けに別の製品ラインを構築したい考えは、企業にはないだろう。だからと言って、ヨーロッパ市場からの完全撤退も望んでいない。二〇年近く前、特定有害物質使用制限指令（RoHS）は、重金属の使用を制限することで、電子機器の設計を新たにした[106]。エコデザイン指令は、修理可能性について同じことを行なおうとしている。

デバイスメーカーは、この種の規則に抵抗するだろう。設計義務がイノベーションを妨げ、市場が求めるデバイスを顧客に提供する能力を妨げるというのが、彼らの言い分だ。だが、スティーブ・ジョブズの有名な言葉にもあるように、「人はそれを見るまで、自分が何を欲しいかわからない」[107]。アップルも競合他社も、より小型化し、さらに修理が難しいデバイスの構築に優れており、それこそが消費者が価値を見出すべき製品だ、と納得させることにも同じように上手になった。だからと言って、それでは、耐久性と修理を重視する新しい設計動向に消費者がどう反応するかについて、ほとんど何も語っていない。優れたテクノロジー企業は、地球上で最も才能あるインダストリアルデザイナーを雇用している。デザイナーが合理的な規制上の制約に対応できる能力を、私たちは信頼すべきであり、彼らの雇用者もまたそうあるべきだ。これらの規則は、すべてのデバイスメーカーに適用される。そのため、修理を可能にするエレガントで効率的な解決策を見つける競争が促されるに違いない。製品を差異化するための新たな基盤を企業に与えることで、この規則は私たちみなの利益になるイノベーションを促すはずだ。

エコデザイン規制では修理規定の他にも、エネルギーと水の消費を制限し、必要に応じて再利用とリサイクルを促進している。そうすることで、消費財市場に循環型デザインの原則を組み込む、幅広い取り組みを反映している。循環型経済の概念とは、可能な限り材料を回収して再利用することで、資源採掘、汚染、廃棄物を最小限に抑えることだ。この考え方は、経済成長と持続可能性の調和を図るという、数十年に及ぶ取り組みから生まれた[108]。修理は循環型経済の重要な要素のひとつであり、製造と消費のサイクルを遅らせる[109]。再利用、リサイクル、再製造の組み合わせによって、線型パラダイムから脱出する方法を設計する。原材料を採取し、製品を製造し、短期間使用したあと、廃棄物として処分するために構築されたモデルは持続不可能である。修理が提供するのは別の道だ。

設計はまた、私たちの感情的なつながりを利用することで、すでに所有している製品を使い続けるよう働きかける。多くの人はお気に入りのTシャツを着続け、オンボロの自転車に乗り続ける。Tシャツには穴が空いているかもしれないが、過去を振り返れば、それを着て出かけた場所、その時一緒にいた相手、楽しかった思い出が甦る。自転車はプレゼントだったかもしれない。買ってくれた人とのつながりを物語る象徴かもしれない。ということで、Tシャツの目立つ穴を補修したり、わざわざお金を払って古い自転車を修理したりする。[110] そのような感情的なつながりを巧みにつくり出すことはできないが、程度の差はあれ、製品設計によってその可能性は高まる。大学教授のジョナサン・チャップマンが呼ぶ、「感情的な耐久性」を促す製品がつくり出せるのだ。[111] 年を経るごとに味わいの出る製品もある。カウボーイブーツには履き慣らしが必要だ。鋳鉄製の鍋もシーズニング（油慣らし）が大切だ。ブロンズ彫刻は歳月を重ねるごとに独特の緑青が増す。これらの穏やかな変化は、慈しみ、大切にし、手間をかけて世話をしてきたことの表れだ。その結果、私たちはその製品により価値を置く。

経年劣化を受け入れる美学は、洗練された新品のデバイスを目指す美学より、修理や耐久性と相性がいいかもしれない。時おり生じるへこみや擦り傷などを、欠陥ではなく個性とみなすこともあるだろう。パーソナライズしたりカスタマイズしたりすることは、感情的なつながりへの別のルートを表す。所有物は私たちのアイデンティティの一部だ。[112] 製品を自分のアイデンティティと結びつければ結びつけるほど、棄てたくなくなる。ポケットのスマートフォンが、何億台もの同じ機種と区別がつかなくなると、それは個人的な持ち物ではなく、代替可能なコモディティと化す。

とはいえ、今日、デバイスには学習能力が備わっている。私たちの行動を観察し、私たちの選好を予測する。ともに学んで、成長する――つまり、バディコメディ〔一般的には、性格が正反対の男性二人を主人公としたコメディドラマ〕より、ドキュメンタリーのほうが好きだという好みを理解してくれるテレビは、私たちとのあいだに感情的なつながりを生み出すかもしれない。だが、クラウドサービスの時代、この手の相互作用から生成されたプロファイルを、新しいデバイスに移行するのは簡単だ。箱から出したばかりの新しいテレビは、廃棄したテレビと同じように、あなたのことをよく知っている。デバイスの使用からサービスの利用へ。この移行によって、所有感という心理的な感覚は薄れる。(113) 所有とは、消費者と周囲のデバイスとの一種の愛着だ。そのモノを自分がコントロールしているという感覚を失うと、それに対する投資も減る。したがって、修理をすればデバイスに対する私たちの責任が再確認でき、感情的な投資を促すことになる。設計によって、所有物の修理はより簡単になる。古くなったデバイスを買い替える時に、精神的なリスクが高まることもある。だが、フェアフォンのバス・ヴァン・アベルが強く述べたように「問題全体の解決策は、私たちモノを買う人間にある」(114)。

## 規範を変える

結局のところ、修理するかしないかを選択するのは私たちだ。法廷や議会は修理の障壁を取り除く。市場を構築し直せば修理を促せるかもしれない。企業は、修理を容易にするために製品を設計し直すこともできるだろう。だが、そのような介入も、私たちが――個人的にも集団的にも――古いデバイスを修理せずに廃棄してしまえば、何の意味もない。修理に対する判断や態度を改めない限り、行動が大きく変わることはない。称賛するにせよ嫌悪するにせよ、ある行動を周囲がどう評価するかは、私たち自身の評価に、そして最終的には私たちの行動に大きな影響を与える。良くも悪くも、そしてたいていその両方の公正な尺度として、社会的動物である私たちは仲間の影響を受けやすい。その傾向ゆえ、集団的に有害な方向へと導かれる可能性とともに、より建設的な選択肢へと方向転換する可能性もある。

ポイ捨てに対する、この数十年間の意識の変化をたどってみよう。一九六九年以降、アメリカの道路脇のゴミは六一パーセントも激減した[115]。そのあいだ、いろいろな啓蒙キャンペーンを展開して、平気でポイ捨てをする行動に注意を促そうとした。当時の子どもたちにとって、ウッディ・オウル〔農務省森林局のふくろうのキャラクター〕と彼のキャッチフレーズ「無視しないで。汚さないで!」は、犬のキャラクターのスクービィ・ドゥやポパイと同じくらいお馴染みになった[116]。一九七〇年にウッディ・オウルが登場した一年後、キープ・アメリカ・ビューティフル〔一九五三年に設立されたNPO。「アメリカを美しく保とう」などの意味〕が制作したテレビCMは、いまでも多くの人の記憶に残っている。走り過ぎる車の窓から投げ捨てられるゴミを見た、ネイティブアメリカンと思しき男性〔実際は、先住民の衣装を着たイタリア系の俳優〕が、涙を流すという印象的な広告だった[117]。テキサス州の非公式なモットー「テキサスに手を出すな(Don't mess with Texas)」は、一九八五年、ポイ捨て禁止のキャンペーンに使われた[118]。この時期、ポイ捨てを罰する法律が重要な役割を果たしたことは間違いない。だが、社会規範や社会的な態度と法的制裁とを切り離すことは難しい。ある行為がひとたび法的に問題があるとみなされると、人びとはその行為に厳しい視線を向ける傾向がある。二〇一二年、一一〇〇人のアメリカ人を対象にした調査で、自分が車の窓からポイ捨てしたことを、尊敬する人に知られたら「非常に恥ずかしい」と答えた人は、五九パーセントにのぼった。[119]これは税金をごまかした人が感じる数字よりもわずかに多いが、飲酒運転で捕まった人が恥ずかしく思う割合よりもわずかに少ない。したがって、ポイ捨てしたことがあると認めた人の割合が、一九六八年の五〇パーセントから、二〇〇九年には一五パーセントに低下したのも不思議ではない。[120]

同じ傾向は他の行為にも当てはまる。過去数十年で、アメリカの喫煙率は著しく減少した。一九五三年、成人の四七パーセントがタバコを吸っていた。[121]現在は一四パーセントに激減している。[122]喫煙の健康被害に関する具体的な情報、増税、屋内禁煙が、大きな影響を及ぼしたことは疑いない。だが、喫煙や喫煙者に対する考え方も変わった。二〇〇一年、アメリカ人の三九パーセントが、公共空間での喫煙は違法にすべきだと考えていた。二〇一九年には、六二パーセントが禁止に賛成した。[123]また、世論調査のデータによると、喫煙者に敬意を抱かないと答えた人は、一九九四年の一四パーセントから二〇一一年には二五パーセントに確実に増加した。[124]ある意味、喫煙はモラルの欠如か、少なくとも軽い軽蔑に値する汚い習慣と見られている。その種の社会的非難をものともしない人もいるが、ほとんどの人にとっては、吸うか吸わないかの選択に影響を与える。ポイ捨てや喫煙に対する私たちの考え方が行動変容に一役買ったように、埋立地行きの運命である修理不可能なワイヤレスイヤフォンを購入することは、ポイ捨てや知らない人の顔に煙を吹きかけるのと同じくらい、不適切な行為になるかもしれない。

本書ではすでに、社会的圧力と一致団結した目標の共有をどう利用すれば、修理を促せるかについて紹介した。第二次世界大戦中、あらゆる資源が徴用され、大西洋両岸の国民は、より少ない資源で生き延びなければならなかった。修理は単なる生活の事実や経済的現実ではなく、愛国者の義務とみなされた[125]。市民は「古いものを修理して間に合わせよう」、「使い切って、着古して、間に合わせよう」と呼びかけられた（第3章参照）。そして、そのような政府の情報キャンペーンを民間の努力が補った。たとえば、ディアは農家にマニュアルを提供して、農機具を保守・修理するコツを教えた[126]。一般市民は友人や隣人に、衣類や食料から自転車やトラクターまでの有形財から、できる限り多くの効用を搾りとるように促した。

残念ながら、戦争ほど団結と集団的犠牲を引き起こす国家の一大事はない。だが、長年の態度や日常の習慣を見直す契機となる危機は、武力紛争だけではない。新型コロナウイルス感染症のパンデミックは、人命、社会的幸福、心理的幸福、経済的損失などの破滅的な犠牲をもたらした。この地球規模のトラウマから生まれた数少ない明るい材料のひとつは、一部の地域で修理を再評価する動きが甦ったことである。

使い捨て消費主義の沼にどっぷり浸かりきったアメリカでは、パンデミックとそれに続くロックダウンは、修理の可能性と必要性とを人びとに思い出させた。修理技術が衰退していた英国、ヨーロッパ、あちこちの先進国でも同じ傾向が見られた。パンデミックを機に、消費者はこれまであとまわしにしてきた家の修理に取りかかる時間ができ、金物屋は好調な売れ行きを記録した[127]。何年も何十年も放置していた自転車を小屋から引っ張り出して、チューンナップしてタイヤを交換した。ジーンズやソックスを購入するかわりに、パッチで穴を塞ぎ、修理し、縫い合わせた――買い物に出かけるリスクを回避したり、単に何かすることを探したりするためだ。同じように、ラップトップやゲーム機、デバイスの修理情報を探して、新しいユーザーがアイフィックスイットに殺到した。修理ショップが店を閉めたために、余分に使えるお金はないが時間があり余るたくさんの人たちにとって、長期の隔離生活は自分の手で修理する喜び、思い通りにいかない苛立ち、成功体験を再び味わう機会となった。[128]新品家電のグローバルなサプライチェーンが混乱に陥ったのに伴い、消費者はますます修理を手がけるようになった。多くの場合、修理サービスの需要が供給を上まわり、これまで何十年にもわたって買い替えを優先してきた結果、修理インフラが空洞化していた現実が浮き彫りになった。[129]

とはいえ、今後の動きはどうだろうか。ご存知の通り、第二次世界大戦後、消費主義が蔓延した。ポストコロナの時代も消費の勢いは止まらないだろう。だが、その予測に待ったをかける理由がある。戦後の好景気を経験していない若い世代は、親や祖父母よりも修理を受け入れる傾向にあるのだ。ロンドン市民を対象にした最近の調査では、一八～二四歳までの八五パーセント、二五～三四歳でもほぼ同じ割合の人が昨年、衣服、家具、自動車などを修理していた。一方、その割合は五五歳以上の人の場合、わずか四七パーセントにとどまった。[130]また、修理に対する選好は、同調圧力を受けることもわかった。欧州委員会の調査によれば、他の消費者が修理可能な製品を好むと言うと、修理可能な製品を購入する可能性が高まるのだという。[131]こうして修理可能性を好む傾向は複製される。修理する権利を理解すればするほど、その考えを支持するようになることもわかっている。[132]

希望が持てる傾向のひとつは、目に見える修理に対する関心の高まりだ。破れた衣服を捨てたり、修理した箇所を隠したりするのではなく、多くの人がステッチやパッチの価値を認めている。手づくりの魅力を伝えるために、不器用な修理技術を用いている人もいれば、日本の刺し子にヒントを得て、敗れた衣服を精巧な幾何学模様のステッチで繕う人もいる。[133] これらの方法に焦点を当てたハウツー本やインスタのハッシュタグも多い。だが、目に見える修理は一時的な流行ではない。アーティストで研究者のブリジット・ハーヴェイは、この手の修理は「エンパワメントの表明」だと言う。「目に見える修理は」と彼女は書いている。「貧困や身なりに構わないことの印ではなく、豊かなスキル、選択、自立、共有、コミュニティを意味する」[134]。修理は周囲の人に語りかける。耐久性や苦難を跳ね返す力に注目を集める。[135] そうすることで、着用者が何に価値を置き――同じくらい重要なことに、何には価値を置いていないのか――を伝えるのだ。

修理を重視することが、衣服に限られる理由はない。はき古した愛着のあるジーンズと同様に、ラップトップやトラクターにも、繰り返し修理したあとが誇らしげに残っている。修理を当たり前のこととし尊重することで、自分の価値観と優先順位を表明し、友人や家族、隣人にも同様にするようさりげなく勧める。とはいえ、グローバルな規模で変化を促すには、個人の努力だけでは充分でない。修理のコミュニティを築く必要があるのだ。

## 修理する権利運動

現代の文化はイノベーションを重視する。ニコラ・テスラやスティーブ・ジョブズ――あるいは映画『バック・トゥ・ザ・フューチャー』に登場するドク・ブラウンや、『アイアンマン』のトニー・スターク――のような発明家は、大作映画で称賛を浴びる存在として描かれる。対照的に、修理や修理関係者が英雄的に描かれることはまずない。注目すべき例外もあるが、大ヒット作とは言えない。英国のテリー・ギリアム監督がディストピア世界を風刺した一九八五年の映画『未来世紀ブラジル』では、タイピングミスによって、アーチボルド・バトルが逮捕されて死亡する。[136] ところが、当局が実際にテロリストとして追っていたのは、アーチボルド・タトルだった――このもぐりの暖房・空調装置の修理工を、ロバート・デ・ニーロが実に印象的に演じた。映画のなかで、当てにならない暖房・空調装置を合法的に修理できるのは、セントラルサービス（中央サービス）という不気味な名前の組織だけだ。もぐりのタトルは、サービスコールを傍受して違法な修理を行なう。テクノロジーと官僚主義に対抗してコントロールを主張する方法であり、単にスリルを味わうためでもある。タトルはこう説明する。「行動と興奮を求めて、このゲームに参加した。どこへでも行く。身軽に移動し、トラブルのあるところ、ただひとりで侵入し、脱出する」。ギリアム監督が想像した未来と違って、いまの私たちが少なくとも不正な修理で死刑を言い渡されることはない。タトルは単独の抵抗勢力として行動したが、現実世界において修理の闘いは集団的な取り組みである。

修理制限に対して、世界中のコミュニティで反対運動の火がついた。集まったのは、修理の専門家、政策の提唱者、持続可能性の専門家、修理愛好家、趣味人、一般市民だ。このなかには、家電を修理する中小企業、医療機器を修理する規模の大きな病院、農機具の稼働を必死に維持しようとする家族経営の農家も含まれ、その活動は業界、人口動態、政治、地理を横断して拡大している。[137] 地元コミュニティで、現場教育や修理の実践に専念する人もいる。より手頃な価格で修理が利用できるようにするため、独立系の部品・サービスビジネスを始める人もいる。広範な法律改正や政策変更を求める人もいる。だが、これらの役は決して一人ひとつというわけではない。修理する権利運動の特徴は、重なり合い、協力する取り組みにある。

地元に根差して修理を促進しようという試みは、数十年にわたってさまざまなかたちで行なわれてきた。一九四三年、第二次世界大戦中という時代を反映して、デトロイト郊外にあるグロスポイント・ロータリークラブは、修理技術を育てるために、おそらく初となる公共ツールライブラリを立ち上げた。[138] カリフォルニア州バークレーやオハイオ州コロンバスなどの都市があとに続いた。[139] ツールライブラリは、重要な点で現代の修理運動の先駆けとなった。物質的なツールだけでなく知識やスキルも提供して、所有物を自分で管理する力を人びとに与えようとしたのだ。自転車協同組合——キッチンと呼ばれることもある——は、あちこちの都市の自転車愛好家に同様の役割を果たし、高価なツールを使えてそれぞれのスキルを共有できる、助け合うコミュニティを提供している。[140]

これと同じ基本精神が原動力となり、世界六大陸にまたがって多くのボランティアが、数千店のリペア（修理）カフェやコミュニティベースの修理プロジェクトを運営している。二〇〇九年、環境保護活動家のマルティーヌ・ポストマは、アムステルダムの映画館のロビーで、最初のリペアカフェを開いた[141]。彼女の目標は、コミュニティ意識やコラボレーションを促進するだけでなく、自給自足の生活に役立つような、人びとを温かく迎え入れる気軽な環境をつくり出すことだった[142]。プラットフォーム21というアーティスト集団にインスピレーションを得たポストマのビジョンは、すぐに他の人たちの気持ちを掻き立てた[143]。今日、リペアカフェは三五カ国、二〇〇〇カ所以上を数える[144]。ミシンからラップトップまで壊れたものを持ち込んで、ボランティアの専門家とともに、参加者はすんなりいかないながらも、やりがいのある修理作業を楽しんでいる。

ほぼ同じ頃、他の集団も同様のプログラムを開発した。フィクサーズ・コレクティブは二〇〇八年、ブルックリンで毎月の修理イベントを開催するようになった[145]。ピーター・ムイは二〇〇九年に、ボストンでフィックス・イット（修理しよう）・クリニックと呼ぶイベントを開催し始め、彼の組織はいま、全米でイベントを運営している[146]。ジャネット・ガンターとウーゴ・ヴァローリが設立したリスタート（再起動）・プロジェクトは、二〇一三年からロンドンで毎月、リスタート・パーティを主催している。現在、ネットワークは、アフリカ、アジア、オーストラリア、ヨーロッパ、南北アメリカの六〇の現地グループへと拡大した[147]。共通の使命をモチベーションとするこれらのグループは、お互いを競争相手ではなく協力者とみなす。プライバシーが守られた自宅の快適な環境で修理スキルを磨きたい人には、ヒュー・ジェフリーズ——彼は修理ツールやテクニックのショーケースだ——や、リチャード・ブノワ——テスラをはじめとする、自動車の修理専門チャンネル『リッチ・リビルズ』を開設している――のようなYouTubeクリエイターが、リモートで学ぶ機会を提供してくれる。[148]

ボランティアや非営利団体が修理する権利運動に大きく貢献する一方、不可欠なのが民間企業の存在だ。その筆頭はアイフィックスイットである。二〇〇三年、カイル・ウィーンズとルーク・スオールズが設立したこの企業は、ラップトップやタブレットからドローンや電動歯ブラシまで、幅広い製品の修理ツールや交換部品の販売を手がける。[149] ところが、彼らを部品サプライヤーと呼ぶことは、その広範な修理運動に対する重要な貢献の著しい過小評価だ。彼らのサイトは、影響力の強い修理スコアを公開しているだけではない。詳細な修理ガイドの大規模なデータベースをホストし、膨大な数の修理手順をステップごとに無料で公開している。車に新しいヘッドライトを取りつける時も、Nintendo Switchのジョイスティックを交換する時も、サムスンタブレットのバッテリーを交換する時にも、その方法を教えてくれる。ガイドの多くはアイフィックスイットのスタッフによるものだが、ユーザー自身が作成したものもある。サイトのユニーク訪問者が毎月約一〇〇〇万人を数えるという、最も活発なオンライン修理コミュニテイである。修理を中心に消費者の関心と信頼を築くことは、もちろんアイフィックスイットの収益にとって大きな利益がある。だが、修理の原則に対する同社の取り組みは、それだけに終わらない。ウィーンズは熱心で精力的な修理の擁護者だ。「性格はよろずいじり屋、職業は修理屋」を自称するウィーンズは、修理の擁護に多くの時間を費やし、あちこちの州議会の委員会や著作権局で証言している。[150]

擁護者の役割を担う経営者は、ウィーンズひとりではない。分子生物学の博士号を持つジェサ・

ジョーンズが、スマートフォンやタブレットの修理を始めたきっかけは、よちよち歩きの我が子がiPhoneをトイレに流してしまった出来事だった。[151] 大きなハンマーを持ってトイレに戻ると、ジェサはスマートフォンを回収して、水に浸かったデバイスを何とか甦らせようとした。そして、この出来事を契機にアイパッド・リファブを立ち上げ、いろいろな種類の修理を始めた。専門はデータ復元とマイクロはんだ付け、つまりアップルが提供を拒否しているサービスである。彼女のビジネスには、部品や回路図の調達という課題が立ちはだかり、ジェサもまた法改正に積極的に取り組んでいる。[152] ニューヨーク市でロスマン修理グループを運営するルイス・ロスマンも、修理推進派の有名な発言者である。[153] 修理とデータ復元ビジネスに加えて、ロスマンのYouTubeチャンネルは一五〇万人の登録者数を誇る。[154] 多くの場合、彼は正規の修理プロバイダが試みようともしない複雑な修理手順を共有し、政策について妥協のない意見を発言する。ロスマンも、全米のあちこちの州議会で修理法案について証言してきた。独立系の修理ビジネスを成功させるためには、ある程度の法的専門知識に加えて、立法プロセスに直接関与することがますます求められる。

このような状況を考えれば、近年、修理に特化した政策組織や住民発議が登場したのも当然だろう。当初、デジタル修理権連合（Digital Right to Repair Coalition）と呼ばれた修理協会は、二〇一二年にマサチューセッツ州で自動車修理法が制定されたことを契機に生まれた。ゲイ・ゴードン＝バーン率いるこの組織には、修理を擁護する個人、非営利団体、企業の利益を代表する幅広いメンバーが集い、修理ショップ、部品プロバイダー、電子フロンティア財団、自然資源防衛協議会（NRPC）、ブルックリン公共図書館などが参加している。[155] 所有するテクノロジーを自分で管理したい消費者が、情報、部品、ツールを利用できるようにすべきだという考えを活動の中心に据え、同組織は、デジタルミレニアム著作権法に基づく行政上の免除だけでなく、州と連邦レベルでの法改正も求めてロビー活動を繰り広げてきた。

アメリカ公共利益調査グループ（ＰＩＲＧ）は、これらの取り組みの重要なパートナーだ。一九七〇年代以降、そのネットワークは、幅広い環境保護と消費者保護の住民発議の擁護に成功してきた。このところ、ネイサン・プロクター率いる修理する権利キャンペーンは、州議会に数十件の修理法案を提出するにあたって重要な役目を果たしてきた。プロクターが学んだように、修理する権利運動は「超党派の問題ではなく、党派を超越している」[156]。リバタリアンは、修理をめぐる闘いで危機に曝される個人の財産と自由の保護に深く取り組み、進歩主義者は修理の問題を、人権と環境正義というレンズ越しに捉える。二極化と定義される政治情勢において、修理はコンセンサスを形成できる数少ない問題のひとつかもしれない。

ヨーロッパでも同様の連合が形成されつつある。たとえば「欧州修理する権利（Right to Repair Europe）」という組織の集まりは、情報を提供して一般市民を結びつけるだけではなく、重要な政策変更を求める活動も行なう[157]。それらの取り組みは、ヨーロッパを修理に関する法改正のリーダーにしようという政策改革の推進に一役買っている。また、フランスの非営利団体アルトゥ・ア・ロブソレッソンス・プログラメ（第7章参照）は、計画的陳腐化の禁止措置の施行を積極的に推進して成功に導いてきた。修理可能性の格付けシステムを求めてロビー活動を展開し、二〇二一年にその導入につなげた（第8章参照）。

コミュニティづくりと政策提唱の長年の取り組みは、大きな進歩を生み出し始めている。消費者と中小企業が不満の声を上げ、デジタル化と草の根の組織化が増幅したその声に、裁判所、立法者、規制当局は耳を傾けている。重大な法的介入の脅威を前に、機器メーカーでさえ修理反対の態度を考え直し始めた。二〇一八年、モトローラはアイフィックスイットと提携してツールキットを販売し、マニュアルなどの修理情報を入手できるようにして、修理する権利の方針を採用した初めての大手電子機器メーカーになった。[158] LGは最近、オーストラリアにおいて修理する権利のフレームワークに対する支持を表明した。[159] アップルでさえ、長年に及ぶ修理反対の立場を考え直しているのかもしれない。二〇二〇年、連邦議会の調査の一環として公開された社内メールでは、今後の方針について社内に深い対立があることが明らかになった。電子メールのひとつには、世界で最も成功したデバイスメーカーが直面する、「当社の修理戦略は何か」という問いが簡潔に提示してあった。[160] 修理する権利の法制化に抵抗し続ける一方、アップルは一部の製品のサービスマニュアルをウェブサイトに掲載している。おそらくもっと多くを物語るのは、最新の環境報告書で「当社の直接の事業だけでなく、製品のライフサイクル全体に対して責任を負う」と主張していることだろう。[161] その結果、「修理をより便利で信頼性の高いものにすることは、使用する資源を最大限に活用し、耐久性の高い製品をつくり出すという当社の目標と直接、一致する」と認めている。アップルはどうやら、私たちがすでに理解していることに気づいたようだ。修理に関する私たちの法律、慣行、態度は壊れてしまっている。それを修理する時が来たのだ。

# エピローグ

二〇二一年五月、連邦取引委員会が議会に提出した報告書は、修理する権利を主張するコミュニティから広く歓迎された。二年以上をかけた調査の末に、そして偶然にも私が本書の原稿を提出した数週間後に、連邦取引委員会が公表した報告書「Nixing the Fix（修理を阻むもの）」[1]は、修理制限がアメリカの消費者と競争に与える影響について詳細に分析していた。連邦取引委員会は修理制限がもたらす弊害を認識するとともに、デバイスメーカーが提示する正当性に疑問を呈し、修理する権利の擁護関係者がほぼ一〇年にわたって主張してきた言い分を支持した。同委員会が抜本的な法改正や即座の取り組みを発表することはなかったが、報告書は修理制限に真正面から取り組む意欲、さらに言えば熱意を示すものだった。そして、それを機に、修理をめぐる連邦政府の——一時的だが——希望の持てる活動が始まった。

製品設計、ソフトウェアロック、部品やマニュアルへのアクセスを厳格に管理することで、デバイスメーカーが修理を阻んできた現状を、連邦取引委員会は認めた。同委員会の言葉を借りれば、その方針は「消費者をメーカーの修理ネットワークに誘導するか、耐用年数が終わる前に製品を買い替えるように誘導してきた」。その結果、よりオープンで競争の激しい市場に比べて、消費者はより多くの費用を支払い、修理も長く待たされてしまう。連邦取引委員会が指摘したように、修理制限の負担は「有色人種と低所得者層のコミュニティに、より重くのしかかる」。これは、経済的資源や代替デバイスへのアクセスが不足している消費者と、そのコミュニティにサービスを提供する小さな企業や店の経営者の両方に当てはまる。修理制限による経済的コストとは別に、同委員会は環境に及ぼす影響も認めた。報告書は次のように指摘する。「消費財の寿命を伸ばすことが、製品が廃棄物の流れに入るのを遅らせ、代替製品の製造に使われるエネルギー量を削減することは間違いない」

法的分析の観点から、連邦取引委員会は、修理制限がアメリカの法律に違反する可能性がある次の三点を指摘した。第一に、企業が特定ブランドの部品やサービスの使用を保証条件とする時、その部品やサービスが無料でない限り、マグナソン・モス保証法に違反する。第二に、一部の修理制限は、連邦取引委員会法第五条に基づく不公正な行為に当たる可能性がある。第三として、修理制限が反トラスト法に違反する可能性を、抱き合わせ理論と独占理論に基づいて説明する一方、勝訴するには大きな課題があることも認めた。

連邦取引委員会は、知的財産法の問題にはほとんど触れなかった。報告書は、車両、ゲーム機、その他の機器メーカーが、意匠特許、商標、迂回規則を利用して修理制限をしている証拠は示したものの、その障壁を軽く扱い、次のような結論を導いた。「知的財産権の主張は、自力修理や独立系プロバイダによる修理にとって、重大な障害にはならないようだ」。そして、著作権局が、デジタルミレニアム著作権法の一時的かつ部分的な免除を認めている点を指摘した。連邦取引委員会が知的財産法の影響に全面的に立ち向かおうとしないのは、専門知識の限界を理解していることの表れかもしれない。知的財産は同委員会にとって馴染みがないわけではないが、任務の中核ではない。複雑な知的財産法に踏み込むより、同委員会が権威を持って語ることのできる法理論に焦点を置いたのは、実に賢明だった。

重要なのは、デバイスメーカーとその業界団体が修理制限を擁護するために日常的に提示している正当化に、同委員会が明白に懐疑を表明したことだ。報告書は「修理制限の正当性を裏づける、メーカー側の主張は証拠に乏しい」と要約している。自主的な修理が消費者の安全を脅かすというメーカー側の主張には、まったく納得しなかった。二〇一一年にオーストラリアでスマートフォンのバッテリーが発火した例を除けば、デバイスメーカーは「消費者や独立系プロバイダが行なった修理が負傷の原因だ、という主張を裏づけるデータを、何も提供しなかった」。また、独立系の修理プロバイダは注意力に欠けるとか、消費者の家に立ち入る際に脅威になるといった警告も、裏づけることができなかった。しかも、同委員会が指摘したように、修理によって安全上のリスクが生じる場合、メーカーは設計変更によってリスクを軽減する最善の立場にある。

メーカーはまた、自力修理や独立系プロバイダによる修理はメリットがなく、消費者のプライバシーとセキュリティに対する脅威だと主張した。これを受け、同委員会はこんな結論を導いた。「この記録には、正規の修理ショップより独立系の修理ショップのほうが、顧客データの漏洩や悪用の可能性が高いと示す経験的証拠は含まれていない」。さらに同委員会は、デバイスメーカーが消費者のプライバシーとセキュリティを本当に懸念するのであれば、正規の修理ショップが使用するのと同じ部品、ツール、ソフトウェアを独立系の修理ショップに提供して、一定のセキュリティレベルを確保してはどうかという、もっともな解決策を提案した。個人データを扱う点で、地元のベスト・バイの従業員は信用できて、修理ショップは信頼できないはずはない。

メーカーは続けて、独立系プロバイダによる修理の品質が正規プロバイダの品質より劣る、という主張も立証できなかった。むしろ調査が示すのは、独立系プロバイダによる修理のほうが、消費者の満足度が高いことだ。同委員会によると「サービスマニュアル、診断ソフトやツール、交換部品が適切に入手できた時、独立系ショップによる修理が、正規ショップによる修理に劣ることを記録は立証していない」。言い換えれば、たとえ独立系プロバイダによる修理が劣っていたとしても、その責任はデバイスメーカー側にある。劣っているという証拠がないのだから、独立系プロバイダによる修理がメーカーの評判を脅かし、法的責任に曝されるという主張を、連邦取引委員会が一蹴したのも無理はない。

メーカーによるさまざまな正当化を同委員会が一蹴したことには、少なくともふたつの理由がある。第一は、将来、反トラスト法訴訟が起きた時、連邦取引委員会の主張をデバイスメーカーがおそらく予見して、まず間違いなく、みずからの行動を競争促進的とする根拠を持ち出すものと思われるからだ。第二として、メーカーの主張には何の根拠もないとして同委員会が取り合わなかったことで、アップルやディアなどの企業を代表するロビイストの執拗な言い分に従う他なかった全米中の州議会に、勇気を与える可能性があるからだ。同委員会がメーカーの主張に抵抗することで、今後、来たる攻撃に州議会議員が備えられるかもしれない。

連邦取引委員会の報告書「修理を阻むもの」は、原則的に、修理する権利運動を高らかに正当化している。修理擁護者の事実に基づくフレームワークを採用し、修理制限を消費者保護法と反トラスト法に違反するものとして検討した。そうすることで、デバイスメーカーに対する擁護者の批判の正当性を認めた。この手の批判は、すでに市民に広く受け入れられてきたが、連邦取引委員会という連邦政府の一部門が、修理という議題に明確な支持を表明したのは、今回の報告書が初めてである。

そのお墨付きが実際問題、どのような意味を持つかは、おもに連邦取引委員会が今後数年間に、どんな具体的措置を講じるかによりけりだ。報告書が示すように「消費者や独立系の修理ショップが交換部品、説明書、診断ソフトウェアを適切に入手できるよう」、連邦取引委員会には「州や連邦レベルの議員と協力し合う用意がある」。とはいえ、もちろん同委員会に法案は提出できない。しかも、特に連邦レベルの立法プロセスは機能不全に陥っている。連邦議会は次々に押し寄せる危機によろめきながら、時おり悪いアイデアとともに良いアイデアも、巨額の予算調整法案にこっそり紛れ込ませている。

だが、励まされることもある。それは、「修理を阻むもの」が三つの重要な大統領権限の行使を予想しており、たとえ法律がない場合でも、連邦政府による重大な介入の可能性があることだ。第一に、バイデン大統領が連邦取引委員会の委員長にリナ・カーンを任命した。テクノロジー企業の反競争戦略を率直に非難している人物である。(2) 多くの人は、この任命をより力強く積極的な連邦取引委員会への第一歩と捉えた。

第二に、二〇二一年七月、バイデン大統領はアメリカ経済全体の競争促進を目的とした大統領令を発表した。[3] 真正面から修理に取り組むふたつの条項だった。その一として、現場で兵士が装備品を修理する際に妨げとなる調達契約を回避する計画を、報告書にまとめてホワイトハウスに提出するよう国防長官に指示した。その二として、連邦取引委員会に、その権限を活かして「サードパーティによる修理や自力修理に対する、不公正な反競争的制限」に対処するよう促した。具体的に言えば、「農機具を修理する農家の行為を妨げる強大なメーカーの制限」などを指す。

二週間もしないうちに、民主党三名と共和党二名の任命者から成る連邦取引委員会は、修理制限に取り組む計画について述べた、全会一致の方針声明を発表した。[4] 声明は詳細について軽く触れただけで、おもに報告書「修理を阻むもの」の処方箋を繰り返しただけにすぎなかった。それでも同委員会は、マグナソン・モス保証法、反トラスト法、不公正かつ欺瞞的な行為の禁止に違反する可能性があるとして、「違法な修理制限の調査を優先する」と公式に約束した。この声明は、修理擁護派が期待していたほど、朗々としたものでなかったことは間違いない。たとえば、特定の不正行為を指摘することで、同委員会が違法と考える行為の種類をもっと明確にできたはずだった。そうするだけでも、メーカーに自社の方針や慣行の見直しを迫るには充分だったかもしれない。とはいえ、この段階でより具体的な内容を述べれば、声明が力強く伝えたような超党派の一致団結が、危うくなっていた可能性があった。

今後、連邦取引委員会は、消費者に修理制限を課す企業に強制措置をとることで、相当な専門知識と資源を発揮する必要がある。厳重な警告だけでは充分でない。執行機関が制裁を明らかにするまで、デバイスメーカーには法的制限を推し進めるあらゆる動機がある。さらに同委員会は、悪質で問題の多い修理制限を禁止する、明確なルールづくりを行なわなければならない。競争を促し、消費者の利益を守るために求められるのは、一度限りの執行ではなく、修理市場を再構築する幅広い取り組みだ。

そのような展開がどれほど希望に満ちたものに見えても、連邦取引委員会――あるいは欧州委員会、州や連邦レベルの議会――が、修理の英雄的な救世主役を果たすことは期待できない。法律や規制は解決策の一部には違いない。だが、修理文化の修理にあたっては、消費者であり市民である、私たち自身の行動を永続的に変える必要がある。

# 原注

## 第１章　はじめに

（1） Keith Barry, *Profiles in Mileage: Meet the 2.8-Million-Mile Man*, Wired (July 27, 2010), www.wired.com/2010/07/irv-gordon-2-8-million-mile-volvo.

（2） Peter Valdes-Dapena, *World's Oldest Car Sells for $4.6 Milion*, CNN (Oct. 10, 2011), www.money.cnn.com/2011/10/10/autos/worlds_oldest_car.

（3） Matt Litwin, *World's Oldest Operating Motor Vehicle to Highlight RM's Hershey Auction*, Hemmings (Sept. 22, 2011), www.hemmings.com/stories/2011/09/22/worlds-oldest-operating- motor-vehicle-to-highlight-rms-hershey-auction.

（4） Parmy Olson, *The World's Oldest Working Clock*, Forbes (Feb. 29, 2008), www.forbes.com/2008/02/28/oldest-work-clock-oped-time08-cx_po_0229salisbury.html.

（5） Jason Koebler, *Why American Farmers Are Hacking Their Tractors with Ukrainian Firmware*, Vice (Mar. 21, 2017), www.vice.com/en_us/article/xykkkd/why-american-farmers-are-hacking-their-tractors-with-ukrainian-firmware.

（6） Elle Ekman, *Here's One Reason the U.S. Military Can't Fix Its Own Equipment*, New York Times (Nov. 20, 2019), www.nytimes.com/2019/11/20/opinion/military-right-to-repair.html. ここ数十年で、防衛装備品のサプライヤーの数は減少した。修理能力がなければ、軍はひと握りの民間企業への依存を強め、国家安全保障を危険に曝す恐れがある。たとえば次を参照のこと。United States Government Accountability Office, *Columbia Class Submarine: Delivery Hinges on Timely and Quality Materials from an Atrophied Supplier Base, GAO-21-257* (2021), www.gao.gov/assets/gao-21-257.pdf.

（7） Jason Koebler , *Hospitals Need to Repair Ventilators. Manufacturers Are Making That Impossible*, Vice (Mar. 18, 2020), www.vice.com/amp/en_us/article/wxekgx/hospitals-need-to-repair-ventilators-manufacturers-are-making-that-impossible;

Nathan Proctor & Kevin O'Reilly, *Hospital Repair Restrictions* (2020), www.uspirg.org/sites/pirg/files/reports/Hospital_Repair_Restrictions_USPE F_7.8.20b.pdf.

（8）Michael Kan, *Apple: We Actually Lose Money by Offering Repair Services*, PC Magazine (Nov. 20, 2019), www.pcmag.com/news/apple-we-actually-lose-money-by-offering-repair-services.

（9）ShannonLiao, *Apple Says Cheap Battery Replacements Hurt iPhone Sales*, Verge (Jan. 2, 2019), www.theverge.com/2019/1/2/18165866/apple-iphone-sales-cheap-battery-replacement.

（10）Claire Kelloway & Daniel A. Hanley, *Coronavirus Reveals Consequences of Restricted Repair*, American Prospect (May 12, 2020), https://prospect.org/coronavirus/covid-consequences-restricted-repair-ventilators/.

（11）Amy Feldman, *Meet the Italian Engineers 3D-Printing Respirator Parts for Free to Help Keep Coronavirus Patients Alive*, Forbes (Mar. 19, 2020), www.forbes.com/sites/amyfeldman/2020/03/19/talking-with-the-italian-engineers-who-3d-printed-respirator-parts-for-hospitals-with-coronavirus-patients-for-free; Jay Peters, *Volunteers Produce 3D-Printed Valves for Life-Saving Coronavirus Treatments*, Verge (Mar. 17, 2020), www.theverge.com/2020/3/17/21184308/coronavirus-italy-medical-3d-print-valves-treatments.

（12）Kellen Browning, *The Digital Divide Starts with a Laptop Shortage*, New York Times (Oct. 12, 2020), www.nytimes.com/2020/10/12/technology/laptops-schools-digital-divide.html.

（13）Sara Morrison, *Lower-Income Students Are Paying the Price for the Global Laptop Shortage*, Vox (Aug. 28, 2020), www.vox.com/platform/amp/recode/2020/8/28/21403336/laptop-shortage-chromebook-tablet-school-reopening.

（14）Alex DeBillis, *The Costs of the Digital Divide Are Higher than Ever. Repair Can Help*, US PIRG (Apr. 15, 2021), https://uspirg.org /blogs/blog/usp/costs-digital-divide-are-higher-ever-repair-can-help.

（15）Caroline Haskins, *AirPods Are a Tragedy*, Vice (May 6, 2019), www.vice.com/en_us/article/neaz3d/airpods-are-a-tragedy.

（16）二〇二一年、エミリー・アルパートとエマ・シュトリッツィンガーは、精密ロボット工学を使って、AirPodsの消耗したバッテリーを交換するポッズワップ社を設立した。同社は、再生イヤフォンを六〇ドルで顧客に送付し、古いイヤフォンのバッテリーを交換して別の顧客に渡す。アップルの設計をうまく回避した点は称賛されるべきだが、このような手間のかかるプロセスは、効率的で拡張性のある修理の理想的なモデルではない。Kevin Purdy, *Two College Roommates and Some Robots: How Podswap Replaces AirPod Batteries*, iFixit (Mar. 17, 2021), www.ifixit.com/News/49433/two-college-roommates-and-some-robots-how-podswap-replaces-airpod-batteries.

（17）Sasha Moss & Aaron Perzanowski, *A Jack of All Trades*, Inside Sources (Oct. 27, 2016), www.insidesources.com/a-jack-of-all-trades.

（18）Haskins, *supra* note 15.

（19）Geoffrey A. Fowler, *Everyone's AirPods Will Die. We've Got the Trick to Replacing Them*, Washington Post (Oct. 8, 2019), www.washingtonpost.com/technology/2019/10/08/everyones-airpods-will-die-weve-got-trick-replacing-them.

（20）Will Oremus, *What Really Happens to AirPods When They Die*, OneZero (May 28, 2019), https://onezero.medium.com/what-really-happens-to-airpods-when-they-die-9ba2fe97b346.

（21）Chris Jay Hoofnagle, Aniket Kesari & Aaron Perzanowski, *The Tethered Economy*, 87 George Washington Law Review 783 (2019); Rebecca Crootof, *The Internet of Torts: Expanding Civil Liability Standards to Address Corporate Remote Interference*, 69 Duke Law Journal 583 (2019).

（22）Jeffrey Van Camp, *My Jibo Is Dying and It's Breaking My Heart*, Wired (Mar. 8, 2019), www.wired.com/story/jibo-is-dying-eulogy.

（23）Natasha Tusikov, *Regulation Through "Bricking": Private Ordering in the "Internet of Things,"* 8 Internet Policy Review no. 2 (June 18, 2019), https://policyreview.info/articles/analysis/regulation-through-bricking-private-ordering-internet-things.

（24）Rob Price, *The Smart-Home Device that Google Is Deliberately Disabling Was Sold with a "Lifetime Subscription,"* Business Insider (Apr. 5, 2016), www.businessinsider.com.au/revolv-smart-home-hubs-lifetime-subscription-bricked-nest-google-alphabet-internet-of-things-2016-4.

（25）*Id.*; Arlo Gilbert, *The Time That Tony Fadell Sold Me a Container of Hummus*, Medium (Apr. 3, 2016), https://arlogilbert.com/the-time-that-tony-fadell-sold-me-a-container-of-hummus-cb0941c762c1.

（26）Louise Matsakis, *Best Buy Made These Smart Home Gadgets Dumb Again*, Wired (Nov. 12, 2019), www.wired.com/story/best-buy-smart-home-dumb.

（27）Samsung Electronics Co. v. Apple, Inc., 137 S. Ct. 429 (2016).

（28）Jason Koebler, *DHS Seizes Aftermarket iPhone Screens from Prominent Right-to-Repair Advocate* Vice (May 11, 2018), www.vice.com/en_us/article/evk4wk/dhs-seizes-iphone-screens-jessa-jones.

（29）Koebler, *supra* note 5.

（30）Exemption to Prohibition on Circumvention of Copyright Protection Systems for Access Control Technologies, 80

Fed. Reg. 65944 (Oct. 28, 2015).

(31) Exemption to Prohibition on Circumvention of Copyright Protection Systems for Access Control Technologies, 83 Fed. Reg. 54010 (Oct. 28, 2018).

(32) *Id.*

(33) Adam Belz, *For Tech-Weary Midwest Farmers, 40-Year-Old Tractors Now a Hot Commodity*, Star Tribune (Jan. 5, 2020), www.startribune.com/for-tech-weary-midwest-farmers-40-year-old-tractors-now-a-hot-commodity/566737082.

## 第2章　なぜ修理は重要なのか

(1) Christopher R. Henke, *The Mechanics of Workplace Order : Toward a Sociology of Repair*, 44 Berkeley Journal of Sociology 55 (1999).（「修理は秩序の端にあって、問題が発生した時に展開されるのを待っているものではない。むしろ、社会秩序の中心を成す慣習である。修理作業は職場を正常にする」）

(2) Elizabeth V. Spelman, Repair: The Impulse to Restore in a Fragile World (2002).

(3) スペルマンは、修理と修復の重要な違いを探っている。前者は機能性の問題であり、後者は美的感覚、真正、歴史的正確性という、追加の考慮事項を伴う。*Id.*

(4) Albert Borgmann, Technology and the Character of Contemporary Life: A Philosophical Inquiry (1984).（「何かが修理されずに交換されるたび、歴史の一部が――継続する人生を物語り、維持するものが――ゴミの山に捨てられる。そして、人生のステージを象徴し、肯定する機会が失われる」）

(5) Małgorzata Oleszkiewicz-Peralba, The Black Madonna in Latin America and Europe: Tradition and Transformation (2009); Katie Edwards, *Beyoncé and the Black Madonna: How Her First Picture with Sir and Rumi Carter Challenges Racial Stereotypes of Motherhood*, Newsweek (July 18, 2017), www.newsweek.com/beyonce-and-black-madonna-how-singers-represents-good-motherhood-first-picture-638170.

(6) Martin Filler, *A Scandalous Makeover at Chartres*, New York Review of Books (Dec. 14, 2014), www.nybooks.com/daily/2014/12/14/scandalous-makeover-chartres.

(7) 以下を参照。Lee Vinsel & Andrew L. Russell, The Innovation Delusion (2020).

(8) Eric Griffith, *The $944 Billion Smartphone Market Is Only Half Phones*, PC (Dec. 12, 2019), www.pcmag.com/news/the-944-billion-smartphone-market-is-only-half-phones.

(9) Paul Gao, Hans-Werner Kaas, Detlev Mohr & Dominik Wee, *Disruptive Trends that Will Transform the Auto Industry*, McKinsey & Company Report (Jan. 1, 2016), www.mckinsey.com/industries/automotive-and-assembly/our-insights/disruptive-trends-that-will-transform-the-auto-industry.

(10) Tim Cooper, *The Significance of Product Longevity*, *in* Longer Lasting Products: Alternatives to the Throwaway Society (Tim Cooper, ed., 2010).

(11) *Id.*

(12) Harald Wieser, Nina Tröger & Renate Hübner, *The Consumers' Desired and Expected Product Lifetimes*, PLATE (2015), www.plateconference.org/consumers-desired-expected-product-lifetimes; Tim Cooper, *Inadequate Life? Evidence of Consumer Attitudes to Product Obsolescence*, 27 Journal of Consumer Policy 421 (2004).

(13) Harald Wieser, *Beyond Planned Obsolescence: Product Lifespans and the Challenges to a Circular Economy*, 25 GAIA Ecological Perspectives for Science and Society 156 (Jan. 1, 2016) (collecting and summarizing studies).

(14) Nigel Cassidy, *Getting in a Spin: Why Washing Machines Are No Longer Built to Last*, BBC (May 2, 2014), www.bbc.com/news/business-27253103.

(15) *How Long Will Your Appliances Last?*, Consumer Reports (June 20, 2019), www.consumerreports.org/appliances/how-long-will-your-appliances-last.

(16) *Id.*

(17) Yuliya Kalmykova, Joaõ Patrício, Leonardo Rosado & Per E. O. Berg, *Out with the Old, Out with the New: The Effect of Transitions in TVs and Monitors Technology on Consumption and WEEE Generation in Sweden 1996–2014*, 46 Waste Management 511 (2015).

(18) Callie W. Babbitt, Ramzy Kahhat, Eric Williams & Gregory A. Babbitt, *Evolution of Product Lifespan and Implications for Environmental Assessment and Management: A Case Study of Personal Computers in Higher Education*, 43 Environmental Science & Technology 5106 (2009).

(19) J. Schoenung & Hai-Yong Kang, *End-of-Life Personal Computer Systems in California: Analysis of Emissions and Infrastructure Needed to Recycle in the Future*, Proceedings of the 2006 IEEE International Symposium on Electronics and the Environment 321 (2006).

(20) Abigail Ng, *Smartphone Users Are Waiting Longer before Upgrading – Here's Why*, CNBC (May 16, 2019), www.cnbc.

com/2019/05/17/smartphone-users-are-waiting-longer-before-upgrading-heres-why.html.

(21) Nathan Bomey, *Old Cars Everywhere : Average Vehicle Age Hits All-Time High*, USA Today (June 28, 2019), www.usatoday.com/story/money/cars/2019/06/28/average-vehicle-age-ihs-markit/1593764001; Kyle Hyatt, *The Average Age of Cars on America's Roads Went Up Again*, Report Says, CNET (June 27, 2019), www.cnet.com/roadshow/news/average-vehicle-age-increase-america.

(22) Miles Park, *Defying Obsolescence, in* Longer Lasting Products: Alternatives to the Throwaway Society (Tim Cooper, ed., 2010).

(23) Joannes Mongardini & Aneta Radzikowski, *Global Smartphone Sales May Have Peaked: What Next?*, International Monetary Fund (May 29, 2020), www.imf.org/~/media/Files/Publications/WP/2020/English/wpiea2020070-print-pdf.ashx.

(24) Lauren Thomas, *Resale Market Expected to Be Valued at $64 billion in 5 Years, as Used Clothing Takes Over Closets*, CNBC (June 23, 2020), www.cnbc.com/2020/06/23/thredup-resale-market-expected-to-be-valued-at-64-billion-in-5-years.html.

(25) US Department of Energy, *Used Vehicle Sales Are More than Double the Number of New Vehicle Sales* (July 15, 2019), www.energy.gov/eere/vehicles/articles/fotw-1090-july-15-2019-used-vehicle-sales-are-more-double-number-new-vehicle.

(26) Cooper, *supra* note 10.

(27) John McCollough, *The Effect of Income Growth on the Mix of Purchases Between Disposable Goods and Reusable Goods*, 31 International Journal of Consumer Studies 213 (2007).

(28) Adam Minter, Secondhand (2019).

(29) Alex DeBellis & Nathan Proctor, *Repair Saves Families Big*, US PIRG (2021).

(30) Jared Gilmour, *Americans Break Two Smartphone Screens Each Second, Costing $3.4 Billion a Year, Report Says*, Miami Herald (Nov. 21, 2018), www.miamiherald.com/news/nation-world/national/article222040170.html; *Mobile Myths Cost Consumers Dearly, as Americans Report Spending $3.4 Billion Replacing Millions of Smartphone Screens Last Year*, PR Newswire (Nov. 20, 2018), www.prnewswire.com/news-releases/mobile-myths-cost-con sumers-dearly-as-americans-report-spending-3-4-billion-replacing-millions-of-smartphone-screens-last-year-300753419.html.

(31) Jim Gorzelany, *Soaring Cost of Parts Means Your Car Is More Likely to Be Totaled in an Accident*, Forbes (Feb. 15, 2018), www.forbes.com/sites/jimgorzelany/2018/02/15/the-sum-not-the-whole-is-greater-when-it-comes-to-the-skyrocketing-cost-of-

car-parts.

(32) Melissa Burden, *Parts, Service and Accessories Boost Ford, FCA, GM Revenue*, Detroit News (Mar. 23, 2017), www.detroitnews.com/story/business/autos/general-motors/2017/03/23/parts-accessories-boost-ford-fca-gm-revenue/99562692.

(33) *Where Does the Car Dealer Make Money?*, Edmunds (June 13, 2019), www.edmunds.com/car-buying/where-does-the-car-dealer-make-money.html.

(34) Daniel Hanley, Claire Kelloway & Sandeep Vaheesan, *Fixing America: Breaking Manufacturers' Aftermarket Monopoly and Restoring Consumers' Right to Repair*, Open Markets Institute Report (2020); Claire Bushey, *Why Deere and Cat Don't Want Customers to Do it Themselves*, Crain's Chicago Business (May 10, 2019), www.chicagobusiness.com/manufacturing/why-deere-and-cat-dont-want-customers-do-it-themselves.

(35) Michael Kan, *Apple: We Actually Lose Money by Offering Repair Services*, PC Magazine (Nov. 20, 2019), www.pcmag.com/news/apple-we-actually-lose-money-by-offering-repair-services.

(36) Gordon Kelly, *Apple's Absurd iPhone Repair Charges Inadvertently Exposed By Samsung*, Forbes (Apr. 11, 2019), www.forbes.com/sites/gordonkelly/2019/04/11/apple-iphone-xs-max-xr-repair-charges.

(37) Sophie Curtis, *Apple Spent $10,000 Repairing MacBook Pro Only to Discover a Really Simple Fix*, Mirror (June 13, 2019), www.mirror.co.uk/tech/apple-spent-10000-repairing-macbook-16511936.

(38) Derek Thompson, *How Hollywood Accounting Can Make a $450 Million Movie "Unprofitable,"* Atlantic (Sept. 14, 2011), www.theatlantic.com/business/archive/2011/09/how-hollywood-accounting-can-make-a-450-million-movie-unprofitable/245134. *Tolkien Heirs Sue Lord of the Rings Studio for $150m*, The Guardian (Feb. 12, 2008), www.theguardian.com/film/2008/ feb/12/lordoftherings.jrrtolkien.

(39) Tim Cooper, *Slower Consumption: Reflections on Product Life Spans and the "Throwaway Society,"* 9 Journal of Industrial Ecology 51 (2005).

(40) Cooper, *supra* note 10.

(41) John McCollough, *Consumer Discount Rates and the Decision to Repair or Replace a Durable Product: A Sustainable Consumption Issue*, 44 Journal of Economic Issues 183 (2010); US Bureau of Labor Statistics, *Employment by Detailed Occupation*, www.bls.gov/emp/tables/emp-by-detailed-occupation.htm; United States Census Bureau, *A Look at the 1940 Census*, www.census.gov/newsroom/cspan/1940census/CSPAN_1940slides.pdf.

(42) Nathan Proctor, *Americans Toss 151 Million Phones a Year. What If We Could Repair Them Instead?*, WBUR (Dec. 11, 2018), www.wbur.org/cognoscenti/2018/12/11/right-to-repair-nathan-proctor.

(43) Vanessa Forti, Cornelis Peter Baldé, Ruediger Kuehr & Garam Bel, *Global E-waste Monitor 2020*, www.itu.int/en/ITU-D/Environment/Documents/Toolbox/GEM_2020_def.pdf. ひとり当たりの電子廃棄物の発生量が多いのは、ヨーロッパ(一六・二キログラム)、オセアニア(一六・一キログラム)、南北アメリカ大陸(一三・一キログラム)。

(44) Brook Larmer, *E-Waste Offers an Economic Opportunity as Wellas Toxicity*, New York Times (July 5, 2018), www.nytimes.com/2018/07/05/magazine/e-waste-offers-an-economic-opportunity-as-well-as-toxicity.html.

(45) Forti, Baldé, Kuehr & Bel, *supra* note 43.

(46) *Id.*

(47) Aimin Chen, Kim N. Dietrich, Xia Huo & Shuk-mei Ho, *Developmental Neurotoxicants in E-waste: An Emerging Health Concern*, 119 Environmental Health Perspectives 431 (Apr. 2011).

(48) Alexandra Ossola, *Where Do Recycled Electronics Go?*, Popular Science (Dec. 23, 2014), www.popsci.com/where-do-recycled-electronics-go. アメリカで電子機器を家庭用ゴミと分別せずに捨てることを禁止する法律があるのは、五〇州のうち一九州だけだ。Alana Semuels, *The World Has an E-waste Problem*, Time (June 3, 2019), https://time.com/5594380/world-electronic-waste-problem/.

(49) Rashmi Makkar Panwar & Sirajuddin Ahmed, *Assessment of Contamination of Soil and Groundwater Due to E-waste Handling*, 114 Current Science 166 (2018), www.currentscience.ac.in/cs/Volumes/114/01/0166.pdf.

(50) Devin N. Perkins, Marie-Noel Brune Drisse, Tapiwa Nxele & Peter D. Sly, *E-Waste: A Global Hazard*, 80 Annals of Global Health 286 (July 2014), www.sciencedirect.com/science/article/pii/S2214999614003208; Kristen Grant, Fiona C. Goldizen, Peter D. Sly, Marie-Noel Brune, Maria Neira, Martin van den Berg & Rosana E. Norman, *Health Consequences of Exposure to E-waste: A Systematic Review*, 1 Lancet Global Health 350 (Dec. 2013), www.thelancet.com/journals/langlo/article/PIIS2214-109X(13)70101-3/fulltext.

(51) 中国は長く世界の電子ゴミの大半を受け入れてきたあと、二〇一八年に輸入を禁止するようになった。Larmer, *supra* note 44.

(52) Basel Convention, www.basel.int/TheConvention/Overview/TextoftheConvention/tabid/1275/Default.aspx; *Frequent Questions on International Agreements on Transboundary Shipments of Waste*, United States Environmental Protection Agency,

www.epa.gov/hwgenerators/frequent-questions-international-agreements-transboundary-shipments-waste#basel.

（53）Zhao hua Wang, Bin Zhang &DaboGuan , *Take Responsibility for Electronic-Waste Disposal*, Nature (Aug. 3, 2016), www.nature.com/news/take-responsibility-for-electronic-waste-disposal-1.20345#/b6.

（54）多くの場合、海外に出荷される中古の電子機器の目的は、再利用や修理にある。このような二次流通市場は支援され、称賛されるべきだ。その一方、先進国がジャンクゴミを世界の他の国に押しつけている現状を考慮すれば、ある程度、疑われるのも無理はない。Larmer, *supra* note 44; Minter, *supra* note 28.

（55）Paul Mohai & Robin Saha, *Which Came First, People or Pollution? Assessing the Disparate Siting and Post-Siting Demographic Change Hypotheses of Environmental Injustice*, IOP Science (Nov. 18, 2015), https://iopscience.iop.org/article/10.1088/1748-9326/10/11/115008/meta; Bryce Covert, *Race Best Predicts Whether You Live Near Pollution*, Nation (Feb. 18, 2016), www.thenation.com/article/archive/race-best-predicts-whether-you-live-near-pollution.

（56）European Automobile Manufacturers' Association, *World Motor Vehicle Production*, www.acea.be/statistics/tag/category/world-production; Jon Chavez, *Huge Whirlpool Plant Runs Heart of Clyde*, Toledo Blade (Mar. 19, 2017), www.toledoblade.com/business/2017/03/19/Huge-Whirlpool-plant-runs-heart-of-Clyde.html.

（57）Matthew Humphries, *Human Life Requires 26 Essential Elements, an iPhone Requires 75*, PC Magazine (Nov. 30, 2016), www.pcmag.com/news/human-life-requires-26-essential-ele ments-an-iphone-requires-75.

（58）Brian Merchant, The One Device: The Secret History of the iPhone (2017); Brian Merchant, *Everything That's Inside Your iPhone*, Vice (Aug. 15, 2017), www.vice.com/en/article/433wyq/everything-thats-inside-your-iphone.

（59）Sam Costello, *How Many iPhones Have Been Sold Worldwide?*, Lifewire (Dec. 27, 2019), www.lifewire.com/how-many-iphones-have-been-sold-1999500.

（60）iPhone 製造に必要な原材料はモデルによって異なるため、数字は概算である。また、アップルがわずかながら拡大させているリサイクル活動も考慮していない。

（61）Sophia Chen, *Mercury Pollution Is Way Up. One Huge Culprit? Gold Mines*, Wired (Nov. 29, 2018), www.wired.com/story/mercury-poisoning-gold-mines.

（62）Jules Morgan, *Mining and Tuberculosis: We Need to Dig Deeper*, Lancet Respiratory Medicine (Oct. 2014), www.cdc.gov/niosh/mining/topics/respiratorydiseases.html.

（63）Merchant, *Everything That's Inside Your iPhone*, *supra* note 58.

(64) Livia Albeck-Ripka, *Abandoned Rio Tinto Mine Is Blamed for Poisoned Bougainville Rivers*, New York Times (Sept. 30, 2020),www.nytimes.com/2020/09/30/world/australia/rio-tinto-abandoned-mine-poison-rivers.html.

(65) SamRo, *Here's How ManyTons of Rock You Have to Mine Just for an Ounce of Gold*, Business Insider (Apr. 24, 2013), www.businessinsider.com/tons-of-rock-for-an-ounce-of-gold-2013-4.

(66) Lewis Gordon, *The Environmental Impact of a Playstation 4*, Verge (Dec. 5, 2019), www.theverge.com/2019/12/5/20985330/ps4-sony-playstation-environmental-impact-carbon-footprint-manufacturing-25-anniversary.

(67) Kiera Butler, *Your Smartphone's Dirty, Radioactive Secret*, Mother Jones (Nov. 2012), www.motherjones.com/environment/2012/11/rare-earth-elements-iphone-malaysia.

(68) Marla Cone, *Desert Lands Contaminated by Toxic Spills*, Los Angeles Times (Apr. 24, 1997), www.latimes.com/archives/la-xpm-1997-04-24-mn-51903-story.html.

(69) Yao-Hua Law, *Radioactive Waste Standoff Could Slash High Tech's Supply of Rare Earth Elements*, Science (Apr. 1, 2019), www.scien cemag.org/news/2019/04/radioactive-waste-standoff-could-slash-high-tech-s-supply-rare-earth-elements.

(70) Tim Maughan, *The Dystopian Lake Filled by the World's Tech Lust*, BBC (Apr. 2, 2015), www.bbc.com/future/article/20150402-the-worst-place-on-earth.

(71) Butler, *supra* note 67.

(72) Cécile Bontron, *Rare-Earth Miningin China Comesata Heavy Cost or Local Villages*, The Guardian (Aug. 7, 2012), www.theguar dian.com/environment/2012/aug/07/china-rare-earth-village-pollution.

(73) *Id*.

(74) Butler, *supra* note 67.

(75) Xinkai Fu, Danielle N. Beatty, Gabrielle G. Gaustad, Gerbrand Ceder, Richard Roth, Randolph E. Kirchain, Michele Bustamante, Callie Babbitt & Elsa A. Olivetti, *Perspectives on Cobalt Supply through 2030 in the Face of Changing Demand*, 54 *Environmental Science & Technology* 2985 (2020).

(76) Siddharth Kara, *Is Your Phone Tainted by the Misery oft he35,000 Children in Congo's Mines?*, The Guardian (Oct. 12, 2018), www.theguardian.com/global-development/2018/oct/12/phone-misery-children-congo-cobalt-mines-drc.

(77) Omar Akhtar, *Tantalum: A Metal for Bond Villains*, Fortune (Oct. 9, 2012), https://fortune.com/2012/10/09/tantalum-a-metal-for-bond-villains/.

（78）Lynnley Browning, *Where Apple Gets the Tantalum for Your iPhone*, Newsweek (Feb. 4, 2015), www.newsweek.com/2015/02/13/where-apple-gets-tantalum-your-iphone-304351.html.

（79）Noah Shachtman, *Inside Africa's "PlayStation War,"* Wired (July 15, 2008), www.wired.com/2008/07/the-playstation-2.

（80）二〇一二年、アメリカの証券取引委員会が採択した規則によって、自社製品にコンゴ民主共和国かその周辺国で採れた紛争鉱物が含まれていないかどうかについて開示するよう、企業に義務づけた。加えて、同規則は企業に対して、鉱物の出所を調査して「紛争と無関係」ではない製品を特定するために、企業がとった措置を説明する報告書の提出を求めた。これらの開示は規則に従って、同社のサイトで一般公開されることになっていた。17 CFR 240.13p-1. 機器メーカーを代表する業界団体である全米製造業者協会が提訴したあと、ワシントンＤＣ巡回区控訴裁判所は、この規則は企業に自社製品を「紛争と無関係」ではないもの、として分類するよう強制しており、合衆国憲法修正第一条に違反するという判断を下した。Nat'l Ass'n of Manufacturers v. S.E.C., 800 F.3d 518 (D.C. Cir. 2015).

（81）International Labor Organization, *Sectoral Survey of Child Labour in Informal Tin Mining in Kepulauan Bangka Belitung Province*, Indonesia 2014 (2015), www.ilo.org/ipec/Informationresources/WCMS_IPEC_PUB_27535/lang-en/index.htm; Cam Simpson, *The Deadly Tin Inside Your Smartphone*, Bloomberg (Aug. 23, 2012), www.bloomberg.com/news/articles/2012-08-23/the-deadly-tin-inside-your-smartphone.

（82）Merchant, *Everything That's Inside Your iPhone*, *supra* note 58.

（83）*Id*. Kate Hodal, *Samsung Admits Its Phones May Contain Tin from Area Mined by Children*, The Guardian (Apr. 25, 2013), www.theguardian.com/environment/2013/apr/25/samsung-tin-mines-indonesia-child-labour.

（84）Gordon, *supra* note 66.

（85）*Id*.

（86）Joanie Faletto, *The Stupidly Dangerous Chemical Chlorine Trifluoride Can Make Anything Burst Into Flames on Contact*, Discovery (Aug. 1, 2019), www.discovery.com/science/Dangerous-Chemical-Chlorine-Trifluoride.

（87）*Semiconductor Industry*, United States Environmental Protection Agency, www.epa.gov/f-gas-partnership-programs/semiconductor-industry.

（88）Gordon, *supra* note 66.

（89）Lotfi Belkhir & Ahmed Elmeligi, Assessing I CT Global Emissions Footprint: *Trends to 2040 & Recommendations*, 177

Journal of Cleaner Production 448 (2018).

(90) Gordon, *supra* note 66.

(91) 二五六ギガバイトのストレージを持つ iPhone 11 に基づく数字。アップルによると、このモデルのカーボンフットプリントは計八九キログラム。およそ八〇パーセントが生産によるもの。残りのほとんどは、耐用年数にわたってデバイスを充電するために必要なエネルギーから発生するという。Apple, *Product Environmental Report: iPhone 11* (Sept. 10, 2019), www.apple.com/environment/pdf/products/iphone/iPhone_11_PER_sept2019.pdf.

(92) Apple, *Apple Commits to Be 100 Percent Carbon Neutral for Its Supply Chain and Products by 2030* (July 21, 2020), www.apple.com/newsroom/2020/07/apple-commits-to-be-100-percent-carbon-neutral-for-its-supply-chain-and-products-by-2030; Sony, Road to Zero, www.sony.net/SonyInfo/csr/eco/RoadToZero/gm_en .html.

(93) JessicaF. Green, *Why Do We Need New Ruleson Shipping Emissions? Well, 90 Percent of Global Trade Depends on Ships*, Washington Post (Apr. 17, 2018), www.washingtonpost.com/news/monkey-cage/wp/2018/04/17/why-do-we-need-new-rules-on-shipping-emissions-well-90-of-global-trade-depends-on-ships.

(94) Oceana, *Shipping Pollution*, https://europe.oceana.org/en/shipping-pollution-1.

(95) Miguel Jaller, *Evaluating the Environmental Impacts of Online Shopping: A Behavioral and Transportation Approach*, 80 Transportation Research Part D: Transport and Environment, 102223 (March 2020), www.sciencedirect.com/science/article/abs/pii/S1361920919302639?via%3Dihub.

(96) Irina Ivanova, *How Free One-DayS hipping Is Heating Upt he Planet*, CBS (May 24, 2019), www.cbsnews.com/news/amazon-prime-day-one-day-shipping-has-a-huge-carbon-footprint.

(97) Amazon, *All In: Staying the Course on Our Commitment to Sustainability* (2020), https://sustainability.aboutamazon.com/december_2020_report.pdf.

(98) Apple, *Environmental Progress Report* (2020), www.apple.com/environment/pdf/Apple_Environmental_Progress_Report_20 20.pdf.

(99) Justine Calma, *Teslato Make EV Battery Cathodes without Cobalt*, Verge (Sept. 22, 2020), www.theverge.com/2020/9/22/21451670/tesla-cobalt-free-cathodes-mining-battery-nickel-ev-cost.

(100) Max Opray, *Nickel Mining: The Hidden Environmental Cost of Electric Cars*, The Guardian (Aug. 24, 2017), www.theguardian.com/sustainable-business/2017/aug/24/nickel-mining-hidden-environmental-cost-electric-cars-batteries; Alec

Luhn, *Where the River Runs Red: Can Norilsk, Russia's Most Polluted City, Come Clean?*, The Guardian (Sept. 15, 2016), www.theguardian.com/cities/2016/sep/15/nor ilsk-red-river-russias-most-polluted-city-clean.

（101） Radina Gigova, *Russian River Turned Red by Metallurgical Waste*, Norilsk Nickel Says, CNN (Sept. 13, 2016), www.cnn.com/2016/ 09/12/world/russia-red-river-siberia/index.html; *Arctic River Turns Red Again – Two Years after "Pollution Problem" Supposedly Fixed*, Siberian Times (June 14, 2018), https://siberiantimes.com/ecology/others/news/arctic-river-turns-red-again-two-years-after-pollution-problem-supposedly-fixed/; Mary Ilyushina, *The Russian Whistleblower Risking It All to Expose the Scale of an Arctic Oil Spill Catastrophe*, CNN (July 10, 2020), www.cnn.com/2020/07/10/europe/arctic-oil-spill-russia-whistleblower-intl/index.html.

（102） Maddie Stone, *Russian Indigenous Communities Are Begging Tesla Not to Get Its Nickel from this Major Polluter*, Grist (Sept. 21, 2020), https://grist.org/justice/russian-indigenous-communities-are-begging-tesla-not-to-get-its-nickel-from-this-major-polluter/.

（103） Forti, Baldé, Kuehr & Bel, *supra* note 43.

（104） US Environmental Protection Agency, *Frequent Questions about the Sustainable Materials Management (SMM) Electronics Challenge*, www.epa.gov/smm-electronics/frequent-questions-about-sustainable-materials-management-smm-electronics-challenge.

（105） Steve McCaskill, *Raw Materials Needed for Mobile Phones Could Run Out without More Recycling*, Techradar (Aug. 21, 2019), www.techradar.com/news/raw-materials-needed-for-mobile- phones-could-run-out-without-more-recycling.

（106） だが、タプティックエンジンは新しいiPhoneに使用されているレアアース金属の、わずか一五パーセントにすぎない。Apple, *supra* note 98.

（107） Microsoft, *End-of-Life Management and Recycling*, www.microsoft.com/en-us/legal/compliance/recycling.

（108） Tesla, *Impact Report* (2019), www.tesla.com/ns_videos/2019- tesla-impact-report.pdf.

（109） Apple, *Environmental Responsibility Report* (2019), www.apple.com/environment/pdf/Apple_Environmental_Responsibility_Report_2019.pdf. アップルの最新ロボットであるデイヴは、タプティックエンジンから、レアアース元素を回収するという専用の目的で設計されている。*Id*.

（110） Apple, *Apple Expands Global Recycling Programs* (Apr. 18, 2019), www.apple.com/newsroom/2019/04/apple-expands-global-recycling-programs.

(111) *Id.*
(112) Larmer, *supra* note 44.
(113) ホーマーはもちろんアルコールの話をしている。 *The Simpsons*, Season 8, Episode 18 (1997).
(114) Forti, Baldé, Kuehr & Bel, *supra* note 43.
(115) *Id.*
(116) *Id.*
(117) Diana Maria Ceballos & Zhao Dong, *The Formal Electronic Recycling Industry: Challenges and Opportunities in Occupational and Environmental Health Research*, 96 Environment International 157 (2016).
(118) Kun Wang, Junxi Qian & Lixiong Liu, *Understanding Environmental Pollutions of Informal E-Waste Clustering in Global South via Multi-Scalar Regulatory Frameworks: A Case Study of Guiyu Town, China*, 17 International Journal of Environmental Research and Public Health 2802 (2020).
(119) Perkins et al., *supra* note 50.
(120) *Id.*; Wang et al., *supra* note 118.
(121) *Id.*; Anthony Boardman, Jeff Geng & Bruno Lam, *The Social Cost of Informal Electronic Waste Processing in Southern China*, 10 Administrative Sciences 1 (2020).
(122) Basel Action Network, *Scam Recycling: e-Dumping on Asia by US Recyclers* (2016), https://wiki.ban.org/images/1/12/ScamRecyclingReport-web.pdf.
(123) FDA, *Firmware Update to Address Cybersecurity Vulnerabilities Identified in Abbott's (formerly St. Jude Medical's) Implantable Cardiac Pacemakers* (Aug. 29, 2017), https://web.archive.org/web/20170830080601/www.fda.gov/medicaldevices/safety/alertsandnotices/ucm573669.htm.
(124) Peter Loftus, *Hacking Is a Risk for Pacemakers. So Is the Fix*, Wall Street Journal (Oct. 20, 2017), www.wsj.com/arti cles/hacking-is-a-risk-for-pacemakers-so-is-the-fix-1508491802.
(125) Matthew Gault, *Colorado Denied Its Citizens the Right-to-Repair after Riveting Testimony*, Vice, 5 Apr. 2021.
(126) Adam Minter, *Don't Drop Your iPhone Now: Repairing It Is a Problem*, Bloomberg (Mar. 28, 2020), www.bloomberg.com/opinion/articles/2020-03-28/apple-s-rules-make-iphone-repairs-hard-to-get-amid-coronavirus.
(127) Henke, *supra* note 1.

(128) Lara Houston, Steven J. Jackson, Daniela K. Rosner, Syed Ishtiaque Ahmed, Meg Young & Laewoo Kang, *Values in Repair*, Proceedings of the 2016 CHI Conference on Human Factors in Computing Systems 1403 (2016).

(129) Amir-Homayoun Javadi, Beatrix Emo, Lorelei R. Howard, Fiona E. Zisch, Yichao Yu, Rebecca Knight, Joao Pinelo Silva & Hugo J. Spiers, *Hippocampal and Prefrontal Processing of Network Topology to Simulate the Future*, 8 Nature Communications (2017), www.nature.com/articles/ncomms14652.

(130) Douglas Harper,Working Knowledge: Skilland Community in a Small Shop 62 (1987).

(131) Katherine White, *What if Bicycles Held the SecrettoHuman Flight?*, Henry Ford Museum, www.thehenryford.org/explore/stories-of-innovation/what-if/wright-brothers; Brittany McCrigler, *The Wright Way: Repair Teaches Engineering*, iFixit (Mar. 21, 2013), www.ifixit.com/News/4404/the-wright-way-to-teach-engineering.

(132) Kathleen Franz, Tinkering: Consumers Reinvent the Early Automobile (2011).

(133) Guy Keulemans, *The Geo-cultural Conditions of Kintsugi*, 9 The Journal of Modern Craft 15 (2016).

(134) Sophia Smith, *The Japanese Art of Recognizing Beauty in Broken Things*, Make (Aug. 17, 2015), https://makezine.com/2015/08/17/kintsugi-japanese-art-recognizing-beauty-broken-things/. スター・ウォーズファンのために、ここでトリビアをひとつ。『スター・ウォーズ／スカイウォーカーの夜明け』のなかで、金継ぎは、カイロ・レンが治すマスクのデザインにインスピレーションを与えた。Dom Nero, *J.J. Abrams Has Confirmed a Big Kylo Ren Fan Theory about Star Wars: The Rise of Skywalker*, Esquire (Oct. 1, 2019), www.esquire.com/entertainment/movies/a29318997/kylo-ren-star-wars-the-rise-of-skywalker-fan-theory-confirmed-jj-abrams.

(135) Keulemans, *supra* note 133.

(136) Julian E. Orr, Talking about Machines: An Ethnography of a Modern Job (1996).

(137) Christophe Lejeune, *Interruptions, Lunch Talks, and Support Circles: An Ethnography of Collective Repair in Steam Locomotive Restoration, in* Repair Work Ethnographies: Revisiting Breakdown, Relocating Materiality (Ignaz Strebel, Alain Bovet & Philippe Sormani, eds., 2019).

(138) Syed Ishtiaque Ahmed, Stephen J. Jackson & Md. Rashidujjaman Rifat, *Learning to Fix: Knowledge, Collaboration and Mobile Phone Repair in Dhaka, Bangladesh*, Proceedings of the Seventh International Conference on Information and Communication Technologies and Development 1 (2015).

(139) Daniela K. Rosner, *Making Citizens, Reassembling Devices: On Gender and the Development of Contemporary Public Sites of*

*Repair in Northern California*, 26 Public Culture 51 (2014).

(140) Volkswagen, *Electric Vehicles with Lowest CO2 Emissions* (Apr. 24, 2019), www.volkswagen-newsroom.com/en/press-releases/electric-vehicles-with-lowest-co2-emissions-4886; Tesla, *supra* note 108.

(141) C.Britt Bousman, *Coping with Risk: Later Stone Age Technological Strategies at Blydefontein Rock Shelter, South Africa*, 24 Journal of Anthropological Archaeology 193 (Sept. 2005).

## 第3章　修理の歴史

(1) Ron Shimelmitz, Michael Bisson, Mina Weinstein-Evron & Steven L. Kuhn, *Handaxe Manufacture and Re-Sharpening throughout the Lower Paleolithic Sequence of Tabun Cave*, 428 Quaternary International 118 (2017).

(2) Talıá Lazuén, *European Neanderthal Stone Hunting Weapons Reveal Complex Behaviour Long before the Appearance of Modern Humans*, 39 Journal of Archaeological Science 2304 (2012); Paola Villa, Paolo Boscato, Filomena Ranaldo & Annamaria Ronchitelli, *Stone Tools for the Hunt: Points with Impact Scars from a Middle Paleolithic Site in Southern Italy*, 36 Journal of Archaeological Science 850 (2009).

(3) Fiona Coward, Robert Hosfield, Matt Pope & Francis Wenban-Smith, *To See a World in a Hafted Tool: Birch Pitch Composite Technology, Cognition and Memory, in* Settlement, Society and Cognition in Human Evolution: Landscapes in the Mind (Fiona Coward, Robert Hosfield, Matt Pope & Francis Wenban-Smith, eds., 2015); Nick Walker, *The Late Stone Age of Botswana: Some Recent Excavations*, 26 Botswana Notes and Records 1 (1994); Steven L. Kuhn, *On Planning and Curated Technologies in the Middle Paleolithic*, 48 Journal of Anthropological Research 185 (1992).

(4) Sindya N. Bhanoo, *Oldest Known Pottery Found in China*, New York Times (June 28, 2012), www.nytimes.com/2012/07/03/science/oldest-known-pottery-found-in-china.html.

(5) Pia Guldager Bilde & Søren Handberg, *Ancient Repairs on Pottery from Olbia Pontica*, 116 American Journal of Archaeology 461 (2012). この技術は実のところ、陶器が発明される以前から石器の修理に使われていた。Renske Dooijes & Olivier Peter Nieuwenhuyse, *Ancient Repairs in Archaeological Research: A Near Eastern Perspective, in* Holding It All Together: Ancient and Modern Approaches to Joining, Repair and Consolidation (Janet Ambers, Catherine Higgitt & Lynne Harrison, eds., 2009).

(6) *Id.*

（7） Renske Dooijes & Olivier Peter Nieuwenhuyse, *Ancient Repairs: Techniques and Social Meaning, in* Konservieren Oder Restaurieren: Die Restaurierung Griechischer Vasen von der Antike bis Heute (Martin Bentz & Ursula Ka ¨stner, eds., 2007).

（8） Renske Dooijes, *Ancient Repairs of Bronze Objects*, Exarc (2012), https://exarc.net/issue-2012-3/ea/ancient-repairs-bronze-objects.

（9） Peter Clark, *Shipwrights, Sailors and Society in the Middle Bronze Age of NW Europe*, 5 Journal of Wetland Archaeology 87 (2005).

（10） Joanna Brück, *Houses*, *Lifecycles and Depositionon Middle Bronze Age Settlements in Southern England*, 65 Proceedings of the Prehistoric Society 145 (1999).

（11） L. Richardson, Jr., A New Topographical Dictionary of Ancient Rome (1992).

（12） Jody Joy, *"Fire Burn and Cauldron Bubble": Iron Age and Early Roman Cauldrons of Britain and Ireland*, 80 Proceedings of the Prehistoric Society 327 (2014).

（13） Kristian Kristiansen, *The Tale of the Sword: Swords and Swordfighters in Bronze Age Europe*, 21 Oxford Journal of Archaeology 319 (2002).

（14） Chris Gosden, *Social Ontologies*, 363 Philosophical Transactions of the Royal Society B: Biological Sciences 2003 (2008).

（15） Helen Chittock, *Iron Age Antiques: Assessing the Functions of Old Objects in Britain from 400 bc to ad 100, in* Objects of the Past in the Past: Investigating the Significance of Earlier Artefacts in Later Contexts (Matthew G. Knight, Dot Boughton & Rachel E. Wilkinson, eds., 2019).

（16） *Id.*

（17） Arnold Hugh Martin Jones, The Later Roman Empire, 284– 602: A Social Economic and Administrative Survey 695 (1986); James W. Ermatinger, The Roman Empire: A Historical Encyclopedia 84 (2018).

（18） Eric Poehler, Juliana van Roggen & Benjamin M. Crowther, *The Iron Streets of Pompeii*, 123 American Journal of Archaeology 237 (2019).

（19） Kelly Robert DeVries & Robert Douglas Smith, Medieval Military Technology 55 (2012).

（20） Heather Swanson, Building Craftsmen in Late Medieval York 11 (1983).

（21） Ruth A. Johnston, All Things Medieval: An Encyclopedia of the Medieval World 707 (2011).

(22) Jennifer M. Sheppard, *"Make Do and Mend": Evidence of Early Repairs and the Re-use of Materials in Early Bindings in a Cambridge College Library*, *in* Care and Conservation of Manuscripts 6 (Gillian Fellows-Jensen & Peter Spingborg, eds., 2002).

(23) Clifford J. Rogers, The Oxford Encyclopedia of Medieval Warfare and Military Technology 22 (2010); David Featherstone Harrison, The Bridges of Medieval England: Transport and Society, 400-1800 (2004).

(24) 西暦五、六世紀のアングロサクソンのブローチは、その違いを説明する役に立つ。Toby Martin, *Riveting Biographies: The Theoretical Implications of Early Anglo-Saxon Brooch Repair, Customisation and Use-Adaptation*, *in* Make-do and Mend: Archaeologies of Compromise, Repair and Reuse (Ben Jervis & Alison Kyle, eds., 2012). 衣服を留めるために使われたブローチは、頻繁に修理された。装飾要素を新たに加えたように、修理が美的な目的を果たす場合もあった。埋葬権においてブローチが重要だったことを考えると、修理にはさらに象徴的な意味が加わった。

(25) Shelton A. Gunaratne, *Paper, Printing and the Printing Press: A Horizontally Integrative Macrohistory Analysis*, 63 *Gazette* 459 (2001).

(26) Leonard Dudley, The Singularity of Western Innovation172 (2017).

(27) *Id.*

(28) Ken Alder, *Innovation and Amnesia: Engineering Rationality and the Fate of Interchangeable Parts Manufacturing in France*, 38 Technology and Culture 273 (1997); David A. Hounshell, From the American System to Mass Production, 1800-1932: The Development of Manufacturing Technology in the United States (1984).

(29) Dudley, *supra* note 26.

(30) Alder, *supra* note 28.

(31) Dudley, *supra* note 26.

(32) *Id.*

(33) Thomas Coulson, *The Origin of Interchangeable Parts*, 238 Journal of the Franklin Institute 335 (1944).

(34) R.A. Church, *Nineteenth-Century Clock Technology in Britain, the United States, and Switzerland*, 28 The Economic History Review 616 (1975).

(35) *Id.*

(36) *Id.*

（37）Joel Mokyr, *The Second Industrial Revolution, 1870–1914, in* Storia dell'economia Mondiale (Valerio Castronovo, ed., 1999); Alder, *supra* note 28; Coulson, *supra* note 33; Hounshell, *supra* note 28.

（38）John Paxton, *Taylor's Unsung Contribution: Making Interchangeable Parts Practical*, 17 Journal of Business and Management 75 (2011).

（39）Office of Technology Assessment, Global Standards: Building Blocks for the Future (1992); Harold C. Livesay, American Made: Shaping the American Economy (2016).

（40）Alfred D. Chandler, Jr., The Visible Hand: The Managerial Revolution in American Business (1977).

（41）James P. Womack, Daniel T. Jones & Daniel Roos, The Machine that Changed the World (1990); Royce Peterson, *The 1911 Model T Ford Tool Kit*, Model T Ford Fix (Jan. 14, 2018), https://modeltfordfix.com/the-1911-model-t-ford-tool-kit/.

（42）Henry Ford & Samuel Crowther, My Life and Work (1922).

（43）Daniel Hanley, Claire Kelloway & Sandeep Vaheesan, *Fixing America: Breaking Manufacturers' Aftermarket Monopoly and Restoring Consumers' Right to Repair*, Open Markets Institute Report (2020).

（44）この戦略が独占企業に利益をもたらすのは明らかだ。というのも、独占企業はすべての買い替え需要を獲得できるからだ。だが、消費者にはほとんど選択肢がないため、集中市場で競争する寡占企業も、同じようにこの戦略の恩恵を受ける立場にある。Jeremy Bulow, *An Economic Theory of Planned Obsolescence*, 101 Quarterly Journal of Economics 729 (1986).

（45）Kamila Pope, Understanding Planned Obsolescence: Unsustainability Through Production, Consumption and Waste Generation (2017).

（46）Bernard London, Ending the Depression Through Planned Obsolescence (1932).

（47）Giles Slade, Made to Break: Technology and Obsolescence in America (2006).

（48）Ford & Crowther, *supra* note 42.

（49）J. George Frederick, *Is Progressive Obsolescence the Path toward Increased Consumption?*, 10 Advertising and Selling 11 (1928).

（50）Susan Strasser, Waste and Want (1999).

（51）*Id*.

（52）Slade, *supra* note 47.

（53）Daniel Joseph Boorstin, The Americans: The Democratic Experience (1974).

(54) Slade, *supra* note 47.
(55) Hanley et al., *supra* note 43.
(56) Brian Burns, *Re-evaluating Obsolescence and Planning for It, in* Longer Lasting Products: Alternatives to the Throwaway Society (Tim Cooper, ed., 2010).
(57) *Id.*
(58) Frequency Service Allocations to Non-Government Fixed & Mobile Services in the Band 42–44 Mc, 39 F.C.C. 252 (1946).
(59) Slade, *supra* note 47.
(60) Dan Piepenbring, *Planned Obsolescence*, Paris Review (Oct. 7, 2014), www.theparisreview.org/blog/2014/10/07/planned-obsolescence.
(61) Markus Krajewski, *The Great Lightbulb Conspiracy*, IEEE Spectrum (Sept. 24, 2014), https://spectrum.ieee.org/tech-history/dawn-of-electronics/the-great-lightbulb-conspiracy.
(62) Letter from L.C. Porter to M.I. Sloan, Nov.1, 1932. U.S. v. G.E. Civil Action No. 1364, 82 F. Supp. 753 Ex. 1860-G.
(63) Krajewski, *supra* note 61.
(64) United States v. General Electric Co., 82 F. Supp. 753 (D.N.J. 1949).
(65) Strasser, *supra* note 50.
(66) Jacqueline Morley, Make Do and Mend: A Very Peculiar History (2015).
(67) *Make-Do and Mend Says Mrs. Sew-and-Sew*, Imperial War Museum, www.iwm.org.uk/collections/item/object/32395.
(68) *Keep the Wheels Turning!: Repair Work Is Vital to the War Effort*, University of North Texas Digital Library, https://digital.library.unt.edu/ark:/67531/metadc394/.
(69) *Use It Up – Wear It Out – Make It Do!*, New Hampshire State Library, www.nh.gov/nhsl/ww2/ww15.html.
(70) Slade, *supra* note 47.
(71) Bjoern Bartels, Ulrich Ermel, Peter Sandborn & Michael G. Pecht, Strategies to the Prediction, Mitigation and Management of Product Obsolescence (2012).
(72) Slade, *supra* note 47.
(73) Alan Philips, *Why the Things You Buy Don't Last*, Maclean's, Dec. 17, 1960.

(74) Christian Dior, Christian Dior and I (1957).
(75) Philips, *supra* note 73.
(76) *Id.*
(77) Vance Packard, The Waste Makers (1960).
(78) *Id.* (quoting Victor Lebow, *Price Competition* in 1955, The Journal of Retailing 7 (1955)).
(79) Dwight D. Eisenhower, *The President's News Conference* (Apr. 9, 1958), www.presidency.ucsb.edu/documents/the-presidents-news-conference-261.
(80) Packard, *supra* note 77.
(81) Slade, *supra* note 47.
(82) Packard, *supra* note 77.
(83) *Id.*
(84) Nokia Bell Labs, *1956 Nobel Prize in Physics*, www.bell-labs.com/about/recognition/1956-transistor.
(85) Jason Cross, *Inside Apple's A13 Bionic System-on-Chip*, Macworld (Oct. 2, 2019), www.macworld.com/article/3442716/inside-apples-a13-bionic-system-on-chip.html.
(86) Slade, *supra* note 47.
(87) *Id.*
(88) Instructables, *How to Repair and Revive an American Made Zenith Transistor Radio*, www.instructables.com/id/How-to-repair-and-revive-an-american-made-Zenith-t.
(89) United States Census Bureau, *Population and Housing Unit Counts* (2012), www.census.gov/prod/cen2010/cph-2-1.pdf.
(90) 以下を参照。Isabel Wilkerson, The Warmth of Other Suns (2010).
(91) University of Virginia Library, *The Hillbilly Highway*, www.arcgis.com/apps/Cascade/index.html?appid=b44f93ec18844109b1d26979d541b426.
(92) Javins v. First Nat. Realty Corp., 428 F.2d 1071, 1077 (D.C. Cir. 1970).
(93) *Id.* at footnote 30.
(94) Michael J. Davis & Phillip E. DeLa Torre, *A Fresh Look at Premises Liability As Affected by the Warranty of Habitability*, 59 Washington Law Review 141, 143 (1984).

(95) Michael A. Brower, *The "Backlash" of the Implied Warranty of Habitability: Theory vs. Analysis*, 60 DePaul Law Review 849, 854 (2011).

(96) Francis H. Bohlen, *Landlord and Tenant*, 35 Harvard Law Review 633, 636 (1922).

(97) Davis & De La Torre, *supra* note 94.

(98) 疑問のひとつは、そのような法律が、賃貸者が抗弁として修理の不履行を訴えたり主張したりすることを許す私権を出み出すのか、それとも、修理義務を主張できるのは地元の住宅当局のみなのか、という点だ。

(99) Richard H. Chused, *Saunders (a.k.a. Javins) v. First National Realty Corporation 10th Anniversary Symposium Issue: Empowering the Poor and Disenfranchised: Making a Difference through Community, Advocacy, and Policy*, 11 Georgetown Journal on Poverty Law and Policy 191 (2004).

(100) *Javins*, 428 F.2d at 1078.

(101) Reste Realty Corp. v. Cooper, 53 N.J. 444, 452 (1969).

(102) *Javins*, 428 F.2d at 1080.

(103) ジョシュア・フェアフィールドは、封建時代の地主と今日のデバイスメーカーとのより明確な関係を描いた。フェアフィールドが主張するように、もし消費者が自分で購入したデバイスを――修理できるかどうかも含めて――自分でコントロールできないのならば、封建時代の小作人が地元の領主の利益のために働きながら土地を所有できなかったように、私たちもスマートフォンや車を所有できない。Joshua A.T. Fairfield, Owned (2017).

## 第4章　修理を阻む戦略

(1) Matthias Gafni, *Has BART's Cutting-Edge 1972 Technology Design Come Back to Haunt It?*, Mercury News (Mar. 25, 2016), www.mercurynews.com/2016/03/25/has-barts-cutting-edge-1972-technology-design-come-back-to-haunt-it.

(2) Peter Hartlaub, *The Shiny, Futuristic BART that Wowed President Nixon*, San Francisco Chronicle (Mar. 25, 2016), www.sfchronicle.com/oursf/article/Nixon-s-futuristic-BART-ride-It-does-look-7025172.php.

(3) An Act for Regulating the Gauge of Railways 1846, www.railwaysarchive.co.uk/documents/HMG_Act_Reg1846 .pdf.

(4) Aaron Mak, *An Interview with the Guy Behind That Viral Railroad-Gauge Tweet Thread*, Slate (Oct. 2, 2019), www.slate.com/technology/2019/10/bill-holohan-viral-railroad-gauge-twitter-interview.html.

(5) Angela Johnston, *Hey Area: Howthe Width of BART Tracks Affects Your Commute*, KALW (July 5, 2016), www.kalw.org/

post/hey-area-how-width-bart-tracks-affects-your-commute.

（6）San Francisco Bay Area Rapid Transit District, *2005 Annual Report*, https://web.archive.org/web/20060922203544/www.bart.gov/docs/AR2005.pdf.

（7）Alix Martichoux, *BART Upgrading 47-Year-Old Equipment in Big Step Toward Trains Every 2 Minutes*, Chron (Jan. 10, 2020), www.chron.com/public-transportation/article/BART-new-train-control-system-capacity-frequency-14965556.php.

（8）Darrell Etherington, *Amazon Echo Is a $199 Connected Speaker Packing an Always-On Siri-Style Assistant*, Tech Crunch (Nov. 6, 2014), https://techcrunch.com/2014/11/ 06/amazon-echo/.

（9）Kyle Wiggers, *Canalys: 200 Million Smart Speakers Will Be Sold before Year-End*, Venture Beat (Apr. 14, 2019), www.venturebeat.com/2019/04/14/canalys-200-million-smart-speakers- will-be-sold-by-2019/.

（10）*General Motors Reports Record Sales Of New Disposable Car*, The Onion (Mar. 4, 2001), www.theonion.com/general-motors-reports-record-sales-of-new-disposable-c-1819565961.

（11）Tim Moynihan, *Samsung Finally Reveals Why the Note 7 Kept Exploding*, Wired (Jan. 22, 2017), www.wired.com/2017/01/why-the-samsung-galaxy-note-7-kept-exploding.

（12）Shannon Liao, *Apple Says Cheap Battery Replacements Hurt iPhone Sales*, Verge (Jan. 2, 2019), www.theverge.com/2019/1/2/18165866/apple-iphone-sales-cheap-battery-replacement; Rajesh Kumar Singh, *Deere Bets on Cost Cuts, Services Push to Boost Profits*, Reuters (Jan. 8, 2020), www.reuters.com/article/us-deere-strategy/deere-bets-on-cost-cuts-services-push-to-boost-profits-idUSKBN1Z72TA.

（13）Sarah Emerson, *Documents Reveal Apple's Struggle to Define Its Stance on Right to Repair*, OneZero (July 30, 2020), https://onezero.medium.com/documents-reveal-apples-struggle-to-define-its-stance-on-right-to-repair-15a757103261.

（14）Lawrence Lessig, *The New Chicago School*, 27 Journal of Legal Studies 661 (1998).

（15）ヴェブレンが一九世紀末に指摘したように、一部の贅沢品はこのルールに従わない。価格の上昇に伴い、需要も増加する。所有者の富や地位を伝える商品の場合、価格が高いほど望ましい。Thorstein Veblen, The Theory of the Leisure Class (1899).『有閑階級の理論〔新版〕』（ソースタイン・ヴェブレン著、村井章子訳、筑摩書房、二〇一六年）

（16）*Microsoft Surface Laptop Teardown*, iFixit (June 15, 2017), www.ifixit.com/Teardown/Microsoft+Surface+Laptop+Teardown/ 92915.

（17）コーリー・ドクトロウのツイートスレッドで詳細が検討されている。Cory Doctorow, *Caveat Emptor!*, Thread Reader (Apr. 9, 2021), https://threadreaderapp.com/thread/1380554358824 136706.html.

（18）*Motorola Razr Teardown*, iFixit(Feb.13,2020),www.ifixit.com/Teardown/Motorola+Razr+Teardown/130414.

（19）Kelsea Weber, *Bit History: The Spanner*, iFixit (Apr. 22, 2018), www.ifixit.com/News/9907/bit-history-the-spanner.

（20）Bryce Security Fastener, *Tamperproof Screws Are History . . . The Age of High Security Screws Has Begun* (Jan. 31, 2012), www.brycefastener.com/bryce-security-blog.html/2012/01/31/tamperproof-screws-are-history-the-age-of-high-security-screws-has-begun/#:~:text=The%20Age%20Of%20High%20Security%20Screws%20Has%20Begun,-Jan%2031%2C%202012&text=The%20tamperproof%20fastener%20industry%20has,public% 20restroom%20fixtures%20even%20today.

（21）Matthew Shaer, *The Pentalobe Screws Saga: How Apple Locked Up Your iPhone 4*, Christian Science Monitor (Jan. 21, 2011), www.csmonitor.com/Technology/Horizons/2011/0121/ The-Pentalobe-screws-saga-How-Apple-locked-up-your-iPhone-4.

（22）Retro Consoles Wiki, *Proprietary Screw Drives*, https://retroconsoles.fandom.com/wiki/Proprietary_Screw_Drives.

（23）Vivienne Pearson, *Is It Better to Repair or Replace Broken Washing Machines?*, Australian Broadcasting Corporation (Sept. 19, 2017), www.abc.net.au/news/2017-09-20/repair-or-replace-broken-washing-machines/8957918.

（24）Kimberley Mok, *Lawsuit over Front-Load Washers May Drive Consumers Back to Energy-Wasting Models*, Treehugger (Oct. 3, 2019), www.treehugger.com/lawsuit-mold-problem-front- load-washing-machine-4858336.

（25）Terri Williams, *What Causes a Basket Spider to Break on a Front-Load Washer?*, Hunker, www.hunker.com/12003231/what-causes-a-basket-spider-to-break-on-a-front-load-washer; The Washer Suffered from Planned Obsolescence, Design News (Nov. 5, 2014), www.designnews.com/materials-assembly/washer-suffered-planned-obsolescence.

（26）Douglas Adams, The Ultimate Hitchhiker's Guide, Complete and Unabridged (1997).

（27）Joe Santoson, *The Audi S4 Model You Should Never Buy*, Motor Biscuit (Feb. 28, 2020), www.motorbiscuit.com/the-audi-s4- model-you-should-never-buy.

（28）Chris Jay Hoofnagle, Aniket Kesari & Aaron Perzanowski, *The Tethered Economy*, 87 George Washington Law Review 783 (2019).

（29）Matthew Panzarino, *Apple Apologizes and Updates iOS to Restore iPhones Disabled by Error 53*, Techcrunch (Feb. 18, 2016), https://techcrunch.com/2016/02/18/apple-apologizes-and-updates-ios-to-restore-iphones-disabled-by-error-53/; Miles Brignall, "Error 53" *Fury Mounts as Apple Software Update Threatens to Kill Your iPhone 6*, The Guardian (Feb. 5, 2016), www.

theguardian.com/money/2016/feb/05/error-53-apple-iphone-software-update-handset-worthless-third-party-repair.

(30) Jennifer Bisset, *Apple Fined $6.6M in Australia after Error 53 Controversy*, Cnet (June 18, 2018), www.cnet.com/news/apple-bricked-our-phones-with-error-53-now-it-owes-6– 8-million-in-australia.

(31) AdiRobertson, *Apple Agrees to $500 Million Settlement for Throttling Older iPhones*, Verge (Mar. 2, 2020), www.theverge.com/2020/3/2/21161271/apple-settlement-500-million-throttling-batterygate-class-action-lawsuit.

(32) Jason Koebler, *Tim Cook to Investors: People Bought Fewer New iPhones Because They Repaired Their Old Ones*, Vice (Jan. 2, 2019), www.vice.com/en_us/article/zmd9a5/tim-cook-to-investors-people-bought-fewer-new-iphones-because-they-repaired- their-old-ones.

(33) Jason Koebler, *Apple's New Proprietary Software Locks Will Kill Independent Repair on New MacBook Pros*, Vice (Oct. 4, 2018), www.vice.com/en_us/article/yw9qk7/macbook-pro-soft ware-locks-prevent-independent-repair.

(34) Matthew Gault, *Apple's T2 Security Chip Has Created a Nightmare for MacBook Refurbishers*, Vice (May 4, 2020), www.vice.com/en_us/article/akw558/apples-t2-security-chip-has- created-a-nightmare-for-macbook-refurbishers.

(35) Allison Conwell & Nathan Proctor, *Locked Out: The Unintended Consequences of Phone Activation Locks and How We Can Fix It* (2019), https://copirg.org/sites/pirg/files/reports/Locked%20Out.pdf.

(36) Brian X. Chen, *Smartphones Embracing "Kill Switches" as Theft Defense*, New York Times (June 19, 2014), https://bits .blogs.nytimes.com/2014/06/19/antitheft-technology-led-to -a-dip-in-iphone-thefts-in-some-cities-police-say/.

(37) Conwell & Proctor, *supra* note 35.

(38) Jason Koebler, *Why Tens of Thousands of Perfectly Good, Donated iPhones Are Shredded Every Year*, Vice (Apr. 12, 2020), www.vice.com/amp/en_us/article/43jywd/why-tens-of-thousands-of-perfectly-good-donated-iphones-are-shredded-every-year.

(39) Chris Welch, *Apple's iPhone 11 and 11 Pro Will Show a Warning on Your Lock Screen If They Can't Verify a Replaced Screen*, Verge (Sept. 25, 2019), www.theverge.com/2019/9/25/20884287/apple-iphone-11-pro-max-display-screen-replacement-verifi cation-warning.

(40) Kevin Purdy, *The New "Important" iPhone Camera Message Is Another Bad Omen*, iFixit (Jan. 27, 2021), www.ifixit.com/News/48768/the-new-important-iphone-camera-message-is -another-bad-omen.

(41) Kevin Purdy, *Is This the End of the Repairable iPhone?*, iFixit (Oct. 29, 2020), www.ifixit.com/News/45921/is-this-the-end-of-the-repairable-iphone.

（42） Hugh Jeffreys, *Samsung Starts Blocking 3rd Party Repairs? – Galaxy A51 Teardown and Repair Assessment*, YouTube (Jan. 16, 2021), www.youtube.com/watch?v=zGLQ9ZRntZo.

（43） Kyle Wiens, *Copyright Law Is Bricking Your Game Console. Time to Fix That*, Wired (Dec. 11, 2020), www.wired.com/story/copyright-law-is-bricking-your-game-console-time-to-fix- that.

（44） Kyle Wiens, *You Gotta Fight for Your Right to Repair Your Car*, Atlantic (Feb. 13, 2014), www.theatlantic.com/technology/archive/2014/02/you-gotta-fight-for-your-right-to-repair-your-car/283791. Europe has its own framework for regulating the availability of automotive parts. *See* Commission Regulation (EU) No. 461/2010 of May 27, 2010.

（45） Angus Loten, *Mechanics Seek Out "Right to Repair,"* Wall Street Journal (Feb. 10, 2011), www.wsj.com/articles/SB1000142405274870355580457610227275034417 8.

（46） Jason Koebler, *Why American Farmers Are Hacking Their Tractors with Ukrainian Firmware*, Vice (Mar. 21, 2017), www.vice.com/en_us/article/xykkkd/why-american-farmers-are-hacking-their-tractors-with-ukrainian-firmware.

（47） Jason Koebler & Matthew Gault, *John Deere Promised Farmers It Would Make Tractors Easy to Repair. It Lied*, Vice (Feb. 18, 2021), www.vice.com/amp/en/article/v7m8mx/john-deere-promised-farmers-it-would-make-tractors-easy-to-repair-it-lied.

（48） Leo Schwartz& DeviLockwood, *Why It's So Hardfora Hospitalin Tanzania to Fix Broken Incubators*, Rest of World, www.restof world.org/2021/why-its-so-hard-for-a-hospital-in-tanzania-to-fix-broken-baby-incubators.

（49） Jason Koebler, *Why Repair Techs Are Hacking Ventilators with DIY Dongles from Poland*, Vice (July 9, 2020), www.vice.com/en/article/3azv9b/why-repair-techs-are-hacking-ventilators-with-diy-dongles-from-poland.

（50） Jason Koebler, *Hacker Bypasses GE's Ridiculous Refrigerator DRM*, Vice (June 12, 2020), www.vice.com/en_us/article/jgxpjy/hacker-bypasses-ges-ridiculous-refrigerator-drm.

（51） このシフトはまた、とりわけプライバシーとセキュリティにまつわる懸念を増幅させる。Hoofnagle, Kesari & Perzanowski, *supra* note 28.

（52） 最終的に、ある企業がジーボに関する特許及びその他の資産を取得し、所有者に新たな希望を与えた。ところが、この展開は物理的デバイスの所有権だけでは、機能を維持するか復元するためには不充分であることを強く知らしめただけだった。Ashley Carman, *Jibo, the Social Robot that Was Supposed to Die, Is Getting a Second Life*, Verge (July 23, 2020), www.theverge.com/2020/7/23/21325644/jibo-social-robot-ntt-disruptionfunding.

（53） Samsung, *Samsung-Authorized Galaxy Repair Services*, www.samsung.com/us/support/repair/pricing.

(54) Luke Tully, *Apple Tries to Charge as Much as a New MacBook Pro for a Screen Replacement* (Sept. 14, 2020), https://luketully.ca/macbook-screen-replacement-costs-as-much-as-a-brand-new-model/; Rob Beschizza, *Fix a Laptop Screen? That'll Cost More than a New Laptop*, Boing Boing (Sept. 15, 2020), www.boingboing.net/2020/09/15/fix-a-laptop-screen-thatll.html.

(55) Rajesh Kumar Singh, *Deere Bets on Cost Cuts, Services Push to Boost Profits,* Reuters (Jan. 8, 2020), www.reuters.com/article/us-deere-strategy/deere-bets-on-cost-cuts-services-push-to-boost-profits-idUSKBN1Z72TA; Claire Bushey, *Why Deere and Cat Don't Want Customers to Do it Themselves*, Crain's Chicago Business (May 10, 2019), www.chicagobusiness.com/manufacturing/why-deere-and-cat-dont-want-customers-do-it-themselves; *Where Does the Car Dealer Make Money?*, Edmunds (June 13, 2019), www.edmunds.com/car-buying/where-does-the-car-dealer-make-money.html.

(56) Jeffrey Jablansky, *Why Your Replacement Headlight Cost $2,000*, Men's Journal, www.mensjournal.com/gear/most-expensive-car-parts-why-replacement-headlights-cost-2000-w434026/headlights-w434028.

(57) *Mirror – BMW (51-16-7-352-368)*, https://parts.bmwofsouthatlanta.com/oem-parts/bmw-mirror-51167352368.

(58) *10851200 Handle for fridge doors*, www.mieleusa.com/e/handle-handle-stainless-steel-look-10851200-p.

(59) *Washer Control Knob 137314627*, www.searspartsdirect.com/product/33vrmtmhqq-0026-417/id-137314627.

(60) *DG94-02738C*, www.samsungparts.com/Products/Parts_and_Accessories/PID-DG94-02738C.aspx.

(61) Koebler, *supra* note 46.

(62) Elizabeth Chamberlain, *How Nikon Is Killing Camera Repair*, iFixit (Feb. 14, 2012), www.ifixit.com/News/1349/how-nikon -is-killing-camera-repair.

(63) Maddie Stone, *How Apple Decides Which Products Are "Vintage" and "Obsolete,"* OneZero (May 26, 2020), https://onezero.medium.com/how-apple-decides-which-products-are-vintage-and-obsolete-6055d0bda422.

(64) MatthewGault, *After 18 Years of Telling You Not to Fix it Yourself, Sony Will Stop Repairing the PlayStation 2*, Vice (Sept. 4, 2018), www.vice.com/en_us/article/ev8yyn/sony-playstation-2-support-ending.

(65) Earnest Cavalli, *Microsoft Ends Repair Service for Original Xbox*, Wired (Mar. 2, 2009), www.wired.com/2009/03/microsoft-ends.

(66) Apple, *Vintage and Obsolete Products*, https://support.apple.com/en-gb/HT201624.

(67) California Civil Code § 1793.03.

(68) Vintage and Obsolete Products, *supra* note 66.

（69）Chaim Gartenberg, *Apple's Most Expensive Mac Pro Costs $53,799*, Verge (Dec. 10, 2019), www.theverge.com/circuitbreaker/2019/12/10/21003636/apple-mac-pro-price-most-expensive-processor-ram-gpu.

（70）Apple, *iPad Service and Repair*, https://support.apple.com/ipad/repair/service.

（71）Kate Conger, *California Sues Uber and Lyft, Claiming Workers Are Misclassified*, New York Times (May 5, 2020), www.nytimes.com/2020/05/05/technology/california-uber-lyft-lawsuit.html.

（72）Yaël Eisenstat, *I Worked on Political Ads at Facebook. They Profit by Manipulating Us*, Washington Post (Nov. 4, 2019), www.washingtonpost.com/outlook/2019/11/04/i-worked-politi cal-ads-facebook-they-profit-by-manipulating-us.

（73）David Roberts, *Fossil Fuel Companies Impose More in Climate Costs than They Make in Profits*, Vox (June 20, 2016), www.vox.com/2015/7/24/9035803/fossil-fuel-companies-cost-of-carbon.

（74）Kevin Purdy, *Here Are the Secret Repair Tools Apple Won't Let You Have*, iFixit (Oct. 28, 2019), www.ifixit.com/News/33593/heres-the-secret-repair-tool-apple-wont-let-you-have.

（75）Jason Koebler, *Do You Know Anything about Apple's "Authorized Service Provider" Program?*, Vice (Mar. 16, 2017), www.vice.com/en_us/article/ypkqxw/do-you-know-anything-about- apples-authorized-service-provider-program.

（76）*Apple Authorised Service Provider Program*, www.apple.com/support/assets/docs/products/programs/aasp/aasp_application_au_2013.pdf.

（77）ある独立系修理ショップの経営者の見積もりによれば、ＡＡＳＰになると売上げの七五パーセントが奪われるという。Koebler, *supra* note 75.

（78）Apple, *Apple Partners with Best Buy for Expanded Repair Service* (June 19, 2019), www.apple.com/newsroom/2019/06/apple-partners-with-best-buy-for-expanded-repair-service; Apple, *Apple Expands iPhone Repair Services to Hundreds of New Locations Across the US* (July 8, 2020), www.apple.com/newsroom/2020/07/apple-expands-iphone-repair-services-to-hundreds-of-new-locations-across-the-us.

（79）*Id.*

（80）Ashley Carman, *Apple's Independent Repair Program Expandsto Macs*, Verge (Aug. 17, 2020), www.theverge.com/2020/8/17/21372022/apple-independent-repair-program-mac-fix.

（81）Maddie Stone, *Apple's Independent Repair Program Is Invasive to Shops and Their Customers, Contract Shows*, Vice (Feb. 6, 2020), www.vice.com/en_us/article/qjdjnv/apples-independent-repair-program-is-invasive-to-shops-and-their-customerscon tract-shows.

(82) Daisuke Wakabayashi, *Apple Legal Fees in Samsung Patent Case Topped $60 Million*, Wall Street Journal (Dec. 6, 2013), www.wsj.com/articles/apple-legal-fees-in-samsung-patent-case- topped-60-million-1386360450.

(83) Kevin Purdy, *Nikon Is Killing Its Authorized Repair Program*, iFixit (Dec. 9, 2019), www.ifixit.com/News/34241/nikon-is-killing-its-authorized-repair-program.

(84) Nikon, *Nikon Professional Services*, www.nikonpro.com/MemberLevels.aspx.

(85) Nikon, *NPS Membership Qualifying Equipment*, www.nikonpro.com/ProductList.aspx.

(86) Yossy Mendelovich, *Nikon Is Suspending Equipment Repairs Due to COVID-19*, Y.M. Cinema Magazine (Mar. 23, 2020), http://ymcinema.com/2020/03/23/nikon-is-suspending-equipment-repairs-due-to-impact-of-covid-19/.

(87) Mike Moffitt, *The Thing About Owning a Tesla No One Talks About–Nightmarish Repair Delays*, SF Gate (May 1, 2019), www.sfgate.com/cars/article/tesla-repair-wait-time-complaints-electric-car-13796037.php; https://carbuzz.com/news/tesla-model-3-production-has-been-sorted-but-not-service-centers1; *Tesla's Hell Moves from the Production Line to the Repair Shop*, Bloomberg (Oct. 31, 2019), www.bloomberg.com/graphics/2019-tesla-model-3-survey/customer-service-battery.html.

(88) Priya Anand, *What's Amazon's Share of Retail? Depends Who You Ask*, Information (June 13, 2019), www.theinformation.com/articles/whats-amazons-share-of-retail-depends-who-you-ask; Daniel Keyes, *3rd-Party Sellers Are Thriving on* Amazon, Business Insider (May 13, 2019), www.businessinsider.com/amazon-third-party-sellers-record-high-sales-2019-5?r=US&IR=T.

(89) Sarah Perez, *Amazon Sues Online Influencers Engaged in a Counterfeit Scheme*, Techcrunch (Nov. 12, 2020), https://techcrunch.com/2020/11/12/amazon-sues-online-influencers-engaged-in-a-counterfeit-scheme/.

(90) Nick Statt, *Amazon Will Start Selling Nike Shoes Directly for the First Time*, Verge (June 21, 2017), www.theverge.com/2017/6/21/15847700/amazon-nike-shoes-deal-e-commerce-zappos.

(91) Jason Koebler, *Amazon Is Kicking All Unauthorized Apple Refurbishers Off Amazon Marketplace*, Vice (Nov. 9, 2018), www.vice.com/en_us/article/bjexb5/amazon-is-kicking-all-unauthorized-apple-refurbishers-off-the-site.

(92) Nick Statt, *Apple and Amazon Cut a Deal that Upended the Mac Resale Market*, Vergem (May 21, 2019), www.theverge.com/2019/5/21/18624846/amazon-marketplace-apple-deal-iphones-mac-third-party-sellers-john-bumstead.

(93) Reed Albergotti, *Apple Says It Never "Recycles" Old Devices If They Can Still Be Used. Its Lawsuit against a Canadian Recycler*

*Suggests Otherwise*, Washington Post (Oct. 7, 2020), www.washingtonpost.com/technology/2020/10/07/apple-geep-iphone-recycle-shred.

(94) Lauren Feiner, *Google U.S. Ad Revenue Will Drop for the First Time this Year, eMarketer says*, CNBC (June 22, 2020), www.cnbc.com/2020/06/22/google-ad-revenue-will-drop-this-year-emarketer-says.html.

(95) Michael Kan, *Google Ad Policy Change Leaves Third-Party Repair Industry in a Lurch*, PC (Aug. 8, 2019), www.pcmag.com/news/google-ad-policy-change-leaves-third-party-repair-industry-in-a-lurch.

(96) Google, *Other Restricted Businesses*, www.support.google.com/adspolicy/answer/6368711?hl=en.

(97) Samarth Bansal & Rob Barry, *Tech-Support Scams Prompt Google to Act*, Wall Street Journal (Aug. 31, 2018), www.wsj.com/articles/tech-support-scams-on-google-trigger-crack down-1535755023.

(98) Kan, *supra* note 95.

(99) David Graff, *Restricting Ads in Third-Party Tech Support Services*, Google Ads & Commerce Blog (Aug. 31, 2018), www.blog.google/products/ads/restricting-ads-third-party-tech-support-services.

(100) Google, *Get Your Pixel Phone Repaired*, www.support.google.com/store/answer/9004345.

(101) Karl Bode & Matthew Gault, *Sonos Makes It Clear: You No Longer Own the Things You Buy*, Vice (Jan. 22, 2020), www.vice.com/en_us/article/3a8dpn/sonos-makes-it-clear-you-no -longer-own-the-things-you-buy.

(102) Chris Welch, *Sonos Explains Why It Bricks Old Devices with "Recycle Mode,"* Verge (Dec. 30, 2019), www.theverge.com/2019/12/30/21042871/sonos-recycle-mode-trade-up-pro gram-controversy.

(103) Allen St. John, *Sonos Ends "Recycling" Program that Disabled Older Devices*, Consumer Reports (Mar. 6, 2020), www.consumerreports.org/speakers/sonos-ends-recycling-program- that-disabled-older-devices.

(104) Chris Welch, *Sonos Will Release a New App and Operating System for Its Speakers in June*, Verge (May 17, 2020), www.theverge.com/2020/3/17/21182164/sonos-s2-announced-app-operating-system-high-res-audio-dolby-atmos.

(105) Apple, *Apple Trade In*, www.apple.com/shop/trade-in.

(106) 電子機器のリサイクルは、埋立地にデバイスを廃棄するよりもはるかに望ましいが、欠点もある。多くの場合、デバイスは裁断され、金属コンポーネントは汚染物質を排出する精錬所に運び込まれる。あるいは、発展途上国に出荷されてスクラップ置き場に行き着き、そこで環境破壊や健康リスクを引き起こす。Peter Holgate, *The Model for Recycling Our Old Smartphones Is Actually Causing Massive Pollution*, Vox (Nov. 8, 2017), www.vox.com/2017/11/8/16621512/

where-does-my-smart phone-iphone-8-x-go-recycling-afterlife-toxic-waste-environment. アップルのような企業がこのプロセスの改善に投資してきたことは評価できる。だが、彼らがリサイクルをしているのは、グローバルなエコシステムに流通するデバイスのごく一部にすぎない。

(107) Adam Minter, Secondhand 192–99 (2019).

(108) The Global Baby Car Seat Market Is Expected to Grow from USD 5,050.17 Million in 2019 to USD 7,624.36 Million by the End of 2025 at a Compound Annual Growth Rate (CAGR) of 7.10%, Yahoo Finance (July 10, 2020), www.finance.yahoo.com/news/global-baby-car-seat-market-183754146.html.

(109) Graco, *Car Seat Expiration*, www.gracobaby.com/carseatexpirationpage.html.

(110) Minter, *supra* note 107. 現在のバージョンのウェブサイトでは、次のアドバイスが特定の人物によるものであることを避ける表現を使用している。「また、中古のチャイルドシートを購入されないこともお勧めいたします」Target, *Car Seat Guide*, www.target.com/c/car-seat-guide/-/N-4rqwe.

(111) James Calvin Davis & Charles Mathewes, *Saving Grace and Moral Striving: Thrift in Puritan Theology, in* Thrift and Thriving in America: Capitalism and Moral Order from the Puritans to the Present (Joshua Yates & James Davison Hunter, eds., 2011).

(112) Bruce H. Yenawine, Benjamin Franklin and the Invention of Microfinance (2015); Andrew L. Yarrow, Thrift: The History of an American Cultural Movement (2014).

(113) Yarrow, *supra* note 112.

(114) Marianne Bertrand & Emir Kamenica, *Coming Apart? Cultural Distances in the United States over Time*, NBER Working Paper Series (2018), www.nber.org/system/files/ working_papers/w24771/w24771.pdf.

(115) Match, *Singles in America: Match Releases Largest Study on U.S. Single Population* (Feb. 6, 2017), https://ir.mtch.com/news-and-events/press-releases/press-release-details/2017/Singles-in-America-Match-Releases-Largest-Study-on-US-Single-Population/default.aspx.

(116) 非難の対象はデバイスの古さだけではない。どこのブランドかも同じだ。C. Scott Brown, *Dear iPhone Users: Please Don't Forget that a Green Bubble Is a Person*, Android Authority (Aug. 24, 2019), www.androidauthority.com/green-bubble-phenomenon-1021350.

(117) Jayne Cox, Sarah Griffith, Sara Giorgi & Geoff King, *Consumer Understanding of Product Lifetimes*, 79 Resources,

Conservation and Recycling 21-29 (2013).

（118）次を参照のこと。*e.g.*, Apple, *Apple iMac (Retina 5K, 27-inch, Mid 2015) - Important Product Information Guide*, www.yumpu.com/en/document/view/55992267/apple-imac-retina-5k-27-inch-mid-2015-important-product-information-guide-imac-retina-5k-27-inch-mid-2015-important-product-information-guide; Apple, *Mac mini Important Product Information Guide*, https://manuals.info.apple.com/MANUALS/1000/MA1630/en_US/mac_mini-late-2012-important_product_info.pdf.

（119）Apple, *iMac Essentials*, https://books.apple.com/us/book/imac-essentials/id1041601527.

（120）Apple, *Important safety information for iPhone*, www.support.apple.com/guide/iphone/important-safety-information-iph301fc905.

## 第５章　修理と知的財産

（１）William W. Fisher III, *Property and Contract on the Internet*, 73 Chicago-Kent Law Review 1203, 1249 (1998).（著作権は「作品の制作を促し、私たち全員が恩恵を受けるために充分な権利を創作者に与えるもの」であるべきだが、「それ以上のものではない」と主張している。）; Glynn S. Lunney, Jr., *Patent Law, the Federal Circuit, and the Supreme Court: A Quiet Revolution*, 11 Supreme Court Economics Review 1, 5 (2003).（特許保護は「個々のイノベーションにおいて、事前に期待された収益性を確保するために必要である正確な範囲」に限って付与されるべきだと示唆している。）

（２）Anne Sraders, *Markets Rally for a Second Day, Pushing Apple's Market Cap Back Above $1 Trillion*, Forbes (Mar. 25, 2020), https://fortune.com/2020/03/25/aapl-apple-stock-market-cap-dow-jones-sp-500-today-news-rally/; Jessica Bursztynsky, *Apple Now has $193.82 Billion in Cash on Hand*, CNBC (July 30, 2020), www.cnbc.com/2020/07/30/apple-q3-cash-hoard-heres-how-much-apple-has-on-hand.html.

（３）Aaron Perzanowski & Kate Darling, Creativity without Law (2017).

（４）Glynn Lunney, Copyright's Excess (2018).

（５）Feist Publications, Inc. v. Rural Telephone Service Co., 499 U.S. 340 (1991).

（６）Dan MacGuill, *Did Samuel Beckett Drive a Young Andre´the Giant to School?*, Snopes (Apr. 18, 2018), www.snopes.com/fact-check/andre-the-giant-samuel-beckett.

（７）17 U.S.C. § 102(b); Baker v. Selden, 101 U.S. 99 (1880).

（8） 17 U.S.C. § 101.

（9） 以下を参照のこと。Star Athletica v. Varsity Brands, 137 S. Ct. 1002 (2017). ヨーロッパの法律は、機能的な設計に関する著作権の主張にさらに寛容である。以下を参照。Case C-833/18, SI and Brompton Bicycle Ltd. v. Chedech/Get2Get.

（10） Campbell v. Acuff-Rose Music, Inc., 510 U.S. 569 (1994); Swatch Grp. Mgmt. Servs. Ltd. v. Bloomberg L.P., 742 F.3d 17 (2d Cir. 2014); Sega Enterprises Ltd. v. Accolade, Inc., 977 F.2d 1510 (9th Cir. 1992); Authors Guild, Inc. v. Google, Inc., 804 F.3d 202 (2d Cir. 2015).

（11） Doan v. American Book Co., 105 F. 772 (7th Cir. 1901).

（12） Toro Co. v. R & R Prod. Co., 787 F.2d 1208, 1213 (8th Cir. 1986).

（13） ATC Distribution Grp., Inc. v. Whatever It Takes Transmissions & Parts, Inc., 402 F.3d 700, 703 (6th Cir. 2005).

（14） Southco,Inc.v.Kanebridge Corp., 258F.3d 148(3dCir.2001).

（15） *Works Not Protected by Copyright*, US Copyright Office Circular 33 (2020), www.copyright.gov/circs/circ33.pdf.

（16） Future Proof, *Tim's Laptop Service Manuals*, www.tim.id.au/blog/tims-laptop-service-manuals/#toc-toshiba; Mike Masnick, *Toshiba: You Can't Have Repair Manuals Because They're Copyrighted And You're Too Dumb To Fix A Computer*, Techdirt (Nov. 12, 2012), www.techdirt.com/articles/20121110/22403121007/toshiba-you-cant-have-repair-manuals-because-theyre-copyrighted-youre-too-dumb-to-fix-computer.shtml.

（17） Kyle Wiens, *Introducing the World's Largest Medical Repair Database, Free for Everyone*, iFixit (May 19, 2020), www.ifixit.com/News/41440/introducing-the-worlds-largest-medical- repair-database-free-for-everyone.

（18） Frank's Hospital Workshop, www.frankshospitalwork shop.com.

（19） Letter from Steris to iFixit(May26, 2020),www.eff.org/document/letter-steris-ifixit-5-16-2020.

（20） *Maintenance Manual: Harmony LA Surgical Lighting and Visualization System*, iFixit, www.ifixit.com/Document/IDkC64cSlRNYhqYc/Steris+Harmony+LA+Surgical +Lighting+Maintenance+Manual.pdf.

（21） Morrissey v. Proctor & Gamble Co., 379 F.2d 675 (1st Cir. 1967).

（22） *Maint Manual Reliance Synergy Washer/Disinfector*, Steris, http://shop.steris.com/en/us/parts/maint-manual-reliance-syngery-washer-disinfector-p764330664.

（23） American Intellectual Property Law Association, *Report of the Economic Survey* (2019), www.aipla.org/docs/default-source/student-and-public-resources/publications/aipla-2019-report-of-the-economic-survey-final-online.pdf.

（24）Letter from EFF to Steris on behalf of iFixit (June 10, 2020), www.eff.org/document/letter-eff-steris-behalf-ifixit-5-26-2020.

（25）MAI Systems Corp. v. Peak Computer, Inc., 991 F.2d 511(9th Cir. 1993).

（26）Aaron Perzanowski, *Fixing Ram Copies*, 104 *Northwestern University Law Review* 1067 (2010).

（27）17 U.S.C. § 101.

（28）Cartoon Network, LP v. CSC Holdings, Inc., 536 F.3d 121 (2d Cir. 2008).

（29）この法令は「メンテナンス（保守）」を、「元の仕様に従って、そしてその機械に対して許可された仕様の変更に従って、作動させるための機械の整備」と定義する。また「修理」を「元の仕様に従って、そしてその機械に対して許可された仕様の変更に従って、作動していた状態に機械を戻すこと」と定義する。17 U.S.C. § 117(d).

（30）アップルも同様の戦略を利用して、欠陥あるバッテリーを、自力で交換するか独立系の修理プロバイダに依頼して交換することを阻止している。Jason Koebler, *Apple Is Locking Batteries to Specific iPhones, a Nightmare for DIY Repair*, Vice (Aug. 8, 2019), www.vice.com/en_us/article/59nz3k/apple-is-locking-batteries-to-specific-iphones-a-nightmare-for-diy-repair.

（31）Jason Koebler, *Why American Farmers Are Hacking Their Tractors with Ukrainian Firmware*, Vice (Mar. 21, 2017), www.vice.com/en_us/article/xykkkd/why-american-farmers-are-hacking-their-tractors-with-ukrainian-firmware.

（32）License Agreement for John Deere Embedded Software, www.deere.com/privacy_and_data/docs/agreement_pdfs/english/2016-10-28-Embedded-Software-EULA.pdf.

（33）MDY Indus. v. Blizzard Entm't., 629 F.3d 928, 941 (9th Cir. 2010).

（34）何十年ものあいだ、ディアは「ディアのように走るものはない」というキャッチフレーズを使用してきた。Nothing Runs Like A Deere, John Deere Journal (Dec. 13, 2019), https://johndeerejournal.com/2019/12/snowmobiles-and-helmets-the-story-of-a-famous-tagline. ジョン・ディアは、アメリカ著作権局に対して、農家はトラクターを作動させるコードを実行するための、黙示的ライセンスを取得していると述べた。Lily Hay Newman, *Who Owns the Software in the Car You Bought?*, Slate (May 2, 2015), www.slate.com/blogs/futuretense/2015/05/22/gmandjohndeeresaytheystillownthesoftwareincarscustomersbuy.html.

（35）Newman, *supra* note 34.

（36）17 U.S.C. § 1201.

（37）*Id.*

（38）Brian T. Yeh, *The Digital Millennium Copyright Act: Exemptions to the Prohibitions to the Prohibition of Circumvention*, Congressional Research Service (2008).

（39）Chamberlain Group, Inc. v. Skylink Technologies, Inc., 381 F.3d 1178 (Fed. Cir. 2004), Lexmark International, Inc. v. Static Control Components, Inc., 387 F.3d 522 (6th Cir. 2004).

（40）Storage Tech. Corp. v. Custom Hardware Eng'g & Consulting, Inc., 421 F.3d 1307 (Fed. Cir. 2005).

（41）Chamberlain, 381 F.3d 1178.

（42）MDY Industries, LLC v. Blizzard Entertainment, Inc., 629 F.3d 928 (9th Cir. 2010).

（43）17 U.S.C. § 1201(a)(1)(C).

（44）Exemption to Prohibition on Circumvention of Copyright Protection Systems for Access Control Technologies, 80 Fed. Reg. 208, 65954 (Oct. 28, 2015).

（45）Exemption to Prohibition on Circumvention of Copyright Protection Systems for Access Control Technologies, 83 Fed. Reg. 208, 54023 (Oct. 26, 2018).

（46）二〇一八年、当局はそれぞれの免除案を新たに更新するという従来の慣行を改め、「重要な反対」がない場合に、推定更新のプロセスを採用した。US Copyright Office, *Transcript of Informational Video on Rulemaking*, Streamlined Petitions for Renewed Exemptions (2018), www.copyright.gov/1201/1201_streamlined_renewal_transcript.pdf. この新しい合理化システムが、いつまで有効かはわからない。

（47）17 U.S.C. § 1201.

（48）Office of the United States Trade Representative, *Free Trade Agreements*, https://ustr.gov/trade-agreements/free-trade-agreements. トランプ大統領の下、アメリカが何の関係もない理由で協定からとつぜん離脱する以前は、同様の条項がＴＰＰ協定に組み込まれていた。

（49）Council Directive 2001/29 on the Harmonization of Certain Aspects of Copyrights and Related Rights in the Information Society, art. 6. 当時、ソフトウェア指令は、コンピュータプログラムを保護する技術的デバイスの迂回を容易にするツールの流通と所持をすでに禁止していた。Directive 91/250. 類似の迂回防止策と、それが修理に及ぼす影響について詳細な分析は以下を参照。Anthony D. Rosborough, *Unscrewing the Future: The Right to Repair and the*

*Circumvention of Software TPMs in the EU*, 11 *Journal of Intellectual Property, Information Technology and Electronic Commerce Law* 26 (2020).

(50) Thiru Balasubramaniam, *2020: USTR Takes Aim at South Africa over Copyright Limitations and Exceptions*, Knowledge Ecology International (Apr. 22, 2020), www.keionline.org /32804.

(51) Diamond v. Diehr, 450 U.S. 175, 185 (1981).(「自然法則、自然現象、抽象的な概念は、このような特許保護から除外される」)

(52) 35 U.S.C. § 102.

(53) *Id*. § 103.

(54) *Id*. § 101; Brenner v. Manson, 383 U.S. 519 (1966).

(55) European Patent Convention, arts. 54-57.

(56) *Id*. art. 63; 35 U.S.C. § 153.

(57) 35 U.S.C. § 271(a).

(58) Bowman v. Monsanto, 569 U.S. 278 (2013).(「そして、その物品の「[特許権者の]独占権を消尽させること」によって、販売は購入者またはその後の所有者に、物品を自分の好きなように「使用(または)販売する権利」を与える」)

(59) Bloomer v. McQuewan, 55 U.S. (14 How.) 539 (1852).

(60) Adams v. Burke, 84 U.S. 453, 455 (1873).

(61) Impression Prods. v. Lexmark Int'l, 137 S. Ct. 1523 (2017).

(62) Bowman, 569 U.S. 278.

(63) 50 U.S. (9 How.) 109 (1850).

(64) 365 U.S. 336 (1961).

(65) Goodyear Shoe Mach. Co. v. Jackson, 112 F. 146, 150 (1st Cir. 1901).

(66) Sage Prods., Inc. v. Devon Indus., Inc., 45 F.3d 1575, 1578 (Fed. Cir. 1995).

(67) Dana Corp. v. American Precision Co.,827 F.2d 755(Fed. Cir. 1987).

(68) Wilbur-Ellis Co. v. Kuther, 377 U.S. 422 (1964).

(69) Jazz Photo Corp. v. Int'l Trade Comm'n, 264 F.3d 1094, 1098 (Fed. Cir. 2001).

（70）Mark D. Janis, *A Tale of the Apocryphal Axe: Repair, Reconstruction and the Implied License in Intellectual Property Law*, 58 Maryland Law Review 423, 425 (1999); 次を参照。Aktiebolag v. E.J. Co., 121 F.3d 669, 673 (Fed. Cir. 1997).

（71）Good year Shoe Mach. Co. v. Jackson, 12F.146,150(1stCir. 1901).

（72）Dunlop Pneumatic Tyre Co. v. Holborn Tyre [1901] F.P.D. & T.M. 222; 次を参照。FMC Corp. v. Up-Right, Inc., 21 F.3d 1703. (Fed. Cir. 1994).

（73）Plutarch, *Theseus* 23.1.

（74）Janis, *supra* note 70.

（75）*Id.*

（76）Supreme Court of Japan, Nov. 8, 2007, Canon Ink Tank, 39 IIC 39 (2008).

（77）*Id.*; Mineko Mohri, *Repair and Recycle as Direct Patent Infringement?*, *in* Spares, Repairs and Intellectual Property Rights (Christopher Heath & Anselm Kamperman Sanders, eds., 2009).

（78）XZR97/11-PalettenbehälterII;XZR55/16-Trommeleinheit.（当事者が部品の交換について明確な期待を持たず、その部品が特許デバイスの発明に貢献していない場合、交換は侵害ではなく修理とみなされる。）

（79）Solar Thomson Engineering Co. v. Barton [1977] R.P.C. 537 (C.A.); 次を参照。Sirdar Rubber Co. Ltd. v. Wallington Weston & Co. (1907), 24 R.P.C. 539 (U.K. H.L. (Eng.)) at 543.（「ライセンスを持つ物品の寿命を延ばすことはできるかもしれないが、修理という名目で新しい製品を創造してはならない」）。

（80）Schutz (UK) Ltd. v. Werit (UK) Ltd. [2013] UKSC 16; 次を参照。Julia Powles, *Replacement of Part and Patent Infringement*, 72 *Cambridge Law Journal* 518 (2013).

（81）Calidad Pty Ltd. v. Seiko Epson Corporation [2020] HCA 41.

（82）MacLennan v. Produits Gilbert, Inc., 2008 FCA 35.

（83）Tesh W. Dagne & Gosia Piasecka, *The Right to Repair Doctrine and the Use of 3D Printing Technology in Canadian Patent Law*, 14 Canadian Journal of Law and Technology 263 (2106).

（84）*MacLennan*, 2008 FCA 35.

（85）[1998] 2 SCR 129.

（86）2004 SCC 34.

（87）たとえば以下を参照のこと。MacLennan, 2008 FCA 35; Rucker Co. v. Gavel's Vulcanizing Ltd. [1985] F.C.J. No. 1031

(Fed. T.D.).

(88) Jay Peters, *Volunteers Produce 3D-Printed Valves for Life-Saving Coronavirus Treatments*, Verge (May 17, 2020), www.theverge.com/2020/3/17/21184308/coronavirus-italy-medical-3d-print-valves-treatments.

(89) 次を参照のこと。Aro, 365 U.S. at 336-7.(「組み合わせ特許要素のひとつを構成する、それ自体が個別に特許を取得していない要素には、特許独占の権利はなく……」);*Jazz Photo*, 264 F.3d at 1107（「再製造のプロセスは、元のコンポーネントを再利用するだけであるため、個別に特許を取得した部品を交換するという問題は発生しない」と述べている。）

(90) Act of Aug. 29, 1842, ch. 263, § 3, 5 Stat. 543, 543-44.

(91) 35 U.S.C. § 171(a).

(92) *Id.* § 171(a) & (b).

(93) Sarah Burstein, *The "Article of Manufacture" in 1887*, 32 *Berkeley Technology Law Journal* 1 (2017).

(94) 35 U.S.C. § 271(a).

(95) Egyptian Goddess, Inc. v. Swisa, Inc., 543 F.3d 665, 682 (Fed. Cir. 2008).

(96) US Patent Statistics Chart Calendar Years 1963-2019, US Patent and Trademark Office, www.uspto.gov/web/offices/ac/ido/oeip/taf/us_stat.htm.

(97) *Id.*

(98) Dennis David Crouch, *A Trademark Justification for Design Patent Rights* (Univ. of Mo. Sch. of Law Legal Studies, Research Paper No. 2010-17, 2010), https://papers.ssrn.com/sol3/papers.cfm?abstract_id=1656590.

(99) Reuters, *Jury Awards Apple $539 Million in Samsung Patent Case*, New York Times (May 24, 2018), www.nytimes.com/2018/05/24/business/apple-samsung-patent-trial.html.

(100) Auto. Body Parts Ass'n v. Ford Glob. Techs., LLC, 930 F.3d 1314 (Fed. Cir. 2019).

(101) *Id.*

(102) Autocare Association, *Total U.S. Aftermarket Forecast to Decline 8.8% But Expected to Rebound in 2021*, www.autocare.org/news/latest-news/details/2020/06/05/Total-U-S-Aftermarket-Forecast-to-Decline-8-8-But-Expected-to-Rebound-in-2021-6219.

(103) Joshua D. Sarnoff, *White Paper on Protecting the Consumer Patent Law Right of Repair and the Aftermarket for Exterior Motor*

*Vehicle Repair Parts: The Parts Act, S. 812; H.R. 1879, 115th Congress* (2017), https://papers.ssrn.com/sol3/papers.cfm?abstract_id=3082289.

(104) *Id.*

(105) *Id.*

(106) 35 U.S.C. § 171.

(107) Samsung Electronics Co. v. Apple, Inc., 137 S. Ct. 429 (2016).

(108) Burstein, *supra* note 93.

(109) 35 U.S.C. §§ 101 and 171.

(110) Burstein, *supra* note 93; *Ex parte* Adams, 1898 Dec. Comm'r Pat. 115; *Ex parte* Steck, 1902 Dec. Comm'r Pat. 9.

(111) *In re* Koehring, 37 F.2d 421 (CCPA 1930).

(112) Pelouze Scale & Mfg. Co. v. Am. Cutlery Co., 102 F. 916, 918 (7th Cir. 1900); 以下も参照されたい。Gorham Co. v. White, 81 U.S. 511 (1871); Sarah Burstein, *How Design Patent Law Lost Its Shape*, 41 Cardozo Law Review 555, 594 (2019).

(113) *Ex parte* Northup, 24 USPQ 63 (Pat. Off. Bd. App. 1932).

(114) Application of Zahn, 617 F.2d 261 (C.C.P.A. 1980).

(115) *Id.*

(116) Burstein, *supra* note 112.

(117) *Id.*

(118) Sarah Burstein, *Costly Designs*, 77 Ohio State Law Journal 107, 124 (2016).（五〇〇〇ドルの見積もりに注目。）Crouch, *supra* note 98.（九〇パーセント以上が認められることに注目。）

(119) Sarah Burstein, *Is Design Patent Examination Too Lax?*, 33 Berkeley Technology Law Journal 607, 608 (2018).

(120) High Point Design LLC v. Buyer's Direct, Inc., 621 F. App'x 632, 638 (Fed. Cir. 2015).

(121) *Id.*（靴底のわずかな違いや、靴のデザインの曖昧な縁取り装飾に注目。）

(122) MRC Innovations, Inc. v. Hunter Mfg., 747 F.3d 1326, 1331 (Fed. Cir. 2014).

(123) Burstein, *supra* note 119.

(124) Christopher Buccafusco, Mark A. Lemley & Jonathan S. Masur, *Intelligent Design*, 68 Duke Law Journal 75 (2018).

(125) Best Lock Corp. v. Ilco Unican Corp., 94 F.3d 1563, 1567 (Fed. Cir. 1996).

(126) *Id.*; Ethicon Endo-Surgery, Inc. v. Covidien, Inc., 796 F.3d 1312, 1329 (Fed. Cir. 2015); たとえば次を参照のこと。Burstein, *supra* note 119.

(127) Burstein, *supra* note 119.

(128) Buccafusco, Lemley & Masur, *supra* note 124.

(129) Apple, Inc. v. Samsung Elecs. Co., 786 F.3d 983 (Fed. Cir. 2015).

(130) Richardson v. Stanley Works, Inc., 597 F.3d 1288 (Fed. Cir. 2010).

(131) Burstein, *supra* note 119.

(132) *In re* Webb, 916 F.2d 1553, 1557 (Fed. Cir. 1990).

(133) Directive 98/71/EC.

(134) 代わりに船舶や飛行機に傷をつけてしまった場合でも、それが他国で登録されたものである限り、必要な部品を製造、輸入、購入、使用する権利がある。*Id.* art. 13(2).

(135) *Id.* art. 7.

(136) Jason J. DuMont and Mark D. Janis, *Functionality in Design Protection Systems*, 19 Journal of Intellectual Property Law 261, 293 (2012).

(137) Case C-395/16, DOCERAM GmbH v. Ceram Tec GmbH, ECLI: EU:C:2017:779 (Opinion of Advocate General Saugsm-and sgaard Øe), para. 31.

(138) Jens Scho vs bo & Graeme B. Dinwoodie, *Design Protection for Products that Are "Dictated by Function,"* in The EU Design Approach: A Global Appraisal (Annette Kur, Marianne Levin & Jens Schovsbo, eds., 2018).

(139) Directive 98/71/EC, art. 7. ルールの例外として、「モジュラーシステム内で、互換性を持つ製品の、複数の組み立てか接続を可能にする目的を果たす設計」は、保護が認められている。*Id.* このいわゆる「レゴ例外」は、デンマークの玩具メーカーによる激しいロビー活動の結果、生まれたとされる。Schovsbo & Dinwoodie, *supra* note 138.

(140) Procter & Gamble Co. v. Reckitt Benckiser (UK) Ltd. [2007] EWCA Civ 936 at [27].

(141) Commission Staff Working Document Evaluation of EU Legislation on Design Protection, SWD (2020) 264 final.

(142) Directive 98/71/EC, art. 14.

(143) Council Regulation (EC) No. 6/2002, art. 110.

(144) *Id.* recital 13.

（145）たとえば次を参照。Bayerische Motoren Werke Aktiengesellschaft v. Round and Metal Ltd. [2012] EWHC 2099 (Pat) (July 27, 2012); Audi AG v. Acacia & Pneusgardia, Milan, Nov. 27, 2014; Audi, IP Court of Milan decision 2271/2015 of Feb. 19, 2015; OLG Stuttgart, 2 U 46/14, Sept. 11, 2014, GRUR 2015, 380 Tz 34; LG Hamburg, 09.18.2015 - 308 O 143/14; LG Dusseldorf, 30.04.2015 - 14c O 183/13; Porsche v. Acacia, LG Düsseldorf 14c O 304/12 28-11-2013.

（146）Joined Cases C-397/16 and C-435/16, Acacia v. Pneusgarda, Audi and Porsche, ECLI:EU:C:2017:992, para. 54.

（147）Designs Act of 2003 § 72.

（148）GM Global Technology Operations LLC v. S.S.S. Auto Parts Pty Ltd. [2019] FCA 97.

（149）Registered Designs Act 1949 § 1C(2).

（150）*Id.* §7A(5).（「複合製品を修理して、元の外観を復元する目的で使用されるコンポーネントの登録意匠の権利は、登録によって保護されている意匠を、その目的で使用しても侵害されない」）

（151）Copyright, Designs and Patents Act 1988 § 213(3).

（152）Dyson Limitedv. Qualtex(UK)Limited[2006]EWCACiv166.

（153）Bosch, *The Armature in a Circle* (Oct. 25, 2018), www.bosch.com/stories/creation-of-the-bosch-logo.

（154）次を参照。Kellogg Co. v. Nat'l Biscuit Co., 305 U.S. 111 (1938); USPTO v. Booking.com, 140 S. Ct. 2298, 2301 (2020).

（155）Whitson Gordon, *How a Brand Name Becomes Generic*, New York Times (June 24, 2019), www.nytimes.com/2019/06/24/smarter-living/how-a-brand-name-becomes-generic.html.

（156）Abercrombie & Fitch Co. v. Hunting World, Inc., 537 F.2d 4, 9 (2d Cir. 1976).

（157）Jason Kilar, *What's in a Name?*, Hulu (May 13, 2008), https://web.archive.org/web/20181031160852/http://blog.hulu.com/008/05/13/meaning-of-hulu/.

（158）*Abercrombie*, 537 F.2d at 10.

（159）Wal-Mart Stores, Inc. v. Samara Bros., 529 U.S. 205, 212 (2000). 最高裁判所によると、製品の意匠とは異なり、製品のパッケージは本質的に識別的な場合があるという。

（160）Koninklijke Philips Electronics NV v. Remington Consumer Products Ltd., 2002 E.C.R. I-05475; Joined Cases C-53-55/01, Linde AG, Judgment, 2003 E.C.R. I-3177; Joined Cases C-456- 57/01 P, Henkel KGaA v. OHIM, Judgment, 2004 E.C.R. I-5115. 次を参照。 César J Ramírez-Montes, *The Elusive Distinctiveness of Trade Dress in EU Trademark Law*, 34 *Emory International Law Review* 277 (2020).

(161) C-417/16, August Storck KG v. EUIPO, ECLI:EU:C:2017:340 (2017).
(162) TrafFix Devices, Inc. v. Marketing Displays, Inc., 532 U.S. 23 (2001).
(163) Directive (EU) 2015/2436, art. 4(1); Regulation (EU) 2017/ 1001, art. 7(1).
(164) 商標は車両のグリルの構造で構成されている。Registration No.3,453,754（フォードモーターはグリルの意匠を登録）；商標は車両のテールライトの意匠の構造で構成されている。Registration No. 3,440,628（ボルボはテールライトの意匠を登録）; Leah Chan Grinvald & Ofer Tur-Sinai, *Intellectual Property Law and the Right to Repair*, 88 *Fordham Law Review* 63 (2019).
(165) Gen. Motors Corp. v. Lanard Toys, Inc., 468 F.3d 405, 420 (6th Cir. 2006).
(166) Chrysler Corp. v. Vanzant, 44F. Supp. 2d 1062, 1071-72(C. D. Cal. 1999).
(167) Apple, Inc. v. Samsung Electronics Co., Ltd., 786 F.3d 983 (2015).
(168) 15 U.S.C. § 1114.
(169) Volkswagen werk Aktiengesellschaft v. Church, 411 F.2d 350, 351 (9th Cir. 1969).
(170) 次も参照されたい。Hypertherm, Inc. v. Precision Products, Inc., 832 F. 2d 697 (1st Cir. 1987).（「虚偽の表示や偽装がない限り、元の機器メーカー以外が、特許で保護されていない交換部品を販売しても、違法でもなければ訴訟対象にもならない」）
(171) 商標指令第一二条及び第一四条に基づいて、商標は「（1）商標は、第三者が業として次の事項を使用することを禁止する権限を所有者に与えるものではない。……種類、品質、数量、用途、価格、原産地又は商品の生産時期若しくはサービスの提供時期又はその他の特徴を指定する表示。（あるいは）用途を表示するために商標の使用が必要なもの、特に付属品又は予備部品。ただし、その使用が商工事項における誠実慣行に従っている場合に限り適用される」。Council Directive 2015/2436; Council Regulation 2017/1001.
(172) Case C-63/97, Bayerische Motorenwerke AG and another v. Deenik [1999] ETMR 339.
(173) Bayerische Motoren Weke AG v. Technosport London Ltd. [2017] EWCA Civ 779, No. A3 2016 1801.
(174) Sebastian Int'l, Inc. v. Longs Drug Stores Corp., 53 F.3d 1073, 1074 (9th Cir. 1995).（「自社の商標製品の流通を管理する」権利は、「製品の最初の販売を超えて拡大適用されない」）
(175) Zino Davidoff SA v. CVS Corp., 571 F.3d 238, 243 (2d Cir. 2009).
(176) Yvette Joy Liebesman & Benjamin Wilson, *The Mark of a Resold Good*, 20 George Mason Law Review 157 (2012).

（177）Chanel, Inc. v. RealReal, Inc., 449 F. Supp. 3d 422 (S.D.N.Y. 2020).
（178）Champion Spark Plug Co. v. Sanders, 331 U.S. 125 (1947).
（179）Nitro Leisure Prod., L.L.C. v. Acushnet Co., 341 F.3d 1356, 1357 (Fed. Cir. 2003).
（180）See Societe Des Produits Nestle, S.A. v. Casa Helvetia, Inc., 982 F.2d 633, 635 (1st Cir. 1992).
（181）Bourdeau Bros. v. Int'l Trade Comm'n, 444 F.3d 1317 (Fed. Cir. 2006). 時には、再販業者が商標権者の品質管理措置を遵守しなかった場合、裁判所が純然たる国内販売に同様の規則を適用する。次を参照されたい。Warner-Lambert Co. v. Northside Dev. Corp., 86 F.3d 3, 6 (2d Cir. 1996).（消費期限切れの咳止めドロップの販売を侵害と判断した）
（182）Bourdeau Bros., 444 F.3d at 1323–24.
（183）*Id.*
（184）Gamut Trading Co. v. U.S. Int'l Trade Comm'n, 200 F.3d 775, 781 (Fed. Cir. 1999). 裁判所は輸入キノコの訴訟においても、同様の判断を下したが、ラベルの言語に加えて、アメリカ産キノコは有機認定されていたが、日本産は認定されていなかった。Hokto Kinoko Co. v. Concord Farms, Inc., 738 F.3d 1085, 1094 (9th Cir. 2013).
（185）Davidoff & CIE, S.A. v. PLD Int'l Corp., 263 F.3d 1297, 1302 (11th Cir. 2001).
（186）Bose Corp. v. Ejaz, No. CIV.A. 11-10629-DJC, 2012 WL 4052861, at *8 (D. Mass. Sept. 13, 2012), aff'd, 732 F.3d 17 (1st Cir. 2013).
（187）最終的に裁判所は、商標権者がこれらのサービスをすべての顧客に提供できなかったため、実質的にすべての輸入品が大きく異なることを証明できないという判断を下した。SKF USA, Inc. v. Int'l Trade Comm'n, 423 F.3d 1307, 1308 (Fed. Cir. 2005); 次も参照のこと。Heraeus Kulzer LLC v. Omni Dental Supply, No. 12-11099-RGS, 2013 U.S. Dist. LEXIS 91949, at *17–18 (D. Mass. July 1, 2013).（海外製品と国内製品のカスタマーサポートと保証範囲の違いは、重要な違いだとみなされた。）
（188）Irene Calboli, Market Integration and (the Limits of) the First Sale Rule in North American and European Trademark Law, 51 Santa Clara Law Review 1241 (2011).
（189）Dupont of Canada Ltd. v. Nomad Trading Co. (1968), 55 C.P.R. 97 (Can. Que. S.C.).
（190）TM Directive (Art. 7) and the CTM Trademark Regulation (art. 13).
（191）次を参照。Joined Cases C-427, C-429, and C-436/93, Bristol-Myers Squibb v. Paranova A/S, 1996 E.C.R. 1-3457, 1-3536–45; Case C-379/97, Pharmacia & Upjohn SA v. Paranova A/S, 1999 E.C.R. 1-6927; Irene Calboli, *Market Integration*

*and (the Limits of) the First Sale Rule in North American and European Trademark Law*, 51 Santa Clara Law Review 1241 (2011).

(192) *Id*.

(193) Case C-59/08, Copad SA v. Christian Dior Couture SA; 次も参照されたい。 Irene Calboli, *Reviewing the (Shrinking) Principle of Trademark Exhaustion in the European Union (Ten Years Later)*, 16 Marquette Intellectual Property Law Review 257 (2012).

(194) Brealey v. Nomination De Antonio E Paolo Gensini SNC [2020] EWCA Civ 103.

(195) Jason Koebler, *Apple Sued an Independent iPhone Repair Shop Owner and Lost*, Vice (Apr. 13, 2018), www.vice.com/en_us/article/a3yadk/apple-sued-an-independent-iphone-repair-shop-owner-and-lost.

(196) Jason Koebler, *DHS Seizes Aftermarket iPhone Screens from Prominent Right-to-Repair Advocate*, Vice (May 11, 2018), www.vice.com/en_us/article/evk4wk/dhs-seizes-iphone-screens-jessa-jones.

(197) *Id*.; *iPhone XS and XS Max Teardown*, iFixit (Sept. 21, 2018), www.ifixit.com/Teardown/iPhone+XS+and+XS+Max+Teardown/113021.

(198) Koebler, *supra* note 196.

(199) Matthew Gault & Jason Koebler, *DHS Seized Aftermarket Apple Laptop Batteries from Independent Repair Expert Louis Rossmann*, Vice (Oct. 19, 2018), www.vice.com/en_us/article/a3ppvj/dhs-seized-aftermarket-apple-laptop-batteries-from-independent-repair-expert-louis-rossman.

(200) Huseby v. Apple, Inc., HR-2020-1142-A (sak nr. 19-141420SIV-HRET).

(201) ニューヨーク州とノースカロライナ州が採用に抵抗する最後の州だ。 Uniform Law Commission, *Trade Secrets Act*, www.uniformlaws.org/committees/community-home?communitykey=3a2533fb-e030-4e2d-a9e2-90373dc05792&tab=groupdetails.

(202) 18 U.S.C. § 1836, et seq.

(203) Directive (EU) 2016/943.

(204) *Id*.; 18 U.S.C. § 1839; Uniform Trade Secrets Act § 1.

(205) *Id*.

(206) 東芝は、修理マニュアルは、厳格な機密保持契約に基づいて権限を与えられた当事者のみが入手可能だと主張する。ジョン・ライアンからティム・ヒックスに宛てた手紙を参照されたい。(July 31, 2012), www.wired.com/wp-

content/uploads/blogs/ opinion/wp-content/uploads/2012/11/toshiba_timhicks_ta kedownletter.jpeg.

(207) Koebler, *supra* note 196.

(208) 次を参照。 Leah Chan Grinvald & Ofer Tur-Sinai, *Smart Cars, Telematics and Repair*, 54 *University of Michigan Journal of Law Reform* (2021).

(209) Kewanee Oil Co. v. Bicron Corp., 416 U.S. 470 (1974)(「独自の発明、偶発的な開示、いわゆるリバースエンジニアリングなど、公正で誠実な方法による発見」)

(210) 以下を参照されたい。 Chicago Lock Co. v. Fanberg, 676F.2d400(9thCir.1981).

(211) Uniform Trade Secrets Act § 1.

(212) DVD Copy Control Assn., Inc. v. Bunner, 116 Cal. App. 4th 241, 251, 10 Cal. Rptr. 3d 185, 193 (2004).

(213) Religious Technology Center. v. Lerma, 897 F. Supp. 260, 266 (E.D. Va. 1995).

(214) Deepa Varadarajan, *Trade Secret Fair Use*, 83 Fordham Law Review 1401 (2014); Deepa Varadarajan, *The Uses of IP Misuse*, 68 *Emory Law Journal* 739 (2019).

(215) Annemarie Bridy, *Trade Secret Prices and High-TechDevices:How Medical Device Manufacturers Are Seeking to Sustain Profits by Propertizing Prices*, 17 Texas Intellectual Property Law Journal 187 (2009); David S. Levine, *Secrecy and Unaccountability: Trade Secrets in Our Public Infrastructure*, 59 Florida Law Review 135 (2007); Mary L. Lyndon, *Secrecy and Access in an Innovation Intensive Economy: Reordering Information Privileges in Environmental, Health, and Safety Law*, 78 University of Colorado Law Review 465 (2007).

(216) 18 U.S.C. § 1833(b)(1)(A).

(217) Restatement (Third) of Unfair Competition §40 cmt. c(1995).

(218) Directive (EU) 2016/943.

(219) Pamela Samuelson, *First Amendment Defenses in Trade Secrecy Cases, in* The Law and Theory of Trade Secrecy (Rochelle C. Dreyfuss & Katherine J. Strandburg, eds., 2010).

(220) CBS, Inc. v. Davis, 510 U.S. 1315, 1318 (1994).

(221) Ford Motor Co. v. Lane, 67 F.Supp. 2d 745(E.D.Mich. 1999).

(222) O'Grady v. Superior Court, 139 Cal. App. 4th 1423, 1475 (6th Dist. 2006).

(223) Grinvald & Tur-Sinai, *supra* note 164.

(224) 参照されたい。26 U.S.C. § 6033; Guidance under Section 6033 Regarding the Reporting Requirements of Exempt Organizations, 85 Federal Register 31959 (May 28, 2020).
(225) Nutrition Labeling and Education Act of 1990 (Public Law 101-535).
(226) US Constitution, art. 1, § 8, cl. 8.
(227) 35 U.S.C. § 287(c).
(228) US Patent No.9,547,842 (issued Jan. 17, 2017).
(229) US Patent No.10,385,360 (issued Aug. 20, 2019).
(230) Ben Beaumont-Thomas, *Waxahatchee: Saint Cloud Review – The Best Album of the Year So Far*, The Guardian (Mar. 27, 2020), www.theguardian.com/music/2020/mar/27/waxa hatchee-saint-cloud-review.
(231) Herbert J. Hovenkamp, *Schumpeterian Competition and Antitrust*, 4 Competition Policy International 1 (2008).
(232) Grinvald & Tur-Sinai, *supra* note 164.
(233) Kewanee Oil Co. v. Bicron Corp., 416 U.S. 470, 480 (1974).
(234) Twentieth Century Music Corp. v. Aiken, 422 U.S. 151, 156 (1975).
(235) Margaret Chon, *Postmodern "Progress": Reconsidering the Copyright and Patent Power*, 43 DePaul Law Review 97 (1993).

## 第6章　修理と競争

(1) Majority Staff of Subcommittee on Antitrust, Commercial & Administrative Law, House Committee on the Judiciary 116th Congress, Investigation of Competition in Digital Markets, 337 (2020).（「委員会は情報を求め、アップル製品の再販と修理市場における競争と行為を調査し続けている」と述べた。）
(2) Letter from US House of Representatives, Committee on the Judiciary to Tim Cook (Sept. 13, 2019).
(3) *Apple Korea, Under Antitrust Probe, Proposes $84 Millionto Support Small Businesses*, Reuters (Aug. 23, 2020), www.reuters.com/article/us-apple-southkorea-antitrust/apple-korea-under-antitrust-probe-proposes-84-million-to-support-small-businesses-idUSKBN25K09X.
(4) European Commission, *Antitrust: Statement on Apple's iPhone Policy Changes* (Sept. 25, 2010), https://ec.europa.eu/commission/presscorner/detail/en/IP_10_1175.
(5) Lina Khan, *The Ideological Roots of America's Market Power Problem*, 127 Yale Law Journal Forum 960 (2018).

（6）Northern Pacific R. Co. v. United States, 356 U.S. 1, 4 (1958).

（7）15 U.S.C. § 1.

（8）United States v. Grinnell Corp., 384 U.S. 563, 57071 (1966).

（9）Standard Oil Co. of New Jersey v. United States, 221 U.S. 1 (1911).

（10）Richard M. Steuer, *Exclusive Dealing in Distribution*, 69 Cornell Law Review 101, 104 (1983).

（11）15 U.S.C. § 18.

（12）*Id.* § 14.

（13）*Id.* § 13.

（14）221 U.S. 1.

（15）次を参照のこと。United States v. American Tel. and Tel. Co., 552 F. Supp. 131 (D.D.C. 1983).

（16）United States v. Microsoft Corp., 97 F. Supp. 2d 59 (D.D.C. 2000).

（17）United States v. Microsoft Corp., 253F. 3d 34(D.C.Cir.2001).

（18）Complaint, United States v. Google LLC, Case 1:20-cv-03010 (D.D.C. Oct. 20, 2020); Federal Trade Commission v. Facebook, Inc., Case No.: 1:20-cv-03590 (D.D.C. Jan. 13, 2021).

（19）IBM Corp. v. United States, 298 U.S. 131 (1936).

（20）International Salt Co. v. United States, 332 U.S. 392 (1947).

（21）United States v. IBM Corp., 1956 Trade Cas. (CCH) P68,245 (S.D.N.Y. 1956). 同意判決は約四〇年後にようやく廃止になった。United States v. IBM Corp., 163 F.3d 737 (2d Cir. 1998).

（22）次を参照されたい。Joseph P. Bauer, *Antitrust Implications of Aftermarkets*, 45 Antitrust Bulletin 31 (2007).

（23）*Id.*

（24）Eastman Kodak Co. v. Image Technical Services, Inc., 504 U.S. 451 (1992); 次も参照されたい。Daniel Cadia, *Fix Me: Copyright, Antitrust, and the Restriction on Independent Repairs*, 52 U.C. Davis Law Review 1701 (2019).

（25）Joseph Farrell & Paul Klemperer, *Coordination and Lock-In: Competition with Switching Costs and Network Effects*, *in* Handbook of Industrial Organization (Mark Armstrong & Robert H. Porter, eds., 2007).

（26）次を参照のこと。Severin Borenstein, Jeffrey K. MacKie-Mason & Janet Netz, *Antitrust Policy in Aftermarkets*, 63 Antitrust Law Journal 455, 459 (1995).

(27) フリーライディング（ただ乗り）は、侮蔑語として使われるケースが多いことに注意が必要だ。だが、ただ乗りには本質的に有害、不道徳、違法なことはない。実際、それは競争経済の中心にある。以下を参照。Mark Lemley, Property, Intellectual *Property, and Free Riding*, 83 Texas Law Review 1031 (2005).
(28) Image Technical Services, Inc. v. Eastman Kodak, 125 F.3d 1195 (9th Cir. 1997).
(29) United States v. Westinghouse Electric Corp., 648 F.2d 642, 646 (9th Cir. 1981).
(30) *In re* Independent Service Organizations Antitrust Litigation, 203 F.3d 1322 (Fed. Cir. 2000); 次も参照されたい。Schor v. Abbott Labs., 457 F.3d 608, 613 (7th Cir. 2006).（コダックの判決は「規律のない独占レバレッジの原則」を採用したものだと説明している）
(31) 203 F.3d at 1326.
(32) 以下を参照。Service & Training, Inc. v. Data General Corp., 963 F.2d 680, 686 (4th Cir. 1992); Data General Corp. v. Grumman Systems Support Corp., 36 F.3d 1147 (1st Cir. 1994).
(33) F.T.C. v. Actavis, Inc., 570 U.S. 136 (2013).
(34) 次を参照のこと。Daniel Hanley, Claire Kelloway & Sandeep Vaheesan, *Fixing America: Breaking Manufacturers' Aftermarket Monopoly and Restoring Consumers' Right to Repair*, Open Markets Institute Report (2020).
(35) Northern Pacific R. Co. v. United States, 356 U.S. 1, 5-6 (1958).
(36) Jefferson Parish Hosp. Dist. No. 2 v. Hyde, 466 U.S. 2, 12 (1984).
(37) *Id.* 最高裁判所はこれを、抱き合わせ販売に対する修正された当然違法の原則とみなしているが、一部の下級裁判所は、抱き合わせ訴訟において、より寛容な合理の原則のフレームワークを適用している。
(38) Illinois Tool Works , Inc. v. IndependentInk, Inc., 547 U.S. 28 (2006).
(39) Brokerage Concepts, Inc. v. U.S. Healthcare, Inc., 140 R3d 494, 517 (3d Cir. 1998); Suture Express, Inc. v. Owens & Minor Distribution, Inc., 851 F.3d 1029, 1042 (10th Cir. 2017).
(40) Bauer, *supra* note 22.
(41) 356 U.S. at 11.
(42) Luther Ray Abel, *A Computer-Repair Expert Takes on Big Tech*, National Review (July 1, 2020), www.nationalreview.com/2020/07/a-computer-repair-expert-takes-on-big-tech. ルイス・ロスマンが述べたように、「最新の MacBook には、どこに行っても入手できない特別な充電チップがひとつある……。（アップルが）インターシルに「当社以外には

販売しないでくれ」と言ったため、いま私がしなければならないのは、iPhone XR用の一二〇ドルのワイヤレス充電機器と拡張機能を備えたバッテリーケースを購入して、そこからチップを取り出して、MacBookに装着することだ」。

（43）Cadia, *supra* note 24.

（44）Craig Lloyd, *Apple Is Locking iPhone Batteries to Discourage Repair*, iFixit (Aug. 7, 2019), www.ifixit.com/News/32343/apple-is-locking-batteries-to-iphones-now.

（45）United States v. Colgate & Co., 250 U.S. 300 (1919).

（46）Aspen Skiing Co. v. Aspen Highlands Skiing Corp., 472 U.S. 585 (1985).

（47）Verizon Communications, Inc. v. Law Offices of Curtis V. Trinko, LLP, 540 U.S. 398, 407 (2003).

（48）Bacchus Indus., Inc. v. Arvin Indus., Inc., 939 F.2d 887, 894 (10th Cir. 1991); Phillip E. Areeda & Herbert Hovenkamp, Antitrust Law, ¶ 801, at 382 (2008); William M. Landes & Richard A. Posner, *Market Power in Antitrust Cases*, 94 Harvard *Law Review* 937, 937 (1981)（独占力を「高度な市場支配力」定義している）

（49）472 U.S. 585.

（50）540 U.S. at 409.

（51）短期的な利益を犠牲にすることは、その行為が略奪的だと証明するために必要でもなければ充分でもない。Viamedia, Inc. v. Comcast Corp., 951 F.3d 429, 462 (7th Cir. 2020); Novell, Inc. v. Microsoft Corp., 731 F.3d 1064, 1075 (10th Cir. 2013).

（52）Elizabeth Chamberlain, *How Nikon Is Killing Camera Repair*, iFixit (Feb. 14, 2012), www.ifixit.com/News/1349/how-nikon -is-killing-camera-repair.

（53）Kevin Purdy, *Nikon Is Killing Its Authorized Repair Program*, iFixit (Dec. 9, 2019), www.ifixit.com/News/34241/nikon-is-killing-its-authorized-repair-program.

（54）125 F.3d 1195.

（55）203 F.3d 1322.

（56）次を参照されたい。Joseph P. Bauer, *Refusals to Deal with Competitors by Owners of Patents and Copyrights: Reflections on the Image Technical and Xerox Decisions, 55 DePaul Law Review* 1211 (2006).

（57）*Id.*

（58）第九巡回区控訴裁判所自体は最近、自社のテクノロジーのライセンス供与を拒絶する特許権者の正当性を認めた。Federal Trade Commission v. Qualcomm, Inc., 969 F.3d 974, 994 (9th Cir. 2020).

（59）ZF Meritor, LLC v. Eaton Corp., 696 F.3d 254, 270 (3d Cir. 2012).（「事実上の排他的取引は違法の可能性があるため、明示的な排他性の要件が不要であることは、法律上明らかだ」）

（60）裁判所は、請求の法的根拠によって多少異なる基準を適用している。たとえば、クレイトン法第三条及びシャーマン法第一条の請求には、同程度の市場閉鎖（フォアクロージャー）が必要だという意見もある。たとえば次を参照されたい。Roland Mach. Co. v. Dresser Indus., Inc., 749 F.2d 380, 393 (7th Cir. 1984). だが、別の裁判所は同意しない。シャーマン法に基づくより高い、市場閉鎖を要求している。たとえば次を参照されたい。Barr Labs. v. Abbott Labs., 978 F.2d 98, 110 (3d Cir. 1992).

（61）Interface Group, Inc. v. Mass. Port Auth.,816F.2d9,11(1stCir. 1987)

（62）たとえば以下を参照のこと。Stop & Shop Supermarket Co. v. Blue Cross & Blue Shield of R.I., 373 F.3d 57, 68 (1st Cir. 2004); Minnesota Mining & Manufacturing Co. v. Appleton Papers, Inc., 35 F. Supp. 2d 1138, 1143 (D. Minn. 1999); McWane, Inc. v. FTC, 783 F.3d 814, 837 (11th Cir. 2015).

（63）United States v. Microsoft Corp., 253 F.3d 34, 64 (D.C. Cir. 2001) (en banc).

（64）Louis Rossmann, *Written Testimony in Support of Bills SB0723 & HB1124* (Mar. 11, 2020), https://mgaleg.maryland.gov/cmte_testimony/2020/ecm/3981_03112020_103037-492.pdf.

（65）Daniel A. Hanley, *The First Thing a Biden FTC Should Tackle*, Slate (Nov. 18, 2020), https://slate.com/technology/2020/11/biden-ftc-right-repair-exclusive-contracts.html.

（66）次を参照のこと。Hanley, Kelloway & Vaheesan, *supra* note 34.

（67）Tomi Kilgore, *Amazon's Stock Surge to Boost Market Cap Past Microsoft to Be the 2nd-Most Valuable Company*, Market Watch (July 31, 2020), www.marketwatch.com/story/amazons-stock-surge-to-boost-market-cap-past-microsoft-to-be-the-2nd-most-valuable-company-2020-07-31.

（68）Koebler, *supra*, Chapter 5 note 196.

（69）Abbott Labs. v. Teva Pharm. USA, Inc., 432 F. Supp. 2d 408, 421 (D. Del 2006).（「法廷は、反競争行為に起因する損害と、革新的な競争に起因する損害とを区別しようとして、難しい課題に直面している」）

（70）*Microsoft*, 253 F.3d 34.

（71） C.R. Bard, Inc. v. M3 Sys., Inc., 157 F.3d 1340, 1382 (Fed. Cir. 1998); New York ex rel. Schneiderman v. Actavis PLC, 787 F.3d 638, 659 (2d Cir. 2015); Abbott Laboratories v. Teva Pharmaceuticals USA, 432 F. Supp. 2d 408; Intel Corp., 61 F. T.C 247 (2010).

（72） Jonathan Jacobson , Scott Sher & Edward Holman, *Predatory Innovation: An Analysis of Allied Orthopedic v. Tyco in the Context 35 of Section 2 Jurisprudence*, 23 Loyola Consumer Law Review 1 (2010); 次を参照。Allied Orthopedic Appliances, Inc. v. Tyco Health Care Grp. LP, 592 F.3d 991, 998–99 (9th Cir. 2010).（「消費者に新たな利益を提供するために製品を改良する設計変更は、関連する反競争行為がない場合、第二条に違反しない」）

（73） Kevin Purdy, *Is This the End of the Repairable iPhone?*, iFixit (Oct. 29, 2020), www.ifixit.com/News/45921/is-this-the-end-of-the-repairable-iphone.

（74） Nicholas O. Stephanopoulos & Eric M. McGhee, *Partisan Gerrymandering and the Efficiency Gap*, 82 *University of Chicago Law Review* 831 (2015).

（75） Nathaniel Friedman, *What Should the NBA Do When Nobody Can Touch the Superteams?*, GQ (May 23, 2017), www.gq.com/story/nba-superteams-2017.

（76） Jennifer Medina, Katie Benner & Kate Taylor, *Actresses, Business Leaders and Other Wealthy Parents Charged in U.S. College Entry Fraud*, New York Times (Mar. 12, 2019), www.nytimes.com/2019/03/12/us/college-admissions-cheating-scandal.html.

（77） Nicolás Rivero, *The Acquisitions that Made Google a Search Monopoly*, Quartz (Oct. 20, 2020), https://qz.com/1920334/the-acquisitions-that-built-googles-monopoly-on-search/; Casey Newton, *How Facebook's Past Acquisitions Could Haunt Its Purchase of Giphy*, Verge (May 19, 2020), www.theverge.com/interface/2020/5/19/21262451/face book-giphy-acquisition-gif-instagram-whatsapp.

（78） Michael Goldstein, *Will US Airlines Like United, American And Delta Lose Market Share after Coronavirus?*, Forbes (Apr. 16, 2020), www.forbes.com/sites/michaelgoldstein/2020/04/16/will-us-airlines-like-united-american-and-delta-lose-market-share-after-coronavirus; Ben Sisario, *Senators Ask for Antitrust Probe in Concert Ticketing*, New York Times (Aug. 28, 2019), www.nytimes.com/2019/08/28/arts/live-nation-tickets-regulation.html; Daisuke Wakabayashi, *Google Dominates Thanks to an Unrivaled View of the Web*, New York Times (Dec. 14, 2020), www.nytimes.com/2020/12/14/technology/how-google-domi nates.html; Open Markets Institute, *Washer & Dryer Manufacturing*, America's Concentration Crisis, https://concen trationcrisis.openmarketsinstitute.org/industry/washer-dryer-manufacturing/.

(79) 簡潔な処理については以下を参照されたい。Tim Wu, The Curse of Bigness: Antitrust in the New Gilded Age (2018).
(80) *Id.*
(81) Robert H. Bork, The Antitrust Paradox (1978).
(82) Khan, *supra* note 5.
(83) 以下を参照されたい。John J. Flynn, *The Reagan Administration's Antitrust Policy, "Original Intent" and the Legislative History of the Sherman Act*, 33 *Antitrust Bulletin* 259 (1988); Eleanor M. Fox, *The Modernization of Antitrust: A New Equilibrium*, 66 *Cornell Law Review* 1140 (1981); Robert H. Lande, *Wealth Transfers as the Original and Primary Concern of Antitrust: The Efficiency Interpretation Challenged*, 34 *Hastings Law Journal* 65 (1982).
(84) Reiter v. Sonotone Corp., 442 U.S. 330, 343 (1979).(「連邦議会はシャーマン法を「消費者福祉の処方箋」として策定した」)(以下から引用。Bork's The Antitrust Paradox.)
(85) Marshall Steinbaum & Maurice E. Stucke, *The Effective Competition Standard: A New Standard for Antitrust*, 87 *University of Chicago Law Review* 595 (2020).
(86) *Trinko*, 540 U.S. 398.
(87) Khan, *supra* note 5; Steinbaum & Stucke, *supra* note 85.
(88) *Id.*
(89) Khan, *supra* note 5.
(90) Rebecca Allensworth, *Adversarial Economics in Antitrust Litigation*, 106 Northwestern University Law Review 1261, 1273 (2012).
(91) Maurice Stucke, *Does the Rule of Reason Violate the Rule of Law?*, 42 U.C. Davis Law Review 1375, 1427 (2009).
(92) Michael A. Carrier, *The Rule of Reason: An Empirical Update for the 21st Century*, 16 George Mason Law Review 827, 828–30 (2009).
(93) Steinbaum & Stucke, *supra* note 85.
(94) United States v. Microsoft Corp., 87 F. Supp. 2d 30, 35(D.D.C. 2000), affd in part, rev'd in part, 253 F. 3d 34, 118–19 (D.C. Cir. 2001).
(95) おもな例には次が含まれる：Lina M. Khan, *Amazon's Antitrust Paradox*, 126 Yale Law Journal 710 (2017); Wu, *supra* note 79; Zephyr Teachout, Break 'Em Up: Recovering Our Freedom from Big Ag, Big Tech, and Big Money (2020); John

Kwoka, Controlling Mergers and Market Power: A Program for Reviving Antitrust in America (2020).

(96) Tim Wu, *The Utah Statement: Reviving Antimonopoly Traditions for the Era of Big Tech*, Medium (Nov. 18, 2019), https://onezero.medium.com/the-utah-statement-reviving-antimonopoly-traditions-for-the-era-of-big-tech-e6be198012d7.

(97) Lina Khan, *The End of Antitrust History Revisited*, 133 Harvard Law Review 1655 (2020).

(98) Elizabeth Warren, *Reigniting Competition in the American Economy* (June 29, 2016), www.warren.senate.gov/newsroom/press-releases/senator-elizabeth-warren-delivers-remarks-on-reigniting-competition-in-the-american-economy; Investigation of Competition in Digital Markets, *supra* note 1; Ken Buck, *The Third Way*, House Judiciary Committee Subcommittee on Antitrust, Commercial, and Administrative Law (2020), https://buck.house.gov/sites/buck.house.gov/files/wysiwyg_uploaded/Buck%20Report.pdf; Robert McMillan, *Lawmakers on Both Sides Call for Antitrust Action Against Big Tech*, Wall Street Journal (Oct. 19, 2020), www.wsj.com/articles/lawmakers-on-both-sides-call-for-antitrust-action-against-big-tech-11603130044. 確かに、一部の反トラスト法改革支持者は、フェイスブックやアマゾンのような大手テクノロジー企業を熱心に標的にしたいようだが、もっと幅広い市場改革を追求することには、ほとんど関心がないようだ。たとえば次を参照されたい。Senator Hawley Statement on DOJ Antitrust Lawsuit Against Google (Oct. 20, 2020), www.hawley.senate.gov/senator-hawley-statement-doj-antitrust-lawsuit-against-google. また、反トラスト法に対する一部の取り組みは、明らかに政治的だ。David Dayen, *Is Trump's Justice Department Trying to Discredit All Antitrust?*, American Prospect (Sept. 11, 2019), https://prospect.org/justice/trump-s-justice-department-trying-discredit-antitrust/.

(99) John Kwoka, Mergers, Merger Control, and Remedies (2014).

(100) Andrew S. Oldham, *Sherman's March (In)to the Sea*, 74 Tennessee Law Review 319 (2007).

(101) 次を参照のこと。Daniel A. Crane, *Antitrust Antitextualism, 96* Notre Dame Law Review 1205, 1206 (2020); Sanjukta Paul, *Reconsidering Judicial Supremacy in Antitrust*, 131 *Yale Law Journal* (forthcoming).

(102) Treaty on the Functioning of the EuropeanUnion,art.101.

(103) Directive (EU) 2019/1.

(104) European Commission, *Antitrust: Commission Fines Google €2.42 Billion for Abusing Dominance as Search Engine by Giving Illegal Advantage to Own Comparison Shopping Service*, Press Release (June 27, 2017), https://ec.europa.eu/commission/presscorner/detail/en/IP_17_1784.

(105) European Commission, *Antitrust: Commission Fines Google €4.34 Billion for Illegal Practices Regarding Android Mobile Devices*

*to Strengthen Dominance of Google's Search Engine*, Press Release (July 18, 2018), https://ec.europa.eu/commission/presscorner/detail/en/IP_18_4581.

(106) European Commission, *Antitrust: Commission Fines Google €1.49 Billion for Abusive Practices in Online Advertising*, Press Release (Mar. 20, 2019), https://ec.europa.eu/commission/ presscorner/detail/en/IP_19_1770.

(107) Sam Schechner, Emily Glazer & Valentina Pop, *EU Deepens Antitrust Inquiry Into Facebook's Data Practices*, Wall Street Journal (Feb. 6, 2020), www.wsj.com/articles/eu-deepens- antitrust-inquiry-into-facebooks-data-practices-11580994001.

(108) European Commission, *Antitrust: Commission Opens Investigation into Possible Anti-competitive Conduct of Amazon*, Press Release (July 17, 2019), https://ec.europa.eu/commis sion/presscorner/detail/en/IP_19_4291. 明確にしておくが、競合他社の製品を模倣すること、ましてや製品のアイデアを模倣することには、本質的に問題はない。懸念されるのは、他の競合販売者がアクセスできないサードパーティ製品に関する情報に、アマゾンが独自にアクセスできることだ。

(109) Adam Satariano & Jack Nicas, *Apple's App Store Draws Antitrust Scrutiny in European Union*, New York Times (June 16, 2020), www.nytimes.com/2020/06/16/business/apple-app-store-european-union-antitrust.html. 委員会はまた、アップルペイとデバイスの近距離無線通信機能へのアクセスに関する制限についても調査中だ。*Id.*

(110) Karin Matussek, *Amazon, Apple Probed by Germany over Online Sales Curbs*, Bloomberg (Oct. 29, 2020), www.bloomberg.com/news/articles/2020-10-29/amazon-apple-probed-by-germany-over-online-sales-curbs.

(111) Anu Bradford, Adam Chilton, Katerina Linos & Alexander Weaver, *The Global Dominance of European Competition Law over American Antitrust Law*, 16 Journal of Empirical Legal Studies 731 (2019).

(112) *Id.*

(113) 次を参照のこと。Hug in Cash Registers v. Commission [1979]E.C.R.1869.

(114) Case No. V/34.330, Pelikan/Kyocera (1995); Case No. IV/E 2/ 36.431, Info-Lab/Ricoh (1999).

(115) Commission's XXVIIth Reporton Competition Policy(1997).

(116) Case COMP/C-3/39692, IBM Maintenance Services (2011); Stephen Castle, *I.B.M. Settles Antitrust Case with E.U.*, New York Times (Dec. 14, 2011), www.nytimes.com/2011/ 12/15/technology/ibm-settles-antitrust-case-with-eu.html.

(117) 203 F.3d at 1327.（「違法な抱き合わせ、特許商標庁での詐欺、または虚偽の訴訟の兆候がない場合、特許権者は、独占禁止法に基づく責任を負わずに、特許請求された発明の製造、使用、販売から、他者を排除する法的権利を行使できる」）

（118）Case C-238/87, AB Volvo v. Erik Veng (UK) Ltd., ECLI:EU: C:1988:332; 次も参照。Case C-53/87, Consorzio italiano della componentistica di ricambio per autoveicoli and Maxicar v. Régie nationale des usines Renault, ECLI:EU:C:1988:472.

（119）CaseC-418/01,IMSHealthGmbH&Co.OHGv.NDCHealth GmbH & Co. KG, ECLI:EU:C:2004:257, para. 38; 次も参照。Joined Cases C-241-42/91 P, RTE and ITP v. Commission ('Magill') [1995] E.C.R. I-743.

（120）Robert O'Donoghue & Jorge Padilla, The Law and Economics of Article 102 TFEU (2013).

（121）Jens Schovsbo & Graeme B. Dinwoodie, *Design Protection for Products that Are "Dictated by Function,"* in The EU Design Approach: A Global Appraisal (Annette Kur, Marianne Levin & Jens Schovsbo, eds., 2018).

（122）最近のファーウェイ判決と同様に、ＩＭＳはこの点についてボルボを肯定的に引用している。Case C-170/13, Huawei Technologies Co. Ltd. v. ZTE Corp. (2015).

（123）Schovsbo & Dinwoodie, *supra* note 121.

（124）Bradford, Chilton, Linos & Weaver, *supra* note 111.

（125）次を参照のこと。Aaron S. Edlin, *Stopping Above-Cost Predatory Pricing*, 111 Yale Law Journal 941, 991 (2002).（以下から引用。Joseph R. Conlin, The Morrow Book of Quotations in American History 48 (1984)）. だが、次を参照のこと。Peter S. Campbell, *Democracy v. Concentrated Wealth: In Search of a Louis D. Brandeis Quote*, 16 Green Bag 2d 251, 256 (2013).（詳細な調査の結果、「ブランダイスがこのままの言葉を使ったという明確な証拠はないが、同様の感情は頻繁に表明している。それがブランダイスの引用ではないとしても、少なくともいかにもブランダイスらしい言葉である」。）

## 第７章　修理と消費者保護

（１）15 U.S.C. §§ 41 et seq.

（２）15 U.S.C. § 1692.

（３）たとえば次を参照されたい。Directive (EU) 2011/83/; Directive (EU) 2019/2161; Directive (EU) 2019/770; Directive (EU) 2019/771.

（４）Aaron Perzanowski, *Consumer Perceptions of the Right to Repair*, 96 Indiana Law Journal 361 (2021).

（５）これらのデバイスが選ばれた理由はいくつかある。第一に、一〇〇ドル未満から数千ドルまでの広範な価格帯を反映している。第二に、あちこちで使われているものもあれば、比較的珍しいものもある。第三に、どれもある程度、消費者にとっては修理が困難だからだ。

（6）残りの二四パーセントは、どちらでもない、明らかではない、または回答がない。肯定的な回答は、メーカーのほうが、より優れた専門知識・技術を有しており、質の高い修理が確実だという信頼を表す傾向があった。保証保護を維持するためには、修理を制限する必要があるという誤った考えを表明する人もいた。

（7）European Commission, *Behavioural Study on Consumers' Engagement in the Circular Economy* (Oct. 2018), https://ec.europa.eu/info/sites/default/files/ec_circular_economy_final_report_0.pdf.

（8）耐久性に関する情報が強い影響を及ぼすということは、それがより記憶に残る方法で提示されたことを示唆しているのかもしれない。調査者が注目したのは、回答者の七一パーセントが、耐久性についての主張を正確に覚えていた一方、修理可能性の情報については四二パーセントにとどまったことだ。*Id.*

（9）支払い意欲の測定では、選択モデリングを使用した。製品の価格、修理可能性、耐久性を変えることで、統計分析によって、耐久性と修理に対する価格プレミアムが明らかになった。*Id.*

（10）15 U.S.C. § 45.

（11）次を参照のこと。Chris Jay Hoofnagle, Federal Trade Commission Privacy Law and Policy (2016).

（12）Federal Trade Commission, *Nixing the Fix: A Workshop on Repair Restrictions*, www.ftc.gov/news-events/events-calendar/nixing-fix-workshop-repair-restrictions.

（13）次を参照のこと。Federal Trade Commission, FTC Policy Statement on Unfairness, Opinion Letter (Dec. 17, 1980).

（14）次を参照のこと。US Food & Drug Administration, *FDA Report on the Quality, Safety, and Effectiveness of Servicing of Medical Devices* (2018), www.fda.gov/media/113431/download.

（15）次を参照のこと。Chris Jay Hoofnagle, Aniket Kesari & Aaron Perzanowski, *The Tethered Economy*, 87 *George Washington Law Review* 783 (2019).

（16）Federal Trade Commission, FTC Policy Statement on Deception, Opinion Letter (Oct. 14, 1983).

（17）次を参照のこと。Aaron Perzanowski & Chris Jay Hoofnagle, *What We Buy When We Buy Now*, 165 *University of Pennsylvania Law Review* 315, 343 (2017).

（18）*Groupe SEB's Commitment to Repairability*, www.groupeseb.com/en/node/442.

（19）たとえば次を参照のこと。Market Development Corp., 95 F.T.C. 100, 212 (1980).（休暇証明書の使用に課される追

加料金と条件を開示しない。）；Peacock Buick, Inc., 86 F.T.C. 1532, 1557-58 (1975).（手数料とサービス料金を開示しない。） aff'd, 553 F.2d 97 (4th Cir. 1977).

（20）Patricia P. Bailey & Michael Pertschuk, *The Law of Deception: The Past as Prologue*, 33 American University Law Review 849, 879-80 (1984).

（21）次を参照のこと。Novartis Consumer Health, Inc. v. Johnson & Johnson- Merck Consumer Pharmaceuticals Co., 290 F.3d 578, 594 (3d Cir. 2002).（「回答者の一五パーセントが勘違いさせられたことを示す調査証拠は……虚偽か誤解を招く広告だという主張……を立証するのに充分だと考える」）；Firestone Tire & Rubber Co. v. FTC, 481 F.2d 246, 249 (6th Cir. 1973)（広告が「購買層の一五パーセント（または一〇パーセント）を誤解させたという、連邦取引委員会の虚偽認定を認めた」。）

（22）FTC Policy Statement on Deception, *supra* note 16.

（23）Charles of the Ritz Distribs. Corp. v. FTC, 143 F.2d 676, 679 (2d Cir. 1944); 次も参照。Giant Food, Inc. v. FTC, 322 F.2d 977, 982 (D.C. Cir. 1963)（「この法律の目的は、「知識人」の保護ではない」）

（24）たとえば次を参照のこと。Carlson v. Coca-Cola Co., 483 F.2d 279, 280 (9th Cir. 1973)（「[FTCA] が与える不公正な取引慣行に対する保護は、連邦取引委員会にのみ、最初の是正権限を授ける」）。連邦商標法であるランハム法もまた、商品かサービスの「性質、特性、品質、あるいは地域的な起源を偽って伝える商業広告か販売促進において……いかなる……事実の虚偽または誤解を招く説明」を禁じている。15 U.S.C. § 1125. だが裁判所はこれまで、ランハム法は消費者に虚偽の広告について提訴する権利を認めていない、という判断を一貫して下してきた。市場シェアを奪われた競合他社は提訴できるが、虚偽の主張に騙された消費者には提訴できない。Lexmark International, Inc. v. Static Control Components, Inc., 572 U.S. 118, 132 (2014). 場合によっては、自社の製品が修理可能であると虚偽を主張する企業を、競合他社が提訴する可能性もあるかもしれない。とはいえ、その競合他社が消費者の利益を擁護するという保証はほとんどない。

（25）たとえば次を参照のこと。FTC v. Winsted Hosiery Co., 258 U.S. 483, 493 (1922).（「虚偽表示や虚偽説明が（市場に）蔓延しているという事実は……それらの使用が不公正な競争手段であることを妨げるものではない」）; Johnson Prods. Co. v. FTC, 549 F.2d 35, 41 (7th Cir. 1977); Ger-Ro-Mar, Inc. v. FTC, 518 F.2d 33, 35 (2d Cir. 1975)（「同委員会には、すべての違反者に対して同時に訴訟を起こす義務はない」）

（26）次を参照。Federal Trade Commission, *A Brief Overview of the Federal Trade Commission's Investigative and Law Enforcement*

*Authority* (2008), www.ftc.gov/about-ftc/what-we-do/enforcement-authority.

(27) National Consumer Law Center, *Unfair and Deceptive Acts and Practices*, https://library.nclc.org/udap/0101.

(28) California Business & Professional Code § 17200.

(29) *Id*. § 17500.

(30) California Civil Code § 1770.

(31) Directive 2005/29/EC.

(32) Guidance on the implementation/application of Directive 2005/29/EC on Unfair Commercial Practices, SWD/2016/0163 final.

(33) Directive 2005/29/EC, art. 6.

(34) *Id*.

(35) *Id*. art. 7.

(36) *Id*.

(37) Guidance, *supra* note 32.

(38) *Id*.

(39) Directive 2005/29/EC, Annex I.

(40) Henry Gabriel, *The Revision of the Uniform CommercialCode-How Successful Has It Been?*, 52 Hastings Law Journal 653 (2001).

(41) Uniform Commercial Code § 2-312.

(42) *Id*.§2-314. 商品が特定の目的に適していることを売り手が知っており、買い手が売り手の専門知識を頼りに商品を選択する時、そこには、商品がその特定の目的に適合するという黙示的な保証が存在する。*Id*. § 2-315.

(43) California Civil Code § 1790 et seq.

(44) これらの規定は、明示的な保証がついている製品にのみ適用される。*Id*. § 1793.2. 他の法域でも、修理の可用性を直接規制している。たとえばニュージーランドの消費者保証法は次のように規定している。「商品の供給後に、商品の修理と部品の供給のための施設が、合理的な期間にわたって、合理的に利用可能であることを保証するために、メーカーが合理的な措置を講じることを保証する」。Consumer Guarantees Act 1993 § 12. 次も参照されたい。Christian Twigg-Flesner, *The Law on Guarantees and Repair Work, in* Longer Lasting Products (Tim Cooper, ed., 2010).

（45）California Civil Code § 1793.03.
（46）*Id.* 価格に関係なく、デバイスメーカーは、自社で、またはサードパーティのプロバイダとの契約に基づいて、カリフォルニア州にサービス・修理施設を維持することが義務づけられる。*Id.* § 1793.2.
（47）カリフォルニア州が独立国家であれば、地球上で第五位の経済大国になる。*California Is Now the World's Fifth-Largest Economy, Surpassing United Kingdom*, Los Angeles Times (May 4, 2018), www.latimes.com/business/la-fi-california-economy-gdp-20180504-story.html.
（48）Bahr v. Canon U.S.A., Inc., 656 F. App'x 276, 277 (9th Cir. 2016).
（49）California Civil Code § 1793.2.
（50）*Id.* § 1793.03. この法律は、「独立した修理かサービス施設」及び「独立したサービスディーラー」を、メーカーまたは販売業者の従業員や子会社ではなく、「消費材のサービス・修理業務に従事する個人、パートナーシップ、法人、団体、あるいはその他の法人」と定義している。*Id.* § 1791; 次を参照のこと。Bronson v. Samsung Elecs. Am., Inc., No. 3:18-CV-02300-WHA, 2019 WL 2299754 (N.D. Cal. May 30, 2019).
（51）Directive (EU) 2019/771, art. 7.
（52）*Id.* art. 10.
（53）Norwegian Consumer Sales Act, nr. 34, § 27 (2002). 次も参照のこと。Eléonore Maitre-Ekern & Carl Dalhammar, *A Scandinavian Perspective on the Role of Consumers in the Circular Economy, in* Consumer Protection in a Circular Economy (Bert Keirsbilck & Evelyne Terryn, eds., 2019).
（54）Sale of Goods and Supply of Services Act (1980).
（55）Directive (EU) 2019/771, art. 10.
（56）*Id.* art 13.
（57）Stefan Wrbka & Larry A. DiMatteo, *Comparative Warranty Law: Case of Planned Obsolescence*, 21 *University of Pennsylvania* Journal of Business Law 907 (2019).
（58）Uniform Commercial Code § 2-313.
（59）15 U.S.C. § 2302.
（60）この条項は、一〇ドル以上の製品に適用される。*Id.* § 2303.
（61）*Id.* § 2304.

(62) *Id.* § 2302. 連邦取引委員会は、保証条件の開示、販売前の利用可能性、及び非公式の紛争解決手続の利用に関する規則を公表した。次を参照されたい。16 C.F.R. Parts 701-3.
(63) Directive (EU) 2019/771, art. 17.
(64) *Id.*
(65) 15 U.S.C. § 2302(c).
(66) Prohibited Tying, 16 C.F.R. § 700.10 (2015).
(67) Nathan Proctor & David Peters, Warranties in the Void (2018).
(68) Matthew Gault, *FTC Gives Sony, Microsoft, and Nintendo 30 Days to Get Rid of Illegal Warranty-Void-If-Removed Stickers*, Vice (May 1, 2018), www.vice.com/en_us/article/xw7b3z/warranty-void-if-removed-stickers-sony-microsoft-nintendo-ftc-letters.
(69) Proctor & Peters, *supra* note 67.
(70) Mike Cherney, *Apple Fined as Customers Win a Right-to-Repair Fight*, Wall Street Journal (June 19, 2018), www.wsj.com/articles/apple-fined-as-customers-win-a-right-to-repair-fight-1529399713.
(71) 次も参照のこと。Evelyne Terryn, *A Right to Repair? Towards Sustainable Remedies in Consumer Law*, in Consumer Protection in a Circular Economy (Bert Keirsbilck & Evelyne Terryn, eds., 2019).
(72) *Id.*
(73) Larry A. DiMatteo & Stefan Wrbka, *Planned Obsolescence and Consumer Protection: The Unregulated Extended Warranty and Service Contract Industry*, 28 Cornell Journal of Law & Public Policy 483 (2019).
(74) *Id.*
(75) 15 U.S.C. § 2301.
(76) *Id.* § 2306.
(77) DiMatteo & Wrbka, *supra* note 73.
(78) *Id.*
(79) Directive (EU) 2019/771, art. 2.
(80) DiMatteo & Wrbka, *supra* note 73.
(81) Tatum v. Chrysler Grp. LLC., 2011 WL 1253847 (D.N.J. Mar. 28, 2011).

(82) Proposition de résolution en vue de lutter contre l'obsolescence programmée des produits liés á l'énergie, 5-1251/1, Senat de Belgique (2011); Regierungsentwurf, Deutscher Bundestag: Drucksachen [BT] 17/13917; Disposizioni per il contrasto dell'obsolescenza programmata dei beni di consumo, Open Parlamento (2015).
(83) Code de la Consommation L441-2.
(84) *Id*. L454-6.
(85) Patrick Nelson, *France Goes after Companies for Deliberately Shortening Life of Hardware*, Network World (Jan. 5, 2018), www.networkworld.com/article/3245765/france-goes-after-companies-for-deliberately-shortening-life-of-hardware.html.
(86) Chris Morris, *Apple Hit with $27 Million Fine for Slowing Down French iPhones*, Fortune (Feb. 7, 2020), https://fortune.com/2020/02/07/apple-iphone-slowdown-update-fine-france/.
(87) Cecilia D'Anastasio, *A Literal Child and His Mom Sue Nintendo over "Joy-Con Drift,"* Wired (Oct. 5, 2020), www.wired.com/story/nintendo-joy-con-lawsuit.

## 第8章　修理を再構築する

(1) Australian Productivity Commission, *Right to Repair Issues Paper* (2020).
(2) Aaron Perzanowski, *Consumer Perceptions of the Right to Repair, 96* Indiana Law Journal 361 (2021).
(3) *Id*.
(4) *Should You Repair or Replace that Product? How to Save Money on Appliances, Electronics, and Lawn and Yard Gear*, Consumer Reports (Jan. 2014), www.consumerreports.org/cro/maga zine/2014/02/repair-or-replace/index.htm.
(5) H.R. 2735, 107th Cong. (2001).
(6) H.R. 1449, 112th Cong. § 3 (2011).
(7) S. 812, 115th Cong. (2017); H.R. 1879, 115th Cong. (2017).
(8) S. 812; H.R. 1879.
(9) S. 4473, 116th Cong. (2020), H.R. 7956, 116th Cong. (2020).
(10) L441-3. この法は、安全上の懸念か修理を制限する正当な理由があるという証拠が存在する場合、規制で定められた禁止事項に対して限定的な例外を認めている。*Id*.
(11) L441-4.

(12) L454-6.

(13) L441-5.

(14) European Parliament, *Towards a More Sustainable Single Market for Business and Consumers* (2020), www.europarleuropa.eu/doceo/document/TA-9-2020-0318_EN.html.

(15) H. 4362, 187th Gen. Ct. (Mass. 2012).

(16) *Id*.

(17) *2012 – Statewide – Question 1, Mass. Election Statistics*, https://electionstats.state.ma.us/ballot_questions/view/6811. 住民発議と下院法案との違いを調整するため、二〇一三年に別の法案が可決された。H. 3757, 188th Gen. Ct. (Mass. 2013).

(18) *Memorandum of Understanding Among Kathleen S chmatz ,President & CEO, Auto. Aftermarket Indus. Ass'n, Ray Pohlman, President, Coal. for Auto Repair Equal., Mitch Bainwol, President & CEO, All. Auto. Mfrs., and Michael Stanton, President & CEO, Ass'n Glob. Automakers* (Jan. 15, 2014), www.nastf.org/files/public/OtherReference/ MOU_SIGNED_1_15_14.pdf. 法律の実質的な条項を遵守するという約束と引き換えに、自動車メーカーは修理プロバイダから、他州の類似法案への支援と資金提供を引っ込めるという約束を引き出した。*Id*. テスラが署名していないことは注目に値する。

(19) *Id*. 次も参照されたい。Adrian Ma, *Your Car Talks to the Manufacturer. Advocates Want It to Talk to You, Too*, WBUR (Aug. 6, 2019), www.wbur.org/bostonomix/2019/08/06/right-to-repair-ballot-measure.

(20) 以下を参照のこと。Leah Chan Grinvald & Ofer Tur-Sinai, *Smart Cars, Telematics and Repair*, 54 University of Michigan Journal of Law Reform (2021); Maddie Stone, *Want to Fix Your Own Tesla? Massachusetts Just Made It Easier*, Grist (Nov. 23, 2020), https://grist.org/politics/tesla-want-to-fix-your-own-massachusetts-just-made-it-easier/.

(21) Callum Borchers, *Mass. Voters Say "Yes" On Question 1, Expanding Access to Car Repair Data*, WBUR (Nov. 3, 2020), www.wbur.org/news/2020/11/03/ballot-question-1-right-to- repair-passes.

(22) Matthew Gault, *Auto Industry Has Spent $25 Million Lobbying against Right to Repair Ballot Measure*, Vice (Sept. 29, 2020), www.vice.com/en/article/z3ead3/auto-industry-has-spent-dollar25-million-lobbying-against-right-to-repair-ballot-measure; Matthew Gault, *Auto Industry TV Ads Claim Right to Repair Benefits "Sexual Predators,"* Vice (Sept. 1, 2020), www.vice.com/en/article/qj4ayw/auto-industry-tv-ads-claim-right-to-repair-benefits-sexual-predators.

(23) Kathryn Rattigan, *Massachusetts Ballot Question 1 Still on the Forefront as Automakers Sue to Block Its Implementation*, National Law Review (Nov. 25, 2020), www.natlawreview.com/article/massachusetts-ballot-question-1-still-forefront-automakers-

sue-to-block-its.

（24）S.B. 136, 2014 Legis. Assemb., 89th Sess. (S.D. 2014).

（25）以下の州が含まれる。カリフォルニア、デラウェア、フロリダ、ジョージア、ハワイ、イリノイ、インディアナ、マサチューセッツ、メリーランド、ミネソタ、ミズーリ、モンタナ、ネブラスカ、ノースダコタ、ネバダ、ニューハンプシャー、ニュージャージー、ニューヨーク、オクラホマ、オレゴン、ペンシルバニア、サウスカロライナ、サウスダコタ、バーモント、バージニア、ワシントン、ウェストバージニア。カリフォルニア州は、二〇一九年に修理権法案を検討する二〇番目の州になる。US PIRG (Mar. 18, 2019), https://uspirg.org/news/usp/california-becomes-20th-state-2019-consider-right-repair-bill; Kevin Purdy, Right to Repair Is Gaining Ground in 2020, iFixit (Feb. 14, 2020), www.ifixit.com/News/35606/right-to-repair-is-gaining-ground-in-2020.

（26）*We Are the Repair Industry*, Repair Association, www.repair.org/aboutus.

（27）Repair Association, *Model State Right-to-Repair Law* (Jan. 22, 2020), www.repair.org/s/2021-Model-R2R-Bill-3.docx.

（28）*Id.*

（29）*Id.*

（30）California Civil Code§1793.03(b)（卸売価格が一〇〇ドル以上か明示的保証付きの電子機器と家電を販売するメーカーに対して、「サービス・修理施設が充分なサービス資料と機能部品を入手できる」ように義務づける）。このような要件によって、デバイスメーカーのコストは間違いなく増大する。一部は消費者に間接的に転嫁されるかもしれない。この手の価格上昇がデバイスの製造と廃棄のコストを内部化する限り、喜ぶべきことだ。レガシー製品のサポートコストも、新製品の導入を遅らせる可能性がある。だが、製品のアップグレードサイクルを促すための些細で漸進的な改良の頻度を減らせば、デジタル消費主義による環境破壊を相応に削減するための、合理的なトレードオフとなるかもしれない。

（31）Kevin O'Reilly, *American Farm Bureau Reaffirms Support for Right to Repair*, US PIRG (Jan. 22, 2020), https://uspirg.org/blogs/blog/usp/american-farm-bureau-reaffirms-support-right-repair.

（32）Agam Shah, *Who Has a Right to Repair Your Farm or Medical Tools?*, ASME (Apr. 16, 2019), www.asme.org/topics-resources/content/has-right-repair-farm-medical-tools.

（33）New York Times Editorial Board, *It's Your iPhone. Why Can't You Fix It Yourself?*, New York Times (Apr. 6, 2019), www.nytimes.com/2019/04/06/opinion/sunday/right-to-repair-elizabeth-warren-antitrust.html.

(34) Napoleon Linarthatos, *Apple's Quiet War on Independent Repairmen*, American Conservative (Apr. 10, 2021), www.theamericanconservative.com/articles/david-vs-goliath-and-the-right-to-repair.

(35) Matthew Gault, *Bernie Sanders Calls for a National Right-to-Repair Law for Farmers*, Vice (May 5, 2019), www.vice.com/en_us/article/8xzqmp/bernie-sanders-calls-for-a-national- right-to-repair-law-for-farmers.

(36) Team Warren, *Leveling the Playing Field for America's Family Farmers*, Medium (Mar. 27, 2019), https://medium.com/@teamwarren/leveling-the-playing-field-for-americas-family-farmers-823d1994f067.

(37) 以下を参照。Jason Koebler, *The Right to Repair Battle Has Come to Silicon Valley*, Vice (Mar. 7, 2018), www.vice.com/en_us/article/8xdp94/right-to-repair-california-bill; Jason Koebler, *Hospitals Need to Repair Ventilators. Manufacturers Are Making That Impossible*, Vice (Mar. 18, 2020), www.vice.com/amp/en_us/article/wxekgx/hospitals-need-to-repair-ventilators-manufacturers-are-making-that-impossible; Jason Koebler, *Appliance Companies Are Lobbying to Protect Their DRM-Fueled Repair Monopolies*, Vice (Apr. 25, 2018), www.vice.com/en_us/ article/vbxk3b/appliance-companies-are-lobbying-against-right-to-repair; Jason Koebler, *Apple Is Lobbying against Your Right to Repair iPhones, New York State Records Confirm*, Vice (May 18, 2017), www.vice.com/en/article/nz85y7/apple-is-lobbying-against-your-right-to-repair-iphones-new-york- state-records-confirm; Olivia Solon, *A Right to Repair: Why Nebraska Farmers Are Taking on John Deere and Apple*, The Guardian (Mar. 6, 2017), www.theguardian.com/environment/2017/mar/06/nebraska-farmers-right-to-repair-john-deere-apple.

(38) Gault, *supra* note 35; Koebler, *Hospitals Need to Repair Ventilators*, *supra* note 37.

(39) Michael Hiltzik, *How Apple and Other Manufacturers Attack Your Right to Repair Their Products*, L.A. Times (Nov. 16, 2018), www.latimes.com/business/hiltzik/la-fi-hiltzik-right-repair-20181116-story.html.

(40) Jason Koebler, *Apple Is Telling Lawmakers People Will Hurt Themselves if They Try to Fix iPhones*, Vice (Apr. 30, 2019), www.vice.com/en_us/article/wjvdb4/apple-is-telling-law makers-people-will-hurt-themselves-if-they-try-to-fix- iphones.

(41) Koebler, *Appliance Companies, supra* note 37.

(42) Sam Metz, *Big Tech and Independent Shops Clash over "Right to Repair,"* Associated Press (Mar. 29, 2021), www.apnews.com/article/legislature-nevada-coronavirus-pandemic-laws-5ade405a7befdf16e9f0107b7e142be3.

(43) *Statement of Principles*, Securepairs, www.securepairs.org/statement-of-principles.

(44) Dennis Slater, The *"Right to Repair" Is a Complicated Issue*, Wall Street Journal (Apr. 5, 2021), www.wsj.com/articles/the-right-to-repair-is-a-complicated-issue-11617643453.

(45) Paul Roberts, *How Big Ag Weaponizes the Clean Air Act to Keep Its Repair Monopoly*, Fight to Repair (Feb. 19, 2021), https://fight torepair.substack.com/p/how-big-ag-weaponizes-the-clean-air.

(46) Kevin O'Reilly, *Deere in the Headlights*, US PIRG Education Fund (2021), https://uspirg.org/sites/pirg/files/reports/DeereInTheHeadlights/WEB_USP_Deere-in-the-Headlights_ V3.pdf.

(47) Koebler, *Hospitals Need to Repair Ventilators, supra* note 37.

(48) *Id.*

(49) US Food & Drug Administration, *FDA Report on the Quality, Safety, and Effectiveness of Servicing of Medical Devices* (2018), www.fda.gov/media/113431/download.

(50) *Id.*

(51) *Two-Thirds of Surveyed Medical Equipment Repair People Say They Have Fixed Machinery the Manufacturer Could Not*, US PIRG (Oct. 8, 2020), https://uspirg.org/news/usp/two-thirds-surveyed-medical-equipment-repair-people-say-they-have-fixed-machinery.

(52) Samantha Masunaga, *California Companies Jump in to Supply Ventilators Needed in Coronavirus Fight*, L.A. Times (Mar. 23, 2020), www.latimes.com/business/story/2020-03-23/coronavirus-california-companies-medical-supplies.

(53) Perzanowski, *supra* note 2.

(54) Michael S. Sharbaugh, Andrew D. Althouse, Floyd W. Thoma, Joon S. Lee, Vincent M. Figueredo & Suresh R. Mulukutla, *Impact of Cigarette Taxes on Smoking Prevalence from 2001–2015: A Report Using the Behavioral and Risk Factor Surveillance Survey (BRFSS)*, PLoS ONE (2018), www.ncbi.nlm.nih.gov/pmc/articles/PMC6147505/.

(55) S. Gouchoe, V. Everette & R. Haynes, *Case Studies on the Effectiveness of State Financial Incentives for Renewable Energy*, National Renewable Energy Laboratory, NREL/SR-620- 32819 (2002), www.nrel.gov/docs/fy02osti/32819.pdf.

(56) Alexander Starritt, *Sweden Is Paying People to Fix their Belongings Instead of Throwing Them Away*, World Economic Forum (Oct. 27, 2016), www.weforum.org/agenda/2016/10/sweden-is-tackling-its-throwaway-culture-with-tax-breaks-on-repairs-will-it-work.

(57) Markus Piringer & Irene Schanda, *Austria Makes Repair More Affordable*, Right to Repair (Sept. 22, 2020), https://repair.eu/news/austria-makes-repair-more-affordable/.

(58) Raphaella Stavrinou, *France Offers Bike Repair Subsidies to Boost Cycling Post-Lockdown*, New Europe (May 1, 2020), www.

new europe.eu/article/france-offers-bike-repair-subsidies-to-boost-cycling-post-lockdown.

(59) Department of Housing and Urban Development, *Home Investment Partnership Program*, https://www.hud.gov/program_offices/comm_planning/home; Department of Housing and Urban Development, *Income Limits*, https://www.hudexchange.info/programs/home/home-income-limits; Federal Transit Administration, *Job Access and Reverse Commute Program*, www.transit.dot.gov/funding/grants/grant-programs/job-access-and-reverse-commute-program-5316; Department of Consumer Affairs, *Consumer Assistance Program*, www.bar.ca.gov/Consumer/Consumer_Assistance_Program.

(60) James Ellsmoor, *United States Spend Ten Times More on Fossil Fuel Subsidies than Education*, Forbes (June 15, 2019), www.forbes.com/sites/jamesellsmoor/2019/06/15/united-states-spend-ten-times-more-on-fossil-fuel-subsidies-than-education/?sh=7e21ef974473.

(61) Dan Charles, *Farmers Got Billions from Taxpayers in 2019, and Hardly Anyone Objected*, NPR (Dec. 31, 2019), www.npr.org/sections/thesalt/2019/12/31/790261705/farmers-got-billions-from-taxpayers-in-2019-and-hardly-anyone-objected.

(62) National Telecommunications and Information Admin-istration, *NTIA Welcomes Congressional Action on DTV Delay as Opportunity for More Americans to Prepare for the End of the Digital TV Transition* (Feb. 5, 2009), www.ntia.doc.gov/press-release/2009/commerces-ntia-welcomes-congressional- action-dtv-delay-opportunity-more-americans.

(63) カナダも拡大生産者責任の側面をいくつも受け入れてきた。Government of Canada, *Overview of Extended Producer Responsibility in Canada*, www.canada.ca/en/environment-climate-change/services/managing-reducing-waste/overview-extended-producer-responsibility.html. アメリカでは、この考え方は程度の差はあれ、ひと握りの州で認められているものの、広範には浸透していない。以下を参照されたい。Emily G. Brown, *Time to Pull the Plug? Empowering Consumers to Make End-of-Life Decisions for Electronic Devices through Eco-Labels and Right to Repair*, 2020 University of Illinois Journal of Law Technology & Policy 227 (2020).

(64) Directive (EU) 2018/852; Directive 2000/53/EC; Directive 2012/19/EU.

(65) *Smartphone Repairability Scores*, iFixit, www.ifixit.com/smartphone-repairability.

(66) 15 U.S.C. § 1064. 認証機関は、このマークの排他的管理を維持し、確立された基準を満たす商品を認証しなければならない。みずから商品を販売することも控えなければならない。

(67) たとえば次を参照。Mauro Cordella, Felice Alfieri & Javier Sanfelix, *Analysis and Development of a Scoring System for Repair and Upgrade of Products*, European Commission, Joint Research Centre (2019).

(68) Ministéredela Transition Écologique, *Instructions Manualfor the Calculation of the Repairability Index of Electrical and Electronic Equipments* (2021).

(69) Adéle Chasson, *French Repairability Index: What to Expect in January?*, Right to Repair (Nov. 3, 2020), http://repair.eu/news/french-repairability-index-what-to-expect-in-january/.

(70) Aaron Perzanowski & Jason Schultz, The End of Ownership (2016).

(71) Rolls-Royce, *Rolls-Royce Celebrates 50th Anniversary of Power-by- the-Hour* (Oct. 30, 2012), www.rolls-royce.com/media/press-releases-archive/yr-2012/121030-the-hour.aspx.

(72) Ellen MacArthur Foundation, *Selling Light as a Service*, www.ellenmacarthurfoundation.org/case-studies/selling-light-as-a-service.

(73) Jordan Novet, *Amazon's Cloud Division Reports 28% Revenue Growth; AWS Head Andy Jassy to Succeed Bezos as Amazon CEO*, CNBC (Feb. 2, 2021), www.cnbc.com/2021/02/02/aws-earnings-q4-2020.html.

(74) Sapna Maheshwari, *They See It. They Like It. They Want It. They Rent It.*, New York Times (June 8, 2019), www.nytimes.com/2019/06/08/style/rent-subscription-clothing-furniture.html; Sarah Butler, *Kitchen for Rent? Ikea to Trial Leasing of Furniture*, The Guardian (Feb. 4, 2019), www.theguardian.com/business/2019/feb/04/kitchen-for-rent-ikea-to-trial-leasing-of-furniture.

(75) Bosch, *Papillon Project*, www.bosch.com/stories/papillon-project.

(76) Bert Keirsbilck & Sandra Rousseau, *The Marketing Stage: Fostering Sustainable Consumption Choices in a "Circular" and "Functional" Economy, in* Consumer Protection in a Circular Economy (Bert Keirsbilck & Evelyne Terryn, eds., 2019).

(77) Michael Corkery & Jessica Silver-Greenberg, *Miss a Payment? Good Luck Moving that Car*, New York Times (Sept. 24, 2014), https://dealbook.nytimes.com/2014/09/24/miss-a-payment-good-luck-moving-that-car/.

(78) Scott McCartney, *Rental Cars with Higher Mileage Populate Lots*, Wall Street Journal (Aug. 28, 2013), www.wsj.com/articles/SB10001424127887324463604579040870991145200.

(79) Daniela K. Rosner & Morgan Ames, *Designing for Repair? Infrastructures and Materialities of Breakdown*, Proceedings of Seventeenth ACM Conference on Computer-Supported Cooperative Work and Social Computing 319 (2014).

(80) Patagonia, *Worn Wear*, https://wornwear.patagonia.com/repairs.

(81) Nudie Jeans, *Repair Spots*, www.nudiejeans.com/repair-spots.

(82) Red Wing Shoes, *Repairs*, www.redwingshoes.com/customer-service-contact-us/repairs.html.

(83) Zippo, *Repairs: Windproof Lighter*, www.zippo.com/pages/repairs-windproof-lighter.

(84) Manuela Kasper-Claridge, *Bas van Abel: "We're Suffering from Electronic Anorexia,"* DW (Sept. 26, 2018), www.dw.com/en/bas-van-abel-were-suffering-from-electronic-anorexia/a-45649263.

(85) Jon Porter, *You Can Buy Fairphone's New Handset or Just Its Cameras as an Upgrade*, The Verge (Aug. 27, 2020), www.theverge.com/2020/8/27/21375326/fairphone-3-plus- release-date-news-features-cameras-ethical-sustainable.

(86) *Fairphone 3 Teardown*, iFixit (Sept. 11, 2019), www.ifixit.com/Teardown/Fairphone+3+Teardown/125573#.

(87) Samuel Gibbs, *Fairphone 3 Review: The Most Ethical and Repairable Phone You Can Buy*, The Guardian (Sept. 18, 2019), www.theguardian.com/technology/2019/sep/18/fairphone-3-review-ethical-phone.

(88) *Shiftphones*, www.shiftphones.com/en/.

(89) D. Cooper, *Startup Designs a Modular, Repairable Laptop*, Engadget (Feb. 25, 2021), www.engadget.com/framework-laptop-modular-repairable-swappable-right-to-repair-150022495.html.

(90) *Mac Pro 2019 Teardown, iFixit* (Dec.17,2019),www.ifixit.com/Teardown/Mac+Pro+2019+Teardown/128922.

(91) Chaim Gartenberg, *Apple's Most Expensive Mac Pro costs $53,799*, The Verge (Dec. 10, 2019), www.theverge.com/circuitbreaker/2019/12/10/21003636/apple-mac-pro-price-most-expensive-processor-ram-gpu.

(92) Kasey Hou, *Repairable Flatpack Toaster*, www.kaseyhou.com/repairable-flatpack-toaster.

(93) Kevin Purdy, *What Is Stretch Release Adhesive (andWhyDoWeLove It)?*, iFixit (Oct. 28, 2020), www.ifixit.com/News/45779/ask-ifixit-what-is-stretch-release-adhesive-and-why-do-we-love-it.

(94) Miles Park, *Print to Repair: Opportunities and Constraints of 3D Printing Replacement Parts*, Product Lifetimes and the Environment (2015), www.plateconference.org/print-repair-opportunities-constraints-3d-printing-replacement-parts; Serena Cangiano & Zoe Romano, *Ease of Repair as a Design Ideal: A Reflection on How Open Source Models Can Support Longer Lasting Ownership of, and Care for, Technology*, 19 Ephemera 441 (May 2019); Matthew Rimmer, *3D Printing, the Maker Movement, IP Litigation and Legal Reform*, WIPO Magazine (Oct. 2019), www.wipo.int/wipo_magazine/en/2019/05/article_0007.html.

(95) Yu Yanagisawa, Yiling Nan, Kou Okuro & Takuzo Aida, *Mechanically Robust, Readily Repairable Polymers Via Tailored Noncovalent Cross-Linking*, Science (Jan. 5, 2018), https://science.sciencemag.org/content/359/6371/72.full.

(96) Youngnam Kim, Ki-Ho Nam, Yong Chae Jung & Haksoo Han, *Interfacial Adhesion And Self-Healing Kinetics of Multi-*

*Stimuli Responsive Colorless Polymer Bilayers*, 203 Composites Part B: Engineering (2020).

（97）US Patent Application No. 16/774948 (Oct. 1, 2020).

（98）次を参照のこと。49 U.S.C. §§ 30101-12.

（99）Energy Policy and Conservatio Act of 1975, Pub.L.No.94- 163, 89 Stat. 871.

（100）Associated Press, *Consumer Tech U.S. Sales to Reach Record $422 Billion in 2020; Streaming Services Spending Soars, Says CTA*, Press Release (Jan. 6, 2020), https://apnews.com/press-release/pr-businesswire/712622c00b204d8c96316abeca61d41e. 卸売り価格が数セントで売られる、光るＬＥＤの付いたプラスチック製ロリポップハンドルのような一部の製品の環境外部性は、その有用性を上まわっているため、絶対に禁止されるべきだ。

（101）Directive2009/125/EC. ＥＵを離脱したにもかかわらず、英国も同じくこれらの規則を実施している。Roger Harrabin, "*Right to Repair*" *Law to Come in This Summer*, BBC (Mar. 10, 2021), www.bbc.com/news/amp/business-56340077.

（102）Annexes to the Commission Regulation Laying Down Ecodesign Requirements for Refrigerating Appliances, SEC (2019) 333 final, Oct. 1, 2019; Annexes to the Commission Regulation Laying Down Ecodesign Requirements for Electronic Displays, SEC (2019) 339 final, Oct. 1, 2019; Annexes to the Commission Regulation Laying Down Ecodesign Requirements for Household Dishwashers, SEC (2019) 348 final, Oct. 1, 2019; Annexes to the Commission Regulation Laying Down Ecodesgin Requirements for Household Washing Machines and Household Washer-Dryers, SEC (2019) 337 final, Oct. 1, 2019.

（103）Commission Regulation 2019/424, Laying Down Ecodesign Requirements for Servers and Data Storage Products, Mar. 15, 2019.

（104）European Commission, *Questions and Answers: A New Circular Economy Action Plan for a Cleaner and More Competitive Europe* (Mar. 11, 2020), https://ec.europa.eu/com mission/presscorner/detail/en/qanda_20_419; European Commission, *Designing Mobile Phones and Tablets to Be Sustainable*, https://ec.europa.eu/info/law/better-regulation/have-your-say/initiatives/12797-Designing-mobile-phones-and-tablets-to-be-sustainable-ecodesign_en.

（105）Charlie Wood & Sophia Ankel, *Europe May Force Makers of Smartphones, Tablets and Wireless Earphones to Install Easily Replaceable Batteries*, Business Insider (Feb. 27, 2020), www.businessinsider.com/europe-smartphone-tablet-wireless-earphone-makers-replaceable-batteries-proposal-2020-2.

（106）Anu Bradford, *The Brussels Effect*, 107 Northwestern University Law Review 1 (2012).

（107） Walter Isaacson, Steve Jobs (2011).

（108） Michael Braungart & William McDonough, Cradle to Cradle: Remaking the Way We Make Things (2002); Ken Webster, The Circular Economy: A Wealth of Flows (2015).

（109） Sahra Svensson-Hoglund, Jennifer D. Russell, Jessika Luth Richter & Carl Dalhammar, *A Future of Fixing: Upscaled Repair Activities Envisioned Using a Circular Economy Repair Society System Framework*, Electronics Goes Green, International Congress Proceedings, 434 (2020), https://online.electronicsgoesgreen.org/wp-content/uploads/2020/10/Proceedings_EGG2020_v2.pdf.

（110） Lisa S. McNeill, Robert P. Hamlin, Rachel H. McQueen, Lauren Degenstein, Tony C. Garrett, Linda Dunn & Sarah Wakes, *Fashion Sensitive Young Consumers and Fashion Garment Repair: Emotional Connections to Garments as a Sustainability Strategy*, 44 International Journal of Consumer Studies 361 (2020); Alex Lobos & Callie W. Babbitt, *Integrating Emotional Attachment and Sustainability in Electronic Product Design*, 4 Challenges 19 (2013).

（111） Jonathan Chapman, *Design for (Emotional) Durability*, 25 Design Issues 29 (Autumn 2009).

（112） Russell W. Belk, *Possessions and the Extended Self*, 15 Journal of Consumer Research 139 (1988).

（113） Carey K. Morewedge, Ashwani Monga, Robert W. Palmatier, Suzanne B. Shu & Deborah A. Small, *Evolution of Consumption: A Psychological Ownership Framework*, 85 *Journal of Marketing* 196 (2021).

（114） Dennisde Vries, *Fairphone Founder Basvan Abel About Turning a Bunch of Rocks into a Smartphone*, Silicon Anals (Sept. 3, 2020), https://siliconcanals.com/news/fairphone-3-plus- bas-van-abel-interview/.

（115） Keep America Beautiful, *Litter in America*, https://kab.org/wp-content/uploads/2019/11/LitterinAmerica_FactSheet_CostsofLittering.pdf.

（116） Harald Fuller-Bennett & Iris Velez, *Woody at 40*, Forest History Today 22 (Spring 2012).

（117） キープ・アメリカ・ビューティフルはアメリカの包装業界によって設立され、その資金提供を受けた。広告キャンペーンが環境意識の向上にどんな効果があったとしても、一部には責任を回避し、企業責任を最小限に抑えることが目的だった。Finis Dunaway, *The "Crying Indian" Ad that Fooled the Environmental Movement*, Chicago Tribune (Nov. 21, 2017), www.chicagotribune.com/opinion/commentary/ct-perspec-indian-crying-environment-ads-pollution-1123-20171113-story.html.

（118） Katie Nodjimbadem, *The Trashy Beginnings of "Don't Mess with Texas": A True Story of the Defining Phrase of the Lone Star State*,

Smithsonian Magazine (March 10, 2017), www.smithsonianmag.com/history/trashy-beginnings-dont-mess-texas-180962490/.

(119) *Survey: Getting Caught Throwing Trash Out Window More Embarrassing than Cheating on Taxes*, Business Wire (Mar. 29, 2012), www.businesswire.com/news/home/20120329005123/en/Survey-Getting-Caught-Throwing-Trash-Out-Window-More-Embarrassing-Than-Cheating-on-Taxes.

(120) Keep America Beautiful, *Littering Behavior in America* (2009), https://kab.org/wp-content/uploads/2019/10/NewsInfo_Research_LitteringBehaviorinAmerica_2009Report_Final.pdf.

(121) K. Michael Cummings & Robert N. Proctor, *The Changing Public Image of Smoking in the United States: 1964–2014*, 23 *Cancer Epidemiology, Biomarkers & Prevention* 32 (2014).

(122) Centers for Disease Control and Prevention, *Current Cigarette Smoking Among Adults in the United States*, www.cdc.gov/tobacco/data_statistics/fact_sheets/adult_data/cig_smoking/index.htm.

(123) Gallup, *Tobacco and Smoking*, https://news.gallup.com/poll/1717/tobacco-smoking.aspx .

(124) *Id*.

(125) Katherine Wilson, Tinkering: Australians Reinvent DIY Culture (2017). 修理の負担はおもに女性にのしかかったため、それは独特のジェンダーによる愛国心だった。Phil Goodman, *"Patriotic Femininity": Women's Morals and Men's Morale During the Second World War*, 10 Gender & History 278 (July 1998).

(126) Adam Minter, *Don't Drop Your iPhone Now: Repairing It Is a Problem*, Bloomberg Quint (Mar. 28, 2020), www.bloombergquint.com/business/apple-s-rules-make-iphone-repairs-hard-to-get-amid-coronavirus.

(127) Peter Chapman, *Mend and Make New – How the Pandemic Reignited a Repairs Revival*, Financial Times (Jan. 30, 2021), www.ft.com/content/d3c30d12-5cde-4f29-b800-1ec0151a2b9a.

(128) Shira Ovide, *The Joys of Fixing Your Own Stuff*, New York Times (May 14, 2020), www.nytimes.com/2020/05/14/technology/fixing-gadgets-diy.html.

(129) Soo Youn, *Ovens, Dishwashers and Washing Machines Are Breaking Down Like Never Before. But There's Nobody to Fix Them*, Washington Post (Oct. 22, 2020), www.washingtonpost.com/road-to-recovery/2020/10/22/appliance-repair-services-pandemic.

(130) Darrel Moore, *Gen Z Londoners Lead the Wayin Repair Culture*, Circular (Oct. 8, 2020), www.circularonline.co.uk/news/

gen-z-londoners-lead-the-way-in-repair-culture.

(131) European Commission, *Behavioural Study on Consumers' Engagement in the Circular Economy* (Oct. 2018), https://ec.europa.eu/info/sites/default/files/ec_circular_economy_final_report_0.pdf.

(132) Perzanowski, *supra* note 2.

(133) Meghan Racklin, *Instead of Hiding Rips and Tears, the Visible Mending Movement Turns Them into Art*, Vox (Mar. 25, 2019), www.vox.com/the-goods/2019/3/25/18274743/visible-mending-sashiko-mending-fast-fashion-movement.

(134) Bridget Harvey, *Repair-Making: Craft, Narratives, Activism*, PhD thesis, University of the Arts London (2019), https://bridgetharvey.co.uk/wp-content/uploads/2020/10/bridget-harvey-pHd-thesis-repair-making-2020.pdf.

(135) Steven Kurutz, *Now Is When We All Learn to Darn Our Socks Again*, New York Times (Mar. 12, 2020), www.nytimes.com/2020/03/12/style/visible-mending.html.

(136) あまり記憶に残る映画ではなかったが、二〇〇五年のアニメーション映画『ロボッツ』は、主人公であるロドニーという名前の若いロボットが、邪悪なビッグウェルド産業の計画を阻止するという筋書きだ。高額のアップグレード品を販売するため、ビッグウェルドはロボットが生き残るために必要な補修部品をロボットに提供せず、代わりに中古ロボットをすべて溶かして原材料にしていた。

(137) Leah Chan Grinvald & Ofer Tur-Sinai, *The Right to Repair: Perspectives from the United States*, 31 Australian Intellectual Property Journal 98 (2020).

(138) Grosse Pointe Public Library, *Tool Collection*, https://grossepointelibrary.org/special-collections.

(139) Berkeley Public Library, *Tool Lending Library–a Brief History*, www.berkeleypubliclibrary.org/locations/tool-lending-library/tool-lending-library-brief-history; Kevin Williams, *The First Ever Tool Library Was Started in Columbus in 1976 and It's Still a Life-Changing Service Today*, Columbus Navigator, www.columbusnavigator.com/franklin-county-tool-library.

(140) Bike Collectives Wiki, *Community Bicycle Organizations*, www.bikecollectives.org/wiki/Community_Bicycle_Organizations; Sam Bliss, *This Co-op Bike Shop Will Teach You to Fix Your Own Damn Bike (and that Matters)*, Grist (Mar. 11, 2015), https://grist.org/cities/this-co-op-bike-shop-will-teach-you- to-fix-your-own-damn-bike-and-that-matters/.

(141) Elizabeth Knight & John Wackman, Repair Revolution: How Fixers Are Transforming Our Throwaway Culture (2020).

(142) Tara Bahrampour, *Have Old Broken Stuff? These People will Fix It for You – For Free*, Washington Post (Jan. 15, 2019), www.washingtonpost.com/lifestyle/2019/01/15/dont-throw-out-that-old-clock-these-folks-want-keep-it-ticking.

(143) Platform 21, *Repair Manifesto*, www.platform21.nl/download/4375.
(144) Repair Cafe, *Visit a Repair Cafe*, www.repaircafe.org/en/visit.
(145) Knight & Wackman, *supra* note 141.
(146) PBS News Hour, *The Clinic that Brings Your Broken Toaster Back to Life* (June 19, 2017), www.pbs.org/newshour/show/clinic- brings-broken-toaster-back-life.
(147) Restart Project, *The Restart Network*, www.therestartproject.org/groups.
(148) Hugh Jeffreys, YouTube, www.youtube.com/channel/UCQDhxkSxZA6lxdeXE19aoRA; Jon Christian, *The Rogue Tesla Mechanic Resurrecting Salvaged Cars*, Vice (July 27, 2018), www.vice.com/en/article/qvm3z5/rich-rebuilds-tesla-repair-and-salvage.
(149) David Whitford, *Meet the $21 Million Company That Thinks a New iPhone Is a Total Waste of Money*, Inc. (Apr. 2017), www.inc.com/magazine/201704/david-whitford/ifixit-repair-men.html.
(150) Kyle Wiens, *Why We Fix: ADIY Manifesto*, Popular Mechanics (May 31, 2014), www.popularmechanics.com/home/how-to/a10652/why-we-fix-a-diy-manifesto-16846653.
(151) Alex Shprintsen, "*Apple Can't Help*": *How a Molecular Biologist Trained Stay-at-Home Moms to Recover Lost iPhone Photos*, CBC (Apr. 6, 2019), www.cbc.ca/news/apple-can-t-help-how-a-molecular-biologist-trained-stay-at-home-moms-to-recover-lost-iphone-photos-1.5079639.
(152) Testimony of Jessa Jones, www.mgaleg.maryland.gov/cmte_testimony/2020/ecm/3981_03112020_102826-562. pdf.
(153) Luther Ray Abel, *A Computer-Repair Expert Takes on Big Tech*, National Review (July 1, 2020), www.nationalreview.com/2020/07/a-computer-repair-expert-takes-on-big-tech.
(154) Louis Rossmann, YouTube, www.youtube.com/channel/UCl2mFZoRqjw_ELax4Yisf6w.
(155) Repair Association, *We Are the Repair Industry*, www.repair.org/members.
(156) Brianna Baker, *He's Fighting for Your Right to Repair*, Grist (Dec. 3, 2020), www.grist.org/fix/hes-fighting-for-your-right-to-repair.
(157) Right to Repair, *Who We Are*, www.repair.eu/about.
(158) Sam Blum, *Motorola Backs the Right to Repair with Kits for Your Phone*, Popular Mechanics (Oct. 24, 2018), www.popularmechanics.com/technology/a24170768/motorola-repair-kits-ifixit.

(159) Aimee Chanthadavong, *LG Electronics Calls for Australia to Develop a Right to Repair Framework*, ZDNet (Feb. 8, 2021), www.zdnet.com/google-amp/article/lg-electronics-calls-for-australia-to-develop-a-right-to-repair-framework.

(160) Ashley Carman, *Apple Was Conflicted over Right-to-Repair Stance, Emails Show*, Verge (July 30, 2020), www.theverge.com/2020/7/30/21348240/apple-right-to-repair-legislation-antitrust-investigation-policy.

(161) Apple, *Environmental Progress Report* (2020), www.apple.com/vn/environment/pdf/Apple_Environmental_Progress_Report _2020.pdf. アップルはまた、再生デバイスが四二パーセント増加し、二〇一九年には合計一一〇〇万台以上に達したことを強く訴えた。

## エピローグ

(1) Federal Trade Commission, *Nixing the Fix: An FTC Report to Congress on Repair Restrictions* (May, 2021), www.ftc.gov/system/files/documents/reports/nixing-fix-ftc-report-congress-repair-restrictions/nixing_the_fix_report_final_5521_630pm-508_002.pdf.

(2) Federal Trade Commission, *Lina Khan Sworn in as Chair of the FTC* (June 15, 2021), www.ftc.gov/news-events/press-releases/ 2021/06/lina-khan-sworn-chair-ftc.

(3) Exec. Order 14,036, 86 Fed. Reg. 36987 (July 9, 2021).

(4) Policy Statement of the Federal Trade Commission on Repair Restrictions Imposed by Manufacturers and Sellers (July21, 2021),www.ftc.gov/system/files/documents/public_statements/1592330/p194400repairrestrictionspolicystatement.pdf.

# 解題　修理する権利、あるいは私たちの生を取り戻すための抵抗運動

吉田健彦

## 修理するということ

朝食を作っているとき、きみはフライパンの持ち手が緩んでいることに気づく。もうだいぶ長く使っているフライパンで、持ち手を止めているねじのひとつが錆びて外れかけている。朝食後、きみは近くのホームセンターでねじを買おうと思い、自転車を出す。けれども後輪がパンクしており、ため息をつきながらバケツに水を張り、穴を見つけて修理キットで塞ぐ。ホームセンターでは必要のないものまでつい眺めてしまう。きみはふと、鉢植を置いている木製の棚が壊れていたことを思い出し、適当な木材も買うことにする。やることは増えたが、修理が好きなきみにとってそれは少しも苦ではない……。

それは少しばかりトラブルの多い、けれどありきたりの日常の光景のように思えるかもしれない。

だが本当にそうだろうか？　私たちは私たちが持っている物が壊れたとき、修理できるのであれば修理しようとする。私たちの腕前がどれだけあるかどうかはさておき、少なくとも修理しようと試みたり検討したりすること自体に疑問を抱くことはない。ほつれてしまったTシャツを繕ったり、木製のテーブルについた傷をパテで埋めたりする。そういったささやかな修理の経験は誰にでもあるだろうし、それを殊更に「権利」として考えることもない。きみがフライパンの持ち手を締めなおそうとした途端、フライパンの製造業者がどこからか走りよってきてそれを妨害してくることなどあり得ない。

だけれども、いま、私たちは現実としてそれに近い状況を生きている。私がある物を所有しているとはどういうことか、そしてそれが壊れたときにどのような選択肢があるのかについて私たちが漠然と抱いているイメージは、既におとぎ話のようなものになってしまっている。私たちは私たち自身の生に——生活だけではなく生命にまで——大きな影響を与えている様ざまな製品に対して、それを購入したにもかかわらず、壊れても修理できる可能性は極めて低い。このような時代状況に対して、それ故カウンターとしての「修理する権利」が重要になってくる。

本書は現代社会において極めて重要な概念／運動である修理する権利についての優れた概説書であり、初の包括的な邦訳書となる。著者のアーロン・パーザナウスキーはミシガン大学ロー・スクールで教鞭をとる法学の研究者で、特にデジタル社会における所有権や知的財産権などを専門にしている。そのため本書においても修理する権利を分析する上で知的財産法、反トラスト法、消費者法などの枠組みが重要な位置を占めているが、パーザナウスキーの丁寧で軽快な筆致は法学の知識がなくとも十分理解できる。

　同時に、パーザナウスキーが本書で生き生きと描写しているように、修理は私たちの生に直結する根源的で不可欠の要素でもある。彼がいうように「人類は誕生以来、ずっと修理をしてきた」（七五頁）のだ。だから修理する権利は法的枠組の問題にのみ収まるようなものではなく、後に見るように環境破壊や奴隷労働への抵抗であり、健全なコミュニティ再生のための運動であり、何より、私が私として生きるために必須の営為でもある。

## 修理の妨害

　けれども、まずは私たちの生活からいかに修理が奪われているかを確認しよう。

　人類の歴史とともにあったはずの修理に大きな転換点をもたらしたのが工業化であることは確かだろう。大量生産された製品が市場に飽和するまでは、当初フォードがそうしていたようにより長く使える製品を生産することが消費者に対する効果的なアピールとなり得る（八一頁）。しかし一たび飽和してしまえば定期的に新製品を購入するよう消費者を誘導するほうが利益を上げやすい。

　よく知られている経済学的／工学的手法として「計画的陳腐化」があるが、この用語が初めて明確に登場するのはバーナード・ロンドンによる一九三二年の小論文「計画的陳腐化による不況の終焉」に遡る。ここでロンドンは、国がすべての製品に使用期限を割り当て、それを超えて使用する人びとには「課税して、その行為を思いとどまらせる」（八五頁）ことを提案した。

あるいは設計上の単純な方法でも修理を妨害することができる。例えば製造時にネジではなく接着剤を使用すれば分解はより困難になるし、ネジ止めであってもペンタローブなど特殊な形状であれば専用ドライバが必要になる。安全性やセキュリティを確保するために仕方がない場合もあるが、修理は困難になるだろう。あるいはAppleがかつてしたように、自己修理によってサードパーティ製の部品を用いたり独立系の修理業者が修理したことを検知すると動作を制限するようなソフトウェア上のロックをかけることもできる（一二五頁）。

表面的に修理の選択肢が与えられているように見えても、現実的には選択しようがない場合もある。パーザナウスキーはAirPodsのバッテリー交換サービスを例に挙げている。AirPodsはデザインからも明らかなように、寿命に達したバッテリーの交換は実質的に不可能であり、結局このサービスは新品と取り換えるだけのものでしかない。当然それには新品購入とほぼ同じ費用がかかる。そうであるのなら私たちは多少の差額は受け入れて、より新型のAirPodsを購入するのではないだろうか。

また、世界規模の農業機器メーカーであるディア社のトラクターは新製品で八〇万ドルと高価であり、その修理にはソフトウェアロックの解除が必須となる。そのため正規の修理業者でなければ修理はできないが、それにもまた途轍もないコストがかかる。このような修理の独占の根拠はソフトウェアに対する著作権にあるというディア社の戦略は、長い法的闘争を経た後に棚上げされたが、修理はあいかわらず困難なままになっている。

パーザナウスキーが挙げる豊富な事例から見えてくるのは、要するに企業はこれまでずっと「修理市場を妨害するか獲得するために、製品設計、経済学、法律を活用した戦略を考え出してきた」（二三頁）ということだ。

## スマートな生活の背後で

だが、修理ができないことの何が悪いのだろうか。多少は費用がかさむにせよ、私たちは一世代前の製品など捨てて最新の製品を手に入れることができる。それはより洗練され、よりスマートで、それを使う私たちまでスマートになったような気がする。けれどもそれは私たち自身にとっても、そして地球環境にとっても致命的となる。

スマートフォンについて考えてみよう。私たちはときおりスマートフォンを落とし、画面に罅《ひび》を入れてしまう。大抵、そこで私たちにできることは液晶ガラスの交換ではなく買い替えになる。iPhoneの場合であれば、画面の交換という比較的単純な修理には「三〇〇ドルほど請求される。それだけの修理費を支払うのなら、いっそ買い替えたほうがいい、と思うかもしれない。アップルも同じ意見だ」（二三頁）。なぜならその方がAppleにとって収益が上がるからだ。

前述のように企業はより利益率の高い方に消費者を誘導するためにあらゆる手段をとる。修理業者に対して法的な圧力をかけ（仮に修理業者側に理があったとしても、グローバルな大企業の資本力を相手に法的闘争で勝てる見込みはほぼないだろう）、修理ソフトへのアクセスにハード的／ソフト的なガードをかけ、修理よりも下取りと新製品の購入の組み合わせを消費者が選択するようなインセンティブをつけ、長い時間と莫大な資金を投入して修理よりも新品を手にする方がスマートだという文化を広めていく。このようにして、私たちは毎日大量のスマートフォンを、ただ鋳が入っただけでまだ使えるものも含めて廃棄し、代わりにたかだか一ミリメートル薄くなり数グラム軽くなっただけの新品を手にして自分がスマートになったかのような気分を一瞬味わう。不要になったスマートフォンの少なくない数はアクティベーションロックにより再利用すらできず、結局そのまま廃棄される。

しかしスマートフォンの製造には途轍もない環境破壊と奴隷労働が隠されている。「現代の技術力は銅線の世界を何十億もの会話が宙《そら》を飛びかう世界へと変えた。この変化は素晴らしいが、経費もかかった。[…]携帯を作るには、スズ石《錫》やコルタンのような鉱物《レアメタル》を必要とした。シリコンが遍在しているのに対し、スズ石やコルタンの埋蔵は偏っていて、限られた地域でしか採掘できない。[…]こうした資源は紛争を生み、紛争を助長する」(1)

紛争鉱物についてはドッド・フランク法セクション1502やそれに基づいて制定された17 CFR 240.13p-1などによる規制もあるが十分とはいえない(2)。法の目の届かない地域での採掘は児童労働や奴隷労働、環境破壊や健康被害の温床となる。採掘だけではなく、レアアースの精製過程では大量の有害物質が排出され、例えば「マレーシアの広大なレアアース施設は、増え続ける放射性廃棄物の山を安全に封じ込められず、地下水汚染の懸念から閉鎖の危機に瀕している」(四八頁)。そしてそれらのデバイスは、使用している間は当然電力を必要とし、廃棄されるときには再び環境に負荷を与える。「二〇一八年に、世界中で製造されたスマートフォンは一五億台。同じ年、修理にまわされなかったスマートフォンは、五〇〇〇万トンを超す電子ゴミの一部を占めた。現在、アメリカの埋立地に運び込まれる有毒廃棄物の七〇パーセントは電子機器であり、その数字は増加の一途をたどっている。有毒廃棄物に含まれるリチウム、水銀、鉛などの化学物質は、水源を危険に曝し、私たちの健康を脅かす」(一四頁)

要するに、私たちがそれらの便利で美しくスマートなデバイスを使用している背後には、客観的にみれば慄くより他はない凄まじいまでの犠牲が常に存在している。(3)「クリエイティブ・クラスの洗練された佇まいには日常生活や広告で毎日お目にかかるのに、広告に先導されて環境破壊と人間の奴隷化の手助けをさせられても、その現場を目撃することはない」(4)。確かにそれは企業の戦略かもしれない。しかしそれらのデバイスによって世界中の人びととつながれる、あるいは世界でいま起きている気候変動や紛争、貧困などの悲劇を知ることができるなどと私たちがいうとき、それを可能にしているデバイスそのものが世界を、他者を壊していることから私たちが目を背けているのであれば、これほどグロテスクなことはないだろう。

人新世と呼ばれる時代が、ユッシ・パリッカが印象的に語るように化石化した電子廃棄物によって象徴されるのなら、(5)修理の否定は未来永劫この地球に刻まれる私たちの愚行の証拠となる。私たちを修理から遠ざけようとしてきた企業には、私たちが適切な範囲で私たちの物を修理し環境負荷を低減できるようにする義務がある。しかしそれは同時に、自然環境も含めた他者たちをこれだけ犠牲にしてこの豊かな生活を送る私たち自身の義務でもあるはずだ。

「きみがそれを修理できないのなら、きみはそれを所有してはいないのだ」

とはいえ、やはり修理は容易ではない。そしてその困難さは製品がネットに接続されることによってさらに加速する。家庭用ロボットであるJiboは価格が九〇〇ドルと決して安くはなかったが、本体に組み込まれた各種センサーを用いてユーザーからの呼びかけに反応し、一緒にゲームをしたり会話をすることができた。もし私たちがJiboを購入したのなら、それがどうしようもなく壊れて廃棄せざるを得なくならない限り所有し続けることができると素朴に考えるだろう。ところが「ジーボ社が経営破綻するとサーバも停止された。機能のほとんどは、本体に搭載されたコンピュータではなく、遠隔サーバーに依存していたため、ジーボは〝デジタル認知症〟に陥ってしまった。だらんと力を失い、ほの暗い画面には何も映らなくなった」（一九頁）。あいかわらずそこに存在し、物理的には何も壊れていないにもかかわらず、私たちはもはやJiboと遊ぶことはできない。だとすると私たちはいったい何を所有していたのだろうか？

電子書籍についても同様だ。私がある一冊の本を買う。そうすればそれはもう私のもので、あるとき出版社から突然強制的に取り上げられることはまずあり得ない。本が雨で濡れてしまったら、紙の皺が完全には戻らないにしても私たちは一生懸命乾かすかもしれないし、表紙の失われた古書であれば元の表紙を復元しようとするかもしれない（ただしパーザナウスキーが書いているように［一六二頁］、そのような行為が訴えられえれる可能性もある）。しかし電子書籍の場合はそうではない。

一般的に私たちの手元にあるのはただのデータであり、それが読めなくなる要因は、提供側による一方的な削除、デバイスの故障やレガシー化による非互換性など、紙媒体よりもはるかに多い。しかも電子書籍端末が壊れてしまえばその修理は困難または事実上不可能で買い替えを余儀なくされる。結局、私たちは本を所有していたのではなく、単にデジタルデータを閲覧するかりそめの権利を購入したに過ぎないことに気づく。

集積回路（トランジスタ）とインターネットの登場によって、私たちはその大半を所有することも修理することもできない無数の製品に取り囲まれる生活を送ることになった。それらは法的に、あるいはハードウェア／ソフトウェア的に修理をロックされるだけではなく、遠隔からのコントロールを避けることもできない。IoT はその典型例となる。

パーザナウスキーは冷蔵庫などのスマート家電がサポート終了にともないスマート機能をリモートで停止されてしまった例を挙げているが（二〇一二一頁）、このように私たちが購入したはずのものを実際には所有していないという状況はますます増えていくだろう。私が持っていると思っていた物は、あるとき何の前触れもなく私の手元から消え去り、機能しなくなる。修理を専門とする米国の企業 iFixit が掲げる〝Repair manifesto〟[6]にあるように「きみがそれを修理できないのなら、きみはそれを所有してはいないのだ（If you can't fix it, you don't own it）」。そして所有していないのであれば、それはつまり、私たちがそれとともに過ごした時間を、歴史を、記憶を奪われるのを防ぐ手段がないということでもある。

身体にまで及ぶ所有の剥奪

所有を奪われるという事態は、私たちの身体にも及んでいる。いま、私たちは私たちの身体に多くの技術を導入せざるを得なくなっている。パーザナウスキーは、一度体内に埋め込まれてしまえば目に触れることのない人工股関節でさえ意匠特許の対象となり得るケースについて言及しているが、その根拠は人工股関節がその意匠とともに医師向けに広告されているからだという（一九六頁）。だとすれば、私たちは自分の身体内に埋め込まれたものであっても、ある日それを修理する必要が生じたとき、意匠権を盾にされ修理に制限を受けたり、高額な修理費用や交換を強要されるかもしれない。

また二〇二〇年、iFixitは「人工呼吸器、麻酔システム、呼気分析装置などの一万三〇〇〇以上に及ぶ機器の修理マニュアルを集めた「医療機器修理データベース」を構築すると発表した」（一六六頁）。これは新型コロナウィルスのパンデミック下において修理へのアクセスが困難になり、これらの医療器具が使用できなくなってしまったことへの対応策であった。マニュアルがあれば、独立系の修理業者や個人であっても故障したパーツを3Dプリンタで作成したり、あるいは故障個所を明らかにして対策できる。しかしこれに対して米国の医療機器メーカーSterisで当時知的財産の主任法律顧問を務めていたラッセル・ウィートレーは、iFixitに対してSterisのマニュアルをすべて削除するように求めた。「理由はたったひとつ。著作権だ」（同）

修理と身体が関わるのは病気や怪我を負ったときだけではない。アンジェラ・マクロビーは、私たち自身が美しくあることを自己選択したように見えつつ、その実態は与えられた〈完璧であること〉を強制されているだけでしかないような状況を描いている。[7] そこに登場する人びとは活動量計のFitbitを身につけ、適切なトレーニングによって自らの身体を望ましい形に作り変えていく。ここには本書において指摘されている様ざまな問題点が典型的に表れている。故障したFitbitはまず個人では修理できない。一般的なリセット手段によって回復できなければ、保証期間内であれば新品が交換品として送られてくるし、過ぎていればどのみち新品を買うことになる。完璧であるためには最新の機能を持ち、よりスマートになったFitbitが必要だ。だから私たちは環境負荷を与え続けるし、意図的でなくとも他者を搾取し続ける。そうして私たち自身も企業によりコントロールされ搾取されたままになる。それは本当に私たちが望んだ生の在り方なのだろうか？

## 「修理する権利」運動

だからこそ、修理する権利が重要になる。

私たちの手に修理を取り戻そうとする運動は既にある程度の歴史を持つ。二〇〇九年、「環境保護活動家のマルティーヌ・ポストマは、アムステルダムの映画館のロビーで、最初のリペアカフェを開いた」（三五三頁）。パーザナウスキーによれば、既に全世界で二〇〇〇カ所以上のリペアカフェがあるという。[8]

iFixitのように企業が修理を推し進めている例もある。そのサイト上には様ざまなデバイスの分解・修理マニュアルがアップロードされており、修理のためのツールも販売されている。実際、多くの製品は複雑かつ強固にシールドされ、分解の方法を知っており専用のツールを持っていなければ、個人レベルでそれらを修理することは困難だ。そのためこういった企業や修理コミュニティの存在は、修理において欠かせないものになっている。

また、修理する権利が実効性を持つためには法整備が欠かせないが、例えばニューヨーク州では二〇二三年一二月に〝Digital Fair Repair Act〟の〝General Business Law 399-nn〟が施行され、これによってユーザーや独立系修理業者は、製品によるが正規の修理業者と同等のレベルで修理マニュアルやパーツにアクセスできるようになった[9]。ミネソタ州やカリフォルニア州でも同様の法が施行されており、その他の州も今後追従することが予想される[10]。ＥＵでは二〇二四年一〇月に〝on common rules promoting the repair of good〟が改正され、限定された条件下においてではあるが製造業者に対する修理の義務化が強化された[11]。Appleもまた二〇二四年六月にセルフサービス修理を欧州三二ヵ国に拡大すると発表している[12]。これらの流れを作り出している要因の一つに修理する権利運動があることは間違いない。

しかしリペアカフェやiFixit、あるいは法整備において、具体的な修理方法やツールの提供、そしてその法的な保障だけが重要なのではない。修理する権利は単に壊れた物を修理するだけの運動ではなく、私たちの生の在り方そのものをより善くしていくという目的がある。それは単なる理念ではなく、直接的に私たちの生存にかかわり、他の誰のものでもない固有の生を送るために必須の条件なのだ。「修理は、ある程度の独立性と自立性を与えてくれる。受動的な消費者の役割を超えて、より積極的で責任ある人生の参加者になるよう、手助けしてくれるのだ」（六二頁）

## 反技術主義としてではなく

修理に対する歪な独占や妨害は、私たちから「責任ある人生」を簒奪する。だが他方で、知的財産権や特許、意匠権――によって生み出される利益――は、企業が新たな技術を開発する原動力なのではないだろうか。だとすると修理する権利は技術の進歩を抑制する反動的なものになりかねない。

しかし、極わずかに薄くなり軽くなっただけのものを延々発売し続けることがイノベーションと呼べるはずもないし、作品を著作権侵害から守るために制定されたデジタルミレニアム著作権法（ＤＭＣＡ）を修理を妨害するために企業が利用しようとするような状況（一七〇頁）がイノベーションを促進させるはずもない。むしろ、技術が進歩すればするほど困難になる修理に挑戦することこそ、そこで用いられている技術を深く理解していく過程を通して、より優れた技術開発につながっていくだろう。パーザナウスキーのいうように「修理とイノベーションが相容れないわけではない。その反対だ。［…］修理には独自の創意工夫が必要であり、新しいものを生み出すプロセスに不可欠なスキルや知識が身につく」（六九頁）のだ。

現代技術により作られた製品の多くは私たちが直接修理できるようなものではない。私たちの生活空間を満たす製品に組み込まれた無数の集積回路のどれかが壊れたとして、あるいは精密に成型されたパーツが破損したとして、いったい私たちに何ができるだろう。もし私たちに可能な修理がせいぜいはんだごてやドライバによって為される程度のものであるのなら、つまるところ修理する権利が許容できる技術水準は、いまよりはるかに後退したものになってしまう。

けれどもそうではない。例えばFramework（https://frame.work/）は、あるユニットが故障したりレガシー化した場合でもそのユニットを簡単に交換できるラップトップを販売しているが、これは集積回路も修理の可能性も否定することなくイノベーションを実現している好例といえる。また、先のパンデミック時にイタリア北部にあるキアリの病院で人工呼吸器のバルブが調達できなかった際、公式の設計仕様が入手できない状況下で「地元のボランティアが代替品を設計し、3Dプリンタを使って一〇〇個のバルブを一個一ドルで製造した」（一五頁）ことなどは、私たちの生にかかわる点においても修理する権利を象徴する事例だといえるだろう。

無論、修理は決して無条件に希望に満ちた社会を実現するようなものではない。修理において重要な位置を占める3Dプリンタについて考えてみよう。クリストファー・バーナット[13]は3Dプリンタによるパーソナルファブリケーションの利点の一つに環境負荷の軽減があるという。しかしインクとして使用されるPLA（polylactic acid：ポリ乳酸）は、既存の農業形態を破壊して巨大資本によるモノカルチャー的なトウモロコシ畑を出現させるかもしれない。修理マニュアルの共有やコミュニティ創出に重要な役割を果たすインターネットもまた、先に見たように私たちから所有を奪う通路にもなっている。私たちは修理に対してそこまで楽観的にはなれないし、それがもっともうまくいったところで、どのみち修理は環境負荷を劇的に改善することも紛争鉱物の使用をゼロにすることもできない。

とはいえ、極論によってすべてを否定することに意味はない。重要なのは修理する権利が反動的なものではないということだ。私たちはあまりに制限され支配されすぎている現状に対して抵抗しているのであって、それが反技術主義的なものになる必要はないのだ。

## 「驚くほど前向き」な修理

それでも、修理はつまるところあるものを「以前のかたちに戻そうとする努力」であり、それ故「後ろ向きの取り組み」（三〇頁）にも見えるかもしれない。

トランスヒューマニズムの立場に立つニック・ボストロムとトビー・オードは、技術により人間の能力や可能性を拡大することを悪とするのなら、それを反転し、技術により人間の能力や可能性を縮小することをどう感じるのかを考えよという反転テストを提唱している(14)。そしてもし私たちが縮小に対しても反対するのであれば、私たちは単に現状維持バイアスに陥っているのではないかというのが彼の主張だ。このような観点からすれば、毎シーズン登場する新製品は批判しつつも技術を否定するわけではない修理する権利は、単なる現状維持バイアス以外の何ものでもないように思えるだろう。

だが、ボストロムの主張に対してマッティ・ハユリュは、むしろ道徳性の変化の速さこそ反転の対象にすべきであると鋭く指摘している。[15] ハユリュの指摘を修理する権利に適用すれば、要するにそれは技術進化が加速することへの抵抗ではなく、消費と廃棄のサイクルが早まり続けることに対する抵抗として考えるべきだという、極真当な指摘になる。そして製品が持つ時間を遅延させることの意義は、環境負荷を少なくするだけにとどまるものではない。物が時間を持つということは、つまり置き換え不可能な歴史／記憶をそこに刻む余裕が持てるということだ。「多くの人は、お気に入りのTシャツを着続け、オンボロの自転車に乗り続ける。Tシャツには穴が空いているかもしれないが、過去を振り返れば、それを着て出かけた場所、その時一緒にいた相手、楽しかった思い出が甦る」（三四四頁）。そして固有な歴史／記憶を持つようになった様ざまな物に囲まれることで、私たち自身もまた、この私の生活を、あるいは生そのものを固有のものへと育てていくことができる。

常に押し寄せてくる置き換え可能で規格化された新品に囲まれている生活は、スマートで素早く、無駄がなく美しい。だがそこには時間も固有性も存在し得ない。もし修理が「後ろ向き」に見えるとすれば、それはあまりにもすべてが加速している世界において私たちの本来歩む速度を取り戻そうとしているが故のものだ。そしてそれが本来的な速度であれば、私たちはその途上の景色を眺め、道に跡を遺し、会話し、記憶し、記憶されることができる。きみとして、私として生きることができる。だからこそ、修理は本当は「驚くほど前向き」（三三二頁）な営為なのだ。

## 私たちの生を取り戻す

修理によって物が「完全に元の状態に戻ることはめったにない」（三〇頁）し、絶えず増大する「エントロピー相手に勝ち目はない」（三四頁）。それでも、汚れ、傷つき、壊れた物を、捨てられる先を省みることもなく捨て続けるのでもなく、壊れたままにするのでもなく、すべてを元には戻せないところで抗い続けることにこそ、修理が持つ本質的な意味がある。だからこそ、抗う時間のなかで残されていく一つ一つの傷や汚れが、私たちに固有の歴史を与えてくれる。

そして、それはネットに接続されたデジタルデバイスにおいても同様なのだ。デジタル化は現代における修理の困難性の象徴であり、環境に回復不可能な影響を与えた巨大な転換点だろう。それは人新世と呼ばれる時代を加速させる。だけれども、ここで私たちが試みるべきは、デジタルデバイスそのものへの否定ではなく、私たちがデジタルデバイスに時間を積み重ねていくことができるかどうかなのだ。そしてそれが可能だということ、デジタルデバイスが根本的に私たちの生と対立するわけではないということを、私たちは〝Fully printed - a vision for the future of 3D Printing〟(16)を通して見ることができる。ここでは思い出深いマグカップが割れてしまったのを3Dプリンタで再生するというストーリーが描かれているが、デジタルデータ化されたオリジナルのマグカップの破片は捨てられてしまうし、スキャンデータから再生された新たなマグカップは素材も最新のものに置き換えられている。にもかかわらず、やはりそこには記憶が残され、継承されている。

他方で、パーザナウスキーが修理の興味深い例として挙げている金継ぎは、ひび割れた器を漆などの接着剤により継ぐことで、物に新たな美と生命を与える。それは美しく創造的な修理の見事な実例だが、他方で金継ぎを学ぶために皿をわざわざ割ることもあるという。[17] だとすればそれは本末転倒なのではないかという疑問も、私たちは直観的に抱かざるを得ない。

結局のところ、ある対象が修理可能かどうかは、私たちの手に委ねられている。壊れかけた地球環境を、搾取され続ける他者を、欲望を支配され操作された私自身の生を、私たちは回復させることができるのだろうか。その行先は分からない。それでもいえることはある。私たちは修理を通して初めてこの私という固有性を得られるのだし、修理を通して初めて他者に対する責任を持つことができるのだ。まだ始まったばかりの修理する権利は、その希望に対する確かな感触を私たちに与えてくれる。

**注**

（1）ケビン・ベイルズ『環境破壊と現代奴隷制　血塗られた大地に隠された真実』大和田英子訳、凱風社、二〇一七年、二三〇頁。
（2）本書三七七頁、第2章注（80）参照。
（3）iPhone の製造と廃棄にかかわる人びとが置かれた過酷で悲惨な状況についてはブライアン・マーチャント『ザ・ワン・デバイス　iPhone という奇跡の〝生態系〟はいかに誕生したか』倉田幸信訳、ダイヤモンド社、二〇一九年、第二章、第一四章を参照。
（4）ベイルズ前掲書、三一一頁。

（5）ユッシ・パリッカ『メディア地質学　ごみ・鉱物・テクノロジーから人新世のメディア環境を考える』太田純貴訳、フィルムアート社、二〇二三年。

（6）https://www.ifixit.com/Manifesto 参照。

（7）アンジェラ・マクロビー『フェミニズムとレジリエンスの政治　ジェンダー、メディア、そして福祉の終焉』田中東子・河野真太郎訳、青土社、二〇二二年、八三頁。

（8）iFixit の記事（https://www.ifixit.com/News/90613/fixing-the-world-in-more-ways-than-one）によれば二〇二四年二月の時点で二五〇〇カ所にリペアカフェがあるという。

（9）https://www.nysenate.gov/legislation/laws/GBS/399-NN 参照。

（10）二〇二五年二月には修理する権利に関する法案が米国のすべての州にて提出された（https://www.ifixit.com/News/108371/right-to-repair-laws-have-now-been-introduced-in-all-50-us-states 参照）。

（11）https://eur-lex.europa.eu/legal-content/EN/TXT/HTML/?uri=OJ:L_202401799 参照。

（12）https://www.apple.com/newsroom/2024/06/apple-expands-self-service-repair-diagnostics-support-to-europe/ 参照。

（13）クリストファー・バーナット『3Dプリンターが創る未来』小林啓倫訳、日経BP社、二〇一三年、第六章。

（14）マッティ・ハユリュ『人間〈改良〉の倫理学　合理性と遺伝的難問』斎藤仲道＋脇崇晴監訳、ナカニシヤ出版、二〇二〇年、一一六頁。

（15）同前、一一七頁。

（16）https://www.youtube.com/watch?v=Eppr1erkI3A。二〇一〇年から二〇一一年にかけてバルセロナにて開催された展覧会〝Programa Laboratorio de Fabricación〟にあわせて作成されたビデオ作品。

（17）〝How To DIY Your Own Kintsugi Ceramic Repair ― Easy Minimal Epoxy〟 https://www.youtube.com/watch?v=MmQTXAohB-I 参照。

**吉田健彦**（よしだ・たけひこ）
東京農工大学非常勤講師。専門は環境哲学・メディア論。これまでの論文／著作として「宇宙の修理とメンテナンス――メタバースは私たちの生きる宇宙になり得るのか」（『現代思想』五〇巻一一号、青土社、二〇二二年）や、『メディオーム　ポストヒューマンのメディア論』（共和国、二〇二一年）などがある。

# 索引

## 人名索引



## 事項索引

**あ行**

## か行

## さ行

## な行



## は行



## ま行

### や行



### ら行



### わ行



### アルファベット

［著者］アーロン・パーザナウスキー（Aaron Perzanowski）
ケニオン大学卒業後、カリフォルニア大学バークレー校法科大学院を修了。現在はミシガン大学教授として著作権や商標、財産法などについて教鞭をとる。専門はデジタル経済圏における知的財産法や物権法について。これまでの著作として『所有の終焉（The End of Ownership）』や、共編著『法なきクリエイティビティ（Creativity without Law）』がある。

［訳者］西村伸泰（にしむら・のぶやす）
法政大学法学部卒。雑誌記者、広告プランナーを経て翻訳業に従事。

修理する権利
使いつづける自由へ

2025年5月2日　第1刷発行
2025年6月26日　第2刷発行

著者――アーロン・パーザナウスキー
訳者――西村伸泰

発行者――清水一人
発行所――青土社

〒101-0051　東京都千代田区神田神保町1-29　市瀬ビル
［電話］03-3291-9831（編集）　03-3294-7829（営業）
［振替］00190-7-192955

組版――フレックスアート
印刷・製本――双文社印刷

装幀――北岡誠吾

ISBN978-4-7917-7695-5
Printed in Japan